EDITION
Directeurs de collection et auteurs : Dominique AUZIAS et Jean-Paul LABOURDETTE
Responsable d'édition : Nadine DE FARCY
Avec la collaboration de Christian GUILLE
Auteurs : Sébastien MICHAUD, Maxime DOBOSZ, Sibille ROUZAUD, Nadine DE FARCY, Margaux MIRAMON, Christian GUILLE, Julie NAUDIN, Mélanie DE COSTER, Anthony STEPHAN, Guillaume VIELLE, Emmanuelle JAPPERT, Maryline BOURDEL, Vincent LE PARC, Jean-Paul LABOURDETTE, Dominique AUZIAS et alter
Directeur Editorial : Stéphan SZEREMETA
Rédaction France : Elisabeth COL, Tony DE SOUSA, Mélanie COTTARD, Audrey VEDOVOTTO
Rédaction Monde : Caroline MICHELOT, Morgane VESLIN, Pierre-Yves SOUCHET, Natalia COLLIER, Laureen DUCHESNE

FABRICATION
Responsable Studio : Sophie LECHERTIER assistée de Romain AUDREN
Maquette et Montage : Julie BORDES, Delphine PAGANO
Iconographie et Cartographie : Anne DIOT assistée de Julien DOUCET

WEB ET NUMERIQUE
Directeur Web : Louis GENEAU DE LAMARLIERE
Chef de projet et développeurs : Nicolas de GUENIN, Adeline CAUX, Kiril PAVELEK
Intégrateur Web : Mickael LATTES
Webdesigner : Caroline LAFFAITEUR
Community Traffic Manager : Alice BARBIER, Mariana BURLAMAQUI et Vincent PHAM

DIRECTION COMMERCIALE
Directeur commercial : Guillaume VORBURGER assisté de Manon GUERIN
Responsable Régies locales : Michel GRANSEIGNE
Responsables Développement régie inter : Jean-Marc FARAGUET et Guillaume LABOUREUR
Chefs de Publicité : Camille ESMIEU
Chefs de Publicité Régie nationale : Caroline AUBRY, François BRIANCON-MARJOLLET, Perrine DE CARNE MARCEIN

DIFFUSION ET PROMOTION
Directrice des Ventes : Bénédicte MOULET assistée d'Aissatou DIOP, Sidonie COLLET
Responsable des ventes : Jean-Pierre GHEZ assisté de Nelly BRION
Relations Presse-Partenariats : Jean-Mary MARCHAL

ADMINISTRATION
Président : Jean-Paul LABOURDETTE
Directrice des Ressources Humaines : Dina BOURDEAU assistée de Sandra MORAIS et Eva BAELEN
Directrice Administrative et Financière : Valérie DECOTTIGNIES
Comptabilité : Jeannine DEMIRDJIAN et Adrien PRIGENT
Recouvrement : Fabien BONNAN assisté de Sandra BRIJLALL et Vinoth SAGUERRE
Responsable informatique : Arney BADER

PETIT FUTÉ ANGERS
LES NOUVELLES EDITIONS DE L'UNIVERSITE
18, rue des Volontaires - 75015 Paris.
✆ 01 53 69 70 00 - Fax 01 42 73 15 24
Internet : www.petitfute.com
SAS au capital de 1 000 000 € - RC PARIS B 309 769 966
Couverture : © Franck TEILLARD
Impression : GROUPE CORLET IMPRIMEUR - 14110 Condé-en-Normandie
Achevé d'imprimer : mars 2021
Dépôt légal : 12/04/2021
ISBN : 9782305043074

Pour nous contacter par email, indiquez le nom de famille en minuscule suivi de @petitfute.com
Pour le courrier des lecteurs : info@petitfute.com

IMPRIMÉ EN FRANCE

ANGERS

ELLE A TOUT POUR ELLE !

Oui, on ne le redira jamais assez, elle a tout pour elle cette belle ville d'Angers, tous les atouts, tous les arguments pour nous séduire, nous faire voir la vie côté « futé », et surtout nous faire repartir d'un bon pied après une année 2020 digne d'un mauvais roman de science-fiction, et pour laquelle il est bien compliqué de trouver un unique qualificatif... Cap sur 2021 donc, avec ce City Guide concocté dans des conditions parfois un peu compliquées, mais qui, au final, nous rend peut-être encore plus fiers que les années précédentes d'en être les rédacteurs. Fiers aussi et surtout de tous ces commerçants, artisans, restaurateurs, artistes, professionnels de tous bords qui se sont efforcés en cette année très particulière de nous offrir le meilleur d'eux-mêmes. Merci à eux de nous donner encore plus envie cette année de pousser leurs portes, fréquenter leurs tables, leurs échoppes, leurs galeries, leurs salles de spectacles... Merci et bravo à eux pour avoir fait en sorte, contre vents et marées, qu'Angers reste une ville épicurienne, dynamique, assoiffée de culture, respectueuse de son passé et résolument tournée vers l'avenir. Un avenir qui passe en grande partie par la notion de solidarité, de citoyenneté, d'inventivité, d'audace, et plus que jamais de conscience écologique. Oui, ils incarnent l'avenir ces chefs-restaurateurs adeptes d'une cuisine respectueuse des saisons, à base de produits 100 % bio et locaux, ces commerces hybrides où l'on peut à la fois lire ou écouter un disque et boire un café ou déguster une pâtisserie, ces boutiques de déco mettant en valeur des petits créateurs locaux, ces jardineries où l'on vous apprend à rempoter et ensemencer vous-même, ces épiceries où vos lentilles vous sont livrées en vrac. Le monde change, évolue... Et quand c'est pour le meilleur, comptez sur le Petit Futé, chaque année, pour vous en rendre compte fidèlement !

L'équipe de rédaction

PEFC
10-31-1510
Certifié PEFC
Ce produit est issu de forêts gérées durablement et de sources contrôlées.
pefc-france.org

SOMMAIRE

© FABRICE QUINTON

Au gré du temps

© FABRICE QUINTON

Radis et Capucine

© FABRICE QUINTON

Nature gourmande

JE VISITE MA VILLE 25

Mon agenda 26
Le patrimoine à l'honneur................ 28
Mes balades 34
Je m'amuse avec ou sans les enfants ! 36
Et pour dormir ? 37

JE ME RÉGALE.................... 43

Gastronomie.............................. 44
Bistronomie 45
Bonnes tables 47
Cuisine de nos régions................... 61
Spécialités.............................. 63
Saveurs méditerranéennes 66
Saveurs d'Asie 69
Ailleurs dans le monde................... 72
Vite fait, bien fait... ou chez moi !........... 74
Virées gourmandes........................ 77

JE FAIS MON MARCHÉ.............. 81

Mon panier garni 82
Sur le marché 88
Mes plaisirs sucrés...................... 89
Je consomme responsable 96
C'est à boire qu'il nous faut............ 98
Saveurs du monde 104

JE SORS - JE ME CULTIVE.......... 105

Thé ou café 106
Et si on prenait un verre ? 107
Tout un spectacle ! 114
Je développe mes talents................. 117
Je lis 121
Je m'informe............................. 124

FABRICE QUINTON

À la fois pédagogue et chef d'entreprise, Fabrice Quinton envisage son métier comme il conçoit sa vie : avec disponibilité et générosité. Graphiste, web designer, vidéaste et photographe indépendant, Fabrice enseigne également les outils de la suite Adobe en école numérique. Entrepreneur passionné à l'écoute de ses clients, il restera votre seul interlocuteur tout au long de la réalisation de vos projets. Une proximité gage de qualité et de respect du cahier des charges.

› www.petitpixel.fr

PAGE PRÉCÉDENTE

- ***En haut à gauche :*** la place Sainte-Croix.
- ***En haut à droite :*** le pont Beaurepaire.
- ***Au centre à droite :*** le jardin du Mail.
- ***En bas à gauche :*** le grand théâtre.
- ***En bas à droite :*** la rue Voltaire.

SUR CETTE PAGE

- ***En haut à gauche :*** le château d'Angers.
- ***En haut à droite :*** la mairie.
- ***Au centre à droite :*** la rue Saint-Aubin.
- ***En bas à gauche :*** la cathédrale Saint-Maurice.
- ***En bas à droite :*** le Pont Confluences.

SOMMAIRE

© FABRICE QUINTON

La caverne aux particuliers

© L'ÂME DU BOIS

l'âme du bois

© MAISON BÉCAM

Maison Bécam

JE PRENDS SOIN DE MOI 127

Mon carnet de mode 128
Je me fais une beauté 137
Je me fais plaisir 141
Je vais être au top 145
Le plus beau jour de ma vie 146

JE TRANSPIRE MAIS JE M'ÉCLATE ! .. 151

J'adore le sport 152
Et si on jouait ? 155

JE CRÉE MON ESPACE DE VIE 157

Je change ma déco 158
Je m'équipe 165
Je reçois 167
Fleurs et animaux 168
Je refais tout 170
Cela ne fonctionne plus 175
J'ai un projet immobilier 176

JE BOUGE 177

Je me déplace 178
Je voyage 182

JE PENSE FUTÉ 183

Ma vie quotidienne 184
Solidarité – Entraide 185
Index **188**

LE MUSÉE PINCÉ

© SÉBASTIEN MICHAUD

Cet ancien hôtel particulier du XVIe siècle a rouvert début 2020, après 15 années de fermeture. Après une si longue parenthèse, on ne peut qu'encourager les Angevins à venir découvrir ou redécouvrir ce magnifique lieu accueillant sur 2 niveaux des expositions thématiques, mais aussi permanentes, consacrées à l'Antiquité grecque, romaine, égyptienne, ou encore aux arts chinois et japonais.

http://musees.angers.fr

LA TOPETTE

« Journal local, populaire et indiscipliné » : voilà comme se définit ce nouveau trimestriel 100 % indépendant (vous n'y trouverez aucune pub), compilant enquêtes et reportages sur l'actualité angevine, sans jamais caresser les « puissants » dans le sens du poil. Un journal en version papier (histoire de résister au tout numérique), disponible en kiosques ainsi que dans certaines librairies.

© LA TOPETTE

LE REPÈRE URBAIN

Cet ex-restaurant universitaire s'est transformé en un vaste espace conciliant arts et patrimoine. Les archives patrimoniales y côtoient le service Angers Patrimoine, destiné à promouvoir l'architecture et le patrimoine de la ville par le biais de visites et d'ateliers pédagogiques. Le lieu propose aussi une salle d'exposition ainsi que l'Artothèque, un service de location d'œuvres d'art.

© SÉBASTIEN MICHAUD

LE FRUTICETUM DE L'ARBORETUM

© SÉBASTIEN MICHAUD

Les Angevins passionnés d'horticulture ont de quoi avoir le sourire avec l'ouverture au public à l'été 2020, au sein du parc de l'Arboretum, d'un superbe espace entièrement dédié aux Hydrangeas, cette grande famille d'arbres et arbustes à feuilles caduques dont les hortensias sont les plus illustres représentants. Un lieu de conservation, d'études, mais aussi chargé de couleurs et de poésie !

FESTIVAL LE GRAND SAUT

Lancé en octobre 2020, le Grand Saut se définit comme un « festival alternatif prônant la découverte de lieux patrimoniaux et d'artistes pop émergents ». Pari gagné haut la main pour les organisateurs à l'issue d'une première édition à la saveur particulière, compte tenu du contexte sanitaire. Deux jours de musique sans fausses notes dans le cadre des Studios Bodinier et des Greniers Saint-Jean.

© SÉBASTIEN MICHAD

LE FESTIVAL PREMIERS PLANS

« Un festival plus court, dynamique et numérique », tels sont les mots employés par Claude-Eric Poiroux, créateur et délégué général du festival, pour qualifier la teneur des futures éditions. Programmée sur 10 jours depuis sa création en 1989, cette grande fête du cinéma européen se déroulera désormais sur une semaine, à compter de 2021. Plus courte oui, mais toujours aussi passionnante !

© MANON GONNET

www.premiersplans.org

ALFRED COINTREAU

UNE HISTOIRE DE FAMILLE

6e génération du nom, Alfred Cointreau a rejoint la glorieuse entreprise familiale en 2012. Son ambition ? Asseoir et développer en France et à travers le monde la réputation de la célèbre liqueur mise au point en 1885, et produite à Saint-Barthélemy-d'Anjou depuis bientôt cinq décennies.

Alfred, quel est votre rôle exact aujourd'hui au sein du groupe Cointreau ? Comment gérez-vous cet héritage ?

En tant qu'« Héritage Manager », mon rôle est de transmettre et de partager le savoir-faire de mes ancêtres : transmettre ma passion du cocktail aux consommateurs, échanger avec les « bartenders » sur les qualités uniques de notre liqueur d'orange ou encore raconter l'histoire de la Maison à la presse, mon rôle est multiple. Et c'est un réel privilège que de pouvoir infuser l'esprit de la maison familiale.

La partie musée du Carré Cointreau a fait peau neuve en 2020. Qu'offre-t-il aujourd'hui aux visiteurs ?

Notre musée offre une expérience résolument multisensorielle. Olfactive d'une part, dans la majestueuse salle des 19 alambics historiques. Visuelle d'autre part, par la découverte d'archives inédites qui retracent plus de 170 années d'histoire de la Maison Cointreau, et enfin gustative, avec la possibilité en fin de parcours de déguster un délicieux cocktail.

En quelques lignes, comment se fabrique le Cointreau ?

Cette liqueur Cointreau est un savant mélange de sélection rigoureuse des écorces d'oranges douces et amères, d'harmonie des saveurs et de distillation, qui consiste à extraire les essences que ces écorces renferment. C'est ça, l'Art de Cointreau.

Comment se porte la marque Cointreau aujourd'hui ? Quelle part à l'exportation ?

Leader dans la catégorie Liqueur, Cointreau est une marque internationale distribuée aux quatre coins de la planète. L'essor du cocktail à la maison contribue à la croissance de la marque qui est au cœur de plus de 500 recettes.

Votre cocktail favori à base de Cointreau ?

La Margarita sur glace, recette simplissime qui m'a été enseignée directement par ma grand-mère : Cointreau + téquila + citron vert = savourez ! Mais bien sûr toujours avec modération !

© RÉMY COINTREAU

> LE CARRÉ COINTREAU

2, boulevard des Bretonnières
SAINT-BARTHÉLÉMY-D'ANJOU
✆ 02 41 31 50 50 www.cointreau.com

INTERVIEW

JEAN-BAPTISTE BONHOURE

DIRECTEUR GÉNÉRAL DES ATELIERS PERRAULT

Créée en 1760 à Saint-Laurent-de-la-Plaine, cette entreprise angevine excelle dans la restauration des monuments historiques , la reproduction d'ouvrages d'art ou encore les créations traditionnelles, menuiseries, ferronneries, fenêtres…

Votre entreprise est née au XVIIIe siècle ! Ses activités ont-elles beaucoup évolué avec le temps ?

Notre cœur de métier a toujours tourné autour du bois et du métal, et ça n'a pas changé ! Mais le métier évolue bien sûr : nous avons commencé avec des chantiers localisés autour de Saint-Laurent-de-la-Plaine et désormais nous rayonnons à l'international avec des projets à Palm Beach, Doha, ou en Ukraine…

Comment expliquer cette longévité ?

On a toujours misé sur l'« esprit de famille » pour la transmission de notre savoir faire. Mais il est de plus en plus difficile de trouver de la main-d'œuvre qualifiée.

Justement, comment recrutez-vous votre personnel ?

Nous sommes de plus en plus ouverts à de nouveaux profils, que ce soit en charpente ou en menuiserie. La notoriété de nos ateliers fait que de nombreux jeunes apprentis émettent le souhait de passer par chez nous. C'est bon pour leur CV !

Existe-t-il des domaines qui vous rendent uniques en termes de savoir-faire?

Ce n'est pas qu'une histoire de savoir-faire. Nous avons aussi une « âme ». Et ça, c'est difficilement achetable. Quand on va voir un client, on ne parle pas uniquement de chiffre d'affaires, mais aussi du lieu qui raconte une histoire. Nos ouvriers-compagnons sont d'ailleurs formés à l'histoire de l'art.

Quelques exemples de chantiers dont vous êtes vraiment fiers ?

Nous sommes fiers d'avoir œuvré sur le château d'Angers, après l'incendie qui l'a touché en 2009. Depuis de nombreuses années, nous travaillons sur de nombreux châteaux de la Loire dont le château de Chambord. À Paris, nous restaurons des monuments comme le Louvre, l'église de Saint-Philippe-du-Roule, le Hameau de la Reine… ou bien des hôtels particuliers. En Bretagne, on peut citer le chantier de l'église de Notre-Dame-de-la-Merci, à Trémel, qui a entièrement brûlé et que nous venons de restituer à l'identique !

Un mot enfin sur ce grand défi que pourrait constituer la restauration de Notre-Dame de Paris ?

Nous sommes bien sûr candidats ! Nous avons près de 40 charpentiers capables d'aller sur ce chantier. On croise les doigts pour que cela se fasse. Et travailler sur la flèche de la cathédrale, c'est aussi une perspective qui nous fait rêver.

> ATELIERS PERRAULT
30, rue Sébastien Cady - **MAUGES-SUR-LOIRE**
✆ 02 41 22 37 22 www.ateliersperrault.com

© ATELIERS PERRAULT

© ATELIERS PERRAULT

© ATELIERS PERRAULT

© SÉBASTIEN MICHAUD

LA NOUVELLE LIGNE A DU TRAMWAY

Le chantier du tramway progresse ! Mis en service au début du mois de janvier 2021, ce nouveau tronçon de 1,3 kilomètre redessine en partie le tracé original de la ligne A. Une ligne reliant le quartier de la Roseraie à Avrillé et contournant désormais l'hypercentre (et sa place du Ralliement), avec un passage entre les stations Foch-Maison Bleue et Saint-Serge Université, via le centre de Congrès.

LES VÉLOS CARGOS

Voilà une belle alternative à la voiture ! Nommés également triporteurs, deux de ces véhicules sont désormais proposés à la location par le ser-

© CITIZ

vice d'autopartage Citiz Angers. Ces vélos, conçus pour accueillir d'importantes charges à l'avant (idéals pour promener ses enfants ou faire des courses), sont en libre-service, moyennant quelques euros, sur le parking à vélos de la gare Saint-Laud.

https://angers.citiz.coop/

© S.GAUDARD - BIOPARC

LE CRATÈRE DES CARNIVORES

Comme pour chaque espace thématique du bioparc de Doué la Fontaine, le dépaysement est ici garanti ! Ouvert durant l'été 2020, ce nouveau site de deux hectares offre aux visiteurs un point de vue privilégié sur des guépards, un couple de lions, ainsi que des suricates et des otocyons (petits mammifères carnivores proches du renard) grâce à une vaste hutte d'observation installée en son centre.

ABBAYE ROYALE DE FONTEVRAUD

L'Abbaye royale de Fontevraud abrite désormais une superbe collection de près de 900 œuvres d'artistes des XIXe et XXe siècles. Ces sculptures, dessins, objets d'antiquités, peintures (Dufy, Toulouse-Lautrec, Soutine...) proviennent de la collection personnelle de Léon et Martine Cligman, un couple féru d'art ayant décidé de faire donation d'une partie de ces œuvres d'art à l'Etat et à la Région.

© FONTEVRAUD, LE MUSÉE D'ART MODERNE - MARC DOMAGE

LE 122

Installé au 122 rue de la Chalouère par l'association Paï Paï, ce vaste espace de 700 m² se définit comme un « tiers lieu culturel », ouvert à tous les types d'artistes amateurs désireux de développer leurs projets. Un pôle de création donc, mais aussi un outil pédagogique et un lieu d'échange, de vie, ouvert au public pour des représentations de spectacles, possédant son propre bar-restaurant.

© 122

LE JARDIN SANS EAU

Le jardin sans eau est l'une des nouveautés 2020 du parc Terra Botanica : un espace végétal parfaitement autonome, ne nécessitant aucun type d'arrosage. Les plantes sélectionnées ici évoquent bien sûr certains paysages méditerranéens (oliviers, thym, lavande), mais proviennent également des quatre coins de la planète, et ont toutes en commun leur capacité à s'adapter aux climats les plus arides.

www.terrabotanica.fr/

© TERRA BOTANICA

LES PERSONNALITÉS

Des musiciens, une sportive, un programmateur-metteur en scène, un commerçant et un vigneron : le palmarès de ce Top 5 des personnalités angevines de l'année a le regard tourné vers l'avenir. L'avenir prometteur de Lane, nouveau groupe phare de la scène rock angevine, dont on attend avec impatience la future grande tournée française, mais aussi l'avenir d'Amandine Brossier, possible future médaillée olympique, de Thomas Jolly, jeune directeur de théâtre aux projets enthousiasmants, de Jérémie Tran, commerçant à la démarche solidaire, et enfin de Mark Angeli, véritable star du vignoble ligérien. 5 personnalités «coups de cœur» qui ne doivent bien sûr pas faire oublier les dizaines d'autres rencontrées cette année, et à qui nous donnons rendez-vous dans ces mêmes pages pour l'édition 2022.

© PHILIPPE MILLEREAU / KMSP / FFA

AMANDINE BROSSIER

EN ATTENDANT TOKYO...

L'athlète angevine qui monte ! A 25 ans, Amandine Brossier, membre du club d'Angers Athlé, a déjà remporté plusieurs titres prestigieux : médaille d'argent en 2017 aux Championnats d'Europe Espoirs sur le relais 4x100 m, championne de France Elite du 200 m en salle en 2018, puis à nouveau championne de France Elite en salle, en 2020, pour le 400 m. De quoi donner des rêves olympiques, non ?

© REMI SOURICE

LANE

QUAND LE ROCK SE JOUE EN FAMILLE

Quand de glorieuses figures du rock angevin (les Thugs) s'associent à leurs héritiers (Daria), cela donne Lane, traduisez Love And Noise Experience. Un rock abrasif, urgent et intemporel. Dans la foulée d'un 1er album sorti en 2019, les frères Sourice (plus un fiston !) et les frères Belin ont sorti à l'été 2020 « Pictures of a Century », disque salué comme il se doit par une critique unanime.

© NADINE DE FARCY

JÉREMIE TRAN

UN COMMERÇANT AU GRAND COEUR

Gérant de la boutique « Produits de cœur », dans le quartier trélazéen de la Quantinière (produits alimentaires 100 % locaux), ce commerçant a gagné son entrée dans notre Top 5 grâce à un geste d'une rare élégance : proposer aux commerçants sommés de fermer leurs portes durant le confinement de l'automne de mettre leurs produits en vente dans son propre magasin, sans prendre aucune marge.

© CHRISTOPHE MARTIN

THOMAS JOLLY

LE NOUVEL HOMME FORT DU QUAI

Comédien, metteur en scène de théâtre, d'opéra et même de comédie musicale (la nouvelle version de *Starmania*, en 2021, c'est lui !), Thomas Jolly a pris les rênes du Centre Dramatique National du Quai au tout début de l'année 2020. Comme son prédécesseur, Frédéric Belier-Garcia, il prône pour ce temple de la culture angevine une une offre théâtrale à la fois populaire, exigeante et festive.

© MARK ANGELI

MARK ANGELI

PLUS QU'UN VIGNERON, UN ARTISTE!

A la tête de son domaine de la Sansonnière, sur les coteaux de Thouarcé, depuis plus de trente ans ce vigneron a récemment décroché 3 étoiles dans le très respectable guide de la *Revue du vin de France*. Une distinction unique pour un domaine angevin ! Rien d'étonnant, au final, quand on sait que ses vins en biodynamie s'arrachent depuis longtemps sur les tables des plus grands restaurateurs étoilés.

LES RESTAURANTS

Voilà sans doute le Top 10 ayant suscité le plus de doutes, d'interrogations, et au final de débats passionnés au sein de notre pôle de rédacteurs-gastronomes ! Oui, qui dit « coups de cœur » dit forcément jugements subjectifs... Certains d'entre nous se sont emballés pour des pizzas au croustillant incomparable, de copieuses pièces de bœuf et leurs frites maison, des cochons bien confits, d'autres pour d'étonnantes pâtes flambées, des dorades plus que royales, ou encore de savoureux cheesecakes aux accents provençaux... Des cuisines aux sensibilités et aux ambitions souvent différentes les unes des autres, mais toutes synonymes d'un excellent rapport qualité-prix et ayant en commun cette valeur ô combien essentielle pour tout bon restaurateur qui se respecte : l'amour des produits !

PROVENCE CAFFÉ

UNE VALEUR SÛRE

Vue imprenable sur la Place du Ralliement, belle salle lumineuse à la déco épurée, cuisine raffinée aux tarifs abordables : ce lieu bien connu des gastronomes angevins mérite vraiment sa place dans notre Top 10. Pour vous en convaincre, venez donc tester leur tartare de poisson à l'essence de vanille, leur souris d'agneau confite aux fruits exotiques ou leur cheesecake au pain d'épices et lavande.

▶▶ Page 50

© PROVENCE CAFFÉ

© DADDY

DADDY

CONVIVIAL ET RAFFINÉ

En baptisant son restaurant « Daddy », Clément Garnier a voulu rendre hommage à son grand-père qui lui a transmis l'amour de la cuisine. Une cuisine traditionnelle, à tendance bistronomique, basée sur des produits de saison. La spécialité du lieu ? Les pâtes flambées dans la meule de parmesan. Un plat étonnant dont il est possible d'assister à la préparation dans un petit coin de la salle !

▶▶ Page 45

© LA PASSERELLE

LA PASSERELLE

LA PASSION DES SAISONS

L'ouverture de ce joli restaurant de quartier, derrière la gare, est l'une des belles surprises de l'année 2020. On ressort conquis par l'esprit de convivialité qui souffle sur cet établissement, avec sa cuisine ouverte sur la salle, et bien sûr par sa cuisine de saison, saine et privilégiant les circuits courts : velouté de potimarron, maigre et son crémeux de brocolis, pavlova exotique...

▶▶ *Page 46*

© UN BRIN FOLK

UN BRIN FOLK

DES PIZZAS AU TOP !

Si le décor et le nom de ce bar-restaurant bien connu de la rue Boisnet n'évoquent en rien l'Italie, les pizzas que l'on y sert, en revanche, n'ont rien à envier à celles que l'on déguste dans les meilleures pizzérias de Naples, de Florence ou de Rome ! Des pizzas à la pâte aussi fine que croustillante, à déguster accompagnées d'une bonne bouteille de vin naturel (l'autre spécialité de l'endroit).

▶▶ *Page 66*

© RESTE AU 51

RESTE AU 51

UN NUMÉRO GOURMAND

Du velouté de potimarron au craquelin praliné en passant par le risotto de gambas ou la ballotine de volaille, la carte de ce petit restaurant au cadre intime ne souffre vraiment d'aucune fausse note. Une cuisine traditionnelle et gourmande, à la présentation soignée, faisant la part belle aux produits locaux. Epicurien jusqu'au bout, le lieu possède également une cave à vins et à fromages.

▶▶ *Page 56*

© AFFAMÉS

AFFAMÉS

UNE CUISINE DE MARCHÉ GÉNÉREUSE

Les maîtres-mots du lieu ? Simplicité, générosité, fraîcheur... Quant aux superlatifs, ils sont de rigueur pour évoquer les merveilles proposées ici chaque jour à l'ardoise : merlu fumé, choux vinaigrés et lentilles, filets de canette, pita de cochon confit, riz au lait et caramel fleur de sel, figues rôties au xérès... Du plaisir à l'état pur, comme du côté de la carte des vins d'ailleurs !

▶▶ *Page 45*

© AUX JEUNES POUSSES

OSÉ

LES ÉPICURIENS DU BIO

Installés dans les murs de l'ancienne Villa Toussaint, Bernard Joly et Catherine Pasquet ont fait en quelques années de ce restaurant spacieux et lumineux un des hauts lieux de la gastronomie tendance bio. Leur chef, Cédric Barré, mise sur des produits locaux, même si sa cuisine évoque aussi de manière subtile les nombreux voyages qu'il a pu effectuer avant de poser ses valises en Anjou. ▶▶ *Page 50*

AUX JEUNES POUSSES

UN JEUNE RESTAURANT QUI MONTE

Fort de ses expériences passées dans plusieurs établissements étoilés, le chef angevin Clément Paillard est revenu sur ses terres d'origine pour nous offrir, avec sa compagne Tiffany Ganahoa, une cuisine de très haut niveau. Chaque énoncé de plat fait immanquablement rêver et saliver : ragoût de champignons d'Anjou à la fourme d'Ambert, mousseline de volaille, nuage de chocolat... Du grand art ! ▶▶ *Page 54*

© LE GUSTAVE

© O'PLAISIR

LE GUSTAVE

RABELAISIEN DANS L'ESPRIT

Peu de chances de trouver ici, sur la carte, une émulsion de jeunes radis au bouillon de courges ou un flan de navets vapeur ! Non, ici, c'est plutôt le royaume du foie gras, de l'entrecôte-frites maison, des tagliatelles fraîches-crevettes curry ou encore du cheesecake aux fraises. Du traditionnel, gourmand, simple et parfaitement exécuté, le tout dans un cadre à la fois intime et chaleureux. ▶▶ *Page 54*

O'PLAISIR

COMME IL PORTE BIEN SON NOM

Voilà bien un lieu où le charme du décor va de pair avec les talents du chef. Quel « plaisir », oui, de prendre place dans cette magnifique et lumineuse salle, pour y déguster la cuisine de Julien Soreau. Une cuisine à la fois simple et raffinée où le produit est roi : foie gras poêlé et chutney de mangue, cochon confit et grillé, dorade royale et ravioles aux cèpes, financier à la pistache... ▶▶ *Page 50*

LES INSOLITES

Insolites, inattendus, originaux : qualifiez-les comme vous le voudrez : les adresses, événements ou initiatives figurant ici ont le mérite de nous faire sourire, de nous surprendre, et surtout nous poussent à nous réjouir de vivre dans une ville où l'audace et l'envie de sortir des sentiers battus ont pignon sur rue. Oui, à Angers on peut pratiquer le lancer de hache devant une bonne bière, savourer des instants félins en dégustant une pâtisserie, redécouvrir sa région grâce aux énigmes d'un verbicruciste, jouer aux gastronomes 100 % végans ou aux Eliot Ness de comptoir dans un bar clandestin, évoquer les esprits de l'au-delà, faire flotter des jardins sur la Maine, faire customiser ses chaussures, apprendre à cuisiner des fleurs sauvages ou encore souffler les 70 bougies d'une droguerie.

CATS AND COOKIES

POUR RONRONNER DE PLAISIR

Si le concept de bar à chats n'est plus vraiment une nouveauté, il n'en reste pas moins toujours aussi séduisant, surtout quand il se décline sous la forme d'un lieu gourmand, proposant de délicieuses pâtisseries, sandwichs ou quiches maison. Ici, une dizaine de gentils félins, tous adoptables, s'offrent tranquillement aux caresses des clients dans un cadre à la fois simple et chaleureux.

▶▶ *Page 108*

© SÉBASTIEN MICHAUD

© L'ESPRIT DU CHAUDRON

L'ESPRIT DU CHAUDRON

UN LIEU ENSORCELANT

Bienvenue dans le temple angevin de l'ésotérisme et du paranormal ! Créatrice d'une série documentaire sur les lieux historiques hantés (The Believers), Sandy Lakdar accueille les convaincus comme les sceptiques avec le même sourire. On trouve dans sa boutique de la rue Saint-Julien des pendules, livres, bijoux, miroirs de divination, jeux de cartes, huiles de purification... Esprit, es-tu là ?

http://lespritduchaudron.fr/

© JULIEN POIRIER

LES MOTS FLÉCHÉS DE JUJUBIER

SUIVEZ LES FLÈCHES !

Julien Poirier est verbicruciste, traduisez créateur de mots fléchés. Ses ouvrages ont pour thématiques les départements de notre région des Pays de la Loire et nous offrent une belle occasion de redécouvrir leur patrimoine à travers l'histoire, la géo, la gastronomie, le sport… Disponible chez vos marchands de journaux et rayons presse des supermarchés.

© PY.BRART

LE GATSBY BAR

UN SECRET BIEN GARDÉ

Il avait échappé à nos investigations l'an dernier ! Ce bar à cocktails dans l'esprit des années 1920, théâtre de nombreuses soirées thématiques, joue (en toute légalité, rassurez-vous) la carte de la clandestinité, en adoptant les codes des bars existant à l'époque de la prohibition. L'adresse ? Pour se la procurer, rendez-vous sur le site Internet du lieu, où un code secret vous attend !

▶▶ *Page 111*

© ECRIVONS.ANGERS.FR

PROJETS VERTS DU BUDGET PARTICIPATIF

POUR VOIR LA VIE EN VERT

Pour cette troisième édition du budget participatif de la ville d'Angers, des Angevins ont fait preuve d'une belle imagination sur le thème de la transition écologique. Parmi tous les projets «verts» retenus pour le futur, la végétalisation de certains murs de la ville, des jardins flottants sur la Maine (si ! si !) ou encore des forêts urbaines à forte densité, destinées à doper la biodiversité.

© AMERICAN FURY

AMERICAN FURY

BORN IN THE USA!

Amateurs de salons de thé, passez votre chemin ! Le bar American Fury assume à 100 % son côté « Amérique profonde ». Ici, on boit de la bière ou des spiritueux tout en s'initiant (en toute sécurité !) au lancer de hache ou au tir de fusil d'assaut grâce à un simulateur. Ajoutez à cela la venue de temps à autre d'un barbier ou d'un tatoueur, et vous obtiendrez un lieu aussi unique que viril !

▶▶ *Page 107*

© MAUVAISE GRAINE

MAUVAISE GRAINE

LE MEILLEUR DU SNACKING VEGAN

Cuisine ouverte sur la salle, ambiance « friendly », produits bio et locaux : on applaudit le projet de Mona et Pierre, qui proposent depuis un peu plus d'un an un concept de restauration rapide 100 % végane. Une cuisine militante, inventive, surprenante, mais toujours savoureuse, à l'image de ce burger indien à base de courgettes façon Tikka Massala, fromage végétal et oignons frits. Unique !

▶▶ *Page 65*

© SÉBASTIEN MICHAUD

LES ATELIERS DE RADIS ET CAPUCINE

LE «DIY» SOUS TOUTES SES FORMES

DIY : *Do It Yourself*. Traduisez « Faites-le vous-même ! » Pour vous y inciter, autour de la thématique du végétal, cette enseigne de la place Molière a mis en place plus de 70 ateliers à destination de toute la famille. On apprend ici à fabriquer des cosmétiques bio, de l'encens naturel, des produits d'entretien, un terrarium, ou encore à brasser sa propre bière !

▶▶ *Page 119*

© FABRICE QUINTON

DROGUERIE SAINT-JULIEN

UNE VÉNÉRABLE SEPTUAGÉNAIRE

Un seul coup d'œil à l'enseigne suffit pour comprendre que l'on a affaire à un commerce à la longévité hors normes. Ouvert en 1950, ce lieu vient de fêter ses 70 ans ! Les décennies passent, les propriétaires changent, sans que cette caverne d'Ali Baba du produit d'entretien, du bricolage, du ménage ou encore de l'éclairage ne faillisse jamais à sa mission.

▶▶ *Page 165*

© XVI CUSTOM

XVI CUSTOM

UNE ARTISTE BIEN DANS SES POMPES!

Dans son petit atelier-boutique de la rue du Commerce, près de la place Imbach, une jeune créatrice du nom de Sixtine (d'où le nom de la boutique) se propose de customiser, personnaliser, tous vos modèles de chaussures sneakers au moyen d'une peinture spéciale et imperméable. Sa spécialité ? L'univers des Mangas, mais vous pouvez bien sûr lui soumettre vos propres idées d'illustration.

EXIT MUSIC FOR A DRINK

UN DERNIER DISQUE POUR LA ROUTE !

Baptisé en référence à une des plus belles chansons du groupe Radiohead, ce café-disquaire de la rue Bodinier occupe une place de choix dans le cœur des mélomanes angevins. A la tête de ce lieu chaleureux et dynamique, Dalhia Mahot, une passionnée comme on n'en fait plus !

Avez-vous toujours voulu être disquaire ?

La musique a toujours été mon moteur. Enfant, je passais mes journées dans ma chambre à l'affût des morceaux qui me rendaient folles pour les enregistrer sur mes cassettes et en faire des compilations toutes décousues. C'était top ! La passion ne s'est jamais éteinte, et cela m'a paru tout naturel d'en faire mon métier.

Comment sélectionnez-vous les disques vinyles présents en magasin ?

Ecouter les sorties musicales à longueur de journée, tâcher de ne rien rater pour ensuite sélectionner ce qui colle le mieux à ma clientèle et à la boutique, c'est mon quotidien. On retrouve dans les bacs mes coups de cœur, forcément, mais aussi des albums qui correspondent moins à mes goûts, mais qui sauront trouver leur public. Ma démarche a toujours été d'être la plus large possible dans ma niche. Cela reste un pari, un risque, mais c'est gratifiant lorsque l'on fait mouche. Beaucoup de style sont présents dans la boutique, mais mes petits chouchous restent le rock indépendant dans son sens le plus large, et la folk. Rester ouvert à tout est essentiel, même si certains styles demandent plus d'efforts que d'autres.

On voit très peu de disquaire femmes ! La musique serait elle un monde macho ?

S'il n'y avait que le monde de la musique !

Le secteur des disquaires, aujourd'hui, il se porte comment ?

Etre disquaire aujourd'hui, c'est lutter quotidiennement contre les injustices du marché, que ce soit au sein même de la chaine de distribution mais également au niveau du soutien et de la reconnaissance gouvernementale. Alors, on continue de se battre, parce que l'on aime notre métier plus que tout, mais le climat actuel n'est pas en notre faveur…

Vous avez aussi décidé de faire de ce lieu un espace de coworking…

Je l'ai ouvert il y a un peu plus d'un an. Il s'appelle From The Basement. Un open-space situé en dessous de la boutique. C'est la déclinaison studieuse d'Exit Music. Une déco chinée, une ambiance décontractée et confortable, mais avec le calme que requiert un espace de travail !

› EXIT MUSIC FOR A DRINK

4 bis, rue Bodinier - Angers

✆ 09 54 75 93 17

© EXIT MUSIC FOR A DRINK

LES GRAINES DE VAINQUEUR

« Graines de vainqueurs» ? Voilà une rubrique dans laquelle nous avons décidé d'inclure tous ceux qui ont su, au cours de l'année passée, ouvrir des commerces, lancer des concepts ou finaliser des projets, et à qui l'on souhaite longue vie, tant ils nous ont semblé pertinents, nécessaires, évidents. Bienvenue donc dans ce dernier Top 10 aux bons petits plats et produits d'excellence de Potiron et Ciboulette ou de Brandolini, au commerce en ligne Angersshopping.com, aux amoureux du bon whisky et des bonnes glaces de Whisky District et de la glacerie d'Anjou, aux rois du vrac de la rue Beaurepaire ou d'Avrillé, aux passionnés de la culture électro de Mixape, aux apôtres du jardinage urbain de la boutique Jane, ou, à quelques encablures de la Maine, au tout nouveau temple du skate angevin.

BRANDOLINI

LE MEILLEUR DE L'ITALIE EN VERSION SNACK

Enorme coup de cœur pour ce petit snack dans lequel Philippe se rappelle au bon souvenir de ses origines italiennes. Pour des prix vraiment très doux, on savoure ici de belles salades composées de produits d'exception (burrata des Pouilles), des sandwichs à base de schiacciata (pain traditionnel toscan) et des plats de pâtes au pesto ou carbonara cuisinées dans les règles de l'art. *Grazie mille !* ▶▶ *Page 76*

© SÉBASTIEN MICHAUD

© SÉBASTIEN MICHAUD

WHISKY DISTRICT

DES SPIRITUEUX D'EXCEPTION

A tous ceux qui croient encore que les bons whiskies ne se trouvent exclusivement qu'en Ecosse ou en Irlande, cette jolie boutique de la rue des Poëliers apporte un démenti formel ! Marc, le maître des lieux, propose ici près de 250 références de whiskies venus des 4 coins de la planète : Royaume-Uni bien sûr, mais aussi Japon, Inde, Australie, ainsi que d'excellents gins, rhums ou sakés. ▶▶ *Page 101*

© CAMILLE POUR IRYS PHOTOGRAPHIE

JANE

QUEL PLAISIR DE JARDINER EN VILLE!

Quoi de plus logique que d'inclure une jardinerie dans cette catégorie des graines de vainqueurs ? Une jardinerie « urbaine et récréative », s'adressant aux citadins dépourvus de grands espaces mais désireux néanmoins de «verdir» leur quotidien. Pas de fleurs ici, mais une belle gamme de plantes adaptées aux intérieurs et balcons, des accessoires, ainsi que des ateliers pour enfants et adultes. ▸▸ *Page 169*

© SÉBASTIEN MICHAUD

POTIRON ET CIBOULETTE

BIO, FRAIS ET SANS GLUTEN

Cette petite enseigne de restauration s'adresse aux intolérants au gluten, au lactose, mais surtout à tous ceux qui privilégient les plats composés de produits frais et bio. Une cuisine simple, saine et adaptable à tous (végan, végétarien, omnivore), des rouleaux de printemps au couscous en passant par la terrine de légumes ou le crumble-glace amande. ▸▸ *Page 64*

© ANGERSSHOPPING.COM

ANGERSSHOPPING.COM

LE E-COMMERCE À TAILLE HUMAINE

Comment concurrencer les géants du commerce en ligne tout en offrant une belle visibilité aux commerçants locaux ? La ville d'Angers a trouvé la réponse en s'associant à la CCI, aux Vitrines d'Angers et à Angers French Tech, pour mettre en place Angersshopping.com via la start-up Wishibam. Ce site Internet marchand permet à près de 200 commerçants angevins de vendre leurs produits en ligne.

© MADEMOISELLE VRAC

MADEMOISELLE VRAC

ON S'EMBALLE POUR LE SANS EMBALLAGE

Il y a des franchises qui, franchement, méritent tout notre intérêt ! Installée rue Beaurepaire, cette épicerie sans emballage fait partie des sept boutiques ouvertes en France par deux sœurs normandes, Noémie et Claire Toutain. Des lieux écoresponsables, dotés d'une très large gamme de produits, souvent bio, du riz sauvage au shampoing en passant par les pistaches, le café ou les lentilles.

© LA GLACERIE D'ANJOU

© CLIC À VRAC

LA GLACERIE D'ANJOU

EN BAC, EN POT OU EN CORNET

Bien sûr, il existe dans le centre-ville d'Angers des chocolatiers ou des pâtissiers proposant d'excellentes glaces artisanales, mais une boutique d'artisan 100 % glacier, ça c'est une première ! Dans son échoppe-atelier qui se situe en bas de la rue Plantagenêt, Olivier Onfroy propose une vingtaine de parfums tous plus savoureux les uns que les autres, à déguster sur place ou à emporter.

▶▶ *Page 92*

LE CLIC À VRAC

UN DRIVE ZÉRO DÉCHET

Belle idée que celle mise en pratique depuis septembre 2020, à Avrillé, par Paul et Anaïs Rayon : un concept de boutique-drive où chaque client, après avoir passé sa commande sur Internet, vient récupérer ses achats (articles alimentaires de tous types, mais aussi produits hygiéniques et cosmétiques) sans emballage, simplement conditionnés dans des sacs et bocaux réutilisables ou compostables.

https://leclicavrac.fr/

© NADINE DE FARCY

© MIXAPE

SKATEPARK SAINT-SERGE

LE PARADIS DES SKATEURS

Avec ce nouveau site dédié en grande partie à la pratique du skateboard, tout le monde est content ! Les habitants de l'hypercentre, pas fâchés de voir ce type d'activité parfois un peu bruyante s'exporter dans un lieu conçu à cet effet, et bien sûr les skateurs, ravis de pouvoir exécuter leurs figures favorites dans un cadre adapté. ▶▶ *Page 153*

MIXAPE

LE FIEF ANGEVIN DE LA CULTURE ÉLECTRO

Elle en a fait du chemin cette petite boutique, anciennement située rue Poquet de Livonnières... Elle qui avait échappé l'an dernier à nos radars, la voilà en format XXL au cœur du centre Fleur d'eau ! Le choix de concept-store n'a pas changé, avec une belle sélection de vinyles, vêtements, chaussures, mais aussi un bar pour siroter un verre en découvrant les meilleurs « sons » du moment.

▶▶ *Page 136*

INTERVIEW

MATHILDE FAVRE D'ANNE

POUR FAIRE RAYONNER ANGERS

Bien connue des gastronomes pour ses activités de restauratrice, Mathilde Favre d'Anne est devenue au printemps 2020 adjointe au maire chargée du rayonnement de la ville et du tourisme. L'outil pour mener à bien sa mission ? Destination Angers

Quel est le rôle de Destination Angers ?

Il s'agit d'une agence de rayonnement regroupant plus de 200 acteurs touristiques angevins. Son rôle dépasse les parties visibles de l'iceberg que sont l'accueil des visiteurs et l'organisation d'évènements au Centre de Congrès et au Parc des Expositions. Cet outil vise à assurer les conditions d'un développement optimal et cohérent du tourisme d'affaires et de loisirs.

Quel est le bilan touristique de l'été 2020 ?

Malgré un rebond estival, la pandémie a eu bien sûr un impact négatif. La présence de la clientèle française et le développement du tourisme de proximité ont constitué un motif de satisfaction, mais cela n'a pas compensé la forte baisse de fréquentation des étrangers. La tendance à Angers a toutefois été différente des Pays de la Loire, avec une augmentation de la durée des séjours. Ce sont les activités de plein air et les hébergements locatifs individuels qui ont le mieux résisté.

Un mot sur les concepts « 1001 nuits » et « 101 expériences » mis en place l'été dernier ?

Pour 1001 nuits, il s'agissait d'une nuit offerte pour tout séjour de 2 nuits minimum dans un hôtel de l'agglomération angevine, et ce afin d'inciter les touristes à séjourner plus longtemps. Et avec 101 expériences, nous avons misé sur l'idée de micro-aventures : des activités orientées plein air dans un contexte de déconfinement : balades à vélo dans le vignoble, visites d'Angers sous des angles insolites (Street Art, Angers Running Tour), du tourisme fluvial…

Comment se positionne la ville d'Angers en termes de politique de tourisme ?

Ce positionnement se résume en 2 mots : « Ville nature ». Angers est une ville verte et sportive, qui compte comme principaux atouts son riche patrimoine, sa vie culturelle, son art de vivre.

Le fameux déficit d'image d'Angers, il existe toujours?

L'image d'Angers évolue positivement depuis quelques années. L'excellente position de cette destination dans les nombreux classements entre villes françaises témoigne de cette tendance propice au développement touristique.

› DESTINATION ANGERS

✆ 02 41 23 50 00
officedetourisme@destination-angers.com
angersevents@destination-angers.com

© FRANCK ANDERSON

© SAIKO3P - STOCK.ADOBE.COM

JE VISITE MA VILLE

Ah la fameuse « douceur angevine » ! Voilà une expression se rattachant certes à certaines réalités climatiques, mais qui éclipserait presque dans l'inconscient collectif tout ce que cette région, et Angers en particulier, ont également à offrir. Oui, pour le touriste qui souhaite découvrir cette ville, ou l'Angevin qui désire mieux la connaître, oublions un instant cette fameuse « douceur » pour évoquer le dynamisme de son offre en termes d'événements festifs, culturels, sa formidable richesse patrimoniale ou encore ses nombreux atouts en matière de « ville verte ». La rédaction des pages de cette rubrique a fait remonter en nous tant de belles images, de souvenirs et de sensations fortes : l'incroyable majestuosité de la Tapisserie de l'Apocalypse, les couleurs du Parc de la Garenne en automne, la délicieuse odeur d'orange confite se dégageant des cuves de la distillerie Cointreau, le vent de psychédélisme soufflant sur le public du festival de rock Levitation, ou encore les applaudissements nourris des amateurs de théâtre, un soir d'été, depuis les gradins du vénérable festival d'Anjou.

CULTURE

LES ACCROCHE-CŒURS

Boulevard de la Résistance ✆ 02 41 05 40 00
www.angers.fr
2e week-end de septembre. Restauration.

Lancé il y a plus de vingt ans, le festival des Accroche-Cœurs convie les Angevins, chaque deuxième week-end de septembre, à venir découvrir gratuitement le talent de dizaines de compagnies des arts de la rue. Un gigantesque mélange des genres, entre déambulations, fanfares, théâtre de rue, installations plastiques... Et tout cela sur le mode interactif, puisque durant ces jours de fête les Angevins sont invités à participer à des défis délicieusement absurdes et à adopter un «dress code» collant au thème choisi pour chaque édition : «la vie en rose», «anges et démons», ou encore la «parenthèse en chantier», choix ô combien judicieux pour se fondre avec les travaux de la ville !

FOIRE

CONNECTED WEEK

www.connectedweek-angers.fr
En novembre

Angers n'en finit pas de valoriser ses compétences en matière de nouvelles technologies. Conférences et débats, visites, challenges, ateliers, forums et autres animations se succèdent pendant une semaine, autour de la transformation digitale. Une mise en lumière des filières d'excellence donne le ton, autour de 5 temps forts, notamment la transition numérique (RH, business et technologies), l'enseignement supérieur, la recherche, l'industrie du futur. Un hackathon en ligne dédié du tourisme s'ajoute au programme. Ces journées sont surtout adressées aux professionnels, mais le grand public a sa journée « Avenirs numériques », en clôture de la Connected Week.

CULTURE

ANGERS GEEK FESTIVAL

https://angersgeekfest.com/
En octobre.

Initialement prévu les 4 et 5 avril, le premier festival angevin dédié à l'univers geek a dû être reporté au mois d'octobre. Sur 10 000 m², trois «labels» représentent les différentes facettes de cette pop culture. Le label Tech s'intéresse aux nouvelles technologies : robotique, intelligence artificielle, transhumanisme. Le label Cosplay réunit de son côté les passionnés de déguisements et de mangas. Enfin, le label eSport est celui de la compétition sur jeux vidéo, avec organisation de tournois. Des conférences et des dédicaces sont aussi au programme, pour un festival à portée nationale. L'interprète de Seamus, dans *Harry Potter*, est l'invité phare de cette première édition.

LIVRE

FESTIVAL ANGERS BD

angersbd.fr/le-festival/
En décembre. De 10h à 18h30. Entrée : 6 €. Gratuit -12 ans, réduction 1 € carte Cezam. Passeport 2 jours 10 €. Restauration.

Ce Festival attendu par les amateurs de BD et qui a fêté ses 20 années en 2019, est organisé chaque année (sauf en 2020 où il a été reporté) en décembre et réunit de nombreux auteurs et dessinateurs de bande dessinée autour d'un thème : BD jeunesse et humour, BD nature et environnement, BD et cinéma, BD et rock, BD et polar. À cette occasion, des rencontres avec le public sont organisées ainsi que des séances de dédicace, des expositions et des remises de prix comme le prix Première Bulle. L'affiche du Festival est réalisée chaque année par un dessinateur différent. Pendant 2 jours, vous pourrez aussi flâner devant les stands proposant des albums neufs ou d'occasion à la vente.

MANIFESTATION / ÉVÉNEMENT

ANJOU VÉLO VINTAGE

✆ 02 41 38 60 00
www.anjou-velo-vintage.com
Depuis Saumur et dans les sites touristiques majeurs, fin juin ou début juillet chaque année. Inscription payante.

Chaque début d'été, cet événement pousse sur les routes du Saumurois près de 10 000 amoureux de la petite reine version rétro. 2 conditions à remplir pour y participer : rouler au moyen d'une bicyclette datant d'avant 1987 (pédales automatiques exclues !) et adopter un dress code 100 % vintage, allant de la Belle Époque jusqu'aux années 1960. Tous ces bérets, bretelles, coiffures fifties et robes corolle se donnent rendez-vous durant 2 jours sur une dizaine de parcours longs de 30 à 130 km. C'est aussi 3 jours de fête et d'ambiance guinguette, un festival Vintage avec 3 jours de concerts gratuits, un village vintage avec un salon du rétro et une brocante de vélos, vintage bien sûr !

THÉÂTRE

LE FESTIVAL D'ANJOU

49, boulevard du Roi-René ✆ 02 41 88 14 14
www.festivaldanjou.com
De mi-juin à fin juin. Entrée : 32 € (tarif réduit : 16 €). Forfait famille (2 adultes + 1 jeune) : 68 €.

Avec ses 25 000 spectateurs par an, le Festival d'Anjou est le 2e festival de théâtre en plein air de France derrière celui d'Avignon ! Au château du Plessis-Macé, au cloître Toussaint ou encore aux arènes de Doué-la-Fontaine, l'événement accueille chaque été une vingtaine de créations, pièces du répertoire classique, vaudevilles, récitals, spectacles jeune public... Une programmation haut de gamme confiée depuis 2020 à Jean-Robert Charrier, directeur du théâtre parisien de la Porte Saint-Martin. Belle idée également d'avoir créé il y a 2 ans les Hivernales du Festival d'Anjou, une série de spectacles à savourer cette fois en intérieur, sous les dorures du Grand Théâtre du Ralliement.

MUSIQUE

FESTIVAL DE TRÉLAZÉ

Hôtel de ville - **TRÉLAZÉ**
✆ 02 41 33 74 74
www.trelaze.fr
Fin juin à fin août.

Voilà maintenant 25 ans que ce festival rassemble en masse les mélomanes comme les simples curieux. Au Parc du Vissoir ou à la salle de l'Arena Loire, c'est plus de 200 000 spectateurs qui ont répondu présent lors des dernières éditions. Il est vrai que le concept d'une vingtaine de concerts gratuits, tout au long de l'été, est on ne peut plus fédérateur ! On y retrouve des artistes de la scène locale, des stars de la variété française, des artistes de variété internationale, sans oublier l'incontournable soirée NRJ in the Park, regroupant chaque année une poignée de noms mis en avant par la célèbre radio.

CULTURE

LEVITATION FRANCE

Le quai
www.levitation-france.com
Chaque troisième week end de septembre.

Cela va sans dire, Angers est une ville musicale à la richesse incontestée et le festival Lévitation en est un symbole. C'est un des tout meilleurs festivals de rock qui se déroule peu après la rentrée des classes dans le hall et la salle de 900 places du théâtre du Quai. Depuis 2014, ce festival accueille une large programmation de groupes de rock indépendants, à connotation psychédélique majoritairement, même si cela tend à s'ouvrir de plus en plus. Entre légendes et nouvelles révélations, il y a de quoi passer deux jours en apesanteur au sein de ce festival à échelle humaine. Pour les fans, des stands sont réservés aux disquaires, sérigraphistes, instruments de musique et fripes !

CINÉMA

FESTIVAL PREMIERS PLANS

9, rue Claveau ✆ 02 41 88 92 94
www.premiersplans.org
Fin janvier. Billetterie en pré-vente fin décembre au cinéma Les 400 Coups ou sur Internet.

Doit-on vraiment présenter le festival Premier Plan ? Le festival de cinéma d'Angers ! Il présente les premières œuvres cinématographiques européennes et met en compétition une centaine de premiers films européens. Les premiers films de jeunes réalisateurs sont mis en avant avec des récompenses et de belles découvertes sont à la clé. Créé depuis 1989 par Claude-Eric Poiroux (fondateur du cinéma Les 400 coups), il est devenu un événement les plus courus des férus du grand écran. De nombreuses rencontres et lectures publiques ont lieu et des visites de stars comme Gérard Depardieu ou Jeanne Moreau... Comme a dit Nathalie Baye, présidente du jury : « Ici, ça sent bon le vrai cinéma. »

MANIFESTATION / EVÉNEMENT

MADE IN ANGERS

Tout le programme sur madeinangers.fr
Fin février, début mars.

En termes de fréquentation, Made in Angers, qui permet de visiter des entreprises d'Angers et de ses environs, est la première manifestation de tourisme économique à l'échelle nationale ! Ainsi 160 entreprises ont encore répondu à l'appel en 2020. Elles ouvrent leurs portes au public dans des domaines aussi variés que l'horticulture, l'agroalimentaire, le commerce, la santé, les transports ou encore l'artisanat. Le programme apporte des précisions concernant le public visé, l'accessibilité ou encore la distance parcourue durant la visite. Un bon conseil : réservez vite vos places sur Internet dès l'annonce du programme, car bon nombre de sites affichent rapidement complet !

GOURMAND

FOOD ANGERS

foodangers.fr
Aux alentours des 10 premiers jours de février.

Depuis 4 ans maintenant, les amateurs de vins et de gastronomie peuvent en apprendre encore davantage avec Food Angers. De multiples animations ont lieu : des ateliers, des rencontres, des dégustations, des découvertes d'entreprises, des challenges autour de la réalisation de cocktails... En 2019, il s'est même tenu un procès fictif de la biodynamie ! Les acteurs sont divers : on y trouve les services de la mairie, du département, mais aussi des associations, des particuliers ou des entreprises qui nous invitent à découvrir le terroir d'Angers et de ses environs. Les lieux sont donc tout aussi diversifiés, autant en ville (commerces, marché) qu'en campagne.

MUSIQUE

TEMPO RIVES

Cale de la Savatte
www.angers.fr/vivre-a-angers/culture/musique/tempo-rives/index.html
De la mi-juillet à la mi-août. Gratuit. Restauration.

Tempo Rives, c'est l'événement incontournable des étés angevins avec non moins d'une quinzaine de concerts répartis les mardis et jeudis entre juillet et août. Dès 19h, l'esplanade du Quai s'anime avec ses food trucks, stands de vignerons, de disquaires, tandis que montent sur scène des artistes venus des 4 coins du globe. Rock, blues, hip hop, funk, jazz, soul : Didier Granet, le programmateur, parvient chaque été à dénicher les perles rares tel Asaf Avidan ou Jeanne Added avec toujours en première partie la fine fleure de la scène locale angevine. On est assis, debout ou même allongé sur l'herbe fraîche de la butte qui surplombe la scène, le regard tourné vers le château d'Angers.

OFFICE DE TOURISME

DESTINATION ANGERS - OFFICE DE TOURISME

7, place Kennedy ✆ 02 41 23 50 00 - Face au château.
www.tourisme.destination-angers.com

Horaires modulables selon les périodes. Label Tourisme & Handicap. Fermé le 25 décembre, le 1er janvier et le 1er mai.

Vous y trouverez ici toute l'offre en matière de visites et prestations pour Angers ou dans le Maine-et-Loire : à pied, à cheval ou à bicyclette, y compris pour le tourisme fluvial, à envisager. Un grand nombre de randonnées sont disponibles et l'on peut télécharger les cartes itinéraires et leurs commentaires attenants. Signe des temps, en plus des traditionnelles cartes et guides, on pourra vous prêter une tablette numérique ou un smartphone pour partir à l'aventure ! La boutique, quant à elle, présente de jolies variétés en produits gourmands et guides locaux.

EDIFICE RELIGIEUX

NOTRE-DAME DE BÉHUARD

1, place de l'Église - **BEHUARD** ✆ 02 41 72 21 15

Ouvert toute l'année. De 9h à 19h. Visite libre, tous les jours. Gratuit. Visite guidée.

Véritable petit bijou architectural, l'église Notre-Dame-de-Béhuard veille sur les mariniers et les voyageurs qui passerait près de l'île ; car la commune de Béhuard est entièrement située sur une île de la Loire, à 16 km d'Angers. Bâtie entre 1469 et 1482 sur ordre du roi Louis XI, neveu du roi René d'Anjou, elle est un hommage à la Vierge qui l'aurait sauvé d'une noyade suite au naufrage de son embarcation dans la Loire. Une boutique au pied du sanctuaire propose souvenirs et cartes postales, tandis qu'un guide de visite, régulièrement remis à jour, est à consulter sur place. Vous trouverez au pied des marches du sanctuaires, le logis de Roy où vous pourrez acquérir divers souvenirs.

EDIFICE RELIGIEUX

CATHÉDRALE SAINT-MAURICE

Place Monseigneur-Chapoulie ✆ 02 41 87 58 45

Ouvert toute l'année. Tous les jours de 8h à 20h. Gratuit. Visite guidée.

Surplombant, du haut de ses 73 mètres, une montée de 100 marches qui mène à la Maine et à la Doutre, incendiée au Moyen Age, la cathédrale sera remaniée pour devenir l'illustration parfaite du style gothique angevin. Si elle n'est pas un joyau architectural à proprement parler, elle n'en est pas moins pourvue d'atouts intéressants avec sa très belle chaire néogothique, réalisée par un abbé artiste, son imposant maître-autel à baldaquin de style baroque et surtout de magnifiques orgues soutenues par des atlantes géants. Enfin, son exceptionnel portail polychrome du XIIe siècle, masqué depuis des années, a été entièrement restauré. Un projet de galerie est à présent à l'étude pour le protéger.

EDIFICE RELIGIEUX

PALAIS ÉPISCOPAL

2, rue du chanoine Urseau ✆ 02 41 23 50 00
www.diocese49.org/le-palais-episcopal

Visites avec l'Office de tourisme (5 €), gratuit avec le City Pass

Un joyau du patrimoine angevin encore trop méconnu ! Longtemps fermé au public, ce palais peut désormais se visiter lors des journées européennes du patrimoine mais aussi par le biais de l'office de tourisme d'Angers, en compagnie d'un guide-conférencier. Résidence des évêques angevins, inspiré du palais du Tau de Reims, le lieu possède notamment une salle synodale de toute beauté. Une explosion de couleurs du sol au plafond, dans des tons orangés et dorés. Au programme également de la visite : les appartements de Monseigneur Freppel (ancien évêque d'Angers), des salles de réception, ou encore une ancienne écurie où trônent les statues originales des « géants » de la façade de la cathédrale.

EDIFICE RELIGIEUX

ÉGLISE SAINT-SERGE

2, rue Emile-Hatais

Ouvert toute l'année. Gratuit.

L'abbaye Saint-Serge fut fondée dès le VIIe siècle par le roi mérovingien Clovis II. Passée sous la coupe des rois de Bretagne qui y déposeront les reliques de saint Brieux encore visibles de nos jours, puis développée par les comtes d'Anjou, elle est reconstruite pour devenir une église au XIe siècle. C'est à cette période qu'est construit son chœur, qui fait encore sa renommée aujourd'hui. Si elle a été livrée aux pillages durant la guerre de Cent Ans, pendant les guerres de Religion et lors de la révolution française, on peut encore admirer la statue d'Anne la prophétesse de Pierre Biardeau qui date du milieu du XVIIe siècle et qui a été conservée et sauvée à travers les époques.

EDIFICE RELIGIEUX

ANCIEN COUVENT DE LA BAUMETTE

1, chemin Bas de la Baumette ✆ 02 41 23 50 00
www.labaumette.net

Visites 3e dimanche de chaque mois, de 10h à 18h. Groupes sur rendez-vous. Gratuit -12 ans. Adulte : 5 €. Visite guidée.

Depuis les eaux de la Maine, la vue sur ce somptueux édifice du XVe siècle est digne d'une carte postale ! C'est le roi René qui fit poser les premières pierres du bâtiment, d'abord une chapelle, en 1452. Dotée de précieuses reliques, cette chapelle fut vite associée à un couvent dont le cloître, encastré dans la roche, culmine à près de 15 m de hauteur. Rabelais et Joachim du Bellay, dit-on, y séjournèrent ! Le lieu ouvre ses portes aux visiteurs une fois par mois pour une visite de la chapelle, du cloître ou encore du réfectoire doté de superbes peintures murales.

© RÉMY COINTREAU

© FABRICE QUINTON

MUSÉE

LE CARRÉ COINTREAU

2, boulevard des Bretonnières -
SAINT-BARTHÉLÉMY-D'ANJOU
✆ 02 41 31 50 50 - www.cointreau.com

Mardi-samedi 10h-16h, visite sur réservation. Adulte : de 11 à 19 €. Gratuit pour les moins de 12 ans accompagnés.

Le Cointreau, célèbre liqueur à base d'écorces d'oranges, est né à Angers ! Les frères Cointreau ont fondé leur distillerie en 1849, dans la rue Saint-Laud, et c'est en 1885 qu'Édouard a inventé cette liqueur qui fait encore aujourd'hui la renommée mondiale de l'entreprise. Baignée par de subtiles effluves d'écorce d'orange, la fascinante salle des alambics de cuivre dévoile toutes les étapes de sa conception avant de laisser place au musée racontant 170 ans de conquête familiale et de saga publicitaire ainsi que l'histoire des cocktails. On termine sa visite par une séance de dégustation et un passage à la boutique et ses gourmandises : chocolats, griottines, miels, confitures...

© FABRICE QUINTON

© RÉMY COINTREAU

MUSÉE

COLLÉGIALE SAINT-MARTIN

23, rue Saint-Martin ✆ 02 41 81 16 00
www.collegiale-saint-martin.fr

Basse saison : mardi-dimanche 13h-18h. Haute saison : tlj 10h-19h. Gratuit -18 ans. Adulte 4 € (6 € en période d'expo.)

En plein cœur d'Angers, vous trouverez l'une des plus anciennes églises au style gothique de la ville. C'est l'un des plus beaux monuments de l'ère carolingienne de France. Fermée au culte depuis la révolution, c'est aujourd'hui un musée consacré à sa propre histoire. La crypte révèle des vestiges d'une époque antique et mérovingienne. De nombreux concerts, expositions temporaires ou spectacles de danse y sont organisés tout au long de l'année. L'été des visites guidées ont lieu les samedis et dimanches dès 15h30. Le plus ? Des activités ludiques et pédagogiques pour les enfants comme la peinture du Moyen Âge, et même pour les adultes avec des murder-parties qui rencontrent un grand succès.

MUSÉE

GALERIE DAVID D'ANGERS

33 bis, rue Toussaint ✆ 02 41 05 38 90
www.musees.angers.fr

Mardi-dimanche 10h-18h. Réservation impérative pour les groupes. Gratuit -26 ans. Adulte : 4 €. Tarif réduit : 2 €.

Un musée original tout en restant classique, voilà comment nous pouvons résumer ce lieu. On y trouve des statues, des médaillons et des dessins de David d'Angers (à ne pas confondre avec le peintre David, chez qui d'ailleurs il a fait ses débuts). Souvent le résultat de commandes, les sculptures sont impressionnantes et se retrouvent à Strasbourg (Gutenberg), au Panthéon ou encore au célèbre cimetière du Père-Lachaise. Ses œuvres sont exposées dans l'ancienne abbatiale Toussaint rénovée. On apprécie particulièrement la vue depuis la belle mezzanine ainsi que la somptueuse verrière contemporaine.

MUSÉE

GALERIE DE L'APOCALYPSE

2, promenade du Bout-du-Monde ✆ 02 41 86 48 77
www.angers.monuments-nationaux.fr

10h-17h30 Gratuit jusqu'à 26 ans. Adulte : 9,50 €

Conservée dans la pénombre à l'intérieur de l'imposant château d'Angers, la tenture de l'Apocalypse, avec ses 4,5 mètres de hauteur et ses 100 mètres de long (sur les 140 d'origine), est la plus ancienne et plus importante tapisserie médiévale au monde. Elle a été commandée vers 1375 par le duc Louis Ier d'Anjou, fut découpée vers 1760 puis utilisée telle une couverture ou une bâche ! Exposée en permanence depuis les années 1950, elle a fait l'objet d'une restauration et représente l'Apocalypse de saint Jean. Nous vous recommandons les visites guidées afin de comprendre les différents niveaux de lecture et le contexte historique, politique et social de la France durant la guerre de Cent Ans.

MUSÉE

GIFFARD

Chemin du Bocage - **AVRILLÉ** ✆ 02 41 18 85 00
www.giffard.com

Fermé les samedis, dimanches et jours fériés. Uniquement sur réservation. Adulte : 5,50 € ; Groupe (20 personnes) : 4 €

La maison Giffard, à Avrillé fait partie des entreprises emblématiques de la région. Au sein de l'espace « Menthe-Pastille », la liqueur créée aux origines de la firme, une scénographie de 250 m² a été mise en place afin de vous faire suivre l'évolution et la création de cette liqueur, ainsi que celle des autres produits Giffard. Le lieu dispose également d'un pôle dégustation, baptisé atelier sensoriel, composé de deux bars : l'un consacré aux senteurs et l'autre aux cocktails. Ici, c'est aussi toute l'histoire de la firme qui se dévoile, avec des affiches, bouteilles, documents d'origine et anciennes publicités. Une visite pédagogique et ludique qui ravira les amateurs.

MUSÉE

MAISON D'ADAM

1, place Sainte Croix

Ouvert le lundi de 14h à 19h ; du mardi au samedi de 9h30 à 19h.

Qu'ils soient touristes ou simples curieux, ils sont nombreux, chaque jour, à lever la tête vers cette vénérable bâtisse ! Cette splendide maison à colombages a plus de 1 000 ans et compte parmi les plus vieilles de l'Hexagone. Un précieux témoignage architectural de notre patrimoine, mais aussi un lieu idéal pour y dénicher de belles idées de cadeaux avec la Maison des Artisans, une imposante boutique basée au rez-de-chaussée. Ici, se côtoient les œuvres de plus de 80 artistes : verres de Venise, bronzes, pièces de cristal, tapisseries d'inspiration médiévale, bijoux, sculptures, figurines en étain ou en mosaïque, coussins... Une exposition assez unique en son genre !

MUSÉE

MUSÉE DE L'ARDOISE

32, chemin de la Maraîchère - **TRÉLAZÉ** ✆ 02 41 69 04 71
www.lemuseedelardoise.fr

Horaires variables selon la saison. Démonstration de fente d'ardoise (à 16h). Adulte à partir de 4,30 €, enfant 2,20 €.

Au cœur des anciennes mines de schiste, le musée retrace l'histoire de l'extraction et de la fabrication de l'ardoise, que les fendeurs taillaient jadis pour donner aux toits de notre région cette couleur inimitable. Les salles d'exposition installées dans l'ancienne manufacture d'allumettes présentent les différentes techniques de production et d'utilisation du schiste. Dès la mi-février, une aire de démonstration permet de s'initier aux techniques de coupe d'ardoise avec un animateur. Le parc en lui-même vaut le détour car il est classé patrimoine remarquable de l'Anjou. Empruntez les sentiers pédestres et découvrez les paysages typiques des ardoisières comme les vieux fonds ou les buttes.

MUSÉE

MUSÉE DES BEAUX-ARTS

14, rue du Musée ✆ 02 41 05 38 00

www.musees.angers.fr

Ouvert du mardi au dimanche de 10h à 18h. Gratuit jusqu'à 26 ans. Adulte : 6 €. Tarif réduit de 3 €.

Situé en partie dans le logis Barrault du XVe siècle, le lieu abrite au rez-de-chaussée une riche collection d'objets – mosaïques, poteries, bijoux, ustensiles, éléments d'architecture – et de vues d'Angers, de l'antiquité à nos jours. A l'étage, les belles salles accueillent des œuvres du XIVe au XXe siècle, les peintures italiennes, des Flandres et de Hollande étant particulièrement bien représentées. Portraits, paysages, scènes guerrières ou mythologiques, natures mortes et fêtes galantes ; on peut également y voir, notamment, des esquisses d'Ingres et une sculpture de Rodin, ainsi que des toiles de l'Angevin Lenepveu. Des expositions temporaires complètent régulièrement les collections.

MUSÉE

MUSÉE JEAN-LURÇAT

4, boulevard Arago ✆ 02 41 24 18 48

musees.angers.fr

Mardi-dimanche 10h-18h. Fermé certains jours fériés. Gratuit jusqu'à 26 ans. Adulte : 6 €. Tarif réduit : 3 €.

Ce musée se compose de deux lieux bien distincts. L'Hôpital Saint-Jean, tout d'abord, accueille dans sa magnifique salle des malades du XIIe siècle, le *Chant du monde*, chef-d'œuvre signé Jean Lurçat. Long de 80 mètres, comportant dix panneaux inspirés de la célèbre tenture de l'Apocalypse, il s'agit du plus grand ensemble contemporain de tapisserie au monde. La partie dite de « l'ancien orphelinat » date du XVIIe siècle et abrite une soixantaine d'œuvres exposées sur le mode d'un parcours chronologique. Si Josep Grau-Garriga, Jean Lurçat ou Thomas Gleb y exposent leurs tapisseries de façon permanente, il est aussi possible d'y admirer des expositions temporaires.

MUSÉE

MUSÉE PINCÉ

32bis, rue Lenepveu ✆ 02 41 05 38 00

www.musees.angers.fr

Week-end 10h-18h, mardi-dimanche 10h-18h pendant les vacances scolaires de la zone B. Tarifs, rendez-vous sur le site.

Le 15 février 2020, le musée Pincé rouvrait ses portes après… 15 ans de fermeture. Dans ce superbe témoin de l'histoire angevine, édifié au XVIe, une grande rénovation a été entreprise avec l'aménagement paysager de la cour, la remise en couleur des pièces d'exposition, la scénographie atypique et sa déambulation. Désormais, le rez-de-chaussée accueille des expositions thématiques renouvelées tous les ans et mettant en lumière la diversité et la richesse de l'ensemble des collections ; tandis que le premier étage accueille l'exposition permanente centrée sur les antiquités égyptienne et gréco-romaine, ainsi que sur des œuvres des civilisations précolombiennes et extrême-orientales.

MUSÉE

MUSÉUM DES SCIENCES NATURELLES

43, rue Jules-Guitton ✆ 02 41 05 48 50

www.angers.fr/museum

Toute l'année. Mardi-dimanche 10h-18h. Fermeture certains jours fériés. Gratuit -26 ans. Adulte : 4 € (réduit : 2 €).

Ce muséum affiche le charme désuet des musées d'autrefois. En haut d'un escalier plutôt raide, de grands animaux empaillés accueillent le visiteur avant qu'il ne pénètre dans les espaces réservés à des spécimens plus petits. Une importante collection d'oiseaux naturalisés y est exposée, ainsi que nombre d'insectes. En passant par un charmant jardin suspendu on accède à la salle consacrée à la géologie, elle comprend de nombreux minéraux et fossiles de la région. Des expositions temporaires sont régulièrement programmées et un sympathique livret est remis aux enfants.

VISITE GUIDÉE

ATOUE LOIRE

32, rue des Carmes ✆ 06 85 40 26 23

www.atoueloire.com

Appeler pour connaître le point de rendez-vous du lieu d'embarcation. Tlj 9h-23h. Gratuit -6 ans. Adulte : 20 €.

Amoureux de la nature, de croisières fluviales ou simplement d'expériences originales, bienvenus à la cale de la Savate ! Michel Édouard et sa fille Audrey vous accueillent avec le sourire sur l'un de leurs bateaux traditionnels ; la gabare et la toue. A deux ou en groupe, cette association vous propose de naviguer sur les plus beaux cours d'eau du Val de Loire et vous pourrez admirer Angers d'une nouvelle manière… Et mettre les voiles sur la superbe île Saint-Aubin, Bouchemaine ou encore Béhuard. De nombreux circuits et même des animations sont possibles. Une balade féerique qui plaira à coup sûr aux petits comme aux plus grands !

VISITE GUIDÉE

LE PETIT TRAIN D'ANGERS

7, place Kennedy ✆ 02 41 23 50 00 - (face au château)

www.anjou-tourisme.com/

Haute saison : tlj 10h-18h30. Départs toutes les heures (juillet-août toutes les 30 min). Adulte 7 €, enfant 5 €.

Vous souhaitez découvrir Angers d'une façon insolite ? Le petit train offre pendant l'été une manière originale, reposante et ludique de faire un tour complet d'une petite heure dans la cité angevine. Partant du château, il traverse la Maine pour s'enfoncer dans le superbe quartier de la Doutre, puis revenir dans les sinuosités de la vieille ville. On admire la cathédrale, l'hôtel des Pénitentes, le couvent des Carmélites, le Théâtre du Quai, la Maison d'Adam… Un circuit commenté en plusieurs langues qui saura vous plonger au cœur de l'histoire (et des histoires) de la ville avec ses anecdotes, ses légendes… Angers n'aura plus aucun secret pour vous.

MONUMENTS & ÉDIFICES

CHÂTEAU DE BRISSAC

Rue Louis-Moron - **BRISSAC LOIRE AUBANCE** ✆ 02 41 91 22 21
www.chateau-brissac.fr
Horaires variables selon la saison. Adulte : 10 € (réduit : 8,50 €). Enfant (de 8 à 16 ans) : 4,50 €.

Le plus haut château de France (7 étages), surnommé le Géant du Val de Loire, a été reconstruit et restauré au fil des siècles. De style médiéval et Renaissance, il compte 204 pièces dont certaines sont encore habitées par ses propriétaires : la famille du 13e duc de Brissac. La visite démarre dans le grand salon où sont exposés meubles, peintures et photos, se poursuit dans la salle à manger où une table est dressée comme au temps des grandes réceptions, se poursuit dans la galerie de peinture, les chambres reconstituées et un théâtre de 200 places de la Belle Époque. Après une dégustation dans la cave du château, on termine la visite en beauté dans le parc aux allées fleuries et ombragées.

RUNNIN'CITY

Cette appli permet de visiter une ville en courant, ou en marchant, sur des parcours de 10 à 15 km grâce à un audioguide intégré. Plusieurs parcours sont disponibles dans un grand nombre de villes de France. Voilà de quoi vous occuper pendant vos sorties en solo. Vous pourriez bien parcourir des kilomètres sans même vous en rendre compte ! Voilà de quoi avoir « un esprit sain dans un corps sain ».

CHÂTEAU

CHÂTEAU D'ANGERS

2, promenade du Bout-du-Monde ✆ 02 41 86 48 77
www.chateau-angers.fr
Basse saison : tous les jours de 10h à 17h30, haute saison : 9h30 à 18h30. Tarif plein : 9 € ; réduit et groupes : 7 €.

Pont-levis, douves sèches, 17 tours massives, un chemin de ronde sur des remparts de 5 m d'épaisseur : Angers possède une impressionnante citadelle de schiste et de calcaire ! Forteresse du XIIIe siècle, édifiée à flanc de rivière sur un piton d'ardoise, elle abrite différents bâtiments médiévaux et des jardins variés : potager suspendu, roseraie, vignoble. Vous pourrez y admirer la célèbre tapisserie de l'Apocalypse, la plus grande conservée au monde : 140 m de tissus brodés. Des visites thématiques sont programmées toute l'année. On accède au château par la jolie promenade du Bout du monde, entièrement restaurée : elle est piétonnière et possède une belle vue sur la Maine et la Doutre.

CHÂTEAU

CHÂTEAU DU PLESSIS-MACÉ

2, rue de Bretagne - **LONGUENÉE-EN-ANJOU** ✆ 02 41 32 67 93
www.chateau-plessis-mace.fr
Fermé de novembre à avril et en juin pendant le festival d'Anjou. Adulte : 6,50 €. Enfant (de 7 à 12 ans) : 4 €

Bâti à partir du XIe siècle, le château du Plessis-Macé se compose d'une forteresse imposante, d'élégantes demeures princières, d'une chapelle et d'un vaste jardin médiéval. Passez les épaisses murailles en partie en ruines et marchez jusqu'au logis de plaisance, superbe exemple de style gothique flamboyant, décoré de son balcon ciselé dans le tuffeau : sublime ! Pour les enfants et les sorties en famille, le lieu propose de nombreuses animations pédagogiques ainsi que la possibilité d'y organiser des goûters d'anniversaire. En juin, le château accueille des représentations théâtrales dans le cadre du festival d'Anjou, ainsi que le festival Très tôt en scène, en mars.

CHÂTEAU

CHÂTEAU DU PLESSIS-BOURRÉ

ECUILLÉ ✆ 02 41 32 06 72
www.plessis-bourre.com
Horaires variables, voir site internet. Adulte 10 € (étudiants 8 €). Enfant (7-15 ans) 6,50 €. Groupe (10 pers.) 9 €.

Signé Jean Bourré, Grand Argentier du roi Louis XI, le château fut édifié en seulement 5 ans de 1468 à 1473. Aujourd'hui encore, il demeure tel qu'il fut construit au XVe siècle. Il possède toutes les caractéristiques d'une forteresse de la fin du Moyen Âge avec son système de défense ; cependant, son élégance, son promenoir à arcades, ses hautes fenêtres à meneaux et le confort de ses intérieurs apprécié par plusieurs rois de France annoncent la Renaissance. En 1931, le château est classé monument historique. Des animations ont lieu toute l'année comme le tournoi de l'ordre de Saint-Michel, avec une reconstitution de joutes médiévales.

LIEU DE MÉMOIRE

MUSÉE DU GÉNIE

106, rue Eblé ✆ 02 41 24 83 16
www.musee-du-genie-angers.fr
Fermé en janvier. Ouvert du mercredi au vendredi de 13h30 à 18h ; le week-end de 14h à 18h. Gratuit.

Avec son école et son 6e régiment du Génie, Angers peut se vanter d'être l'une des capitales françaises du génie militaire. Ce musée retrace de manière autant chronologique que thématique toute son histoire. Une frise et des films permettent d'abord de découvrir son évolution depuis les Romains jusqu'au débarquement en Normandie en passant par les fortifications de Vauban et les tranchées de 14-18. La partie thématique, elle, vient illustrer les trois missions traditionnelles du Génie : combattre, construire et secourir. Le lieu expose également quelques objets d'exceptions, comme le manteau et l'épée de fonction du Maréchal Joffre ou encore un fusil de rempart datant du XVIIe siècle.

© FABRICE QUINTON

© FABRICE QUINTON

LE RU - REPAIRE URBAIN

35, Boulevard du Roi René
✆ 02 41 05 59 65
Ouvert du mardi au samedi de 12h30 à 18h ; entrée libre

Comme il a changé le Restaurant universitaire du jardin des Beaux-Arts ! Le lieu a fait peau neuve et fonctionne depuis février 2020 sous le nom de Repaire Urbain. Ce pôle culturel accueille au rez-de-chaussée le CIAP (Centre de l'Interprétation de l'Architecture et du Patrimoine), offrant un espace d'exposition, une maquette géante de la ville et une application vidéo permettant de découvrir Angers en 360°. Au 1er étage, enfin, le service des archives patrimoniales côtoie une autre salle d'exposition ainsi que l'Artothèque, lieu consacré à la diffusion de la création contemporaine, où les Angevins ont la possibilité de venir louer, pour leur propre usage, près de 1 200 œuvres originales !

© FABRICE QUINTON

© FABRICE QUINTON

...ANE COUTURIER / GALERIE CHRISTOPHE GAILLARD

SITE NATUREL

L'ILE DE BEHUARD

SAVENNIÈRES - Entre Bouchemaine et Savennières.

Commune et site naturel sur une île de la Loire au sud-ouest d'Angers. Accès libre.

Ce n'est pas un hasard si le minuscule hameau de Béhuard a été sélectionné il y a quelques années pour représenter la région Pays de la Loire dans l'émission de France 2 « Le village préféré des Français » ! Situé sur une petite île au sud d'Angers, il subit des crues régulières sans jamais se départir de son charme. Impossible de s'y rendre sans admirer l'étrange rocher qui soutient sa jolie petite chapelle construite au XVe siècle par le futur roi Louis XI, après que ce dernier a échappé de justesse à la noyade, avec son armée, dans les eaux de la Loire. Les marcheurs sont ici les bienvenus, et les voitures un peu moins (un vaste parking se trouve néanmoins à l'entrée du village).

PARC / JARDIN

JARDIN DES PLANTES

39, rue Boreau ✆ 02 41 22 53 00

www.angers.fr/vivre-a-angers/la-nature-a-angers

Ouvert toute l'année. Haute saison : tous les jours de 7h30 à 20h30. Horaires variables en basse saison.

Voici un magnifique espace boisé et fleuri de 4 hectares, en plein centre-ville. Eté comme hiver, il attire les promeneurs, les amoureux, les enfants. Chacun trouve un attrait à ce parc bicentenaire qui fut à l'origine un jardin botanique, remanié au début du XXe siècle par le paysagiste Edouard André. Entre les allées que bordent des arbres et arbustes – dont certains sont exotiques ou rares – on trouve un glacier près d'une charmante chapelle, des jeux pour les enfants, des sculptures, des volières, des lapins, des chèvres et un petit cours d'eau, où passent quelques palmipèdes. Chaque année, de nouvelles collections végétales sont mises en avant, pour le plaisir des yeux et des narines...

PARC / JARDIN

JARDIN BIOLOGIQUE DE LA VILLE D'ANGERS

Parc de loisir du lac de Maine

Mi-mars à fin octobre lundi-vendredi 13h30-17h30 et dimanche 14h-18h (fermé le samedi).

Créé en 2000, le jardin biologique d'Angers a pour vocation de promouvoir la culture des fruits et légumes bio, en accord avec la diversité animale et végétale qui l'entoure. Rénové en 2008 et 2010, il accueille différents espaces pédagogiques et thématiques. Il est en accès libre l'après-midi, pour vous permettre de venir discuter avec ses jardiniers. Ceux-ci se feront une joie de vous transmettre l'état d'esprit et les ficelles du jardinage bio ! La Maison de l'Environnement propose tous les mois des activités et des ateliers « jardin bio » autour de thèmes variés.

PARC / JARDIN

TERRA BOTANICA

Route d'Epinard ✆ 02 41 25 00 00

www.terrabotanica.fr

Avril-fin septembre. Tlj 10h-19h juillet-août. Autres horaires sur le site. Gratuit -2 ans. Adulte 20 €. 3-17 ans 15 €.

Bienvenue dans le plus grand parc européen consacré au végétal ! Ici, sur 12 hectares, on vient découvrir près de 500 000 végétaux originaires du monde entier, et ce par le biais de nombreuses attractions et jeux adaptés à toute la famille. La philosophie de cet oasis de verdure : se divertir tout en apprenant. Parmi les attractions incontournables, le voyage en coquilles de noix, la serre aux papillons, l'ascension en ballon « Terra vu du ciel » ou encore depuis 2019, le petit train du végétal. Le parc sait aussi jouer la carte de l'interactivité avec des parcours thématiques ainsi qu'un jardin malin, où l'on apprend à jardiner de façon responsable en respectant la biodiversité.

PARC / JARDIN

JARDIN CAMIFOLIA

1, rue de l'Arzillé - **CHEMILLÉ-EN-ANJOU** ✆ 02 41 49 84 98

www.jardin-camifolia.com

Juillet-août lundi 14h-21h, mardi-dimanche 10h-19h (horaires complets sur le site). Adulte 7 € (visite libre 6 €).

Camifolia a ouvert en 2008 ! Suite à cela, le parc de 3,5 hectares a reçu le label Jardin botanique de France et des Pays francophones ainsi que la marque Qualité Tourisme. Depuis, Camifolia ne s'est pas reposé sur ses lauriers et a continué de pousser et de se renouveler. De nombreuses animations seront proposées tout au long de la saison, pour faire découvrir plus de 600 espèces de plantes avec leurs vertus aux jeunes pousses comme à leurs aînés. Des ateliers, des événements, un marché aux plantes sont organisés tout au long de l'année. Différents espaces à thème sont à découvrir ! C'est toute la nature qui plante ses racines sur ce terrain.

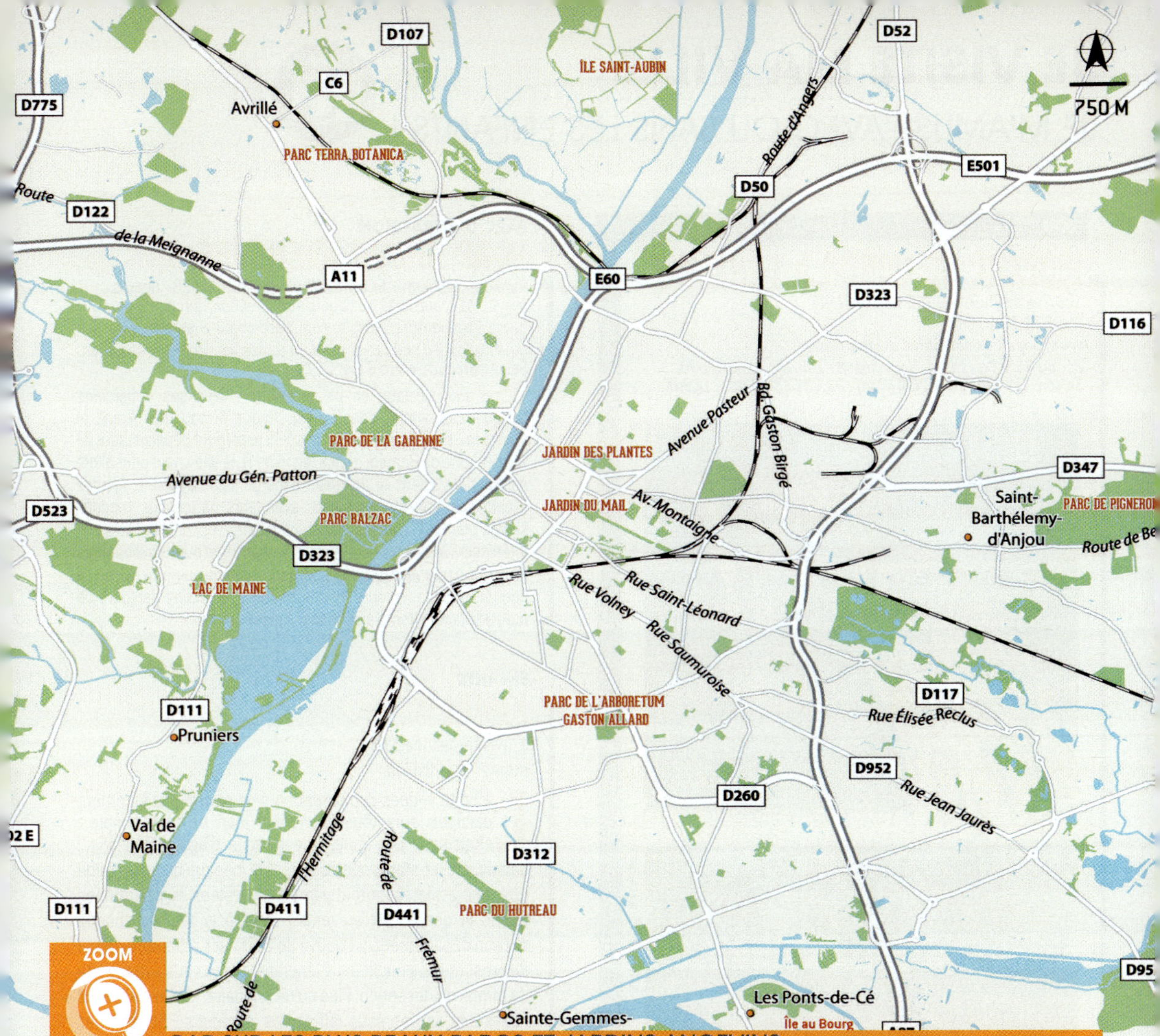

CAP SUR LES PLUS BEAUX PARCS ET JARDINS ANGEVINS

BALADES VERTES À ANGERS

C'est au **parc Balzac**, rive droite, que débute notre «balade verte». Paradis des joggeurs et jouxtant le **parc de loisirs du lac de Maine**, le lieu présente plusieurs visages, avec ses pâturages, ses petits jardins familiaux et sa vue imprenable sur la rive gauche de la Maine. A quelques centaines de mètres de son entrée, en direction de Bellebeille, **le parc de la Garenne et l'étang Saint-Nicolas**, eux, offrent des couleurs sublimes à l'automne. Un parc de 112 hectares, idéal également pour le footing mais aussi terrain de jeux et de découverte pour les enfants, avec son bassin, ses voiturettes à pédales, ses enclos d'animaux... Plus à l'est, près d'Avrillé, **Terra Botanica** revendique fièrement le titre de plus grand parc européen d'attraction du végétal ! Ici, on vient découvrir près de 500 000 espèces de végétaux du monde entier, et ce par le biais de nombreuses attractions et jeux adaptés à toute la famille. Plus à l'est encore, entre les rives de la Mayenne et de la Sarthe, **l'île Saint-Aubin** (accessible via un bac) est un vrai havre de paix pour les randonneurs. Un tour du côté de la rive gauche ? Les 4 hectares du **Jardin des plantes** offrent une belle bouffée d'air pur en plein centre-ville. Entre les allées bordées d'arbres et d'arbustes, on y trouve des jeux pour les enfants, des sculptures, des volières, et un petit cours d'eau où barbotent quelques palmipèdes. Plus excentré, dans le quartier de la Roseraie, **le Parc de l'arboretum** est bucolique à souhait avec ses 4 jardins aux ambiances contrastées où se côtoient espèces rares et essences précieuses. Rive gauche toujours, quelques lieux de tailles plus modestes méritent néanmoins une visite, comme **la promenade Jean Turc**, au pied des remparts du château, le **jardin du Mail**, au bout du Boulevard Foch, joli jardin à la française où trônent une splendide fontaine et un magnifique kiosque à musique, ou encore **l'avenue Jeanne-d'Arc,** voie piétonne dont les platanes ont été remplacés il y a 3 ans par des tilleuls, des arbres fruitiers et de petites prairies fleuries. A l'extérieur de la ville, à Saint-Barthélemy-d'Anjou, **le parc de Pignerolles**, offre un coin de verdure bucolique et rafraîchissant de 80 hectares, où de nombreux événements ont lieu aux beaux jours : feux d'artifice, animations pour enfants, musique... Enfin, à Sainte-Gemmes-sur-Loire, **le parc du Hutreau** abrite sur 9 hectares de grands arbres majestueux, des animaux (chèvres, cygnes, canards...) ainsi qu'une zone de loisirs pour les enfants.

ZOO

BIOPARC DE DOUÉ-LA-FONTAINE

103, rue de Cholet - **DOUÉ-LA-FONTAINE**
✆ 02 41 59 18 58
www.bioparc-zoo.fr - infos@bioparc-zoo.fr
7/7 du 06/02 au 14/11. Hors saison : 10h-18h30 ou 17h30. Saison : 9h-19h (été 19h30). Tarif : 23,90€ ; 3-10 ans : 17,90€.

© BIOPARC - SÉBASTIEN GAUDARD

© BIOPARC - SÉBASTIEN GAUDARD

Le Bioparc est le seul zoo troglodytique au monde et un des plus beaux de France, engagé dans la protection des espèces menacées ! Plus de 1 400 animaux, sur 17 ha, trouvent ici un cadre exceptionnel, entre végétation luxuriante, cascades, tunnels sculptés dans les falaises. Différents espaces : le Cratère des Carnivores (lions, guépards, suricates…), la grande volière sud-américaine, et aussi girafes, panthères des neiges, vautours, rhinocéros, léopards, tigres, gibbons, loups, ours, crocodiles, tortues géantes des Seychelles… Nouveauté 2021 : la volière africaine !

PARC D'ATTRACTION

PARC ANJOU AVENTURE

Parc des Sablières - **ECOUFLANT** ✆ 02 41 96 89 68 - Depuis Angers A11, sortie 14 ou depuis A87 direction Tiercé et Briollay
parcanjouaventurec.wixsite.com/parc-anjou-aventure
Ouvert d'avril à octobre et pendant toutes les vacances scolaires. Selon parcours, entre 8 € et 25 €.

De quoi s'éclater en pleine nature : avec ses 8 parcours d'accrobranche, adapté pour chaque niveau (dès 4 ans et 1 m), ses 28 tyroliennes, ses 135 jeux (pont népalais, saut de Tarzan, liane de Bornéo… Cela fait rêver !), le site a tout pour plaire à ceux qui veulent se dépenser dans un cadre agréable. Ajoutez à cela des activités proposées avec leurs partenaires (*paddle*, kayak, *paintball*, courses d'orientation, etc) : le choix est vaste et intéressera autant les familles que les sportifs et autres célibataires en quête d'une vie à enterrer ! Les plus aguerris pourront même se donner quelques sueurs froides en faisant certains parcours de nuit, une lampe frontale bien vissée sur le crâne !

ENFANTS

KIDIKLIK

1, avenue Jeanne d'Arc
https://49.kidiklik.fr

La boîte à idées des parents qui ne savent pas comment occuper leurs têtes blondes ! Rien de plus simple : choisissez une date, une tranche d'âge, une envie : balade, atelier, stage, spectacle… A la manière de notre guide futé, des activités en tout genre sont testées et répertoriées quand la qualité est au rendez-vous. A la tête de chaque section département, on trouve de véritables parents, à même de présenter les meilleurs événements pour vous éviter perte de temps ou déception. Plus qu'un annuaire, le site classe les meilleures sorties sous différentes rubriques : Se défouler, Anniversaires, Bouge ton ado, Testé et approuvé : des activités testées par des petits kidi-reporters !

PARC D'ATTRACTION

OUISTITI - COMPAGNIE

Avenue Aliénor d'Aquitaine - **BEAUCOUZÉ** ✆ 02 41 37 86 94 - Ligne de bus n° 11, arrêt Aliénor d'Aquitaine.
www.ouistiti-cie.com
Gratuit jusqu'à 1 an. Enfant (de 4 à 12 ans) : 9,90 € (8,20 € pour les 1-3 ans.

Votre enfant a plus d'un an ? Alors bienvenue chez Ouistiti ! Chaussettes aux pieds, il pourra se défouler dans ce parc d'attractions couvert de 1 500 m², et cela jusqu'à l'âge de 12 ans ! Au menu : des piscines à balles, un labyrinthe, des toboggans géants, des structures gonflables, des pistes de karts... tout cela adapté selon les âges. Et quand arrivent les beaux jours, un espace extérieur de 1 000 m² attend également vos chérubins. Le lieu est idéal aussi pour organiser des anniversaires, avec 4 types de formules allant de la simple Easy à la Night Party avec pizzas, karting et même animations disco ! Point restauration (avec terrasse en été), presse et accès wi-fi, pour les parents.

HÔTEL

21 FOCH

21, boulevard Foch ✆ 02 30 31 41 00
www.21foch.fr

Ouvert toute l'année. Accueil réception de 15h à 20h. 12 chambres. De 89 € à 210 €. Petit déjeuner : 15 €. Wifi gratuit.

Esprit loft et cocooning pour cet hôtel particulier du XIXe siècle restauré, avec ses murs blancs, parquets, et déco à la fois sobre et élégante. L'établissement propose 4 types de chambres, toutes spacieuses et lumineuses, équipées de grandes salles de bains privatives. La suite, constituée d'un salon au rez-de-chaussée et d'une partie nuit aménagée en mezzanine, sous les combles, offre un univers cosy et une literie *king size*. Le petit déjeuner, lui, est servi à table, et peut comporter à votre demande une partie salée. Enfin, puisque l'on parle plaisirs du palais, le 21 Foch c'est aussi un loft culinaire, avec son chef étoilé Pascal Favre d'Anne. Du haut de gamme à tous les niveaux donc !

HÔTEL

LES 3 LIEUX

10, port des Noues - **LES PONTS-DE-CÉ** ✆ 02 14 03 03 53
www.les3lieux.com

Accueil jusqu'à 22h. 26 ch. Ch. double 85 €/250 €. Demi-pension 45 €, sauf dim.-lun. Petit déj. 14,50 €. Parking 10 €

Cette ancienne et somptueuse fabrique de hameçons du XIXe siècle, en bord de Loire, est composée de 3 lieux : un hôtel 3-étoiles, une table gastronomique (Maître restaurateur) et un bistrot. La décoration est sobre et actuelle. Les chambres, toutes différentes, sont décorées sur le thème des métiers d'art : doreur encadreur, verrier, tisserand, ferronnier et batelier. De la chambre « éco » à la suite, elles donnent toutes sur les jardins, le port ou la Loire. Le petit déjeuner type buffet est de qualité avec des produits frais. L'ensemble est ouvert au nouvel atelier de présentations artistiques qui le jouxte, apportant un intérêt complémentaire à ces lieux réellement charmants.

HÔTEL

ACE HÔTEL

rue du Paon - **SAINT-BARTHÉLÉMY-D'ANJOU** ✆ 02 41 35 20 70
www.ace-hotel-angers.fr

Accueil 24h/24. 60 chambres à partir de 57 € Petit déjeuner inclus. Parking. Chambre familiale 4 ou 6 pers. Free Wifi.

Tout proche de l'A87, mais bien insonorisé et à seulement 5 minutes du centre-ville d'Angers, ce récent petit hôtel de chaîne confortable et économique ne présente peut-être aucun charme extérieur, mais bénéficie néanmoins d'un intérieur agréable, avec ses couleurs chaudes et boisées. Il dispose de vastes chambres climatisées, insonorisées et bien équipées (grands bureaux, wifi, téléviseurs à écran plat et salles de bains très agréables), lits XXL et couettes soyeuses. Le petit déjeuner en buffet n'apporte rien de mieux que ses confrères, mais des encas sont disponibles à toute heure. Bref, un lieu d'hébergement sans artifice, mais idéal pour les hommes d'affaires en quête de repos.

HÔTEL

DOMAINE DU MOULIN CAVIER

2, la Croix Cadeau - **AVRILLÉ** ✆ 02 41 42 30 45
hotelmoulincavier.com

48 chambres, de 77 € à 109 €. Petit déjeuner buffet 11,60 €. Piscine extérieure chauffée.

Situé non loin du parc Terra Botanica, ce bel hôtel trois étoiles a la particularité de disposer d'espaces de restauration et de réunion installés, en partie, dans un ancien moulin à vent. Des espaces originaux et parfaitement adaptés à l'organisation d'événements professionnels. La plus grande des caves possède une capacité maximale de 20 personnes et la grande salle, elle, peut accueillir jusqu'à 50 personnes. Les chambres, joliment décorées, sont dotées pour certaines de terrasses privatives. Le lieu offre également un espace bien-être (spa, sauna...), une piscine extérieure chauffée, accessible de fin mai à septembre, ainsi qu'un restaurant gastronomique ouvert du lundi au samedi.

HÔTEL

HÔTEL D'ANJOU

1, boulevard Foch ✆ 02 41 21 12 11
www.hoteldanjou.fr

Chambres à partir de 80 €. Accueil 24h/24, animaux acceptés. Petit-déjeuner 15,50 €

Construit en 1857, il compte parmi les trésors du patrimoine angevin avec son somptueux intérieur Art déco. Passé le porche, l'émerveillement est signé Isidore Odorico, célèbre mosaïste du début XXe : ses mosaïques bleu et or enchantent le séjour des visiteurs, tout comme celles de la vaste Maison Bleue sur le trottoir opposé. Ce Best Western offre une atmosphère opulente, avec tout le confort moderne. La restauration est aussi de belle gamme, l'hôtel abritant Le bistrot 1515, un restaurant bistronomique aux plats traditionnels ou inventifs présentant une carte et une formule à un prix très abordable. Le parking privé et la literie haut de gamme finiront de séduire les résidents des lieux.

HÔTEL

HÔTEL DE FRANCE

8, place de la Gare ✆ 02 41 88 49 42 - Face à la gare Saint-Laud.
www.hoteldefrance-angers.com

Chambre double de 133 € à 211 €. Petit déjeuner buffet ou en chambre : 19,50 €. Possibilité de garage privatif.

Depuis 1893, cet établissement hôtelier voisin de la gare Saint-Laud est fort bien connu et reconnu dans nos contrées angevines. On a le choix entre plusieurs types de chambres toutes au confort exemplaire : privilège (19 m²), prestige (26 m²) et exclusive (31 m²). Il y a tout ce qu'on attend d'une chambre d'hôtel digne de ce nom, une grande salle de bains, la climatisation, un mini-bar, un coffre-fort et le plus important : la table de chevet. Le petit déjeuner permet de savourer des produits bio et fermiers. C'est aussi l'endroit idéal pour les rendez-vous professionnels de plus ou moins grande ampleur avec ses deux salons pouvant accueillir jusqu'à 50 personnes et un bureau de réunion.

ET POUR DORMIR ?

HÔTEL

HÔTEL DE L'EUROPE

3, rue Châteaugontier ✆ 02 41 88 67 45
www.hoteldeleurope-angers.com
Chambre double de 56 € à 120 € ; chambre triple 75 € à 160 €. Petit déjeuner buffet : 11,50 €. Lit supplémentaire : 10 €

Proche de la gare et des commerces, cet hôtel jouit d'un emplacement idéal et offre tous les services que l'on est en droit d'attendre d'un établissement de cette catégorie. Ses 29 chambres à la décoration sobre et soignée bénéficient de double vitrage, bien utile pour ceux et celles que l'agitation nocturne de la rue Bressigny pourrait effrayer ! À l'exception des modèles standards, les chambres sont équipées de lits *queen size*, voire *king size* pour certaines catégories confort. On profite d'un petit déjeuner bien fourni, offrant certains produits bio et locaux et servi sous forme de buffet ou en chambre. Enfin, l'accueil aimable et le local à vélos gratuit en font une adresse à retenir.

HÔTEL

HÔTEL IBIS ANGERS CENTRE CHÂTEAU

Rue de la Poissonnerie ✆ 02 41 86 15 15
https://all.accor.com
95 chambres 64,5 €/148,5 €. Petit déj 9,90 €. Lit supp. 10 €. 3 chambres pour PMR (contacter l'hôtel). Animaux 5 €.

Dans la grande famille des hôtels Accor de notre ville, celui-ci est le plus grand. 95 chambres climatisées, dont 3 pour personnes à mobilité réduite, accueillent les touristes ou les professionnels. Situé à proximité des restaurants du centre-ville et face à la toute nouvelle esplanade de bord de Maine avec une vue sur rivière et le pont de Verdun, cet Ibis est devenu une adresse privilégiée. On y accède facilement, surtout depuis la RN23-A11 qui arrive à ses pieds. Son Kitchen restaurant, ouvert du dimanche au jeudi, offre les services d'un vrai chef.

HÔTEL

HOTEL DE L'UNIVERS

2, place de la Gare ✆ 02 41 88 43 58
www.hotel-angers.net
Ouvert toute l'année. Accueil 24h/24. 45 chambres ; chambre double de 50 € à 83 € ; chambre triple de 86 € à 93 €.

Avec sa facade d'allure haussmannienne, cet hôtel calme et familial, situé en face de la gare, a vu il y a 2 ans plus de la moitié de ses 45 chambres refaites de fond en comble. Des chambres plus modernes, plus confortables, disposant toutes d'un bureau, d'une télévision (avec beIN Sports), d'une salle de bains tout équipée et de grandes couettes. Les chambres familiales peuvent accueillir jusqu'à 4 personnes. Vous devez sauter dans un train dès l'aube ? Pas d'inquiétude ! Le petit déjeuner peut être servi à un horaire adapté sur demande. On apprécie enfin son bar et la possibilté, aux beaux jours, de prendre un verre sur sa terrasse ombragée, ainsi que la proximité de nombreux restaurants.

HÔTEL

HÔTEL LE PROGRÈS

26, rue Denis-Papin ✆ 02 41 88 10 14
www.hotelleprogres.com
Chambre simple de 56 € à 100 € ; double de 60 € à 100 € ; triple de 75 € à 104 €. Tarif week-end de 56 à 75 €.

Cet hôtel se situe à seulement 100 mètres de la gare et à 5 minutes du centre-ville. Ses chambres sont aussi claires et accueillantes que le salon de réception du rez-de-chaussée, avec son espace bar, ou sa salle de petit déjeuner entièrement refaite l'an dernier. A l'intérieur des chambres, tout le confort moderne, avec isolation phonique performante. 41 chambres à votre disposition dont certaines donnant sur le jardin. Elles sont déclinées en cinq types : single, standard (pour 2 personnes), twin (équipée de 2 lits), confort et triple, disposant toutes de TV écran plat, Satellite et la wifi. Membre du réseau Loire à vélo, l'hôtel peut, dans la mesure des disponibilités, prêter des vélos.

HÔTEL

HÔTEL DU MAIL

8, rue des Ursules ✆ 02 41 25 05 25
www.hoteldumail.fr
25 ch ; simple 63 € ; double 83 €. Petit déj : 11 €. Parking fermé : 7 €.

Cet hôtel, ancien couvent rénové, allie le charme de l'ancien avec la fonctionnalité du contemporain, sans oublier sa touche angevine avec sa façade en tuffeau. Attirés par cette grille de fer forgé cachant presque une jolie cour arborée abritant un somptueux tilleul centenaire, nous sommes immédiatement transportés dans un autre univers, à mille lieues du centre-ville et pourtant. Après un accueil des plus chaleureux vous pourrez profiter de la beauté du lieu et de ses hauts plafonds, ses boiseries et ses parquets de qualité. L'hôtel n'a de cesse de se rénover et la totalité des chambres et salles de bains, belles et spacieuses, sont refaites avec des styles variés.

HÔTEL

HÔTEL LOIRE ET SENS

11, chemin du Bois-Guillou - **JUIGNÉ-SUR-LOIRE**
✆ 02 41 66 30 03 – www.loireetsens.com
Chambre double 94 € à 150 € Suite 134 € à 235 €. Petit déjeuner 15 €. Restaurant. SPA. Piscine. Séminaires. Parking.

Ce complexe hôtelier est le lieu idéal pour une clientèle en quête de belles prestations, de nature et de réelle tranquillité. On y apprécie la superficie des chambres, contemporaines et toutes équipées d'une terrasse privative. Les suites comportent toutes 2 chambres totalement indépendantes. Le lieu offre également un espace bien-être de haute tenue, avec une belle piscine de 13 x 6 m, un hammam, une salle de fitness et des massages à la carte. L'établissement, faisant aussi séminaires, est doté d'un amphithéâtre et d'une immense salle de réception. Enfin, les amateurs de bonnes tables seront aussi comblés avec un restaurant gastronomique de 80 places, doté d'une jolie salle de caractère.

HÔTEL
HÔTEL MERCURE CENTRE
1, place Mendès-France ✆ 02 41 60 34 81
https://all.accor.com
Chambre double de 84 € à 179 € ; ajouter en moyenne 20 € pour une suite. Petit déjeuner buffet (18,50 €) ou en chambre

Ouf, maintenant que le Centre des congrès s'est refait une beauté, la quiétude est de retour dans cet hôtel situé en plein cœur de la ville et son parking est de nouveau accessible ! Certaines chambres Privilège ont une vue sur le Jardin des Plantes tout proche. Son espace restauration, en revanche, ne donne plus sur le jardin. L'hôtel jouit par ailleurs de tout le confort que l'on est en droit d'attendre d'un établissement de la catégorie 4 étoiles : des literies grande largeur et de qualité, un décor moderne et des prestations annexes complètes (salles de séminaire, bar ouvert tard le soir, room service et accueil parfait). Et bientôt (?) un arrêt de tram desservira directement l'hôtel.

HÔTEL
HÔTEL SAINT-JULIEN
9, place du Ralliement ✆ 02 41 88 41 62
www.hotelsaintjulien.com
Accueil jusqu'à 23h. 35 chambres (dont 3 familiales). Chambre double 66 €/115 €. Petit déj. ou en chambre : 9,50 €.

Nouveaux propriétaires et nouveau look depuis plus de deux ans maintenant pour cet hôtel qui s'est refait une nouvelle jeunesse. Idéalement situé place du Ralliement avec son bar lounge esprit *seventies*, on apprécie aussi ses grands espaces et son petit déjeuner – quoi de mieux pour commencer la journée ? Les chambres sont confortables et agréablement décorées. Une petite faim ? Ici, vous trouverez de quoi vous sustenter avec le partenariat mis en place avec « Les petits plats Meunier », un room service avec des plats déjà prêt. En quête d'un vrai restaurant, rien de plus simple ! Il y a du choix à travers les nombreuses rues piétonnes. On apprécie l'accueil professionnel mais détendu.

HÔTEL
KYRIAD ANGERS OUEST BEAUCOUZE
8, avenue Aliénor-d'Aquitaine - **BEAUCOUZÉ** ✆ 02 52 57 00 39
www.kyriad.com
Chambre double de 59 € à 109 € ; chambre triple de 79 € à 99 €. Petit déjeuner : 12 € (6 € en formule express).

Situé à 5 min du centre d'Angers, cet hôtel possède 54 chambres lumineuses, à la déco épurée, en formule triple, double ou équipées de 2 lits simples. Des lits queen et king size, pour encore plus de confort ! Pour les longs séjours, 4 chambres disposent également d'un coin kitchenette pour se restaurer en toute autonomie. Envie de vous dépenser un peu ? La salle de fitness avec tapis de course, rameur et vélos vous attend ! Enfin pour les séminaires, le lieu possède 3 salles d'une superficie totale de 180 m², pouvant accueillir jusqu'à 150 personnes.

HÔTEL
MERCURE ANGERS CENTRE GARE
18, boulevard du Maréchal-Foch ✆ 02 41 87 37 20
www.mercure.com
Accueil 24h/24. 80 chambres (dont 3 pour PMR). Animaux acceptés. Séminaires. Wifi gratuit. Restauration.

Ne vous fiez pas à son nom de « Centre gare », cet hôtel est bien situé en plein centre-ville. Il propose d'excellentes prestations dans un cadre moderne. Les chambres, disponibles de midi à 17h, accueillent jusqu'à 4 personnes. Dotées du wifi gratuit et, pour celles situées au troisième étage, d'un mini bar et d'un coffre, elles ont une baignoire lorsqu'elles donnent sur la rue. On apprécie la proximité du centre-ville, du tram, du jardin du Mail, du jardin des Plantes et du Centre des Congrès. Le restaurant Jo Carpa, attenant mais indépendant de l'hôtel, vaut le détour.

HÔTEL
MERCURE LAC DE MAINE
2, allée du Grand-Launay ✆ 02 41 48 02 12
www.mercure.com/Angers
78 chambres (3 chambres pour personnes en situation de handicap moteur). Chambre double de 62 € à 124 €.

Idéalement situé, cet hôtel se trouve à la fois proche des grands axes routiers, de la base nautique du lac de Maine, et du centre-ville d'Angers. Parfait pour allier les affaires et les loisirs. Il dispose de chambres modernes, climatisées, mais aussi d'un agréable patio. Autre grand atout de cette résidence hôtelière : 13 salles de réunion différentes et 180 places de parking. La clientèle d'affaires peut y travailler en toute tranquillité avant de se relaxer en fin de journée sur la belle terrasse de son restaurant, le Diffen. Les familles, elles, bénéficient aussi d'un accueil privilégié grâce aux chambres communicantes permettant d'héberger les petits à proximité de leurs parents.

NEW HÔTEL
NOVOTEL CENTRE GARE
1, rue Auguste Gautier ✆ 02 52 75 04 10
https://all.accor.com/
Accueil 24h/24. 86 chambres. Séminaires. Restauration. Hébergement offert pour les enfants jusqu'à 16 ans.

Ouvert à l'hiver 2020, cet hôtel Novotel est le premier à voir le jour en Maine-et-Loire et vient se rajouter aux 5 établissements déjà classés 4 étoiles sur Angers. Un hôtel, comme son nom l'indique, implanté tout près de la gare et doté sur 10 étages de 86 chambres à la décoration moderne, épurée, et affichant une vue idéale sur le centre historique. Le lieu propose également pour les séjours d'affaires plus ou moins prolongés 3 salles de réunion, un espace fitness, ainsi qu'un grand bar-lounge, au rez-de-chaussée, où un écran indique les horaires de départ des prochains trains. Pratique ! Enfin, la clientèle venue en voiture dispose, elle, des deux parkings Saint-Laud voisins.

ET POUR DORMIR ?

HÔTEL

LE ROYALTY

21, boulevard Ayrault ✆ 02 41 43 78 76
www.hotel-leroyalty.com
Accueil jusqu'à 20h. 20 chambres dont 1 PMR. Petit déjeuner 7,90 € Parking. Animaux acceptés. Wifi gratuit.

Idéalement situé, non loin de supérettes, des rues piétonnes du centre et proche du cinéma Pathé, le Royalty propose une vingtaine de chambres, y compris familiales, disposant de la climatisation ou de ventilateurs, et pouvant accueillir de 1 à 4 personnes. Le petit déjeuner en buffet y est particulièrement soigné et des soirées étapes sont possibles. Face au boulevard tout beau tout propre, le double vitrage est le bienvenu ! Pour le stationnement, aucun souci : un parking est situé juste en face (gratuit de 19h à 9h, dimanche et jours fériés) et un parking privé peut être également loué. Et comme les travaux du tramway sont en passe d'être terminés, le boulevard est beaucoup plus calme.

CHAMBRE D'HÔTE

MAISON BOSSOREIL

32, rue David-d'Angers ✆ 06 20 41 75 03
www.maison-bossoreil.fr
Fermé 1er-31 août. 5 ch. Chambre simple 65 €/120 €. Petit déj buffet inclus. Non fumeur. Taxe de séjour : 1 €/j/pers.

Les propriétaires de cet hôtel particulier du XVIIIe siècle, en plein centre d'Angers, ont su personnaliser à merveille leurs 5 chambres d'hôtes. Des chambres dont la décoration s'inspire en partie de leur histoire familiale et dont chaque nom reprend à sa manière cette fameuse sensation de luxe, calme et volupté chère à Baudelaire. Sérénité, Félicité, Délicatesse, Altesse et Éternité : chaque pièce est travaillée dans les moindres détails, offrant du lit à la salle de bains un confort maximal. On aime aussi le petit salon de lecture, commun aux 5 chambres, l'accueil chaleureux et le copieux petit déjeuner. Enfin, le lieu abrite également un joli salon de thé : «le lieu enchan'thé».

CHAMBRE D'HÔTE

CHÂTEAU DES FORGES

Chemin du Port de l'Ile Saint Aubin
✆ 02 52 60 64 85
www.slow-village.fr/chateau-des-forges/
chambre double de 90 € à 140 € ; piscine extérieure

Ce bel établissement de charme fondé en 1862 par Germain Bouyonnet-Belize bénéficie non seulement d'un magnifique parc arboré de 6 hectares mais aussi d'une superbe vue sur les basses vallées angevines. Un panorama que l'on peut aussi apprécier depuis ses 14 chambres d'hôtes, décorées avec un soin extrême, dans un style résolument contemporain. Un vrai bonheur également que de démarrer sa journée par un copieux petit déjeuner, composé de bons produits frais, puis de se promener au beau milieu des chênes, des érables et des séquoias ou de s'offrir quelques brasses en piscine... Il s'agit de vivre la vie de château, simplement.

CHAMBRE D'HÔTE

LA MAISON DE FLORENCE

6, rue Barra ✆ 06 18 25 13 74
https://lamaisondeflorence-angers.fr/
4 chambres. Petit déj. inclus. Chambre single 100/120 €, double 110/130 €. Réservé aux pers. en déplacement pro.

La Maison de Florence est à l'image de sa charmante hôtesse : gaie, lumineuse et accueillante. Dans cette magnifique demeure des années 1930, tout est fait pour que le visiteur, en déplacement professionnel, se sente bien. Les chambres cosy sont équipées d'une salle de bains privative et décorée avec goût. A chaque chambre, un thème dédié : la Pivoine et son esprit contemporain, la Hôtel Art Déco, La Gatsby et ses tons or et noir ou encore la Savane. Florence accueille ses convives avec beaucoup de convivialité et propose une restauration maison avec des produits locaux pour le petit déjeuner et le dîner. Dans l'espace coworking, vous trouverez tout l'équipement nécessaire pour travailler.

CHAMBRE D'HÔTE

MADELEINE ET COMPAGNIE

135, rue de la Madeleine ✆ 06 64 39 41 18
www.angerschambresdhotes.com
4 chambres (dont 2 studios meublés). Chambre double 80 €/85 €. Petit déjeuner inclus. Lit supp : 20 €.

Deux jolies chambres d'hôtes décorées avec goût dans le paisible quartier de la Madeleine, offrant chacune une belle vue sur le jardin. La chambre Madeleine (trois lits simples) et la Sidonie (un lit double et une banquette lit) sont en duplex, avec un petit salon TV. Le lieu propose également deux studios meublés pour une ou deux personnes, donnant là encore sur le jardin, avec kitchenette et salle de douche/toilettes. Le linge de lit et de toilette est fourni. Le matin, Sophie, la maîtresse des lieux, se fera une joie de vous servir un délicieux petit déjeuner maison. Enfin, il est aussi possible de bénéficier d'un emplacement de parking à proximité, en en faisant la demande à l'avance.

CHAMBRE D'HÔTE

L'OISELLERIE

5, rue de l'Oisellerie ✆ 02 41 41 79 55
www.loisellerie.com
5 chambres de 87,50 € à 180 €. Petit déjeuner inclus. Accueil en chambre de 15h à 19h. Parking : 10 €.

Marlène et Johanna ont réaménagé en chambres d'hôtes une magnifique maison à colombages du XVIe siècle. Après avoir traversé l'espace boutique, qui propose des produits locaux (vin, nourriture, cosmétique), on découvre le magnifique escalier de bois dans une sorte de petite rue intérieure, et un espace cuisine joliment éclairé, derrière laquelle se trouve une cour intérieure. Les cinq chambres sont splendides (tomettes, poutres, combles, tuffeau). Deux d'entre elles donnent sur la cour, les trois autres sur la rue intérieure. L'accueil est aussi charmant que le lieu. Enfin, un passage souterrain aurait jadis mené vers la cathédrale, de quoi s'abîmer dans une imagination toute médiévale !

CHAMBRE D'HÔTE
LE PETIT QUERNON

36, rue Bourgonnier ✆ 02 49 87 29 71
www.chambresdhotesangerscentre.com
3 chambres doubles de 60 € à 70 €. Tarifs dégressifs au-delà de 3 jours. Petit déjeuner inclus. Lit supplémentaire.

On ne vient pas chez Chantal pour être accueilli comme à l'hôtel mais pour se sentir comme à la maison. Cette artiste sait recevoir ses «invités» en leur ouvrant grand ses portes. Prêt de vélo pour partir en promenade, petit déjeuner (avec confitures maison) dans le jardin au milieu des poules, possibilité de barbecue, cuisine, machine à laver, salon TV et bibliothèque... On en oublie que certaines chambres sont un peu petites (bien que leur literie soit très confortable) et que deux d'entre elles se partagent une salle de bains sur le palier, et on resterait bien plus longtemps pour en profiter, d'autant que la maison d'hôtes se situe dans une rue tranquille à 5 min à pied du centre-ville.

AUBERGE DE JEUNESSE
ÉTHIC ÉTAPES LAC DE MAINE

49, avenue du Lac-de-Maine
✆ 02 41 22 32 10
www.ethic-etapes-angers.fr
59 chambres dont 5 pour PMR, à partir de 52,70 € Petit déjeuner buffet inclus. Parking ouvert. Séminaires. Restauration

Ethic Etapes est situé dans le parc du lac de Maine, on profite donc de tous les avantages que les infrastructures présentes proposent (kayak, voile, tennis, ping pong, location de vélos, baignade...). Toujours dans des prix raisonnables, vous pouvez venir seul ou en groupe lors de séminaires (le lieu possède pas moins de 10 salles de réunion), stages sportifs, Loire à vélo, séjours scolaires, colonies... « Ethic » car détenteur de l'Ecolabel européen, engagé dans une logique de développement durable et d'engagements par rapport au respect de l'environnement.

CAMPING
CAMPING DU LAC DE MAINE

Avenue du Lac-de-Maine ✆ 02 41 81 97 37
www.campingangers.com
Piscine bar tennis location vélos sports nautiques. Fermé du 12/10 au 25/03. Chalets et mobil-homes Aire camping-cars.

Le camping du Lac de Maine classé 4 étoiles est une destination idéale pour vos vacances. Idéalement situé, proche du centre-ville d'Angers (à pied ou à vélo), vous serez directement installés dans un beau coin de verdure, au bord de la célèbre rivière la Maine et de son lac animé et à proximité de la Loire. Amateurs de sports extérieurs, vous trouverez ici votre bonheur avec du kayak, balades à cheval, à vélo et de nombreuses activités et animations (même des concerts !), pour la plupart gratuites durant l'été. Un plongeon dans la piscine chauffée ou profitez du bain à remous. Les emplacements disposent du wi-fi (gratuit), et les hébergements sont modernes et très bien agencés.

RÉSIDENCE - CLUB
APPART HÔTEL MAISON FOCH

31, boulevard Foch ✆ 06 47 47 27 26
www.maisonfoch-angers.fr
Ouvert toute l'année. À partir de 105 € (pour 5 nuits et plus). Pas d'accès aux PMR. Animaux non acceptés.

Idéalement situé à l'angle de Foch et de la rue Bressigny, à seulement 5 minutes de la gare, vous trouverez ici 3 appartements tout confort de 70 m², pouvant accueillir de 1 à 4 personnes. Chacun d'entre eux offre une touche de déco personnalisée : nature, baroque ou vintage. A vous de choisir ! Tous sont dotés d'une cuisine équipée, d'une salle de bains (baignoire et douche, sèche-cheveux...) avec WC séparés, et d'un salon (télévision LCD, canapé-lit convertible). Chaque appart'hôtel dispose d'une chambre séparée, avec linge de lit et serviettes fournis, comportant un lit double, une télévision, un dressing et le wi-fi gratuit. Le plus ? le parking public Bressigny disponible à 50 mètres.

RÉSIDENCE - CLUB
M&S CHATILLON

Chatillon - **CANTENAY-EPINARD** ✆ 02 41 24 36 97 - Depuis Angers, tourner à droite au premier rond-point à l'entrée du village et suivre les indications. – www.ms-chatillon.fr
Ouvert toute l'année. Chèque Vacances. Séminaires. Réceptions et mariages. Service de ménage. Pas de tv.

Niché dans un vaste parc avec vue sur l'île Saint-Aubin, ce magnifique domaine offre une solution d'hébergements idéale pour vos mariages ou séminaires. Il comptabilise 71 couchages au total, répartis comme suivant : 11 chambres doubles de caractère (aux murs de pierres et poutres apparentes !), deux dortoirs contenant 25 lits et équipés de sanitaires collectifs, et quatre yourtes mongoles pouvant contenir chacune six personnes. L'endroit est également un formidable lieu de réception, doté d'une vaste salle de 450 m², L'Orangerie, d'une gloriette pour les réceptions en plein air, et d'un espace panoramique de 150 m², idéal pour les réunions professionnelles.

APPARTEMENT
CAP WEST

1, rue Maison-Neuve - **VERRIÈRES-EN-ANJOU** ✆ 02 53 57 60 80 - Depuis Angers par RD 23, entrée village ou par A11 Océane, sortie Pellouailles. – www.capwestresidence.fr
Ouvert toute l'année. Accueil lundi au vendredi. 90 chambres (kitchenette) /appartements. Location nuits, mois, semaine.

Cap West n'est pas une résidence hôtelière, mais une résidence tout court, où il est possible de louer un meublé ou des chambres équipées pour des séjours de quelques semaines ou mois. Vous êtes ici chez vous, même si vous pouvez bénéficier de quelques services hôteliers. Un système de logement pratique entre deux déménagements, en cas de mutation, de chantier temporaire, de mission de courte durée ou de stage dans la région. Deux formules : le court séjour (jusqu'à un mois), pour lequel toutes les options sont comprises et le long séjour (jusqu'à 6 mois), avec options (ménage, par exemple). Vaste parking et salle de fitness. Les tarifs compétitifs comprennent toutes les charges.

JE ME RÉGALE

« Des produits frais, locaux et de saison » : voilà des termes que vous risquez de rencontrer à maintes reprises dans les pages qui vont suivre. Des précisions qui pourront paraître un poil superflues pour certains esprits cyniques, mais qu'il convient néanmoins de ne jamais oublier quand il s'agit de saluer le travail de tous ces artistes du goût, ces restaurateurs avec un grand « R », tous déterminés à donner coûte que coûte un véritable sens à leur métier. Et ils sont toujours aussi nombreux, à Angers, à se distinguer par leur constance, leur souci de la belle assiette servie avec le sourire. Des « valeurs sûres », rejointes comme chaque année par quelques nouvelles enseignes prometteuses. Bienvenue donc aux petits nouveaux bistronomiques de la rue Delaâge, du Jardin d'Eblé ou encore de la rue Parcheminerie, aux bonnes tables nouvellement dressées rue Bressigny, Boulevard Arago... Enfin, merci à tous ces chefs capables de nous faire voyager loin pour seulement quelques euros, via les saveurs de leurs spécialités vietnamiennes, italiennes, thaïes, sénégalaises, libanaises, indiennes...

GASTRONOMIQUE

DOMAINE DU MOULIN CAVIER

2, route Nationale - **AVRILLÉ** ✆ 02 41 42 30 45 - Le domaine se situe à l'entrée de la commune voisine de Montreuil-Juigné.
hotelmoulincavier.com

Du lundi au samedi, midi et soir. Sur réservation. Formule de 19,80 € (midi en semaine) à 60,70 €. Menu enfant 13,80 €.

© DOMAINE DU MOULIN CAVIER

© DOMAINE DU MOULIN CAVIER

Étonnant ce moulin du XVIIe siècle, situé à quelques pas seulement des grands commerces de la périphérie angevine ! C'est entouré de ses épais murs d'ardoise que l'on vient déguster la cuisine de l'indétrônable Franck Houdebine, aux fourneaux depuis plus d'un quart de siècle. La formule du midi pourra satisfaire les gastronomes aux budgets relativement modestes, mais il vous faudra bien sûr faire un petit effort supplémentaire pour savourer le foie gras maison, le retour de pêche sur crémeux de fenouil et courgettes, de délicieuses cailles farcies aux saveurs d'Orient ou encore, en dessert, le soufflé fraîcheur et la guarigue-abricot sur meringue vaporeuse. Du très grand art !

GASTRONOMIQUE

CHÂTEAU DE NOIRIEUX

26, route du Moulin - **BRIOLLAY** ✆ 02 41 42 50 05
www.chateaudenoirieux.com

Basse saison : mercredi au dimanche 12h15-13h30 et 19h15-21h. Tous les jours en haute saison.

Le charme opère dès passé le portail. Parquets blonds, boiseries blanches et luminaires actuels donnent au lieu une atmosphère chaleureuse qui se marie élégamment avec la vue sur la terrasse. Le lieu est superbe, l'excellence se retrouve dans l'assiette. Le Chef Richard Assimon innove et nous régale de ses recettes riches en surprises et en saveurs. Vous y dégusterez de jolies compositions aux belles portions d'ingrédients nobles comme, en entrée, ce marbré de foie gras en deux cuissons, chutney d'oignons doux à la mangue ou en plat ce filet mignon de porc rôti, embeurrée de chou vert, sauce civet. Les desserts sont tentants comme ces sarments au chocolat Tanzanie. Incontournable.

GASTRONOMIQUE

LE FAVRE D'ANNE

21, boulevard Foch ✆ 02 41 36 12 12
www.lefavredanne.fr

Mercredi-samedi 12h-13h45 et 19h15-21h30. Réservation impérative. Menus 49 €/105 €. Formule du midi : 49 € (2 plats).

Un incontournable de la gastronomie angevine ! Le Favre d'Anne, c'est d'abord le choix de deux cadres aussi séduisants l'un que l'autre : une salle à l'ambiance intime, façon loft contemporain, mais aussi une magnifique terrasse boisée et ombragée, garnie de banquettes aux coussins moelleux. Une cuisine d'une extrême finesse, tout en légèreté, créative, sensorielle, ligérienne, métissée et surprenante. Chaque plat suscite à la fois étonnement et ravissement, comme ces ravioles de homard Portobello ou ce filet de veau en croûte, anguille de Loire fumée et ses topinambours laqués. Et que dire en dessert de cette douceur angevine chocolat figues ? Un pur délice.

GASTRONOMIQUE

L'HOIRIE

2, allée Henri-Faris - **BEAUCOUZÉ** ✆ 02 41 72 06 09 - Bus ligne 11 ; terminus L'hoirie – www.restaurant-lhoirie.com

Mardi-samedi dès 12h et dès 19h, dimanche midi. Résa impérative. Menu 30 €/60 € ; enfant : 14,25 €. Formule midi : 30 €.

Élégance et charme dans ce restaurant respectueux. Respectueux car le chef, Jean-Marie Lepeltier, nous assure depuis toujours des achats d'une fraîcheur et d'une qualité incomparables. On est confortablement assis en terrasse ou dans l'une des salles. Les assiettes sont de véritables festivals colorés, et leur composition ne souffre d'aucun à-peu-près. Côté mer, on se délecte ici d'un filet de lotte à la plancha ou d'une fricassée de homard et gambas au risotto de pomme de terre. De belles réussites également côté viande avec le paleron de veau cuisson basse température ou le médaillon de bœuf, céleri et pomme. On termine avec un croquant aux abricots ou une tartelette poire cardamone.

NEW

BISTRONOMIE

À BOIRE ET À MANGER

5-7, place de la Visitation ✆ 02 41 72 86 91
www.aboireamanger.com
Du lundi au vendredi : 12h à 14 et 18h à 22h ; le samedi de 18h à 22h ; le dimanche de 11h à 13h ; menus de 19 à 22 €

Vous aimiez le bar à vins-caviste du n°5 ? Alors vous aimerez son restaurant, au n° 7 ! Le boss de A boire et à manger, Alexandre Forge, a décidé de faire le grand saut et d'aller au-delà du simple concept fromage/charcuterie pour accompagner ses vins. Dans une belle salle tout en longueur jouxtant sa boutique, il propose désormais une excellente cuisine de type bistronomique : andouille de Troyes aux lentilles ou tartare de thon en entrée, suivis d'un filet de maigre sauvage pousses de soja et nouilles chinoises ou encore d'un filet mignon et ses légumes de saison. Les saveurs, assaisonnements et cuissons sont parfaits ! Une mention spéciale, en dessert, pour l'entremets chocolat-cacahuète.

BISTRONOMIE

UN CHEF EN SALLE

7, rue Savary ✆ 02 49 87 72 79
www.unchefensalle.fr
Lundi-vendredi 12h-14h30 (un soir par mois pour un dîner thématique). Carte 25 € environ. Plat du jour 12,90 €/16,90 €.

Un nom de restaurant en forme de concept : dans ce petit bistro « nomique » à la jolie déco mêlant bois, métal et objets de récup', Philippe Coco prend les commandes, cuisine, sert chaque client inlassablement ! La salle possède quelques tables, mais c'est au large comptoir avec vue sur la cuisine qu'il vaut mieux prendre place pour déguster des recettes, parfois sous influence asiatique, renouvelées chaque jour et maîtrisées à la perfection : gravlax de saumon ou fois gras maison en entrée, suivis d'une mousseline de merlan ou de beaux filets de canette. De la finesse jusqu'aux desserts où le clafoutis aux abricots s'offre une touche spéciale avec sa crème anglaise à l'infusion de verveine.

BISTRONOMIE

AFFAMÉS

30, rue Delaâge ✆ 02 41 05 12 53
https://affames.wixsite.com/angers
Mardi-samedi 12h-14h, jeudi-samedi 19h30-22h. Menus 27 € à 36 €. Formule midi 19 € (pour 2 plats, 21 € pour 3 plats).

Oui, on peut être affamé en venant ici, car on ne repart pas le ventre vide, il sera même savoureusement rempli ! Ce nouvel établissement remplace un restaurant russe, la décoration y est sobre, élégante. Que diriez-vous d'un paleron confit et d'un tartare de tomates en entrée ? C'est original et très réussi. La suite, du canard accompagné de crème de patate douce et de copeaux de parmesan, est également un régal. Mais la meilleure surprise vient du dessert composé de poire, d'un brownie et d'une mousse onctueuse au café, une belle réussite ! A noter : pas de carte mais des menus avec deux choix par plat, pensez à demander à l'avance un repas végétarien en cas d'aversion à la viande !

BISTRONOMIE

DADDY

22, rue de la Parcheminerie ✆ 02 41 88 97 62
daddyandco.fr
Ouvert du mardi au vendredi de 12h à 14h et de 19h à 22h ; le samedi à partir de 11h. Menu unique à 32 € (le soir).

Une décoration sobre et agréable avec sa cheminée et ses poutres apparentes, une cuisine de grande qualité : voici le Daddy. Prenant la suite d'un restaurant savoyard, il a lui aussi une spécialité fromagère : les pâtes flambées dans la meule de parmesan. En dehors de ce concept, le chef maîtrise ses techniques à la perfection. Gaspacho de tomates en entrée, puis cromesquis de canard aux courgettes et aubergines rôties, chips de riz : les ingrédients sont magnifiquement dosés pour une texture et une saveur remarquables. En dessert, un siphon fromage blanc, de l'abricot et des morceaux de chocolat changent du classique fromage blanc/fruit. Nous vous recommandons chaudement ce restaurant.

BISTRONOMIE

L'ARDOISE

7, rue de la Tannerie ✆ 02 41 88 18 32
Du mardi au vendredi le midi et le soir ; le samedi de 19h30 à 21h. Formule du midi : 20 € et 22 € (2 et 3 plats).

L'Ardoise se distingue cette année encore par une cuisine à la fois simple et soignée, un excellent rapport qualité-prix, et un esprit bistrot résolument rabelaisien ! En entrée, les terrines et pâtés en croûte varient au gré des saisons, mais les amateurs de vraie et bonne charcuterie trouveront aussi un excellent boudin blanc de canard, des rillettes… Pour les carnivores toujours, de l'épaule d'agneau, des ris de veau (plutôt rares !) et de belles pièces de porc venues tout droit de chez un éleveur de Bellevigne-en-Layon. Côté poissons, on se laisse tenter par des maquereaux ou bars grillés avant de fondre pour des desserts toujours au top : cheesecake, crémet et fruits d'Anjou…

BISTRONOMIE

GUEULETON

14, rue de la Roë ✆ 02 41 27 87 12
www.gueuleton.fr
Ouvert du mardi au samedi de 12h à 14h et de 19h à 22h. Carte : 30 € environ.

Pour se faire un bon gueuleton, rien de tel que de partager ! Alors, on partage des tapas à l'angevine : rillauds fondants, galipettes au chèvre, aux rillettes, à la persillade… et de la viande côte à l'os. Du porc rosé de Tours mais surtout du bœuf : Normande, laitière, Rouge des Prés ou Simmental, comptez 600 g pour 2 personnes… Elle est servie saignante, avec des pommes de terre ou des légumes. Le dessert au chocolat est bon mais peu sucré, tout l'opposé de la pavlova angevine, aux épices façon vin chaud. Pour un repas plus « cuisiné », le midi, la formule est composée d'une tartine ou d'une salade, d'un confit de canard ou de lieu noir, d'une pomme au four ou d'une île flottante.

BISTRONOMIE

BISTRONOMIE

LA PASSERELLE

7, jardin d'Eblé ✆ 02 41 32 73 04
https://lapasserelle-restaurant.fr/

Lundi-jeudi 11h-0h (fermé mar. et mer. soir), vendredi-samedi 11h-2h. Menu unique 29 €, formule midi 14,90 €, carte 20 €

La Passerelle est une de ces nouvelles adresses qu'on a plaisir à communiquer. Dans un vaste espace à la décoration épurée, brute, on découvre tout le talent d'un chef discret mais ô combien talentueux. Les produits sont de saison et locaux, avec une démarche anti-gaspillage raisonnée, les desserts bien sûr sont faits maison et quel délice ! La carte change tous les premiers lundis de chaque mois, offrant une variété de découvertes : on se régalera avec un tartare d'espadon coriandre concombre salé suivi d'un pavé de veau rôti sauce café et chocolat et d'une variation autour de la figue. Tout est dit ! Le lieu est un peu excentré, derrière la gare mais mérite à coup sûr que l'on s'y attarde.

BISTRONOMIE

LE PETIT COMPTOIR

40, rue David-d'Angers
✆ 02 41 43 32 00

Ouvert du mardi au samedi de 12h à 13h30 et de 19h30 à 21h30. Formule du midi : 14,90 €. Menu du soir entre 27 € et 33 €

La maison natale de David d'Angers abrite ce bistrot à la cuisine raffinée. Avec sa mezzanine et ses banquettes rouge foncé, il invite à la détente, autour d'une cuisine française aux entrées simples mais efficaces (carpaccio de tomates, soupes en hiver), et de plats faisant honneur au poisson mais aussi à la viande et aux fruits de mer. Bavette à l'échalote et son gratin de pommes de terre, blanquette de veau à l'ancienne ou lotte aux pruneaux sont suivies de desserts souvent aux fruits : tartelette amandine abricots, financier noisette-ananas-coco, mais aussi moelleux au chocolat et son cœur coulant. N'hésitez pas à vous aventurer dans cette petite rue pour découvrir ces plats savoureux !

BISTRONOMIE

LES PETITS PRÉS

6, place du Ralliement ✆ 02 41 88 42 87
https://www.lespetitspres.fr/

Ouvert tous les jours de 8h à 1h ; Carte : 50 € environ (entrée + plat + dessert)

C'était son rêve… Et il l'a réalisé ! L'Angevin Samuel Albert, ancien gagnant de la célèbre émission Top Chef, est retourné sur sa terre natale à l'automne 2019 pour ouvrir ce bel établissement lumineux, sur 2 étages, où les clients les plus proches des cuisines ouvertes peuvent découvrir à l'œuvre le maestro et sa brigade. Le lieu, avouons-le, ne s'adresse pas à toutes les bourses, mais propose une cuisine bistronomique de haute volée : cannelloni de crabe et mayonnaise au curry vert, croustillant de gambas, filet de turbo grillé et beurre noisette, volaille fermière du Maine… Encore un petite place pour le dessert ? Ne manquez pas la pomme Magritte, une des spécialités du chef !

BISTRONOMIE

LE POIS GOURMAND

42, avenue Besnardière
✆ 02 41 24 09 25

Ouvert du lundi au vendredi le midi et le vendredi soir. Formule du midi : 21 €. Menu du soir : 30 €.

Ce pois (très) gourmand fait toujours dans l'esprit 100 % bistrot, avec ses banquettes de skaï, ses jolies petites tables et chaises en bois ainsi que ses bouteilles vides exposées à la manière de trophées. Un décor dont ne se lasse pas une clientèle d'habitués, venue déguster ici une cuisine maison, basée sur des produits frais et de saison. En entrée, la pastilla d'agneau de lait est irréprochable, tout comme le risotto de haddock, moules et coques. On poursuit avec un onglet de bœuf Black Angus ou un filet de merlu accompagné d'un riz sauvage au quinoa et de légumes cuisinés à la perfection. En dessert, la crème brûlée est d'une douceur extrême et la poire pochée d'une grande finesse.

BISTRONOMIE

CHEZ RÉMI

5, rue des Deux-Haies
✆ 02 41 24 95 44

Ouvert du mardi au vendredi le midi de 12h à 13h30 et le soir de 19h30 à 21h30 ; le samedi soir. Menus de 19 € à 38 €.

Véritable cabinet de curiosités qu'est la salle de Chez Rémi, la décoration est fournie avec ces objets de récupération et ces sérigraphies, on a beaucoup de plaisir à contempler ces objets plus étonnants les uns que les autres. Le plaisir se renouvelle dans l'assiette avec des plats familiaux et généreux, une belle pièce de porc fondante et son jus explosif, un doux maquereau vinaigrette, une escalope de foie gras gourmande. Les assiettes sont faites avec beaucoup d'amour et de passion avec des produits frais dont la liste des fournisseurs est affichée près du comptoir. Véritable institution angevine, il est fort recommandé de réserver une table avant de se présenter au restaurant.

BISTRONOMIE

UK – UMAMI KITCHEN

9, rue Beaurepaire
✆ 02 41 86 87 88

Lundi-samedi 12h-14h, Menus 17 €/23 €.

D'année en année on le répète, la cuisine de Christophe Schmitt d'Umami Kitchen est un coup de cœur profond, de la vraie cuisine bistronomique sans prétention, le goût et rien d'autre que le goût. On se plonge dans ces quiches au chorizo ou au saumon à l'assaisonnement toujours parfait, tout autant que ce chili con carne à la joue de bœuf ou cette dernière cette fois arrosée de sauce teriyaki… Un pur régal ! Que dire également de ce fondu au chocolat au caramel qui ne demande qu'à être mangé une deuxième fois. Cette formule traiteur fait décidément des merveilles, comme ces sandwichs et wraps qui n'auront de cesse de faire le bonheur des amoureux de la nourriture sur le pouce de qualité.

NEW

10N9

8, Boulevard Arago
✆ 02 41 88 56 11
Ouvert le midi du mardi au samedi ; et le soir du jeudi au samedi ; brunch le samedi midi

Succédant à La Canaille, fermé après plus de deux décennies de bons et loyaux services, le 10N9 (la patronne se chargera de vous expliquer l'origine de ce nom !) sert une cuisine de saison, pleine de fraîcheur, de finesse, laissant deviner certaines accointances avec la gastronomie italienne. Saluons le talent de Marjorie Gaboriau, 27 ans, aussi à l'aise dans la confection d'un œuf parfait à la crème de parmesan, que d'un thon rouge mi-cuit, polenta thym citron, ou encore d'une brioche façon pain perdu et sa pêche rôtie. Belle idée, enfin, d'avoir aussi fait de ce lieu une épicerie fine/café, d'où vous repartirez peut-être avec un peu de charcuterie italienne, de légumes bio, de confiture...

LE 15 GOURMAND

15, boulevard Foch
✆ 02 41 86 16 76
Mardi-samedi 12h-14h et 19h-21h45. Menus 24,50 €/29,50 €. Carte : 27 € environ.

Une adresse pour ce restaurant qui ne désemplit pas, notamment le midi (pensez à réserver). C'est dans une salle contemporaine et très élégante, aux tons blanc et ocre, que nous invitent Ghislaine et Laurent, pour une dégustation raffinée de plats traditionnels ou non, tels, en entrée, le superposé de betteraves, ricotta et magret fumé ou la terrine Grand-Mère et son confit d'oignons, suivi d'un carré de porc fermier au poivre vert ou du retour de criée, écrasé de pommes de terre et crème de crustacés ; on se laissera aussi tenter par la suggestion du jour, le suprême de poulet et sa crème de morilles. Les desserts, dont les douceurs de Nanou, sont tout aussi réussis.

1801 - LES CUISINES DU MUSÉE

14, rue du Musée
✆ 02 41 24 84 57
Mardi-samedi 10h-18h - 12,50 à 18,50 €. Brunch le 1er dimanche du mois dès 11h. Dîner le vendredi soir de 19h15 à 21h30.

L'ardoise du 1801 affiche un menu du jour modulable en 1, 2, ou 3 plats dont la composition varie selon les trouvailles du marché et les envies du cuisinier. Entre deux expositions, on peut faire une pause déjeuner en débutant par un gaspacho de concombre à la menthe, une salade grecque ou un cappuccino de champignons au lard paysan. Aucun risque de se casser les dents sur la bavette Angus tant elle est tendre. Le merlu, son caviar d'aubergines et sa brunoise de légumes sont colorés, à l'image de certaines toiles du musée. Mille-feuille et pannacotta figurent aussi parmi les spécialités.

L'ORCHIDÉE

7, avenue du Commerce - **SAINTE-GEMMES-SUR-LOIRE**
✆ 02 41 79 02 77
www.restaurant-orchidee.fr
Du mardi au dimanche le midi ; du jeudi au samedi le soir. Menus de 27 € à 37,50 €. Formule du midi : 16,50 €

© FABRICE QUINTON

© FABRICE QUINTON

Une orchidée au singulier, mais un vrai bouquet de saveurs pour cette adresse située à une dizaine de minutes seulement du centre-ville. Geoffrey Godineau a su créer avec son épouse Céline un lieu intimiste, empreint d'un chic assez traditionnel mais en aucun cas trop guindé. En entrée, le midi peut être l'occasion de goûter une salade de poulpes poêlés et moules marinées façon escabèche ; le soir : pourquoi pas des cuisses de grenouille ? En plat principal, le suprême de poulet et son écrasée de pommes de terre sauce Dugléré est vraiment délicieux, tout comme le poisson du marché sur sa ratatouille au beurre blanc. Crémet d'Anjou ou café tout à fait gourmand sont la cerise sur le gâteau.

LES 3 LIEUX

10, port des Noues - **LES PONTS-DE-CÉ**
✆ 02 14 03 03 53
www.les3lieux.com
Ouvert le mardi et mercredi soir ; du jeudi au samedi midi et soir ; le dimanche midi. Menus de 37 € à 46 €. Terrasse.

Les années passent, mais la magie du lieu reste intacte, avec cette vue imprenable sur la Loire et la pointe de l'île aux Chevaux. Une vue à la hauteur de la cuisine de cet hôtel-restaurant bien connu des gourmets angevins. Les 3 Lieux reste toujours attaché à une gastronomie traditionnelle de haut niveau, défendue par le chef Sylvain Justice. La carte change chaque jour, au gré de ses envies et coups de cœur : variation autour du chèvre, du poivron et du basilic ou tataki de thon rouge en entrée, suivis d'un sandre rôti et sa mousseline de pomme de terre ou d'un ris de veau et son jus de viande. Les plus épicuriens termineront par un crémet d'Anjou ou un sablé, bavarois et fruits rouges.

LAIT THYM SEL

65, rue Beaurepaire
✆ 02 41 72 08 64
www.laitthymsel.fr
Lundi-samedi 19h30-21h. Réservation impérative. Menu unique 70 € (par pers. du mardi au samedi, au dîner uniquement).

Un lieu inspiré, une adresse de la gastronomie angevine. Ici, le Chef étoilé Gaëtan Morvan et sa compagne Fanny proposent une cuisine raffinée, subtile dans un lieu intime et convivial. Dès les mises en bouche, la magie opère. Simple ou sophistiqué, chaque mets revendique fièrement sa provenance et révèle des saveurs d'exception.Le menu dégustation, décliné en 7 plats propose des produits de région comme ce pigeon de Maulévrier, betterave et jus parfumé au foin. Les desserts sont des invitations au voyage, comme cet ananas aux épices ou ce dessert chocolaté alliant à merveille le chaud et le froid. Un service efficace, souriant, jamais guindé et bien sûr l'immense talent du Chef !

CHEZ LOÏC

9, rue de la Roë
✆ 02 41 39 28 07
www.restaurant-chezloic.fr
Du mardi au vendredi midi et soir, samedi soir. Réservation impérative. De 11 € à 22 €, carte 20 €, plat du jour 11 €.

Quel plaisir de retrouver ce petit restaurant ! Aussi exigu qu'intime, Chez Loïc c'est une cuisine faite maison, familiale et préparée avec tout l'amour du monde, cela se révèle autant dans l'assiette que dans les petites attentions (des petites chips par-ci, une petite verrine pour patienter par-là...). Qu'on souhaite manger rapidement entre une matinée et un après-midi de besogne, ou qu'on souhaite prendre son temps seul ou accompagné, on prend beaucoup de plaisir à déguster ces ardoises froides de charcuterie ou produits de la mer ou encore ces quiches et ces cakes. Les plats du jour valent absolument le détour également, tel ce superbe saumon aux herbes avec ses petits légumes vinaigrés.

LE LUCULLUS

5, rue Hoche
✆ 02 41 87 00 44
lucullusangers.wixsite.com
Ouvert du mardi au samedi de 12h à 13h30 et de 19h à 21h ; formule bistrot à 16 €.

Solidement implanté depuis bientôt 30 ans dans le quartier de la gare, le Lucullus propose une carte jouant à la fois sur le bistronomique et le gastronomique, à base de produits frais et locaux. Même si le lieu jouit d'une petite terrasse, on craque tout de même pour sa belle salle voûtée, en sous-sol, où l'on déguste une cuisine sans fausse note et adaptée à tous les budgets. Suprême de volaille pour la formule Bistrot, filet de merlu ou grenadin de veau pour le menu Saveurs du moment, lotte bardée de pancetta ou filet de bœuf à la plancha pour la formule Plaisir des papilles... En dessert, enfin, le nougat glacé et la glace au lait et amandes tiennent leurs promesses.

MAISON MAHIEUX

1 bis, place du Lycée
✆ 02 41 34 91 77
www.maisonmahieux.fr
Ouvert du mardi au samedi de 12h à 13h30. Réservation impérative. Plat du jour : 12,90 €. Menu 16,40 € à 19,90 €.

En plus d'être une magnifique épicerie fine, le midi, cette Maison nous offre le couvert, mais attention : les places sont limitées ! La réputation du lieu et ses petites salles entraînent souvent en effet un affichage « complet ». Il faut dire que la cuisine est raffinée et bien présentée. En entrée, velouté de chou-fleur et saumon de Patrick ou terrine de sanglier par exemple. Puis, vient la bavette d'aloyau et ses petites pommes de terre sautées au mesclun, simple mais bon, ou bien une copieuse andouillette ou encore un poisson du marché à la crème de jambon fumé. Arrive le temps des desserts : tartelette aux pommes, fondant baulois ou crémet d'Anjou pour plus de local. On en redemande !

METS ET VINS PLAISIRS

44, boulevard Ayrault
✆ 02 41 87 03 35
Ouvert du lundi au vendredi de 12h à 13h30 ; le vendredi soir de 19h30 à 21h30 ; menus de 16 € à 38 €

Après avoir sillonné le globe au sein de nombreux établissements, l'Angevine Carole Pananceau a reposé ses valises ici en 2013 et repris ce restaurant jouissant déjà d'une belle réputation. Dans une vaste salle aux jolis murs d'ardoise, on vient déguster une cuisine franche, de saison, synonyme de fraîcheur et maîtrisée de A à Z : gambas au curry ou bœuf séché, caviar d'aubergine, tomate et poivron en entrée, suivis d'un poisson du jour, chou chinois et sauce moutarde ou d'un carré de porc, topinambour et champignons. En dessert, la poire chocolat s'avère d'une redoutable efficacité ! Enfin, comme son nom pouvait le faire deviner, l'établissement fait également cave à vins.

© FABRICE QUINTON

© FABRICE QUINTON

LA TABLE DE GREEN

4, rue de l'église - **SAINT-LAMBERT-LA-POTHERIE**
✆ 02 41 69 94 23
www.traiteurgreen.com/la-table-de-green
Menus de 21,95 € à 47 €. (entrée - plat ou plat - dessert). Le soir : entrée- plat - dessert à 47 €.

Situé à 15 minutes d'Angers, le restaurant la Table de Green propose, dans un cadre chic et décontracté, une expérience culinaire différente et hautement gustative. À table ou depuis le comptoir, le Chef prépare devant vous une crème Dubarry et son foie gras poêlé à l'huile de noisette ou une succulente tarte fine au brie de Meaux, en dessert le traditionnel crémet d'Anjou au caramel beurre salé est un pur délice. Chaque semaine un menu différent, avec des produits de saison et la possibilité de déguster des mets raffinés cuisinés sous vos yeux ! Avec les beaux jours, l'espace extérieur avec sa terrasse et son jardin d'aromates offre une pause en toute quiétude.

© FABRICE QUINTON

© FABRICE QUINTON

UNE PRESQU'ILE

9, rue Max-Richard ✆ 02 41 19 14 48
www.une-ile.fr
Ouvert du mardi au vendredi le midi

Rares sont les grands chefs à renoncer à leur étoile Michelin ! Détenteur de cette prestigieuse étoile depuis 2005, Gérard Bossé a décidé de lever le pied et de se consacrer, toujours avec le même savoir-faire, à une cuisine plus simple. Une Île est devenue... une Presqu'île ! Une cuisine simple et gourmande avec ce saumon fumé maison ou ce poulet façon Marengo. Le dessert tient toutes ses promesses avec le moelleux au chocolat. Vous pouvez aussi opter pour la formule tapas, accompagnée d'un verre de vin tout en contemplant de travail d'artistes, des expositions sont régulièrement proposées. Enfin, n'hésitez pas à demander conseil sur le choix des vins, vous pourrez même acheter sur place.

PROVENCE CAFFÉ

9, place du Ralliement
✆ 02 41 87 44 15
www.provence-caffe.com
Ouvert du mardi au samedi de 12h à 14h et de 19h à 22h. Réservation recommandée. Menus de 19 € (le midi) à 35 €.

Une cuisine raffinée à des tarifs plus qu'honnêtes, servie avec le sourire, dans une salle lumineuse, aux tons chauds, et jouissant d'une jolie vue sur la place du Ralliement : bienvenue au Provence Caffé ! Sur discret fond de jazz, on vient se délecter ici d'une salade asiatique de légumes croquants ou d'un carpaccio de loup de mer au gingembre, chutney de mangue et sauce chili, suivis d'un tagliata de veau, roquette, tomates cerises et copeaux de parmesan, ou encore d'un pavé de merlu à l'huile de vanille. Des plats généreux et à la présentation soignée. Quant aux desserts, on cherche encore nos mots pour décrire le délice que constitue la panna cotta au chocolat et aux framboises !

MONUMENT CAFÉ

Promenade du Bout-du-Monde ✆ 02 41 81 06 22
www.monument-cafe.com
Basse saison : du mercredi au lundi de 10h à 17h15. Haute saison : tous les jours de 9h30 à 18h15. Menus de 16 € à 26 €.

Vous visitez le château ou vous voulez manger en le contemplant ? L'accès est gratuit le midi pour les visiteurs du restaurant ! Petites verrines salées (crème d'aubergine et rillauds, mousse de betterave et noix), sucrées (compote de pomme et cannelle ou crème de café et spéculoos) et entre les deux, une cocotte maison (dinde et haricots verts, boudin noir aux pommes)... Voici la marque de fabrique de ce tout petit restaurant qui fait aussi salon de thé. Nous vous déconseillons d'y aller en hiver : la salle est mal isolée ! En été, on profite de la terrasse pour admirer le château et ses différents logis, une vue originale. Attention, le lieu est vite plein.

O PLAISIR

17, rue saint-martin
✆ 02 72 79 32 44
oplaisir-restaurant.business.site
Ouvert du mardi au samedi midi et soir (sauf le mercredi soir). Menus de 16 € à 20 €. Plat du jour : 12 €.

Anciens collègues de la Villa Toussaint, le chef Julien Soreau et Anthony Robin, en salle, ont repris en 2019 ce lieu déja bien connu des gourmets angevins, avec son perron d'entrée Art déco, son superbe parquet et ses moulures au plafond. Des produits frais, de saison, dans des assiettes à la présentation raffinée : c'est un vrai sans-faute dans les entrées, sashimi de saumon gravelax, foie gras poêlé, comme du côté des plats de résistance avec la plancha d'agneau mariné au thym ou le pavé de bar sauce homardine. Énorme coup de cœur, enfin, pour le «Rêve d'Ivoire» concocté par la boutique Artisan Passionné, et que l'on place dans notre palmarès des meilleurs desserts goûtés cette année !

OSE

43, rue Toussaint
✆ 02 41 31 45 63
www.ose-restaurant.fr
Ouvert midi et soir du mardi au samedi. Formule du midi : 21 € (entrée + plat ou plat + dessert ; 25 € les trois)

Dans un cadre contemporain et élégant, le chef Cédric Barré nous invite à déguster des plats raffinés réalisés avec des produits locaux. Sa cuisine s'inspire de ses voyages, en Colombie, à San Francisco, en Chine. On retrouve les champignons asiatiques shiitakés mariés avec des pleurotes et un œuf parfait en entrée ou encore un « Yin Yang » de carottes. Puis un pavé de bœuf à la cuisson idéale côtoie des pommes de terre tapées, à l'ail noir. Livèche, tapioca soufflé ou ocas du Pérou sont les petites touches originales qui subliment les plats. En dessert, on peut rester baba devant celui à l'hibiscus, litchi, sorbet au kiwi d'Anjou, ou choisir un dôme au chocolat praliné tout en légèreté.

LE P'TIT FOCH

39, boulevard Foch
✆ 02 41 72 80 74
Ouvert du lundi au vendredi de 12h à 14h et, le jeudi et vendredi, de 19h15 à 22h30. Menus de 17 € à 26 €. Terrasse.

Double coup de cœur cette année encore pour Le P'tit Foch : d'abord pour sa déco soignée à la fois chic, inventive et chaleureuse, avec ses jolis éclairages et ce superbe mariage bois-métal, mais aussi et surtout pour sa cuisine bistronomique d'un excellent rapport qualité-prix. Velouté de butternut ou mousse de chèvre et magret fumé en entrée. Les saveurs sont au rendez-vous et les assiettes joliment présentées. On poursuit avec un onglet de veau ou un dos de lieu noir, mais la salade Caesar, la vraie, composée dans les règles de l'art, mérite aussi d'être testée. Une touche de légèreté pour finir avec la salade de fruits frais ou l'exquise panna cotta ananas, citron vert et mousse coco.

© SÉBASTIEN AUBINAUD

LES ALIZÉS

26, rue Valentin des Ormeaux - **MÛRS-ERIGNÉ**
✆ 02 41 57 84 89 - Situé dans le centre commercial Rive Sud.
www.lesalizes49.com

Du lundi au samedi de 12h à 14h30 et de 19h à 21h30. Formule du midi : 9 € (1 plat), 12,50 € (2 plats) 14 € (les 3).

Cette brasserie du centre commercial de Mûrs-Érigné, tenu par le dynamique patron Mikaël Martin est à coup sûr un lieu bienvenu à la pause déjeuner, ou simplement pour boire un verre ou un café en allant faire ses courses. Sur la carte, des salades copieuses mais aussi des pâtes, des bruschettas, des burgers, de savoureuses pizzas ainsi que de belles viandes : entrecôtes, bavettes, andouillettes... L'ardoise du jour est toujours d'un excellent rapport qualité/prix et l'on termine par un dessert gourmand fait maison. Classique mais efficace ! Un conseil : pensez à réserver. Talents : la terrasse agréable aux beaux jours, la dynamique équipe de serveurs et le bon rapport qualité/prix.

© SÉBASTIEN AUBINAUD

© SÉBASTIEN AUBINAUD

© SÉBASTIEN AUBINAUD

© ALBERT

© ALBERT

HENRIETTE

8, avenue Aliénor d'Aquitaine - **BEAUCOUZÉ**
✆ 02 41 77 00 00
bistro-henriette-angers.com
Carte : 29 € environ (pour trois plats). Plat du jour : 11 €. Formules buffets entrées et desserts à 17 €.

Une jolie parure pour cette ancienne pizzeria devenue bistro chic aux jolies tables individuelles ou collégiales en chêne massif blond. Vastes espaces entre les tables, affichage numérique lisible des formules et plats du jour, accueil dynamique d'une jeune équipe, bref, vous êtes assurés d'y passer de bons instants d'autant que les plats sont fraîchement composés et originaux. Un buffet d'entrées richement garni sort des sentiers battus, tout comme celui des desserts, bien gourmands. Nos assiettes arrivent bien chaudes, les garnitures sont copieuses comme ce filet de poisson blanc sur une basquaise de chorizo ou encore ce sauté de veau aux petits légumes. Vite fait bien fait en somme !

© FABRICE QUINTON

© ALBERT

LE BISTROT DES CARMES

34, quai des Carmes
✆ 02 41 37 64 55
Du mardi au samedi midi, et du jeudi au samedi soir (octobre-avril) ; Du mardi au samedi, midi et soir (mai-septembre)

Simplicité, fraîcheur, saisonnalité : voilà bien des mots qui tiennent à cœur l'équipe de ce bistrot des Carmes, dont on ne se lasse pas de vanter les charmes d'année en année ! En salle ou en terrasse, à quelques mètres de la Maine, on déguste ici des plats ou chaque association de mets fait mouche, avec une mention spéciale pour les légumes et leur cuisson. Superbes médaillons de cochon ou coques en marinière et tagliatelles de riz en entrée, suivis d'un filet de grondin ou d'une épaule d'agneau fondante à souhait. En dessert, le financier, fruits de saison et sorbet citron explose en bouche, à moins que vous ne craquiez pour une sélection de fromages tout aussi irréprochable.

LE BISTROT DES DUCS

6, rue des Deux-Haies
✆ 02 41 86 88 68
Mardi-samedi 12h-14h et 19h-22h. Menus 20,90 €/25,90 €. Menu enfant : 10,90 €. Formule du midi : 10,90 €/14,90 €.

Nous lui avons donné un de nos trophées l'an dernier : le bistrot ne démérite pas. Service impeccable, réservations en grand nombre, plats variés et parfaitement réussis : le succès des Ducs est indéniable. En entrée, le tataki d'espadon au sésame est un délice, la burrata crémeuse au coulis de tomates est gourmande. Nous ne pouvons que vous recommander ensuite la spécialité du chef : un pavé de bœuf émincé pour une finesse en bouche des plus agréables. Le magret de canard rôti avec sa mousseline d'artichaut est aussi un régal. Les desserts sont tous tentants : une riche mousse au chocolat, un sablé breton décoré de fraises et diverses variations aux fruits devraient faire votre bonheur.

LE BOSQUET

2, rue Maurice Berne - **LES PONTS-DE-CÉ**
✆ 02 41 57 72 42
www.le-bosquet.com
Du lundi au samedi de 12h à 14h et de 19h à 22h ; le dimanche de 12h à 14h30. Menus de 19,90 € (le midi) à 54 €.

Ce qui frappe en arrivant dans ce restaurant, c'est sa luminosité et sa vue sur le Louet, magnifique ! La décoration fait honneur à la vue, entre nature et eau, avec ses bateaux et un arbre magnifique trônant au milieu de la pièce. Le raffinement est aussi dans l'assiette, grâce au Chef Régis Legain : en entrée, un délicat sablé de Saint-Jacques, potimarron au thé noir fumé, suivi d'un agneau de 7 heures en cannelloni croustillant et pieds de mouton. La lotte au Nori, bouillon de miso, kombo royal et champignons vous surprendra assurément. Quant aux desserts, on ne sait lequel choisir, peut-être un macaron mangue, baie passion et ganache ivoire au poivre timut ? De la haute cuisine !

NEW LA BOUGEOTTE

120-122, rue de la Madeleine
✆ 09 51 92 33 90
Lundi-mercredi 8h30-17h, jeudi-vendredi 8h30-23h. Formule à 15 € (entrée, plat, dessert), 11 € et 9 €.

Il faut la trouver cette adresse, un peu à l'écart du centre-ville et au milieu d'une rue, mais une fois passé la porte, vous ne serez pas déçus ! La Bougeotte réserve à son hôte un accueil des plus charmants, un cadre cosy et agréable et une belle carte régulièrement changée, où les produits de saison, locaux sont largement représentés. La proposition est simple, équilibrée et gourmande avec en entrée une tarte endives, bleu et noix puis un boudin noir et pommes rôties ou la fameuse blanquette de veau (un régal) et en dessert une soupe chaude poire cardamome, sirop de vin rouge... Les prix sont vraiment très abordables, pour une adresse à retenir. Le plus : un espace dédié aux enfants.

BRASSERIE DE LA GARE

5-7, place de la Gare
✆ 02 41 88 48 57 - Gare SNCF et routière
https://brasserie-de-la-gare-angers.business.site/
Lundi-samedi 10h-0h, dimanche 10h-23h. Menus 15,50 € (plat + dessert le midi) à 38,50 €. Plat du jour : 13 €.

La Brasserie de la Gare est une institution à Angers, depuis le début du XXe siècle. Située face à la gare, la brasserie est ouverte en continu, de 10h à minuit et propose à ses habitués comme au voyageur une carte renouvelée régulièrement et plusieurs formules le midi. On pourra apprécier un poisson du marché façon choucroute de la mer ou un généreux plateau de fruits de mer le midi et se laisser tenter le soir par un menu gourmand ou très gourmand, avec son filet de daurade Royale ou son suprême de volailles aux morilles. La carte des desserts est simplifiée mais propose des classiques comme la mousse au chocolat ou la tarte au citron meringuée. Le service est rapide et efficace.

MA CAMPAGNE

14, promenade de-Reculée
✆ 02 41 48 38 06
www.restaurant-macampagne.fr
Maître Restaurateur. Mardi-dimanche le midi (soir mercredi -samedi). Menus 17 à 55,50 €. Formule midi 29,90 €

La campagne, oui, mais à 5 minutes du centre-ville ! On vient ici pour le calme et le cadre bucolique, avec cette belle véranda face à la Maine, mais aussi pour y déguster une cuisine de haute tenue. Des plats à base de produits frais et de saison comme cette variation autour du homard et saumon fumé maison en entrée, ou ce sandre cuit vapeur et sa julienne de légumes en plat, à moins que vous ne préfériez cette souris d'agneau confite et son jus épicé au romarin. Vous aimez les desserts ? Le chef va vous régaler ! On ne peut que fondre de plaisir devant son dôme coco passion croustillant chocolat amande ou ce délice poire caramel, ganache chocolat noir.

TONTON FOCH

4, boulevard Foch
✆ 09 81 77 71 81 - Tram ; arrêt Maison bleue.
www.tontonfoch.com
Lundi-mercredi 12h-0h, jeudi-samedi 12h-2h, dimanche 11h-15h. Brunch le dimanche. Carte 13,90 € env. Menu enfant 8 €.

Pour un repas léger, ou rapide, on pense au Tonton Foch ! La salle a un esprit industriel-bois qui n'est pas pour déplaire et la terrasse est agréable. Pour les aficionados du brunch, le dimanche est l'occasion de goûter aux flammekueches, classique, champignons à moins qu'on ne préfère le sucré (flammekueche banane, Nutella et M&M's par exemple). Les burgers et les frites cuisinées à la Belge sont excellents, tout comme les salades, mais on peut aussi opter pour un plat davantage préparé, avec la pièce du boucher. Cocktails et plats ont souvent un nom sympa, et les bières sont nombreuses. Enfin, le lieu propose une variété de vins à la bouteille ou au verre.

DUBLIN'S IRISH PUB

18, rue Saint-Georges
✆ 02 41 43 59 46
Du mardi au samedi le midi ; du mercredi au samedi le soir. Formule du midi : 9,90 €/13,90 €/15,90 €. Terrasse.

« Où sommes-nous ? » nous demandons-nous lors du passage de la porte du Dublin's. A priori, il s'agit d'un pub typique mais lorsque le restaurateur nous invite à le suivre, celui nous amène à une petite salle à l'étage, très jolie avec ses poutres apparentes. On pourrait presque passer à côté de ce petit restaurant qui n'a pas grand-chose à voir avec un pub. La cuisine est superbe, fine mais généreuse avec une passion qui se ressent dans l'assiette. La carte change toutes les semaines, avec par exemple un lieu noir avec son risotto au chorizo et en entrée sa salade thaï de poulet, en dessert un Tiffanyco avec sa crème à la vanille et aux truffes et son sablé à la noix. On y reviendra vite.

UNE FILLE ET DES QUILLES

66, rue Baudrière
✆ 02 41 72 23 86
Du lundi au samedi le soir dès 18h. Désormais fermés les midis. Entrées de 7 € à 9 €. Plats dès 14 € Desserts 7 €.

Alerte au coup de cœur ! Une Fille et des Quilles, c'est le repaire idéal des apéritifs dînatoires entre copains, assis autours d'une bonne bouteille fort bien conseillée par un service très sympathique, le tout saupoudré de petits plats parfaits. Non, non, on n'en fait pas trop, ce pâté du chef en personne était une révélation au moins tout autant que cette burrata au pesto et ce houmous et pita maison. C'est bon au point d'hésiter à commander en double... Le lieu ne se trouve pas dans une rue très passante, ce qui rajoute un peu plus de charme et de tranquillité à sa terrasse. L'intérieur, quant à lui, peut être une salle toute choisie pour les longues soirées d'hiver à refaire le monde.

GRUSSON

68, rue Baudrière
✆ 09 70 95 15 56
Ouvert du lundi au samedi de 18h à 23h. Réservation recommandée. Menus de 26 € à 32 €.

« Ici, on est là pour prendre du plaisir ! » : cette réplique d'Eddy Mitchell dans « Le bonheur est dans le pré », pourrait fort bien être reprise chaque soir par Yannick Gautier. Plaisir d'échanger avec ce chef atypique, ayant décidé de recevoir ses clients comme on reçoit ses amis (12 places seulement !), en cuisinant face à eux derrière son comptoir, plaisir d'écouter du Brassens ou Bourvil grâce à la platine vinyle que notre homme manipule entre deux cuissons, et surtout plaisir de déguster une cuisine vraie, généreuse et maîtrisée : œufs cocotte à la truffe, foie gras, souris d'agneau, Saint-Jacques à l'anjou rouge, Tatin au sirop d'érable... Le tout joliment accordé avec les vins !

LE GUSTAVE

11, place Hérault
✆ 02 41 69 60 82
https://le-gustave.business.site/#gallery
Mardi-dimanche 12h-14h, mardi-samedi 12h-23h (dès octobre fermé mardi soir et mercredi soir). Brunch.

Les deux frères qui ont monté ce restaurant peuvent être fiers : petite musique jazz, décoration soignée, l'ambiance est idéale pour un calme repas. La cuisine est délicieuse et ils sont très chaleureux. Les entrées sont dominées par les soupes et salades, mais un foie gras est aussi proposé par la maison. Entrecôte au beurre maître d'hôtel et frites maison, fricassée de veau façon blanquette au riz basmati : les ingrédients sont de qualité et les saveurs au rendez-vous. Pour changer de l'habituel moelleux, nous vous suggérons le banoffee Gustave, version allégée d'une pâtisserie anglaise au crumble, à la banane et au mascarpone. Le lieu dispose d'une terrasse et propose un très bon brunch.

AUX JEUNES POUSSES

4, rue d'Anjou ✆ 02 41 25 41 21
www.auxjeunespousses.fr
Le midi, menu 3 plats à 22,90 €. Le soir menu 4 dégustations à 40 € ; le samedi midi, menu 5 dégustations à 48 €

Aux Jeunes Pousses fait partie de ces nouvelles adresses de la gastronomie angevine. C'est grâce au duo charmant que forment Clément Paillard le Chef et Tiffany Ganahoa sa compagne. Formé par Franck Houdebine du Cavier, Clément a fait ses preuves dans de prestigieux palaces puis a souhaité revenir aux sources et à Angers précisément où, depuis décembre 2019, il nous régale par une cuisine de saison, simple et raffinée, comme ce pavé de barbue, physalis bio d'Anjou grillé et sauce champagne-verveine ou ce cœur de ris de veau, nuage de galet de Loire, pommes et andouille d'Anjou. Les desserts sont une réussite de gourmandise et de créativité. Le service est impeccable et souriant.

L'ANCRE DE MARINE

4, place Ruzebouc - **BOUCHEMAINE** ✆ 02 41 77 14 46
www.lancredemarine.fr
Ouvert midi et soir du mercredi au dimanche et tous les jours de début juin à fin août ; Menus de 14,50 € à 19,50 €

Magnifiquement situé sur la petite place de Ruzebouc, avec vue sur Loire depuis sa terrasse, ce bistrot ligérien a également tout pour plaire de l'intérieur, avec ses vieilles poutres et murs passés à la chaux. Dans les assiettes, une cuisine maison, copieuse, mettant l'accent sur les produits frais. Pour la partie terroir, en entrée, la salade de rillauds ou la friture de poisson remplissent dignement leur rôle, mais ne passez pas non plus à côté du sandre au beurre blanc ou de la poêlée d'anguilles et ses pommes sautées ! La pièce du boucher est également superbe et contenterait les appétits les plus féroces, tout comme en dessert le crumble de fruits rouges aux éclats d'amandes.

CIBOULE ET CIBOULETTE

60, avenue Pierre-Mendès-France - **AVRILLÉ**
✆ 02 41 72 00 77 - Tram : arrêt Saint-Gilles.
www.ciboule-ciboulette.fr
Ouvert du mardi au samedi de 12h à 13h30 ; du jeudi au samedi de 19h30 à 21h15. Formule du midi : 17,90 € (pour 2 plats)

Voici une bonne surprise que ce restaurant à Avrillé. Tenu par un couple, avec Wilfried Passedoit en cuisine, il dispose d'une salle sobrement décorée. Le chef y concocte des plats originaux aux goûts bien présents. Le choix est varié : 4 propositions par plat. En entrée, la crème brûlée à la fourme d'Ambert, par exemple, sans être vraiment sucrée-salée, est une option très intéressante en matière de mélange de saveurs. La polenta crémeuse au parmesan, les poireaux et les champignons s'accordent aussi bien avec le suprême de volaille qu'avec la langue de chat. Enfin, le fondant est fait d'un chocolat fort et parfaitement délicieux. Le tout est joliment présenté et l'accueil est très aimable.

COTE LOUET

22, rue Maurice-Berné - **MÛRS-ERIGNÉ** ✆ 02 41 57 72 49 - Parking réservé à la clientèle (quai Gérard Allory)
www.cotelouet.com
Le mardi de 12h à 14h30 ; du mercredi au samedi de 12h à 14h30 et de 19h30 à 21h. Menus : de 28 € à 34 €.

On peut conjuguer une belle vue sur la rivière et une cuisine gastronomique, c'est avec plaisir que l'on vous recommande Côté Louet : pour ses larges vérandas et sa terrasse plongeant dans la rivière du même nom, pour sa cuisine et son service courtois. En entrée, vous pourriez découvrir un paris-brest de maquereaux fumés ou un dôme de saumon à l'aneth, tous deux beaux et culinairement réussis. Lieu jaune au beurre blanc, magret de canard caramel et orange : les cuissons et l'accompagnement de légumes sont parfaits pour un repas léger et gastronomique. Fromages, douceur pistache et citron ou, plus original, tartelette déstructurée à la meringue, mandarine et kalamansi achèvent le repas.

CHAI DAM'S

34, rue du Cornet
✆ 02 41 17 88 25
www.chaidams.com
Ouvert du mardi au vendredi : 12h-13h30 et 19h15-21h30 ; le samedi : 12h-14h et 19h-22h ; Menus de 21 € à 35 €

© FABRICE QUINTON

© FABRICE QUINTON

Fidèle au poste Damien Bouancheau ! Depuis plus de 4 ans maintenant, ce chef-sommelier de formation vous accueille avec un franc sourire dans sa jolie salle, à la déco épurée, et dont certaines tables sont garnies de chaises balançoires ! Côté carte, la formule du midi propose un choix de 4 entrées, plats et desserts, tous composés à base de produits frais, de saison, et dans un esprit bistronomique. Velouté de butternut ou feuilleté de thon et pommes en entrée, suivis d'un lieu jaune et sa purée de panais ou un magret de canard sauce griottes et vitelotte : chaque plat est finement exécuté et joliment présenté, jusqu'à la tartelette aux 2 citrons, chantilly au thym, d'une exquise légèreté !

LA COUR

23, rue de la Roë
✆ 02 41 96 05 88
www.lacour-angers.com
Ouvert du lundi au mercredi 12h-0h ; jeudi et vendredi 12h-1h30 ; samedi 11h30-1h30, dimanche 11h30-15h. Terrasse.

La Cour fait honneur tant aux assoiffés qu'aux affamés avec ses différentes formules. Le midi, de beaux plats vous attendent. En entrée, salade de gésiers ou velouté d'épinards, puis poulet au caramel et sésame ou encore shiitakés, soit en Buddha bowl et son dal de lentilles, soit avec un maquereau. En dessert, la key lime pie s'accompagne volontiers d'un crémant de Loire. Le soir, un cheeseburger ou un effiloché de porc et des frites maison concurrencent les planches à partager, les dips et le houmous. Le samedi et le dimanche, c'est brunch, sucré (pancakes, granola maison) ou salé (assiette anglaise, shakshuka). Il y en a donc pour tous les goûts, et quel que soit le plat, c'est maîtrisé !

AU P'TIT RESTO

18, boulevard Arago
✆ 02 41 86 87 00
www.auptitresto-angers.com
Ouvert du lundi au samedi de 11h45 à 16h. Formule du midi : 13,50 € (deux plats, 16,5 € pour trois plats).

Quelle animation dans ce p'tit resto à la salle pourtant vaste ! Une clientèle d'habitués s'y presse le midi pour y déguster à des tarifs imbattables la cuisine de Luc Pezot, toujours exclusivement composée de produits frais et locaux. En pleine heure de pointe, on reste bluffé par la rapidité du service et surtout la présentation ultra soignée de chaque plat : terrine de veau aux herbes fraîches ou fondant aux asperges en entrée, paleron de bœuf jus au poivre ou filet de saumon à la crème de chorizo en plats de résistance. Enfin, pour quelques petits euros de plus, on aurait tort de se priver d'un onctueux riz au lait vanille et tartare d'ananas ou du sablé breton aux fraises chantilly.

LA RÉSERVE

Boulevard Henri-Arnault
✆ 02 41 87 85 80
www.lareserveangers.fr
Ouvert du lundi au samedi de 12h à 14h30 et de 18h30 à 22h30. Menus de 14,50 € à 35 €. Carte : 35 € environ

Situé au 5e étage du Quai, face au château et surplombant la Maine, la Réserve peut se vanter de posséder la plus belle vue de tous les restaurants d'Angers ! Que ce soit en terrasse ou en salle, on y déguste une cuisine bistrot gourmande, faisant autant la part belle aux classiques (pièces de bœuf, dos de cabillaud) qu'aux associations plus raffinées (lotte pochée au lait de coco, filet de caille et crumble de butternut). On ne réchappe pas aux inévitables burgers, mais la qualité de certains d'entre eux rend leur présence sur la carte franchement dispensable… Côté dessert, enfin, une excellente note au finger praliné ainsi qu'à la pomme Tatin et son riz au lait à la vanille.

RESTE AU 51

51, rue Plantagenet
✆ 02 41 43 19 13
https://www.reste-au-51.fr/
Du mardi au samedi midis et soirs. Réservation recommandée. Terrasse. WC non accessibles aux PMR.

Les propriétaires de ce restaurant à la décoration sobre mais réussie, Sandrine et Ceydric, cuisinent des produits frais et locaux pour le plus grand plaisir des gourmets. En entrée, les samoussas au chèvre frais sont un bon exemple de la cuisine à la fois simple et goûteuse du lieu. Le filet de porc est farci à l'échalote et accompagné d'une julienne de légumes sur un écrasé de pommes de terre et une sauce forestière. Et les végétariens ont droit aussi à leurs suggestions ! En dessert, la mousse au chocolat maison est raffinée et rivalise avec le crumble de fruits au mascarpone et vanille. Les lieux disposent également d'une cave à vin et à fromages.

LA RUE SAUVAGE

14, boulevard Robert
✆ 09 72 65 32 43
laruesauvage.com
Du mardi au vendredi le midi ; le jeudi et le samedi soir. 16 € à 23€ et 35€ le soir.

Voilà tout simplement l'une des plus belles et accueillantes salles de restauration angevine. Entrer dans La Rue Sauvage, c'est comme se blottir au fond d'un nid, perdu quelque part dans un bosquet. Si on se sent immédiatement confortable dans cette petite pièce verdoyante et boisée sur fond de chants d'oiseaux, ce n'est rien à côté des assiettes servies. Produits frais et de saison sont de rigueur, qui plus est essentiellement approvisionnés en circuit court, le tout disposé dans l'assiette comme de la peinture sur une toile. On se souvient de ce sublime lieu au chorizo et aux courgettes sous différentes formes, un délice. Par ailleurs, la sympathie du service n'a d'égale que sa douceur.

LE SAINT-BENOIT

8, avenue Paul-Prosper-Gilhem - **BEAUCOUZÉ**
✆ 02 41 43 88 69
www.brasserie-lesaintbenoit.fr
Le lundi et le mardi de 12h à 14h ; du mercredi au samedi de 12h à 14h et le soir de 19h30 à 22h. Menu 14 € à 27,80 €.

Dans son immense salle sur 2 étages (déco un peu passe-partout, dommage) ou en terrasse, le Saint-Benoît présente toujours une carte riche et variée, entre salades, classiques de la gastronomie française (quenelles de volaille, saucisson brioché, ris de veau), poissons, burgers… Les viandes rouges, elles, occupent une place particulière, puisque l'établissement a fait des viandes dites «maturées en cave» sa grande spécialité. Pesées et découpées à la demande devant vous, elles se dégustent en version entrecôte, côte ou faux-filet accompagnées d'excellentes frites maison. La carte des desserts, enfin, réserve de belles surprises, avec le cheesecake mangue et citron ou le baba au rhum.

SENS

8, rue Boisnet
✆ 02 41 05 12 28
www.restaurant-sens.com
Ouvert le mardi et mercredi de 12h à 14h ; du jeudi au samedi de 12h à 14h et de 19h30 à 22h. Menus de 18 € à 40 €.

Le Chef Nicolas Adamopulos, ex-membre parisien des prestigieuses équipes du Bristol et du Crillon, nous invite ici à un voyage sensoriel surprenant, laissant libre cours à sa créativité, avec des produits de saison privilégiant le circuit court. Les menus uniques du midi et du soir varient ainsi toutes les semaines en fonction de ses envies. Le menu dégustation Aplistia propose 6 séquences, amuse-bouches, entrée, poisson, viande, dessert, mignardises. De quoi ravir nos palais avec ce millefeuille de courge, praliné de châtaigne suivi de Saint-Jacques et topinambour ou d'un filet de pigeon et sa compotée de fenouil et brioche... Les desserts sont juste délicieux. Du grand art !

LE SEVEN

7, place Molière
✆ 02 41 88 62 12
restaurant-le-seven.fr
Ouvert du lundi au samedi dès 12h ; du jeudi au samedi midi et soir. Menus de 15 € (le midi) à 36 €. Terrasse.

Avec son plafond haut, ses belles pierres et sa décoration pop art, le Seven est un joli lieu où déguster une cuisine traditionnelle mais moderne. Par exemple le magret de canard à la cuisson divinement rosée avec son jus au miel ou bien plus original, le bar poêlé au beurre rouge et sa poire pochée sont au rendez-vous, sinon plus classique, un burger au steak charolais et à la moutarde, toujours aussi efficace. En dessert, on vous conseille comme petit plaisir la tartelette au citron meringuée, douce et sucrée, idéal avant de repartir à l'aventure. Pour les grandes occasions, un salon de 230 m² est privatisable pour les groupes, que ce soit des familles ou des entreprises.

LA TABLE 33

33, avenue Besnardière
✆ 02 41 43 93 99
www.latable33.fr
Lundi au vendredi midi, vendredi soir. 14,90 € à 16,50 €. Groupes sur réservation 10 personnes ou plus soir et week-end.

Arrivé en juin 2018 dans ce pétillant petit resto de quartier, le chef s'encanaille avec de beaux produits frais qu'il concocte chaque jour pour de riches assiettes, colorées et bien marquées en saveurs. Mer ou terre sans préférence avec lieu, colin ou cabillaud, poêlée de petits légumes, profiteroles tartare chèvre, noix jambon, pavé de bœuf pommes grenaille, tiramisu poire et pain d'épices, selon le marché. Son adorable épouse, d'une rare dynamique et toujours gaie, apporte ce supplément d'âme qui manque au quartier et a choisi une fraîche déco éclatante entre orangés et toiles animalières éclaboussées de couleurs. Que c'est agréable de s'en remettre à des gens aussi attractifs !

LA TABLE LOIRE ET SENS

11, chemin du Bois-Guillou - **JUIGNÉ-SUR-LOIRE**
✆ 02 41 66 45 54
www.loireetsens.com
Ouvert le lundi soir ; du mardi au samedi midi et soir ; le dimanche soir. Menus de 18 € (le midi en semaine) à 51 €.

Ce beau domaine hôtelier boisé et espace bien-être, compte une excellente table au sein d'une salle largement vitrée et moderne donnant sur le parc. Accueil et service efficace pour une table sûre, au repas élégant et subtil en mariages de goûts. Des mains du jeune chef, Elliot Lhumeau, sortent des compositions comme une salade de chou et charcuterie parfaitement assaisonnée, maquereau snacké et tombée de shiitakés et topinambours, joue de bœuf Angus aux épices douces, Saint-Jacques poêlée, risotto de châtaignes, écume d'ail et en conclusion, crémet d'Anjou, tatin de pommes et gelée de coings, de la glace verveine et du crumble, pour d'agréables sensations tant à l'œil qu'au palais.

LE TEMPS RETROUVÉ

7, rue du Mail
✆ 02 41 88 11 34
Du lundi au vendredi le midi de 11h à 16h30 ; le vendredi de 11h à 23h30. Formule du midi : de 13,20 € à 19,70 €

Visiblement, ce restaurant n'a pas besoin de nous pour attirer du monde ! Intéressons-nous alors à ces plats faits maison : cannelloni à la ricotta ou feuilleté de boudin noir aux pommes, rôti d'onglet à la sauce marchand de vin et ses pommes sarladaises ou croustillant de volaille, financier au chocolat ou trio de petites pâtisseries... On sent une cuisine parfaitement maîtrisée et une connaissance des aliments (tous frais, évidemment !). Des plats qui changent un peu de l'ordinaire des restaurants dont la clientèle est majoritairement celle des travailleurs du midi. Le service est souriant, que demander de plus ! Le Petit Futé recommande.

AUTOUR D'UN CEP

9, rue Baudrière
✆ 02 41 42 61 00
Ouvert du lundi au vendredi de 18h30 à 21h30. Réservation impérative. Menus de 39 € à 43 €.

Changement de propriétaire mais pas de nom. Autour de ce nouveau cep poussent des produits locaux, du marché, pour des plats gastronomiques relativement abordables. En entrée, par exemple, ce sont les tomates anciennes qui sont à l'honneur. Ensuite, un pigeonneau à la chair merveilleusement tendre s'accompagne d'une pomme de terre et d'une mousse d'abats que même les plus récalcitrants peuvent prendre grand plaisir à manger. En dessert, un sablé abricot-amande rivalise de bon goût avec une délicate mousse à la bière brune, aux copeaux de chocolat et aux noix. Des créations culinaires remarquables qu'on découvre aussi à travers les divers accompagnements et le pré-dessert, tout en finesse.

BELLE RIVE

32, promenade de Reculée
✆ 02 41 48 18 70
www.restaurant-bellerive.com
Ouvert du lundi au vendredi midi et soir ainsi que le samedi soir. Menus de 23 € à 61 € ; formule : 24,50 €

Manger à Belle Rive, c'est une expérience qui nous rappelle que souvent, la vie est plaisante ! C'est presque allongé sur le lit de la Maine, à quelques foulées de l'île Saint-Aubin, que le service à la fois sympathique et professionnel de ce restaurant vous invitera au voyage avec ses plats de saison et entièrement maison. On se délectera d'un petit apéritif sous forme de verrine à la betterave mariée au fromage de chèvre. En plat, la jambonnette de volaille fait des ravages avec son jus de viande et ses petites gambas flambées au rhum, le dos de cabillaud au lait de poule végétal fait autant de merveilles. En dessert, foncez sur l'entremets tomates et noix de coco...

BISTROT - BRASSERIE

UN AIR DE CUISINE

31, rue de Brissac
✆ 02 41 88 12 92
Ouvert du lundi au vendredi le midi ; le jeudi et vendredi le soir. Menus de 14,50 € à 17,50 €.

Un restaurant de quartier comme on les aime, à l'ambiance décontractée et fréquenté par une clientèle d'habitués. Dans la grande salle à la déco bistrot vintage, on s'installe à une des hautes tables en bois situées près du comptoir ou dans l'arrière-salle, plus intime, pour déguster des plats simples, parfaitement exécutés et d'un excellent rapport qualité/prix. Nems et samosas en entrée, à moins que vous ne préfériez saucer avec plaisir votre assiette devant de savoureuses ravioles aux fromages sauce roquefort. On poursuit avec un parmentier de poisson ou une copieuse pintade sauce forestière. Opter en dessert pour le fondant au chocolat ne serait pas raisonnable bien sûr... Quoique !

BISTROT - BRASSERIE

ATOLL CAFÉ

Ecoparc du Buisson - **BEAUCOUZÉ** ✆ 02 41 77 23 88
www.latoll-angers.fr/les-restaurants/54/atoll-cafe
Ouvert du lundi au samedi de 11h30 à 15h et de 18h30 à 21h30 (22h30 le vendredi et samedi) Menus de 18 € à 24,90 €

Idéal pour se restaurer après un marathon shopping au sein d'Atoll, ce grand bar-brasserie à la déco moderne offre une large terrasse aux beaux jours mais aussi, toute l'année, un service à la fois souriant et d'une efficacité rare ! Et sa cuisine dans tout cela ? Elle s'avère toujours être d'un excellent rapport qualité/prix avec une carte typiquement brasserie proposant de généreux burgers maison, des tartares et carpaccios très frais, d'excellentes viandes grillées, de copieuses salades, comme la Caesar par exemple, des tartines, ou encore de savoureuses recettes du jour, le midi, renouvelées quotidiennement : poisson du jour, parmentier de canard, etc.

BISTROT - BRASSERIE

LE BISTROT

8, place de la Gare
✆ 02 41 72 54 60
Lun.-dim. 09h30-22h. Carte : 31 € env. Menu enfant : 12 €. Formule bistrot : 15 €/18 €. Menu bistrot 29 €.

Vastes horaires pour cette brasserie lumineuse à taille humaine ! Sa carte très française dans les intentions, varie souvent car le boss ne reste jamais les deux pieds (de cochon) dans le même sabot ! Classiques de cuisine bistrotière à la française, ou recomposés, régalent toujours : carpaccios de viande et de poisson, salades variées mer ou terre, chaud-froid de féculents cuisinés et pétillant de charcuterie rôtie (chorizo, andouille), burgers et steak tartare, grillades convenues et généreuses, filets ou matelotes de poissons subtilement accompagnés de légumes croquants colorés. Le top : s'essayer au soufflé glacé au Cointreau et honorer la généreuse carte des vins en terrasse ombragée !

BISTROT - BRASSERIE

LE BISTROT DE L'AVENUE

117, rue Franklin ✆ 02 41 23 82 72
bistrotdelavenue.com
Du lundi au vendredi midi et du jeudi au samedi soir. Plat du jour 12,50 € (entre 16,50 € et 20,50 € pour 2 ou 3 plats)

Difficile, aux beaux jours, de faire plus au calme que ce restaurant à l'immense terrasse donnant tout au bout de l'avenue Jeanne D'arc. Vous aimez le style bistrot ? Alors vous aimerez aussi l'intérieur du lieu, à la déco soignée, où l'on se régale d'une sélection de plats renouvelés quotidiennement. De la cuisine française traditionnelle, simple, fraîche et savoureuse, parfois saupoudrée de quelques influences plus lointaines. Wrap de poulet ou gaspacho en entrée, suivi d'une copieuse araignée de porc au coulis de poivrons et pommes de terre nouvelles ou d'un filet de lieu noir. Les plus gourmands termineront avec un moelleux aux abricots ou un fromage blanc au coulis de fruits rouges.

BISTROT - BRASSERIE

LA CANTINA

9, rue de l'Oisellerie
✆ 02 41 87 36 34
Mardi-samedi midi et soir. Carte : 24 € environ (pour un plat et un dessert). Plat du jour : 12 €.

Toujours aussi attachant ce petit restaurant à la déco façon brocante, où l'accent du patron fleure bon les charmes culinaires du Sud-Ouest. L'accueil y est adorable et la carte, inchangée depuis des lustres (tant mieux !) a de quoi réjouir les amateurs d'une cuisine traditionnelle simple et gourmande. Nul besoin d'entrée : on peut directement opter pour de savoureuses salades XXL, mais il faut aussi tester au moins une fois ici l'incroyable sauce sucrée-salée accompagnant les aiguillettes de canard, la tendreté des pièces de bœuf ou encore le saumon au chorizo et riz basmati. Côté desserts, enfin, la crème au chocolat, le crumble aux pommes ou la crème catalane sont de très haute tenue !

OÙ MANGER AU BORD DE L'EAU

Cet été, nous irons danser et nous restaurer en plein air, à la guinguette, au bastringue, à la buvette, à l'estaminet ou au restaurant... au bord ou au-dessus de l'eau, voici la sélection des petits futés :

La Cabane du Chat qui pêche à Cantenay-Epinard – 07 68 96 12 14 – une ravissante guinguette en bord de Mayenne, avec sa délicieuse cuisine du terroir !

Le Noé à Bouchemaine – 02 41 77 11 13 – l'esprit guinguette et une vue imprenable sur la Maine !

La Guinguette chez Jojo à Saint-Saturnin-sur-Loire – 02 41 54 64 04 – un incontournable et une institution.

La Cabane (Les Bosquets) aux Ponts-de-Cé – 02 41 57 72 42 – un cadre bucolique au bord du Louet pour une cuisine d'exception.

Le Kiviv à Briollay – 02 41 72 22 57 – une belle salle aménagée dans un ancien jeu de boule de fort, on apprécie la terrasse en bord de Sarthe, à découvrir !

Le Port Thibault à Saint-Gemmes-sur-Loire – 02 41 57 35 14 – on y va pour la magnifique vue sur la Loire.

Guinguette le Héron Carré, Parc Balzac, le rendez-vous estivale des angevins !

Guinguette en Rouge et Loire aux Ponts-de-Cé, une vue sur la Loire et de beaux concerts !

Guinguette la Rainette à Montreuil-Juigné – 02 41 86 10 75 – au bord de la Mayenne, une cuisine traditionnelle maison !

Restaurant Les Ondines à Châteauneuf-sur-Sarthe – 02 41 69 84 38 – la seule terrasse au-dessus de l'eau.

Le Port de l'Ile, Chemin Bas Epinard sur l'île Saint-Aubin – 02 41 39 85 29 – avec les enfants pour une balade sur l'île et une pause champêtre.

Belle Rive, promenade de Reculée – 02 41 48 18 70 – un beau cadre pour une délicieuse cuisine !

Les Piplettes, La Pointe Bouchemaine – 02 41 77 17 46 – une ambiance bar à vins et friture.

BISTROT - BRASSERIE

LA FABRIQUE

7, rue de Brissac
✆ 02 41 73 17 02

Ouvert du lundi au vendredi le midi ; du mercredi au samedi le soir. Formule du midi à 9,90 € et 13,50 €.

Une adresse à la fois gourmande et où l'on se sent bien ! Les atouts du lieu ? Sa décoration moderne, sa belle terrasse intérieuse ombragée, son atmosphère à la fois conviviale et intime en hiver et surtout son esprit résolument épicurien. N'espérez pas ici vous sustenter d'un flan de radis au jus de betterave et sa mousseline de navet... A la carte ou en plat du jour, ici, du confit de canard accompagné de merveilleuses petites pommes de terre sautées, du pluma de cochon, des gambas au chorizo ou encore de savoureuses ravioles aux cèpes agrémentées d'éclats de foie gras. On termine en beauté avec un moelleux au chocolat, une tarte Tatin, et le sourire d'un personnel aux petits soins.

BISTROT - BRASSERIE

LA MANUFACTURE

6, place Mendes France ✆ 02 53 57 23 23

Ouvert du lundi au vendredi le midi. Ouvert du lundi au samedi pour le bar jusqu'à 20h environ. Menus de 12 € à 14 €

Bien que situé en première ligne du chantier de la nouvelle ligne de tramway (terminée fin 2019), ce bistrot-brasserie a su conserver une clientèle d'habitués. Son secret ? Des plats maison simples et fort bien exécutés, aux tarifs imbattables et servis avec le sourire. Pas de carte mais une ardoise de 2 ou 3 entrées et plats de résistance. On débute avec une salade César ou une salade de chou blanc avant de poursuivre sur un burger de dos cabillaud pané, des tomates farcies avec générosité ou une bavette sauce échalotes accompagnée de frites ou d'une onctueuse purée de pommes de terre. On salue le joli choix de desserts, sans oublier l'incontournable assiette de fromages.

BISTROT - BRASSERIE

MILORD

18, place Louis-Imbach ✆ 02 41 20 90 10
brasserie-milord.fr

Tlj et j. fériés 12h-0h. Menus 23 €/29,50 €. Carte : 34 € environ. Menu enfant : 7,80 €. Formule du midi : 14,40 €.

Une brasserie au cœur de la ville avec une devanture qui vous fait envie d'emblée. Dès l'entrée on est impressionné par le choix de vins présenté sous vitrine. La décoration est colorée, chaleureuse et les baies vitrées permettent une entrée impressionnante de lumière. Préférez les étages au rez-de-chaussée. On peut être dubitatif sur la quantité impressionnante de plats, pour finalement être surpris de la fraîcheur des mets ! Les huîtres sont gourmandes, les poissons bien travaillés et la plupart des desserts paraissent faits maison (coup de cœur pour la crème brûlée). Ouvert depuis 2017, le Milord a su se faire admettre et vous aimerez ses larges plages d'ouverture, même pour y dîner tard.

BISTROT - BRASSERIE

LE PATIO

Ecoparc du Buisson - **BEAUCOUZÉ** ✆ 02 41 77 21 89
lepatio-atoll.com

Midi et soir sf dimanche. 11h45-14h30/18h45-21h30. Carte 30 €. Menu enfant 8,90 €. Formule midi 12 et 15,50 € Terrasse.

Le Patio est la brasserie idéale pour les flâneurs de l'Atoll ! Situé au centre névralgique de la grande galerie commerçante à ciel ouvert, ce restaurant propose une carte conséquente et variée allant des pizzas, leur spécialité, en passant par différentes recettes de pâtes (carbonara, saumon à la crème...) en passant par les salades ou encore les traditionnels et indémodables burgers, on ne doute pas que quiconque y trouve de quoi satisfaire sa fringale. Le restaurant est souvent complet, pourtant le service est très rapide, l'efficacité en cuisine n'a pas à faire ses preuves autant que l'attention du service en salle. Enfin, un menu du jour en quantité limitée est proposé tous les midis.

BISTROT - BRASSERIE

LE PETIT RANCH

67, promenade de la Baumette ✆ 02 41 44 06 35 - Prendre la promenade de la Baumette, qui longe le stade, et au rond-point, prendre la 1e sortie.

Ouvert du lundi au vendredi de 12h à 15h (les soirs et week end sur réservation de groupes). Menus de 13,50 € à 16,50 €.

C'est toujours l'esprit « routier » qui domine dans cet attachant établissement situé au bout de la promenade de la Baumette. Ghislaine et Régis Neau accueillent une clientèle d'habitués, séduits par l'atmosphère décontractée du lieu et par la qualité d'une cuisine fraîche, simple et au rapport qualité-prix imbattable. Buffet d'entrées 100 % maison, bavettes, tartare de bœuf, hampe de cheval, andouillettes, suprême de poulet, saucisse de Montbéliard ou poisson du jour : le choix et la qualité sont là ! En dessert, la panna cotta est délicieuse, tout comme la crème brûlée ou la mousse au chocolat. Et quel bonheur, en été, de profiter de la partie jardin/pétanque, avec le chant des oiseaux !

BISTROT - BRASSERIE

LE WAGON

2, carrefour Molière - **SAINT-BARTHÉLÉMY-D'ANJOU**
✆ 02 41 17 67 74
lewagon-restaurant.fr

Ouvert de 12h à 14h du lundi au samedi ; Menu du jour : 16,40 € (pour 3 plats)

Ouvert début 2020, ce wagon a tout pour plaire : un personnel souriant et efficace, une vaste salle lumineuse et à la déco se référant au nom du lieu (originaux, les sièges plastique de hall de gare trônant dès l'entrée !), et surtout une cuisine de brasserie de qualité, à l'excellent rapport qualité-prix. Ici, c'est une clientèle d'habitués, venue des entreprises alentour, qui vient déguster à midi des plats faits maison et à base de produits frais : salade Caesar, pizzas, entrecôte, andouillette, burger, souris d'agneau, poisson du jour... On termine par une mousse au chocolat, une crème brûlée, ou encore la spécialité du lieu, le Chef de gare...

© FABRICE QUINTON

CRÊPERIE

CRÊPERIE LES 2 ÉPIS

Rue du Grand-Launay ✆ 02 41 73 86 77
www.creperieles2epis.fr
Lundi-samedi 11h45-22h. Salon de thé 14h30-18h30. Galettes 3,40/11,70 €. Carte 18,50 €. Enfant 8 €. Plat jour 8/10,50 €

Si le cadre d'une galerie commerciale ne peut pas rivaliser avec le charme de bon nombre de crêperies de l'hypercentre, cet établissement mérite néanmoins nos félicitations : d'abord pour la qualité de son service, malgré la grande taille des lieux et la clientèle parfois pressée qui s'y attable, mais aussi et surtout pour la richesse de sa carte avec une vingtaine de copieuses salades, des sardines grillées (si si !), moules frites, ainsi qu'une cinquantaine de recettes de galettes et crêpes ! Toutes bénéficient d'une pâte irréprochable et d'une garniture généreuse, à l'image de la galette dauphinoise et son gratin du même nom ou de la crêpe Tatin et ses pommes cuites flambées au calvados.

© FABRICE QUINTON

CRÊPERIE

LA BOUDEUSE

14, rue Montault
✆ 02 41 87 11 44

Ouvert du jeudi au lundi de 12h à 14h et le soir de 19h à 22h. Carte : 21 € environ (pour une galette et une crêpe)

On mettrait bien son grain de sel dans quelques galettes, comme la Charolaise, avec son steak haché (entier), son œuf miroir, son emmental et ses petites pommes de terre. Mais les ingrédients sont de qualité, et on ne peut que mieux les sentir. On regrette que la pâte à crêpe (à base d'ingrédients bio, comme la pâte à galette) soit légèrement caoutchouteuse... mais la garniture rattrape ce petit défaut, à l'image des bananes rissolées, amandes, du chocolat et de la chantilly maison de la Bananas ! Le cidre est artisanal ou bio, comme la plupart des ingrédients. Enfin, grâce à une belle décoration et un emplacement idéal, face à la maison d'Adam, on ne boude pas son plaisir chez la Boudeuse !

CRÊPERIE

CRÊPERIE DU CHÂTEAU

21, rue Saint-Aignan ✆ 02 41 88 53 87 - La rue Saint-Aignan débute en face du pont-levis du château.
www.creperieduchateau.fr

Du mercredi au samedi midi et soir. Réservation impérative. Terrasse.

Ici, ce n'est pas le château qui est pris d'assaut, mais bien la charmante petite crêperie qui lui emprunte son nom. On vous rassure : personne ne tentera de vous repousser en déversant de l'huile bouillante ! Bien au contraire, malgré l'affluence, le service est toujours cordial et efficace. Le chef excelle aux fourneaux et aide parfois au service. Il concocte, par exemple, la végétarienne au chèvre, miel, noix, quinoa, blé, salade, tomate cerise : rien que ça ! Évidemment, les ingrédients sont de qualité. En dessert, nous vous conseillons une Carachoc, au chocolat maison et caramel au beurre salé ou la palette du peintre : 2 crêpes, 5 saveurs suivant l'humeur du chef !

CRÊPERIE

CRÊPERIE SAINT-AUBIN

10, rue Saint-Aubin ✆ 02 41 87 52 65

Ouvert toute l'année. Du mardi au vendredi de 11h45 à 14h et de 19h à 22h ; le samedi de 11h45 à 22h (Service continu)

Une des crêperies les plus populaires d'Angers ! Ici, les années se suivent et se ressemblent : on vient s'attabler en terrasse ou en salle (déco toujours un peu passe-partout, dommage...) pour se délecter de crêpes et de galettes irréprochables. Des galettes que l'on peut d'ailleurs choisir de composer soi-même sur une base de 2, 3 ou 4 ingrédients. Pour les grandes faims, la galette Noa (saumon fumé, fromage à raclette, œuf et gratin de pommes de terre) rivalise de gourmandise (et de calories !) avec la périgourdine (magrets de canard, gésiers confits et salade). Ajoutez à cela de très bonnes salades composées et des prix plus que raisonnables au vu de la qualité des produits.

CRÊPERIE

KER SUZETTE

14, rue Bodinier
✆ 02 41 20 15 20

Tous les jours de 12h à 23h. Formules : midi (10 €) Mareyeur (huîtres + tourteau, 28 €), 7 à huîtres (jeudi 19h-20h).

C'est nichée au cœur de la rue Bodinier que se trouve la jolie salle aux ornements géométriques et colorés de Ker Suzette, un cadre fort agréable pour venir y déguster des galettes craquantes dites «dentelles» habillées de produits biologiques. Ici, on fait le tour du monde en passant par la Bretagne avec sa saucisse bretonne ou bien le Japon avec sa galette au saumon et wasabi grâce à une carte variée qui satisfera aussi bien les bons mangeurs que les petits appétits. Pourquoi pas finir sur une note de douceur avec une crêpe bien chaude aux pommes et au caramel ou tout simplement une beurre et sucre ? Aux amoureux de la mer, il est possible de venir déguster des huîtres les jeudis.

CRÊPERIE

LA TABLÉE

1, rue David d'Angers ✆ 02 41 05 12 50
www.creperie-la-tablee-restaurant-angers.com

Ouvert du mardi au samedi de 12h à 14h et de 18h30 à 22h (jusqu'à 14h30 et 22h30 le samedi).

Un joli cadre, de belles saveurs et un bel accueil : voilà de quoi faire de cette Tablée une des toutes bonnes crêperies d'Angers. Niché dans la ruelle pavée proche de la rue Lenepveu, le lieu dégage un petit côté taverne, avec ses murs en pierres apparentes et propose une carte alléchante. Galettes et crêpes sont richement garnies et joliment présentées. La Saint-Jacques fondue de poireaux est une réussite tout comme la Savoyarde au lard et au reblochon. Côté crêpes, on craque pour le caramel ou le chocolat maison, sans oublier, toujours en accompagnement, la grande spécialité de l'endroit : les sorbets et les glaces d'un maître glacier, aux parfums (entre autres) de légumes ou de fleurs !

CRÊPERIE

TY-YANN

20 bis, rue Desjardins ✆ 02 41 87 74 66 - A l'angle de la rue Hanneloup et la rue Desjardins. – www.ty-yann.fr

Ouvert du lundi au samedi le midi et tous les soirs, sauf le lundi et le jeudi. Menu du midi à 14,80 €

Voilà plus de 30 ans maintenant que la belle façade bleue et ardoise de Ty-Yann nous fait de l'œil ! Une longévité qui s'explique par le sourire de son patron, l'atmosphère chaleureuse qui y règne avec sa clientèle d'habitués, mais aussi bien sûr par la qualité de ses galettes et crêpes, toutes garnies de produits bio et essentiellement locaux. Parmi la vingtaine de galettes proposées à la carte, certaines recettes s'avèrent aussi surprenantes que réussies, comme celle à base de légumes de tajine et de chèvre. Côté crêpes, de belles variations autour de la pomme, mais on peut aussi craquer pour le mariage marmelade d'orange, boule de glace vanille-rhum, mangue, passion et chantilly !

INSOLITE

L'AUTHENTIC

10, rue Hoche ✆ 02 41 42 15 42
www.restaurant-lauthentic.fr

Ouvert toute l'année, midi et soir, du mardi au dimanche ; Formules entre 12 € et 17,50 € ; vente à emporter

Ah les fouées ! L'Authentic reste un des rares lieux, à Angers, à servir ces délicieux petits pains gonflés et servis chauds, cuits ici dans un ancien four à pizzas. Bien sûr, la déco, façon terroir angevin, pourra paraître pour certains un peu vieillotte, mais l'essentiel reste ici de pouvoir continuer à se régaler d'une salade de chèvre chaud ou de rillauds, puis de ces savoureuses fouées, à garnir soi-même. Les plus épicuriens pourront commencer par les garnir d'un excellent foie gras maison, avant de les fourrer de champignons et lardons à la crème, de mogettes et jambon de Vendée, de rillettes, puis de les décliner en version dessert avec du chocolat ou du caramel au beurre salé.

NEW

INSOLITE

LES FILS À MAMAN

4, place du Pilori ✆ 06 45 14 72 67
www.lesfilsamaman.com

Ouvert les mardi et mercredi soirs ; du jeudi au samedi midi et soirs et le dimanche midi ; Menus de 15 € à 18,50 €

Ici, on mange sous l'œil de Goldorak, de l'Agence tout risques ou de Super Mario ! Une déco 80-90's pour cette chaîne de restaurants apôtre d'une « cuisine régressive, inspirée de nos mamans ». Un parfum de nostalgie dans la salle, mais aussi dans des plats revisitant ou adaptant avec une pointe d'esprit bistrot les classiques de notre enfance : cordon bleu de poulet, poisson pané façon fish & chips, saucisse-purée ou encore coquillettes (mais à la crème de comté et jambon à la truffe noire !). C'est bon, copieux et fait maison, jusque dans les desserts avec le tiramisu au Kinder et le cheesecake aux petits suisses. À moins que vous n'en soyez privés pour n'avoir pas fini votre assiette !

INSOLITE

LES FOUÉES DU MOULIN DE SARRÉ

73, Moulin de Sarré - **GENNES-VAL DE LOIRE** ✆ 02 41 51 81 32
www.moulin-de-sarre.fr

Toute l'année sur réservation, pour toutes manifestations gourmandes privées ou publiques en Anjou. Prix sur devis.

Sur le lieu de votre réception ou chez vous pour vos fêtes, le Moulin de Sarré prépare, avec sa propre farine de meule de son moulin, des fouées ! De délicieuses petites bulles de pain cuites dans le four à bois itinérant. Vos invités garniront les fouées chaudes de produits régionaux ou faits maison. Ces fouées sont reconnues «Produit en Anjou». Au Moyen Âge, avant de cuire le pain, on mettait un peu de pâte à pain aplatie à la paume de la main au four pour tester sa chauffe. Elle était donc à point lorsque cette pâte gonflait en formant une petite bulle de pain creuse.

INSOLITE

KAZUMI

3, rue d'Anjou ✆ 02 53 57 21 42
www.restaurant-kazumi.com

Ouvert le lundi, mardi, jeudi et vendredi midi et soir, et uniquement le mercredi et samedi soir. Menus de 25 € à 45 €.

Kazumi, c'est à la fois un décor élégant, une ambiance intimiste, une fusion des cuisines française et japonaise pour une parenthèse zen dans le quartier de la gare. Sous vos yeux, le chef dépose ses viandes et légumes sur de grandes plaques chauffantes pour une cuisson Teppanyaki. Les convives, au comptoir, découvrent ainsi petit à petit le repas unique qu'ils vont trouver dans leur assiette. En entrée, une brochette de gambas avec une succulente sauce miso annonce un plat principal bien goûteux. On observe le chef maîtriser ses cuissons à la perfection : côtes de porc ou canard, champignons, chou chinois, brocoli... Au dessert, fondant au chocolat ou tiramisu sont d'inspiration orientale.

INSOLITE

AU RESTAU-THÉÂTRE

14, rue Garnier ✆ 02 41 72 84 26
www.aurestau-theatre.com

Jeudi-samedi 19-22h. Selon programmation, mercredi soir et dimanche midi. Sur réservation. Formule dîner-spectacle 50 €.

Unique sur Angers ! Trois soirs par semaine, le Restau-Théâtre vous propose une formule dîner-spectacle mélangeant fous rires, stand-up, comédies burlesques et les très bons plats du chef Charly. Dans une salle à l'atmosphère chaleureuse, on vient se régaler ici d'une cuisine créative, généreuse et 100 % maison. Velouté de butternut ou terrine de canard confit en entrée, filet mignon de porc ou dos de lieu noir et risotto aux brocolis en plat de résistance, mi-cuit au chocolat noir ou tiramisu au speculoos en dessert : le spectacle commence dans les assiettes avant de se prolonger sur scène... Réservation impérative ! La programmation se retrouve directement sur le site Internet.

INSOLITE

LA SOUFFLERIE

8, place du Pilori ✆ 02 41 87 45 32
lasouffleriangers.fr

Ouvert du mardi au samedi de 12h à 14h et de 19h à 22h. Soufflés salés 10,50 € à 13,70 €, sucrés 8 € ou 11 €. Terrasse.

Jamais à court de souffle la carte de ce restaurant bien connu des Angevins ! Oups ! Pour nous faire pardonner cette blague un peu facile, laissez-nous au moins vous mettre l'eau à la bouche en vous présentant quelques-unes des stars du lieu, les fameux soufflés donc, aux fruits de mer, suprême de poulet et fourme d'Ambert, saumon fumé, jambon-fromage-champignons, crottin de chèvre et brocolis, chorizo-fromage... Voilà pour la partie salée, mais les versions sucrées valent aussi largement le détour, avec notamment le divin pistache-framboise et sauce caramel (le plus demandé !) ou le pommes raisins blonds au calvados. Vous vous dégonflez ? Le lieu propose aussi quelques crêpes et salades !

BIO

LES CASSE-CROÛTE DE SUZY

3, rue de L'Espine ✆ 02 41 19 68 82

www.lescassecroutedesuzy.com

Du lundi au samedi de 11h45 à 14h30 ; le vendredi soir de 118h à 22h. Menus de 10 € à 16,50 €

Dans cette cantine installée des deux côtés de la rue de L'Espine, on mange du bio, fait maison et presque 100 % vegan. Dans la jolie petite salle de gauche, aux murs passés à la chaux, c'est une clientèle d'habitués qui vient commander au comptoir d'excellentes salades composées, des sandwichs servis chauds façon paninis, des soupes, des quiches, le tout servi avec le sourire par Suzy et sa mère Bernadette. Chaque recette respire la fraîcheur et le respect des saisons. Les desserts, eux, constituent un vrai casse-tête en matière de choix : riz au lait d'amande verveine, marbré choco vanille ou pain d'épices ? Pour notre part, on vote pour la mousse au citron, d'une légèreté incomparable !

RESTAURANT DE BURGER

ERNEST'INN

3, rue Saint-Maurille ✆ 02 41 73 23 21

ernest-inn.com

Lundi-samedi 12h-14h et 19h-22h30 (22h du lundi au mercredi). Carte : 17 € environ. Menu enfant : 8 €.

Cet « atelier » du burger n'a pas fait le choix de la restauration rapide, contrairement à ce qu'on pourrait penser. Imaginez une salle pleine à craquer, et seulement trois personnes servies, oui, oui ! Au passage, notez qu'on ne peut pas réserver. On attend, on a le temps d'observer la salle et son décor industriel et de bois, des plus réussis. Et vient enfin la récompense : les copieux raclette party (bœuf, jambon cru, raclette), ou bien orange's new chick (poulet snacké, cheddar, curry, potimarron). Ouf, l'attente valait le coup, et les frites sont excellentes ! Encore un creux ? Tentez le Crémeux cacahuètes, swing de choco, caramel chouchou, pour le délicieux crazy love, peanuts !

CUISINE RÉGIONALE

BISTROT DES ANDECAVES

62, promenade de Reculée ✆ 02 41 73 31 88

bistrot-des-andecaves.fr

Lundi et mercredi 10h-16h, jeudi-samedi 11h-14h et 19h-21h, dimanche 12h-14h. Menus 26,50 €/30 € (soir et samedi midi).

À Angers, déjeuner en bord de Maine à un tarif modique n'est pas chose aisée ! Dans ce sens, cette adresse reste une adresse précieuse, avec sa terrasse, ses fenêtres panoramiques donnant sur l'eau, et sa formule du midi renouvelée chaque semaine en fonction des arrivages du marché : aumônière de saint-marcellin ou makis de saumon fumé en entrée, suivis d'un dos de lieu noir, une pièce du boucher ou en plat végétarien un risotto de petit épeautre et champignons. Du classique en dessert avec mi-cuit au chocolat ou la tarte aux fruits. Bien entendu, le tout est accompagné et guidé par un service souriant. Cerise sur le gâteau, le dimanche c'est un brunch irrésistible qui s'offre à vous !

RESTAURANT DE BURGER

CHEZ PAUL

44, rue Bressigny

✆ 02 41 86 08 08

Ouvert du mardi au samedi, de 12h à 14h et de 19h15 à 22h

Chez Paul, les burgers s'émancipent avec bonheur de leurs origines US. La salle, avec ses vieux murs de pierre, parés de quelques tableaux, est à mille lieux de l'esprit *diner* new-yorkais. Et c'est tant mieux, car les stars du lieu (à l'exception du burger Classico, avec son cheddar et son ketchup maison) jouent avec les saveurs européennes du bleu de Gex, du mont-d'or, du comté, de la tomme de chèvre... Une vraie réussite pour chaque recette : Figalou, Fermier, BBQ... Les frites maison sont un vrai régal, tout comme les desserts, avec un délicieux riz au lait au caramel beurre salé et un crumble aux fruits rouges irréprochable. Enfin, un bravo renouvelé pour l'accueil et le service.

FRUITS DE MER - POISSONS

L'ÉCAILLER

11, rue Louis de Romain ✆ 02 41 25 16 90

lecaillerangers.fr

Ouvert midi et soir du mardi au samedi ; menu du midi : 15,90 € ; plateaux de fruits de mer à partir de 36 €

Le seul restaurant angevin presque entièrement dédié aux poissons et fruits de mer ! Niché juste derrière la place du Ralliement, L'Écailler offre un superbe choix de tout ce que nos côtes ont de meilleur à nous offrir. Ici, les crevettes, bulots, huîtres et langoustines sont à déguster sous forme d'assiettes simples ou composées, à moins que l'on opte pour l'option plateaux, plus copieuse, ou le gravlax de saumon crumble thym-citron. Du côté des plats de résistance, la sole rôtie côtoie le thon albacore mi-cuit ou le lieu jaune. Enfin, en dessert, les notes sucrées d'un crémeux basilic et fruits rouges ou d'un tutti frutti abricot-pêche viennent se mêler à ce délicieux vent du large.

SPÉCIALITÉS

POTIRON ET CIBOULETTE

57, rue Baudrière

✆ 07 69 99 96 19

www.potironetciboulette.fr/

Ouvert du lundi au samedi de 11h30 à 14h et de 18h30 à 21h.

Isabelle Heurbize est une ancienne aide-soignante qui a ouvert son restaurant Potiron et Ciboulette depuis 2019. Dans cette petite salle à la décoration féminine et très apaisante, il faut avouer qu'on se sent bien, qui plus est grâce à la chaleureuse patronne dont la sympathie semble infinie. La cuisine est simple et familiale, tajine, dal de lentilles, couscous, bolognaise, bourguignon, on est servi avec générosité et c'est très bon, on sort repus et comblé ! Les plats contenteront tout le monde car ceux-ci sont adaptés autant aux végans qu'aux fléxitariens, il suffit de demander. Par ailleurs, c'est un fait suffisamment rare pour le noter, les plats végans sont moins chers. A refaire !

SUR L'EAU

L'EAU A LA BOUCHE

Cale de la Savatte – Quai des Carmes ✆ 02 41 34 17 69 - Sur une péniche – www.l-eau-a-la-bouche-restaurant-angers.eatbu.com

Du mardi midi au samedi soir. Pizzas de 8,80 € à 13 €. Terrasse. Accessible aux handicapés, mais passerelle pentue.

Nul besoin d'avoir le pied marin pour profiter du cadre exceptionnel de ce bateau-restaurant entre rivière et château. De quoi ravir les yeux et alimenter les conversations si besoin ! On y mange des calzones mais surtout différentes pizzas à pâte fine ou bien craquante : norvégienne (au saumon), nantaise (au curé… le fromage fondu, évidemment !), hawaïenne (poulet et ananas), andalouse (chorizo), angevine ou mexicaine… Si malgré cela, vous n'y trouviez pas votre bonheur, la carte présente : pâtes, salades et viandes (pas de poisson !), y compris en burger, accompagnées de frites. Des plats en cascade, complétés par le plat du jour et des desserts maison (panna cotta, crème à la vanille).

SUR L'EAU

MONKEY BAR - RESTAURANT

2, place Ruzebouc
BOUCHEMAINE
✆ 02 41 17 96 22

Ouvert tous les jours de 11h à 23h. Menus de 15,90 € à 19,90 € (le midi uniquement pour 2 ou 3 plats)

L'atout n° 1 du lieu ? Ses baies panoramiques offrant une vue sublime et unique sur la Loire ! 3 lieux en un avec bar et terrasse originale en bord de Loire, concerts fréquents et vaste restaurant. En salle ou en terrasse, sur les pavés de la jolie place Ruzebouc, on y déguste une cuisine variée et teintée parfois d'une touche d'exotisme. Tataki de thon ou grandes salades en entrée, suivis d'un rôti d'agneau au romarin, une lotte au curry vert ou même, pour les gros budgets, un demi-homard breton accompagné d'un écrasé de pomme de terre à l'huile de truffe. On apprécie de siroter un verre de la vaste carte des vins, entre amis, sur cette terrasse atypique et parfois animée de concerts.

VÉGAN

MAUVAISE GRAINE

54, rue du Mail
✆ 06 70 93 32 15

Ouvert du mardi au jeudi de 12h à 14h ; le vendredi et le samedi de 19h30 à 21h30.

Mauvaise Graine est un petit restaurant végan très attachant né fin 2019. Dans cette cuisine où tout est fait maison avec une dose d'amour impossible à mesurer, Mona et Julien préparent leurs désormais classiques hamburgers frites, sans viande bien sûr ! Ainsi vous pourrez découvrir des steaks à base de haricots rouges, pois chiches ou encore au seitan (on se souvient encore du délicieux Mac Foulet !). C'est également sans compter sur les petits plats divers et variés, des petites salades fraîches et des desserts au fort goût de reviens-y. Au-delà de la nourriture, Mauvaise Graine, c'est également une éthique intéressante autour de laquelle discuter avec des militants passionnés.

NEW

VÉGÉTARIEN

RONIN

19, rue Toussaint ✆ 09 81 05 63 21
ronin-restaurant.fr

Ouvert du jeudi au dimanche soir. Accueil des convives de 20h à 21h. Dîner unique à 75€/9 plats. Réservation impérative.

C'est en découvrant la définition de « Ronin », mot masculin japonais désignant un samouraï affranchi de son maître et en quête d'un idéal, que l'on comprend mieux l'esprit qui anime ce restaurant au concept unique. Ici, c'est le végétal qui est exclusivement à l'honneur, et en mode hautement gastronomique ! Certes, la somme qu'il vous faudra débourser est plutôt rondelette, mais le jeune chef Charles Mélisson (ancien collaborateur de Pascal Favre d'Anne) vous convie à une expérience culinaire inoubliable : 9 plats où légumes, fruits et même fleurs comestibles, 100 % bio et issus de producteurs locaux, viennent ravir vos papilles par le biais de subtiles associations ou modes de cuisson.

VIANDE

LA CÔTE DE BŒUF

105, rue la Madeleine
✆ 02 41 66 81 41
www.lacotedeboeuf-angers.fr

Ouvert du lundi au vendredi le midi ; du jeudi au samedi le soir. Formule du midi : 15 € (ou 18 € pour 3 plats)

Avec un tel nom, nul besoin de vous préciser la spécialité du lieu ! Dans ce petit restaurant au cadre à la fois simple et authentique (tomettes au sol, cheminée, mur en pierre) les carnivores ont de quoi se régaler : onglets, bavettes, andouillettes, tournedos d'agneau, burger du Chef... Des viandes de premier choix (ah ! ce gratin dauphinois en accompagnement, merveilleux !) qui ne doivent pas non plus faire oublier la qualité des autres plats proposés jusqu'aux desserts. L'ancien chef de l'Étal Gourmand chouchoute vos papilles avec de très épicuriens moelleux au chocolat ou pains perdus flambés au rhum. Le Petit Futé recommande !

VIANDE

O'FEEL DU GRILL

76, avenue Jean-Boutton - **LES PONTS-DE-CÉ** ✆ 02 41 69 00 69
www.ofeel-du-grill.com

Ouvert du mardi au samedi de 11h30 à 14h30 ; du mercredi au samedi de 19h à 22h30 ; formule du midi : 12,50 €

Qui a dit que les ZAC n'offraient que des lieux franchisés ou sans âme ? Dans celle du Moulin Marcille, O'fell du grill et son nouveau propriétaire offrent un cadre et une cuisine dignes des meilleurs établissements du centre-ville de sa catégorie. Dans une belle salle façon loft industriel ou en terrasse (ambiance bord de mer !), on mise ici sur des plats 100 % maison, gourmands, aux accents parfois métissés et à la présentation soignée : camembert rôti ou tataki de bœuf en entrée, suivis d'un burger irréprochable, d'un poulet rôti frites ou d'une cassolette de gambas coco colombo. Les desserts restent classiques : mousse au chocolat, fondant, crème brûlée, tous servis avec le même sourire.

ITALIEN ET PIZZERIA

UN BRIN FOLK

26, rue du Mail
✆ 02 44 85 58 04

Du mercredi au samedi midi et soir. Carte : 22 € environ. Animations.

C'est dans une salle à la déco toute simple qu'on vous invite à manger probablement les meilleures pizzas de la ville. Bien qu'elles ne soient pas cuites au feu de bois, on ne peut que se régaler face à ces grandes et fines pizzas aux ingrédients venus directement d'Italie. La Brin Folk est un pur délice avec sa mozzarella fior di latte, son speck, ses champignons et sa persillade. La Primavera n'a rien à lui envier, avec son salami, son parmesan et ses oignons rouges, des produits frais aux saveurs redoutables. Pour la soif, une belle sélection de vins nature, et pour prouver que notre pizzaïolo est tout aussi habile en dessert, un fondant maison ou un cheesecake au caramel beurre salé.

NEW

PIZZAS

BASILIC&CO

46, boulevard Ayrault ✆ 02 41 27 90 56
www.basilic-and-co.com

Ouvert tous les jours le midi et le soir. Pizzas entre 8,90 € et 14,90 € (selon la taille) Menu enfant : 8,90 €.

Encore une nouvelle enseigne franchisée de livraison de pizza ? Oui, mais celle-ci est un vrai coup de cœur ! Basilic&Co revendique le concept de pizzas 100 % maison, faites sous vos yeux et composées d'ingrédients artisanaux, souvent bio ou AOP. Le résultat ? Une pâte ni trop fine ni trop épaisse, croustillante à souhait et des garnitures pleines de saveur. Parmi les 24 recettes proposées, la Basque, avec son fromage Ossau Iraty, son jambon sec et son piment d'Espelette est une réussite totale. Des pizzas qu'il est aussi possible de consommer sur place dans un cadre clair, sobre et élégant, ainsi que des salades à composer soi-même et d'excellentes glaces artisanales en dessert. Bravo !

ITALIEN ET PIZZERIA

LOVE E BASTA

10, place Pierre Mendès france ✆ 02 41 33 12 18
loveebasta.com

Du mardi au samedi de 12h à 14h et de 19h à 22h30 (fermeture à 22h les mardis et mercredis). Dimanche : 19h à 21h45.

Très copieuses et étonnantes ces pizzas élaborées à partir d'ingrédients de producteurs italiens : Mozzarella fior di latte, jambon aux herbes, olives taggiasche, tomates San Marzano et plus encore : retrouvez ces saveurs sur une quinzaine de pizzas, à la carte et sur l'ardoise puisqu'une pizza du moment est régulièrement inventée. Un petit bémol : La pâte, délicieuse est cependant très présente... Dommage car les ingrédients sont frais et de haute volée. Au dessert, si vous avez de la place, un tiramisu ou une mousse au chocolat devraient combler les plus gros appétits. Enfin, le cadre est à la fois atypique, branché, chaleureux et industriel !

ITALIEN ET PIZZERIA

PASTA AL DENTE

8, rue des Deux-Haies
✆ 02 41 43 04 06

Du mardi au samedi de 12h à 14h et de 19h à 22h. Réservation recommandée. Carte : 26 € environ. Chèque Restaurant.

Cette institution angevine de la cuisine italienne simple et familiale est cette année encore prête à vous accueillir entre ses murs. Il ne faut pas s'attendre à se sentir seule chez Al Dente tant le restaurant affiche souvent complet, la faute à ces délicieux plats de pâtes généreux, colorés et souvent agrémentés de légumes verts. Les pizzas, quant à elles, sont bonnes sans être pour autant inoubliables. Le petit plus est la chaleur si particulière du service avec son personnel en partie sicilien et son sens de la répartie à toute épreuve. Pour terminer le repas sur une note de douceur, nous vous conseillons le tiramisu, un des desserts habituels de la carte, qui est à tomber par terre.

ITALIEN ET PIZZERIA

SIGNORIZZA

27, boulevard du Maréchal-Foch ✆ 02 41 86 39 73
www.signorizza.com/

Ouvert 7J/7 de 11h30 à 14h30 et de 18h30 à 22h (23h le week-end). Samedi, dimanche : journée continue

On change le nom et la déco, mais pas une équipe qui gagne ! Le personnel, toujours aimable, et la carte n'ont pas changé (sauf ingrédients de saison !). Les fresques champêtres et italianisantes accompagnent avec merveille les pizzas cuites au feu de bois : la délicieuse di manzo (bœuf haché, œuf, crème fraîche et tomate), le pavé italien (aux bords retournés pour une cuisson à l'étouffée). Les autres plats ne nuisent pas à la qualité de la carte, comme le gratin fattoria (penne et poulet sauce marsala). En dessert, optez pour une coupe italienne aux glaces café et tiramisu, ou un affogato (glace vanille dans un expresso), sinon laissez-vous tenter par le dessert du jour.

ITALIEN ET PIZZERIA

CORLEONE

42, rue du Cornet
✆ 02 41 87 46 24

Mardi-jeudi 12h-14h et 19h-22h30, vendredi 12h-14h et 19h-23h, samedi 12h-23h. Carte 18 € environ. Formule midi 11,50 €.

La carte propose une vingtaine de pizzas très correctes, à la pâte fine, à la garniture bien dosée et en version végétarienne possible. Quelques salades aussi comme l'Italienne avec melon, jambon Serrano et mozzarella di buffala. Les estomacs plus costauds opteront pour les viandes comme un travers de porc, sauce barbecue, frites, salades. Restez en Italie avec des plats de tagliatelles, ou encore des bruschettas, ces fameuses grosses tartines de pain, grillées et garnies selon l'humeur et la saison. On termine sur une panna cotta ou un tiramisu servi en portion plus que généreuse qui existe aussi version spéculoos ! La salle est bruyante mais la terrasse est très agréable aux beaux jours.

© FABRICE QUINTON

© FABRICE QUINTON

ITALIEN ET PIZZERIA

LA TOUR DE PIZZ

Rue du Grand-Launay
✆ 02 41 42 95 45
www.pizzeria-latourdepizz.fr/fr
Lundi-samedi 11h45-14h30 et 18h30-21h30. Menus entre 13 € et 16 €. Menu enfants : 8 €. Plat du jour : 10 €.

Si la déco de cette vaste pizzéria du centre commercial Grand-Maine manque un peu de peps, sa carte, en revanche, force le respect en termes de propositions ! Entre les pizzas (excellentes), les bruschettas, les salades, les risottos ou les plats de pâtes et lasagnes, il y a ici de quoi contenter tous les appétits. Et pour ceux qui voudraient ressortir le plus léger possible, la formule mi-pizza mi-salade est une riche idée ! Côté viandes, le chef semble particulièrement apprécier les recettes à base de veau, en le déclinant sous forme de burger italien, d'escalope milanaise ou encore en délicieux onglet. En dessert, enfin, la mousse au chocolat maison tient toutes ses promesses.

© FABRICE QUINTON

© FABRICE QUINTON

© LA TOUR DE PIZZ

ITALIEN ET PIZZERIA

PIZZA TEMPO

75, avenue Montaigne
✆ 02 41 24 99 99 - Entrée ouest de la galerie
www.pizza-tempo.fr
Du lundi au samedi de 9h à 20h30. Menu à 15,40 € (pizza 2 personnes, boisson, café). Menu enfant : 5,99 €.

© PIZZA TEMPO

Sur toutes les adresses de Pizza Tempo dans l'agglomération angevine, celle située en plein cœur de la galerie Espace Anjou est particulièrement pratique. En cas de petit creux durant vos séances de lèche-vitrines, les pizzas peuvent notamment se déguster ici à la part. Et quels que soient leurs formats (petite, moyenne ou grande), elles sont toujours généreusement garnies. Le lieu propose également des tartines toastées au four, des pâtes gratinées, des salades très fraîches et des tapas. Forcément, il y a un peu d'attente le midi, mais les pizzas richement garnies et sérieusement concoctées, à la pâte fine, et le large choix de recettes, justifient tout à fait le succès de l'enseigne.

ITALIEN ET PIZZERIA

PIZZA TEMPO - AVRILLE

72, avenue Mendès-France - **AVRILLÉ**
✆ 02 44 88 88 88 - Tram : arrêt Saint-Gilles.
www.pizza-tempo.fr
Ouvert du lundi au dimanche de 11h30 à 14h et de 18h à 22h30.

L'enseigne aux couleurs de l'Italie bien connue des Angevins permet aux résidents du nord de l'agglomération de profiter de ses pizzas et tartinissimos en moins de 30 minutes. Parmi la trentaine de recettes de pizzas, essayez la Tutti (jambon sec du Périgord, cerneaux de noix, chèvre et miel), ou encore la Quieto (fromage, aubergines, chèvre, olives, marinade miel-moutarde à l'ancienne) ou la Margherita tempo (sauce tomate, tomates tranchées, mozzarella, basilic frais, fromage). La carte offre également des pâtes fraîches gratinées, des tartines, des salades fraîches. Enfin et futé : une pizza achetée, une offerte, quand on vient les retirer sur place (pour deux ou quatre personnes).

ITALIEN ET PIZZERIA

PIZZA TEMPO LES PONTS-DE-CÉ

8, rue du Général-de-Gaulle - **LES PONTS-DE-CÉ**
✆ 02 41 44 44 43
www.pizza-tempo.fr
Ouvert toute la semaine de 11h30 à 14h (14h30 le dimanche) et de 18h à 22h30 (le vendredi et le samedi jusqu'à 23h).

Les Ponts-de-Cé eux aussi ont droit à leur Pizza Tempo. On apprécie la diversité des recettes et la rapidité de la livraison. Pour les amateurs de garniture riche, on conseillera la délicieuse Pianissimo, sur base tomate-fromage accompagnée de lardons, crème fraîche, oignons et champignons... Les originaux pourront tenter la Bassanello, avec pâtes, jambon sec et pesto, la Calendo avec saint-nectaire, oignons frais et coppa ou la Quieto avec aubergines, chèvre et marinade miel moutarde à l'ancienne. L'idéal pour des soirées improvisées entre amis – les menus permettent une belle économie – d'autant que la carte permet aussi des tapas vraiment délicieuses !

GREC

LE SANTORIN

59, rue du mail ✆ 02 41 88 06 59
lesantorin.squarespace.com
Ouvert du lundi au samedi de 12h à 14h et de 19h à 22h ; sauf mardis et mercredis soirs. Menus de 13,50 € à 34,50 €.

Le seul restaurant grec d'Angers ! Musique, tableaux, photos : le décor est planté. Tout commence par un buffet à volonté (le midi) d'entrées typiques : feuilles de vigne farcies, un délicieux houmous, du tzatziki, piments farcis, haricots géants... Ensuite pourquoi pas du poulet mariné à la grecque, avec semoule et légumes hellénistiques ou des brochettes d'agneau, spécialité de la maison. En dessert, on apprécie le halva fondant sous la langue. Bien tentant : les kadaïfs, des cheveux d'ange aux noix, amande et miel. On peut acheter ici des spécialités (huile d'olive, miel, alcool). C'est un restaurant sans prétention qui remplit son office : nous faire voyager un peu vers la Méditerranée.

SANDWICHERIE

BRANDOLINI

17, rue Valdemaine
Ouvert du lundi au vendredi de 12h à 14h30. Carte : 12 € environ.

Nouveau venu à la rentrée septembre 2020, à l'emplacement du magasin de musique Woodstuck rue Valdemaine, Brandolini propose une cuisine citadine et rapide à base de produits italiens de qualité. C'est avec un « buongiorno ! » chaleureux et sympathique que nous sommes accueillis et invités à prendre commande. Les produits sont directement importés d'Italie et cela se sent de toute évidence, le goût est au rendez-vous et le voyage instantané. Prenez ces délicieux sandwichs au pain schiacciata qui fait des ravages, avec ce prosciutto cuit à basse température exceptionnel. L'authentique salade caesar fait également des merveilles. On a ici un lieu de rendez-vous tout trouvé pour manger le midi.

CAMBODGIEN

LES SAVEURS D'ASIE

18, rue Pocquet-de-Livonnières
✆ 02 41 24 73 88
Lundi au vendredi 12h-13h15 et 19h30-21h. Menus 16 € à 20 €. Formule midi 16 €. 4 formules de menus. Vente à emporter.

On pourrait passer à côté tant la devanture minimaliste des Saveurs d'Asie est discrète, et pourtant, ce restaurant miniature est bien présent depuis des années. Les photos en noir et blanc du Cambodge qui habillent les murs de la salle offrent un avant-goût de ce qui suivra dans l'assiette, une cuisine khmer pleine de saveurs. Ici, tout est fait maison, et cela se sent, avec des plats comme cette salade de poulet aux pousses de soja si rafraîchissante ou ce bœuf au saté généreux avec son jus épicé (fort ou doux selon les goûts), ses petits légumes croquants et ces petits morceaux de bœuf délicatement cuits. On déguste une cuisine gourmande et légère. Il y a comme un goût de reviens-y.

CAMBODGIEN

VILLA VEASNA

10, rue des Deux-Haies ✆ 02 41 87 49 88
www.villa-veasna.fr
Ouvert du mardi au samedi de 12h à 14h et de 19h à 21h30. Formules du samedi entre 17 et 20 €. Formule du midi : 13,50 €

Le meilleur de la cuisine khmère ! Même si le lieu était à la recherche d'une nouvelle équipe en cuisine à la fin de l'été 2020, on ne voit aucune raison pour que les recettes qui ont toujours fait son succès disparaissent de la carte. Des recettes irréprochables en termes de saveurs et de fraîcheur. Ici, on se régale des incontournables rouleaux de printemps, mais aussi de vermicelles sautés aux crevettes, de bo-bun au bœuf, de poulet aux épices khmères, ou encore de canard au curry rouge, le tout accompagné de riz nature ou gluant. On termine, en dessert, par une salade de fruits ou un *baï damneu svaï toum*, savoureuse recette de riz au lait de coco agrémenté de glace et de mangue fraîche.

CHINOIS

DAZUMA

44, rue Beaurepaire ✆ 06 10 07 77 73
www.dazuma.fr
Fermé deux semaines en été, une en hiver. Lundi-samedi 19h-23h. Résa impérative. Carte : 23 € environ. Vegan friendly.

Arrêtez tout ! Dazuma est un des restaurants angevins à tester absolument ! Il faut dire que le spécialiste des fondues chinoises est précédé d'une jolie réputation qui fait qu'il est impératif de réserver pour obtenir une table. Le concept est simple, chaque table est munie d'un réchaud pour maintenir à bonne température le bouillon commandé. Bouillon de bœuf, aux champignons, épicé... Il y en a pour tous les goûts. Ensuite il s'agit de cuire dans le bouillon les petits ingrédients choisis (légumes, viandes, tofus...). Les bouillons sont savoureux comme pas possible, on ne peut quitter la table ! De plus, la carte présente un choix assez large pour contenter les végétariens ou végans.

CHINOIS

MIKADO

Ecoparc du Buisson - **BEAUCOUZÉ**
✆ 02 41 88 28 88
www.restaurant-mikado.fr
7/7 de 12h-14h30 et 19h-22h30. Carte environ 15 €. Formule midi 13,50 € et soir, jours fériés et week-end 17,90 €

Mikado est l'endroit parfait pour manger entre deux séances de shopping ! Le service, l'accueil, la déco contemporaine et la variété des plats font de cet établissement l'un des meilleurs de la région, pour se restaurer et nous faire voyage à travers l'Asie en un seul repas. On hésite entre un plat typique thaïlandais ou une découverte de la Corée. Les végétariens ne sont pas en reste grâce aux déclinaisons de plats. Les cocktails sont aussi intéressants, entre basiques et saveurs exotiques. Les prix permettent de se régaler sans exploser le budget. La spécialité ? Le Bao Burger, avec son pain brioché ultra moelleux cuit à la vapeur.

CORÉEN

SAGOA

23, rue du Mail
✆ 09 87 39 43 13
Du mercredi au vendredi de 19h à 21h ; le samedi de12h-14h et de 19h à 21hh. Plats à la carte entre 14 € et 18 €

Fraîcheur, saveurs et découvertes. Adjectifs adéquats pour décrire cet unique représentant à Angers de la gastronomie coréenne. Dans une petite salle à la déco épurée et aux couleurs pastel on vient déguster une carte certes réduite mais riche en saveurs. En entrée, essayez donc les *Mandou*, raviolis grillés au porc et aux légumes, avant de poursuivre avec un délicieux *bibimbap* (assortiment de riz, légumes, bœuf ou poulet, œuf au plat et crème pimentée) ou un *sogogui jjim* (ragoût de bœuf et de légumes épicés). Les plus aventureux préféreront peut-être l'un des plats de la semaine selon la saison et les envies du chef. En dessert, enfin, d'étonnants financiers se marient au sésame noir.

CUISINE ASIATIQUE

LE THAÏ L'INDE

9, rue des Deux-Haies ✆ 02 41 24 75 79
www.thailinde.com
Ouvert du lundi au samedi de 19h à 22h15 ; du jeudi au samedi de 12h à 14h15. Menu 28 € (enfant : 10 €). Midi : 15,50 €

Dans cet élégant bâtiment du XVIe siècle, l'ambiance zen de ce restaurant de fusion entre les cuisines indienne et thaï s'accorde parfaitement avec le raffinement de l'assiette : en entrée, le subtil pakora de légumes ou les croustillants paniers dorés seront suivis d'un Curry Bombay, peu épicé mais ne manquant pas de saveur pour autant, ou du poulet Bangkok, délicieusement parfumé. En dessert, le Kala jamun, agrémenté d'une légère touche de rose, est un excellent choix pour marier la chaleur du beignet et le froid de la glace. L'originalité viendra du Soan Papdi, spécialité au nord de l'Inde, à la texture fibreuse, qui fond sous la langue en diffusant ses arômes d'arachides.

SAVEURS D'ASIE

INDIEN

L'INDIA

4, rue Hanneloup ✆ 02 41 88 13 24
www.india49.com
Lundi 19h-22h ; mardi-samedi 12h-13h30 et 19h-22h. Carte : 25 € environ. Formule midi : 11 € (sauf le samedi).

Ouvert il y presque 40 ans (!), ce restaurant n'en finit pas de régaler les amateurs de vraie cuisine indienne. On aime son cadre à la fois sobre et authentique ainsi que sa partie de salle légèrement surélevée, réservée à ceux qui veulent dîner à l'indienne, assis en tailleur sur des coussins. La carte offre les grands classiques de la gastronomie indienne (tandoori, massala, vindaloo et curry déclinés de diverses manières...) ainsi que quelques spécialités moins connues comme le biryani, copieux plat mélangeant riz et viandes (ou crevettes) finement aromatisé et épicé. Un régal ! Enfin, pour digérer le tout, le Kulfi, glace maison au gingembre et pistaches, s'avère idéal.

INDONÉSIEN

SANTOSHA

3, rue Saint-Laud ✆ 02 41 18 15 27
https://santosha-streetfood.com/fr/etablissement/santosha-angers-angers-9775
Ouvert tous les jours de 12h à 15h et de 19h à 22h30. Carte : 13 € environ.

Fraîchement arrivé depuis septembre 2019 dans la rue piétonne Saint-Laud bien connue du centre-ville, Santosha s'y est d'ores et déjà fait une belle place, à littéralement moins d'un mètre de... Pitaya ! Notre choix entre les deux sera vite fait tant la qualité est au rendez-vous dans les cuisines thaï de Santosha. Il suffit de goûter ce fabuleux Nua Thaï avec son bœuf épicé et ses petits poivrons ou bien le plus gourmand Tao Paï Paï et son poulet frit à la sauce caramel, pour conclure sur une note sucrée, les succulents desserts maison au tapioca et lait de coco. Le service y est très rapide que ce soit sur place ou à emporter, on a le point de ravitaillement idéal pour la journée.

JAPONAIS

MISHI MISHI

Centre commercial Atoll - **BEAUCOUZÉ**
✆ 02 41 87 58 88
www.mishimishi.fr
Ouvert tous les jours et les jours fériés le midi de 12h à 14h30 et le soir de 19h à 23h. Formule du midi : 13,90 €

Ceux qui sont allés au Japon connaissent certainement le concept du kaitensushi, établissement où les préparations sont présentées sur un tapis tournant en libre-service. Mishi Mishi le reprend à Atoll en proposant une formule du midi très attractive côté prix, permettant de goûter à un maximum de plats, à volonté et pour un prix unique. On retrouve ici tous les classiques européanisés de la cuisine japonaise : sushis, makis, sashimi, yakitori (brochettes de bœuf, fromage, thon, saumon...), soupe miso, salades, raviolis... Les sushis sont mis sous cloches transparentes et les préparations peuvent être réchauffées à la demande.

THAÏLANDAIS

SAWASDEE BANGKOK

8, rue Botanique ✆ 09 83 73 01 46
sawasdeebangkok.fr
Ouvert du mardi au samedi de 12h à 14h et de 19h à 22h. Menus de 10 € à 15 €. Menu enfant : 7 €. Vente à emporter.

Quel joli petit restaurant fort attachant ! Ces voisins de la place Imbach invitent à partager de petites tablées dans un cadre chaleureux à la décoration faite de personnalités thaïlandaises, entre autres ! Sawasdee Bangkok allie une cuisine 100 % thaï à la street-food. Ici, il ne faut pas avoir peur de manger dans des barquettes en carton, sur place ou à emporter, des portions à la générosité sans pareille. Les brochettes de poulet sont servies avec une belle portion de riz et le tout nappé d'une sauce aux cacahuètes et aux oignons frits délicieuse. Le cultissime pad thaï est aussi toujours de la partie. On reviendra avec grand plaisir déguster ces plats authentiques sur le pouce !

VIETNAMIEN

CHEZ MINH

93, rue Bressigny ✆ 02 41 48 72 05
Ouvert du lundi au vendredi de 11h30 à 14h30 et de 18h à 22h ; le samedi jusqu´à 23h ; le dimanche de 11h30 à 22h.

Petite salle mais grandes saveurs ! Ici, les papilles frémissent sous les aliments frais et savamment cuisinés du Pho (soupe), du Banh Xeo (crêpe farcie au porc et aux crevettes), du Banh Mi Thit (sandwich au porc laqué et crudités), de la Lau Viet Nam (fondue) ou encore des Banh Cuôn (raviolis vietnamiens au porc et aux champignons noirs). Le bœuf pak choi est particulièrement bien relevé, ni trop, ni trop peu. Côté sucré, on sera tenté par le bubble tea, un thé aux perles de tapioca, perles que l'on retrouve dans l'un des desserts, à base de bananes. Les propriétaires ont une conscience écologique puisque avec Cocycler, ils valorisent leurs déchets verts, qui seront transformés en compost.

VIETNAMIEN

LE SAÏGON

83, rue Bressigny ✆ 02 41 43 32 14
Ouvert du mardi au samedi de 12h à 14h et de 19h à 21h. Menus de 13 € à 17,90 €. Vente à emporter et livraison.

Un accueil sympathique pour ce restaurant souvent rempli, fréquenté par des habitués. Ici, on ne fait pas dans la décoration asiatique tape-à-l'œil, mais on y déguste de vrais et bons plats vietnamiens, comme son plat national, le phô (un bouillon de bœuf délicatement parfumé, garni de pâtes de riz) et le bò bún (salade froide, composée de vermicelle de riz, de bœuf sauté et de crudités) qui est décliné en trois tailles selon les appétits. Les ingrédients, frais, sont cuisinés au wok. C'est un classique mais on recommande particulièrement ici les nems, servis en portions généreuses. Le reste de la carte propose porc aux champignons noirs, seiches, salade de crevettes, porc caramélisé...

© SÉBASTIEN AUBINAUD

© SÉBASTIEN AUBINAUD

TRAITEUR ASIATIQUE

SO SUSHI

33, rue Plantagenêt
✆ 02 41 42 01 02
www.sosushi49.fr
Tous les jours 11h-14h et 18h-22h30 sauf mercredi et dimanche midi. Formule du midi : 13,60 € (sauf week-end).

Les admirateurs de poisson frais allongé sur un lit de riz vont être comblés, voici un temple des sushis à Angers. So Sushi n'a plus à prouver de sa réputation, les sushis y sont frais et excellents, grâce au savoir-faire d'un chef formé par un maître sushi japonais et des poissons ultra frais étiquetés Label Rouge. On y trouve tous les grands classiques des restaurants de sushis sur place ou avec service de livraison : les makis, les sashimis, les brochettes, la soupe miso, les raviolis vapeur... Cependant la carte n'est pas la plus large possible et grand bien leur fasse tant cela profite à la qualité des produits servis. L'accueil également est toujours sympathique et invite à revenir.

© SÉBASTIEN AUBINAUD

© SÉBASTIEN AUBINAUD

© SÉBASTIEN AUBINAUD

AILLEURS DANS LE MONDE

AMÉRICAIN

AMERICAN SNACK COFFEE

12, rue Charles-Sauria - **LES PONTS-DE-CÉ** ✆ 02 41 57 27 77 - A côté de 1340 Motorcycles, non loin de Point P.

Du lundi au samedi midi, le soir du mercredi au samedi. Menus de 12,10 € à 16,50 €. Plat du jour 10,10 €. Karaoké.

Situé dans une zone d'activités, ce restaurant d'inspiration américaine ne séduit pas par son emplacement. En revanche, sa décoration bien léchée nous plonge immédiatement dans l'ambiance des *diners*. On ne s'étonne donc pas de trouver au menu des burgers comme le Black Widow (poulet frit, oignons rouges, sauce curry) pouvant être servis en version double. Des pizzas, également, des salades, grillades et tartines comme la Fire Chief aux pepperonis, bœuf épicé, poivron : très goûteuse ! En dessert, on est moins emballé par le brownie aux allures industrielles mais des plats du jour existent toujours : en l'occurrence, pourquoi ne pas tester une verrine à l'ananas et coulis de fruits rouges...

ARGENTIN

CIEL BLEU

37, rue Bressigny
✆ 02 41 41 90 33

empanadas 3,20 € l'unité, formule à 14,50 €

Alejandro est uruguayen mais un parcours international l'a amené à créer ici un petit resto bien agréable. Importés d'Espagne en Amérique latine et notamment en Argentine, les empanadas, petits chaussons fourrés, sont déclinées à l'infini. À table, au comptoir face aux expertes mains qui s'activent, ou à emporter, ces délicieuses et légères enveloppes de pâte brisée renferment de bons mariages épicés (non pimentés) avec des ingrédients de haute qualité. Les saveurs sont bien marquées, que ce soit à base de légumes, de viandes (bœuf) ou de poisson. Salade fraîche pour accompagner un ou plus de ces chaussons, selon votre faim, et finissez avec un renversant moelleux choco et boule de glace.

MEXICAIN

LE FARÑENTE

12, rue Bodinier
✆ 02 41 88 31 60

Ouvert du lundi au jeudi : 12h-14h et 19h30-22h ; le vendredi et samedi jusqu'à 22h45. Dimanche de 19h30 à 21h45

Bon, c'est vrai que la déco fait un peu clichesque (lampes sombreros et hammac suspendus au plafond), mais le Farñente a quand même le grand mérite d'être l'unique représentant à Angers de la cuisine mexicaine. La carte propose tous les classiques du genre : fajitas, enchiladas, quesadillas, chili, tacos, burritos... Pas toujours aisé de faire la différence entre certains plats, car les bases sont souvent les mêmes : galettes de maïs, poulet ou bœuf, guacamole, fromage... Mais tout est bon, servi en portions généreuses, et les végétariens peuvent même se faire plaisir avec des calamars ou le ceviche, un délicieux tartare de poisson. Et comme le service est impeccable, on dit *muchas gracias* !

HAÏTIEN

LAFHA

48, rue Parcheminerie ✆ 09 87 00 87 54
www.lafha.fr

Ouvert du lundi au samedi de 11h à 14h et de 18h à 2h00 ; carte : 30 € environ

Une adresse unique, à Angers, pour les amateurs de cuisine créole. De la couleur sur les murs et de belles saveurs dans les assiettes : ici, ce sont les spécialités haïtiennes qui sont à l'honneur. En entrée, les pâtés haïtiens, garnis de thon ou de viande légèrement épicée, restent une valeur sûre, tout comme les acras de tayo (morue) ou bananes plantains. Côtés plats, le bœuf, le porc ou le cabris se déclinent en version mijoté ou tassot (viande marinée et frite), à moins que vous ne préfériez un poulet épicé en sauce ou un poisson perroquet, accompagnés de frites, de purée de patate douce ou de riz coco. Quant à la partie bar du lieu, elle offre une très belle variété de vieux rhums !

CUISINE AFRICAINE

PASTELS, WAX ET CIE

98, rue Rabelais ✆ 09 86 08 59 89
www.pastelswaxetcie.com

Ouvert du lundi au vendredi de 12h à 14h30 et de 19 à 21h30 ; le samedi de 19h à 22h. Le midi : 12,50 € à 15 €.

Ce restaurant tire son nom de sa cuisine, les petits beignets farcis venus du Sénégal, et de sa décoration, avec son tissu africain coloré. Tenu par l'ancien patron du Poulet bicyclette, à l'accueil chaleureux, c'est une aubaine pour les étudiants qui ont droit à des tarifs avantageux, le midi. De quoi se dépayser un peu, donc, avec les pastels ou les bananes plantain en entrée, et du poulet en plat principal : mafé, yassa ou encore kankankan, des recettes bien relevées qu'on peut accompagner de très bons vins, tel le pinotage d'Afrique du Sud. En dessert, nous vous recommandons le tiramisu fruité à l'alkékenge (amour-en-cage). Le service se fait au comptoir le midi, en salle le soir.

CUISINE AFRICAINE

AU PAYS MANDINGUE

48, rue Parcheminerie ✆ 02 41 86 69 54
www.aupaysmandingue.com

Du mercredi soir au dimanche. De 12h à 14h30 (13h à 15h le dimanche) et de 19h30 à 22h30 (23h les vendredis et samedis).

Originaire du Sénégal et du Mali, le couple formé par Aminata et Mussa vous réserve un voyage dans la cuisine africaine. En entrée, acras et bouchées africaines ouvrent l'appétit. Puis place au beau poulet bicyclette du Faso, avec ses alokos (bananes plantain). Si comme nous, vos papilles sont sensibles à la sauce kankan, plutôt épicée, vous pouvez vous en passer : le poulet est très bien assaisonné. Un autre plat, typique cette fois de Bamako, est le mafé, il s'agit d'un mijoté de bœuf dans une sauce au beurre de cacahuètes. Délicieux ! En dessert, le Cacao Diya est une douceur qui ne connaît pas de frontières, puisque c'est un succulent fondant au chocolat surmonté d'un amour en cage.

CUISINE OCÉAN INDIEN ET PACIFIQUE

POKAWA

41, rue de la Roë ✆ 02 41 72 29 28
www.pokawa.com
Lundi-mercredi 11h30-15h et 18h30-22h30, jeudi-samedi jusqu'à 23h. Carte 14 € environ. Formule 11,90 € / 17,90 €.

Ce petit resto hawaïen propose des « pokés », rien à voir avec une célèbre bestiole jaune : il s'agit de bols, façon salade. A l'intérieur, on n'ira pas jusqu'à se croire dans l'île paradisiaque, mais il y règne un air estival, avec ses meubles en beau bois clair. Au menu, du riz blanc ou noir vénéré. Avec ceci ? Concombre, feta, saumon ou crevettes, algues wakamé (pas simple à manger sans couteau !) et toujours un peu de fruit : pastèque, mangue ou ananas. La sauce est au choix, sucrée ou salée. En dessert, Granola bowl à la mangue, moelleux au chocolat ou encore petit cheesecake. Et des healthy bowls aux fruits. Appétissant ! Dommage que cela soit présenté dans de la vaisselle en carton.

SÉNÉGALAIS

LE POULET BICYCLETTE

39, rue Jules-Guitton ✆ 02 41 34 83 45
www.lepouletbicyclette.fr
Ouvert du mardi au samedi de 12h à 15h et de 19h à 23h. Formule du midi : 12,50 € (entrée + plat ou plat + dessert)

Pour quiconque connaîtrait mal la gastronomie de l'Afrique de l'Ouest, ce petit restaurant africain niché en haut de la place Imbach constitue une belle entrée en matière. Devant un jus de bissap, une bière Flag ou un rhum arrangé (superbe choix !), on admire les jolis tableaux de tissu colorés ornant les murs avant de savourer en entrée de délicieux beignets de haricots cornille, de poisson, des acras de banane plantain, puis les classiques poulet yassa, mafé de bœuf, ou encore un copieux kho bou patasse, mélange de bœuf et crevettes à la sauce aux feuilles de patates douces. En dessert, le Tiakry, yaourt sénégalais à la semoule de mil, est une belle découverte. Et l'accueil est adorable !

LIBANAIS

LES TRÉSORS DU LIBAN

4, rue des Lices
✆ 02 41 34 22 30
Du mardi au samedi 11h-13h45, vendredi-samedi le soir. Menus le midi 12,50 €, 16 €, menus le soir 18 € à 28 €.

Jamais dégusté de *makanek*, de *soujouk*, de *makdous* ou de *fatayer* ? Non, on ne vous révélera pas la nature exacte de tous ces plats, à vous de venir les découvrir par vous-même chez ce vrai et digne représentant de la gastronomie libanaise ! Pour les gourmets indécis, le plus simple est de s'offrir les formules mezzés, comportant de 8 à 10 spécialités, chaudes et froides. Des assiettes toujours bien garnies, dans lesquelles on retrouve quelques grands classiques comme le houmous (essayez-le en version carotte cumin ou betterave !), le caviar d'aubergine, les chaussons farcis à la viande, aux légumes, ou encore les falafels. Tout cela à savourer sur place ou à commander et emporter chez soi.

CUISINE DU MONDE

BARBECUE PARTY

69, rue du Mail
✆ 02 41 81 94 22
www.restaurant-barbecueparty.fr
Du lmardi au samedi midi et soir. Menus de 13,90 € (2 plats, tous les midis) à 26,90 €. Terrasse. Chèque Vacances.

© SÉBASTIEN AUBINAUD

© SÉBASTIEN AUBINAUD

Plutôt étonnant, atypique ce restaurant de la rue du Mail, puisque sa jolie décoration mêlant éléments d'architecture classique, mobilier moderne, photos pop et mur végétal, n'a pas grand-chose à voir avec sa thématique culinaire ! Le Barbecue ? Oui... Mais pas seulement ! Ici on grille effectivement le bœuf, le poulet ou le poisson, mais on propose aussi une carte s'inspirant de diverses cuisines du monde (fajitas, samossas, tajines, poulet tikka massala) ainsi que des burgers, des pâtes, pizzas et tacos maison et d'excellents plats du jour allant du hachis parmentier à la blanquette de veau en passant par le filet de lieu jaune ou le filet de saint-pierre et risotto crémeux.

SUR LE POUCE

BONNE MINE

1, boulevard Léo-Lagrange - **LES PONTS-DE-CÉ**
www.bonne-mine.fr
Ouvert du lundi au samedi de 10h à 18h30. Menus de 5,50 € à 8,50 € (plat, dessert et boisson). Espresso : 1,50 €.

Ce snack implanté dans la galerie de Décathlon propose des recettes saines et équilibrées à des prix raisonnables : sandwiches, mini-crudités, salades, pâtes, tartes ou plats du jour, à consommer sur place ou à emporter. Tous les sandwiches sont frais et préparés sur place. Les classiques (jambon, poulet, thon) sous différentes formes (sandwich avec pain blanc ou aux céréales, wrap, bruschettas) côtoient le guacamole-chèvre ou le panini tartiflette. Les salades sont aux pâtes, au quinoa, aux crudités : elles respirent la fraîcheur ! Également au menu : muffins, salades de fruits et petites pâtisseries. L'endroit bénéficie d'un vaste espace, lumineux, et doté d'un mobilier design et propre.

SUR LE POUCE

LE DOS DE LA CUILLÈRE

35, rue Toussaint
✆ 02 41 73 30 18
Ouvert du lundi au vendredi de 11h45 à 18h ; fermé le week end ; Menus de 10,40 € à 13,90 €. Terrasse.

Ne vous fiez pas à l'appellation « salon de thé » de ce petit établissement… Oui, il est possible d'y déguster d'excellents thés ou jus de fruits bio accompagnés de pâtisseries, mais le lieu va plus loin dans la gourmandise en accueillant également le midi une clientèle d'habitués, séduite par les talent en cuisine de Nadège. On déguste toujours ici avec le même bonheur différentes recettes de tartes ou crumbles salés, mais aussi des salades composées, tajines, curry, lasagnes, risottos, gratins… Quant aux desserts, impossible de passer à côté du gâteau au chocolat fourré praliné, du clafoutis, du brownies ou encore de délicieuses tartes poire-amande ou framboise-ricotta.

SUR LE POUCE

EPICA

38, rue Saint-Julien ✆ 02 41 20 05 87
www.treillesgourmandes.com
Formule plat+dessert+boisson = 12,80 €

Les Frères Boucher ont changé de nom, étant maintenant homonyme de leur petit frère à Orgemont. Dans les deux enseignes, la restauration est celle d'un petit self-service de qualité. Au menu du jour, des entrées (salades, soupes), quiches ou plats cuisinés : tartiflette, médaillon de porc aux pommes de terre ou mijoté d'agneau aux tomates confites et à la semoule. Au dessert, la mousse au chocolat repose sur un lit de spéculoos. Quant au thé glacé matcha menthe poivrée, il ne se marie pas avec tout, mais ça change ! Parfait pour ceux qui n'ont pas beaucoup de temps, dans un décor de bois agréable à l'œil. L'accueil est très aimable et n'oublions pas que c'est aussi une épicerie fine !

SUR LE POUCE

ET LE TEMPS S'EST ART ET THÉ

7, rue Chaperonnière ✆ 02 41 34 06 31
art-et-the-angers.fr
Ouvert du mardi au vendredi de 10h30 à 18h ; le samedi jusqu'à 19h. Menus de 11 € à 12 €. Plat du jour : 9 €.

Belle idée que celle développée par Anne Leclerc : celle d'un lieu à la fois raffiné et intime pour tous les amateurs de thé, café et petites douceurs allant avec, mais aussi pour les gourmands du midi. On déguste ici à des prix très doux de bons petits plats du jour simples et savoureux : rougail saucisses, quiches, ou encore la gouline, la fameuse tourte angevine aux champignons, rillauds et tome d'Anjou. La formule dite rapide permet d'ajouter au plat un dessert du jour, et la formule « grand froid » une délicieuse soupe… bien chaude !

SUR LE POUCE

LILI GOURMANDE

2, rue Saint-Denis ✆ 07 85 69 71 01
liligourmande.com
Ouvert du mardi au jeudi de 9h à 19h ; le vendredi et le samedi de 9h à 20h. Menus de 11,40 € à 13,90 €

Voilà une Lili que l'on prend plaisir à retrouver d'année en année, toujours aussi gourmande, du petit déjeuner au goûter en passant par la pause du midi. Un petit salon de thé-snack où l'on vient autant pour le sourire de ses occupants que pour la fraîcheur et la qualité de ses smoothies, chocolats chauds, tartes et plats du jour, tous concoctés à base de produits bio, locaux et Label Rouge. Le plat du jour est toujours une réussite : dos de cabillaud, cuisse de poulet grillée, tarte ricotta-épinard… Mais les vrais stars du lieu, avouons-le, ce sont les superbes pâtisseries exposées en vitrine : cheesecake aux oranges amères, tarte au Nutella, tarte citron meringuée… Incontournable !

SUR LE POUCE

MIAM MIAM J'AI UNE FAIM DE LOUP

3, rue Montault
✆ 06 62 43 44 14
Ouvert du lundi au samedi de 12h à 18h. Formule du midi : 11,50 € (plat + dessert + boisson). Chèques non acceptés.

Voici un joli petit endroit où manger sur le pouce, ou plutôt sur la patte ! On se sent bien dans cette salle aux décorations boisées et aux teintes automnales. Au menu, tartes et plats gourmands selon les envies de la cuisinière, par exemple une belle part de tarte aux poireaux et au chèvre ou lasagnes végétariennes. En entrée, c'est une soupe différente tous les jours, comme celle aux pois cassés et cumin, un délice de douceur ! Pourquoi pas revenir au goûter pour essayer cet appétissant flanc au chocolat qui nous regardait depuis le présentoir ?

SUR LE POUCE

TIME 4 - COFFEE SHOP

8, place Hérault
✆ 02 44 01 15 58 - Tram : arrêt François Mitterrand.
Lundi-vendredi 8h-19h. Formule : 11 €/14,50 €. Petit déjeuner : 7,50 € ; oranges pressées, smoothie 4,50 €.

Voici une cantine de centre-ville au rapport qualité/prix relativement imbattable ! Le café est torréfié par le Grain Perché, rue Baudrière, et les produits quant à eux sont obligatoirement bio et locaux, pour des sandwiches, quiches, soupes, salades et pâtisseries au minimum fournis par des artisans locaux, mais surtout faits maison pour la grande majorité. Au palais, la différence se fait tout de suite sentir tant le goût est présent. Cette quiche au chèvre et à la betterave fond dans la bouche au moins tout autant que ce cheesecake à la crème délicieusement légère et aérienne, fichtre que c'est bon ! On pourra manger tous ces bons produits autant sur la terrasse ensoleillée qu'ailleurs.

À EMPORTER

L'ORIFLAMME

2, place de la Visitation ✆ 02 41 87 97 00
www.loriflammeangers.com
Ouvert tous les jours et les jours fériés de 10h à 14h30 et de 17h à 21h30. Menus de 6,30 € à 24,60 € ; sandwichs à 5 €

Qu'elle est précieuse cette adresse ! Depuis plus de deux décennies, L'Oriflamme prouve que le secteur de la restauration à emporter n'est pas qu'une affaire de pizzas ou de burgers. Pour des prix très corrects, on repart de cette petite boutique avec de délicieux poulets fermiers ou pintades rôties, de la gigue de dinde, des andouillettes, des saucisses de Toulouse, de Morteau ou aux châtaignes, du jambonneau… En accompagnement, ne passez pas à côté des pommes de terre sautées maison, que les plus rabelaisiens d'entre nous pourront toujours agrémenter de lardons, gésiers confits ou champignons. Le midi, pour les plus pressés, le lieu propose également des sandwichs chauds et des barquettes.

FAST-FOOD

VF

21, boulevard Foch ✆ 02 41 42 91 29 - Tramway : station Foch-Maison Bleue.
Du lundi au mercredi de 11h30 à 22h30 ; du jeudi au dimanche jusqu'à 23h. Menus de 10,90 € à 16,40 €. Terrasse.

Même s'il en faut pour tous les goûts, avouons que ce que propose ce fast food est mille fois plus séduisant que ce que les industriels du burger nous refourguent depuis des décennies : VF (version française), c'est l'assurance de burgers, de tacos ou de salades (à composer soi-même) concoctés à partir d'ingrédients de qualité et souvent issus de productions locales. Pour certaines recettes, les steacks hachés sont remplacés par de l'émincé de bœuf et les frites maison sont toujours aussi savoureuses ! Bonne idée également d'avoir mis sur la carte 2 spécialités angevines, la fouace et la gouline. Bravo enfin pour la déco du lieu et sa terrasse intérieure abritant de superbes oliviers.

NEW PIZZAS

BASILIC&CO

46, boulevard Ayrault ✆ 02 41 27 90 56
www.basilic-and-co.com
Ouvert tous les jours le midi et le soir. Pizzas entre 8,90 € et 14,90 € (selon la taille) Menu enfant : 8,90 €.

Encore une nouvelle enseigne franchisée de livraison de pizza ? Oui, mais celle-ci est un vrai coup de cœur ! Basilic&Co revendique le concept de pizzas 100 % maison, faites sous vos yeux et composées d'ingrédients artisanaux, souvent bio ou AOP. Le résultat ? Une pâte ni trop fine ni trop épaisse, croustillante à souhait et des garnitures pleines de saveur. Parmi les 24 recettes proposées, la Basque, avec son fromage Ossau Iraty, son jambon sec et son piment d'Espelette est une réussite totale. Des pizzas qu'il est aussi possible de consommer sur place dans un cadre clair, sobre et élégant, ainsi que des salades à composer soi-même et d'excellentes glaces artisanales en dessert. Bravo !

PIZZAS

LA BOÎTE À PIZZA

43, rue Saint-Jacques ✆ 02 41 20 89 89
www.laboiteapizza.com
7j/7 11h-14h et 18h-23h. Réservation impérative. Menus 6,90 €/30,90 €. Menu enfant : 6,90 €.

Quelques grands chefs ont contribué à l'élaboration d'une partie des pizzas « gastronomiques » de la Boîte à Pizza. Angers ne fait pas défaut au concept et ne cesse de créer des nouveautés originales et généreuses. La pâte est réellement bonne et croustillante, assez épaisse mais juste ce qu'il faut. On a affaire à de belles garnitures à la viande, au poisson ou uniquement aux légumes, avec des produits frais, des préparations sur place. Le résultat est réussi sur toutes les compositions, avec de riches et bons ingrédients aux saveurs bien marquées. On y trouve aussi des pâtes, des sandwichs et des wraps, des salades, et tout un assortiment d'entrées. Sur place, une achetée une offerte !

PIZZAS

PIZZA TEMPO

43, rue Boisnet
✆ 02 41 86 87 87 - Tram : arrêt Molières
www.pizza-tempo.fr
Ouvert du lundi au samedi de 11h30 à 14h (dimanche jusqu'à 14h30) et de 18h30 à 23h. Menus de 11 € à 25,50 €.

À l'heure de se décider sur place ou depuis le canapé, une avalanche de pizzas s'abat sur nous ! Du poulet au curry avec la Calata, des tomates fraîches au pesto avec la Mezzo-Pesto ou même pour les plus créatifs du sur mesure avec la Compo Perso, il y en a pour absolument tous les goûts, et quel régal ! La pâte est fine et la garniture généreuse, on en demande encore. Pizza Tempo, c'est 5 adresses à Angers et alentours (rue Boisnet, Avrillé, Trélazé, Les Ponts-de-Cé, Saumur), un distributeur automatique rue Boisnet et dans d'autres communes ainsi que de nombreuses formules (salades, gratinées…) à retirer aussi directement sur place.

PIZZAS

PIZZA TEMPO

136, rue Jean Jaures - **TRÉLAZÉ** ✆ 02 41 20 20 60
pizza-tempo.fr

Ouvert toute la semaine de 11h30 à 14h (14h30 le dimanche) et de 18h à 22h30 (le vendredi et le samedi jusqu´à 23h).

Trélazé et sa population en hausse exponentielle méritait bien l'enseigne angevine en ses murs. Les trois couleurs de l'Italie vont et viennent à scooter pour une livraison ultra rapide des saveurs croustillantes des pizzas maison. Plus de 30 autres variétés, y compris végétariennes, attendent les gourmands, mais pas que. Les estomacs plus légers optent pour une salade fraîche et bien composée ou des tapas et les estomacs creux emporteront à la maison ou au bureau une gratinée de pâtes ou une généreuse *tartinissimo* : une grosse tranche de pain grillé garnie à l'image d'une pizza. Les cartes d'entrées, de desserts et boissons composent également diverses formules et menus de 1 à 4 personnes.

NEW SALADERIE

BOULANGERIE FEUILLETTE

2, Boulevard Albert Blanchoin ✆ 02 41 91 05 90
www.feuillette.fr/

Ouvert tous les jours de 6h à 21h. Menus de 7,40 € à 8,90 €. Carte : 6,90 € environ. Vente à emporter.

Cette nouvelle venue, dans le quartier d'Orgemont en plein développement, doit être fort appréciée des personnes travaillant dans le coin ! Elle ne paie pas de mine au premier abord, mais cette boulangerie/restauration franchisée est de bon goût, dans tous les sens du terme. Sandwichs gourmands, tel le fermier (poulet, mayonnaise, crudités, mozzarella), côtoient salades, burgers et pâtes. Les desserts sont nombreux. Vous craquerez pour le moelleux au chocolat et son cœur de Nutella ou les nombreuses déclinaisons de gâteaux et verrines aux fruits. L'espace est grand, lumineux et sobrement décoré de vieilles photos, avec un coin cosy empli de fauteuils en cuir, fausse cheminée et bibliothèque.

SANDWICHERIE

L'ARMOIRE À PAIN

1, rue François-Besnard
✆ 02 41 87 62 38

Ouvert du lundi au samedi de 7h à 19h30.

Et si, pour changer, vous faisiez votre achat de pain ou de casse-croûte après avoir parcouru l'avenue Jeanne-d'Arc ? Le pain ici est excellent, biologique, et présenté sous de nombreuses recettes aux noms originaux, comme la baguette du Roi René. On peut d'ailleurs rester en Anjou en choisissant un gâteau ou des chouquettes au Cointreau. Mais avant de passer au dessert, pensez aux sandwichs, puisque le pain (classique ou aux graines, à l'épeautre…) mérite le détour ! Ou pourquoi pas, une quiche, une pizza, ou même un hamburger… Le personnel y est très agréable, souriant, ce qui ne gâchera rien à la pause semi-bucolique que vous vous offrirez dans l'avenue récemment refaite.

SANDWICHERIE

LE FOURNIL DU PILORI

3, place du Pilori
✆ 02 41 88 01 41

Ouvert du lundi au samedi de 7h30 à 19h30. Sandwich/panini + dessert + boisson = 6,70 €. Chèque Restaurant.

Le Fournil du Pilori continue de nous régaler avec ses pains et pâtisseries artisanales, réalisées sur place, avec la farine du moulin de Sarré qu'on ne se lasse pas de vanter. On apprécie particulièrement les macarons, légers et croustillants à la fois. Cependant, la vraie réussite tient à son offre du midi, ce sont surtout les sandwiches et paninis qui, à côté des quiches, expliquent le succès du lieu. Les sandwichs ne sont pas très grands mais roboratifs, et le pain est frais et excellent. Les ingrédients, tels fromage, salade, thon, sont de qualité. De plus, ils peuvent être préparés à la demande. L'accueil est souriant et agréable, et une petite terrasse permet d'apprécier le quartier.

TRAITEUR ASIATIQUE

SO SUSHI

33, rue Plantagenêt ✆ 02 41 42 01 02
www.sosushi49.fr

Tous les jours 11h-14h et 18h-22h30 sauf mercredi et dimanche midi. Formule du midi : 13,60 € (sauf week-end).

Les admirateurs de poisson frais allongé sur un lit de riz vont être comblés, voici un temple des sushis à Angers. So Sushi n'a plus à prouver de sa réputation, les sushis y sont frais et excellents, grâce au savoir-faire d'un chef formé par un maître sushi japonais et des poissons ultra frais étiquetés Label Rouge. On y trouve tous les grands classiques des restaurants de sushis sur place ou avec service de livraison : les makis, les sashimis, les brochettes, la soupe miso, les raviolis vapeur... Cependant la carte n'est pas la plus large possible et grand bien leur fasse tant cela profite à la qualité des produits servis. L'accueil également est toujours sympathique et invite à revenir.

SANDWICHERIE

BRANDOLINI

17, rue Valdemaine

Ouvert du lundi au vendredi de 12h à 14h30. Carte : 12 € environ.

Nouveau venu à la rentrée septembre 2020, à l'emplacement du magasin de musique Woodstuck rue Valdemaine, Brandolini propose une cuisine citadine et rapide à base de produits italiens de qualité. C'est avec un « buongiorno ! » chaleureux et sympathique que nous sommes accueillis et invités à prendre commande. Les produits sont directement importés d'Italie et cela se sent de toute évidence, le goût est au rendez-vous et le voyage instantané. Prenez ces délicieux sandwichs au pain schiacciata qui fait des ravages, avec ce prosciutto cuit à basse température exceptionnel. L'authentique salade caesar fait également des merveilles. On a ici un lieu de rendez-vous tout trouvé pour manger le midi.

BELLEVIGNE-EN-LAYON

LA TABLE DE LA BERGERIE

La Bergerie - **BELLEVIGNE-EN-LAYON** ✆ 02 41 78 30 62
www.latable-bergerie.fr
Du mercredi midi au dimanche midi. Menus de 45 € à 70 €. Formule du midi : 25 € et 29 €. Vins du domaine.

Une adresse raffinée, perdue au milieu des vignes : on ne vient pas à la Table par hasard ! Fort de son étoile, le restaurant de David Guitton tient haut une cuisine de qualité que ne bouderont pas les amateurs de vins, la salle donnant directement sur le Domaine de la Bergerie de son épouse. On en retrouve bien sûr les crus sur la carte, qui ouvre l'appétit : langoustine ou riz de veau en entrée puis criée du jour ou canard challandais et andoa bio pur Pérou ou pommes «Rubinette» en dessert. Les ingrédients locaux ultra frais sont cuisinés en finesse, tels les légumes du champ accompagnés d'une délicate mousse aérienne. Un lieu discret, élégant et lumineux, un vrai bonheur !

DOUÉ-LA-FONTAINE

AUBERGE BIENVENUE

104, rue de Cholet - **DOUÉ-LA-FONTAINE** ✆ 02 41 59 22 44
www.aubergebienvenue.com
Mardi-samedi midi et soir, dimanche midi. Menus 35 € à 65 € (enfant 12 €). Formule midi 19,50 €.

L'auberge Bienvenue appartient aux incontournables de la région. Un lieu idéal pour une halte et profiter de superbes plats préparés avec des produits locaux, frais et naturels, achetés directement sur les marchés et chez les artisans pour des plats changeant au fil des saisons. Le chef est particulièrement réputé pour ses sauces telles la crème de girolles ou d'ail ou encore la sauce au savennières, vous en aurez pour vos papilles. L'entrecôte Rouge des Près et sa sauce poivre et porto est recommandée, une véritable explosion de saveurs ! Pour finir, vous pourrez opter pour une idéale crème brûlée ou le miroir chocolat caramel sur crème vanillée. Une adresse vivement conseillée.

LE MOULIN DE SARRÉ

Route de Louerre - **GENNES-VAL DE LOIRE**
✆ 02 41 51 81 32
www.moulin-de-sarre.fr
Ouvert toute l'année en fonction des réservations. Animations en été. Formule : 22 € (et 27 € pour les truites-fouées).

© AUBERGE MOULIN DE SARRÉ

On ne peut être que charmé devant ce paysage bucolique, entre verdure et ruisseau. Ruisseau qui a bien sûr contribué à la construction du moulin, qui continue à produire de la farine réputée que l'on retrouve dans diverses boulangeries de la région. C'est elle aussi qui est à la base des fouées servies ici fourrée de beurre, mogettes ou de rillettes. De la truite et une préparation à base de tomate, champignon frais, jambon, oignon et parfumée au fenouil sont aussi au menu. Le moulin se visite, et des animations telles que des soirées cabaret viennent égayer encore plus le lieu. Le bel endroit étant plutôt isolé, il faut réserver absolument pour y réussir ses agapes festives !

CHÂTEAUNEUF-SUR-SARTHE

LES ONDINES

2, rue Nationale - **CHÂTEAUNEUF-SUR-SARTHE** ✆ 02 41 69 84 38
hotelrestaurant-angers.com
Lundi au jeudi et samedi midi 12h et soir 19h15 ; dimanche 12h-14h. midi 10,50 € puis 19,50 € à 33,50 €. Enfants 9,80 €

Sur les bords de la Sarthe, une grande salle nous invite à profiter de la vue sur la rivière. Le chef cuisine les produits de la région et d'ailleurs avec excellence : foie gras ou salade composée en entrée sont déjà copieux. Puis viennent le colin, cabillaud, ou encore sandre au beurre blanc, pourquoi pas sur un lit de choucroute. Ou bien de la pintade au gratin dauphinois et champignons, également délicieuse. Les fromages sont parfaitement choisis et c'est le fils du chef qui est le spécialiste des desserts : flambé au Cointreau, façon Mojito, au chocolat, aux fruits, il y en a pour tous les goûts. Les visiteurs peuvent ensuite faire une promenade digestive sur le chemin de halage.

GENNES-VAL DE LOIRE

LA ROUTE DU SEL

55, quai des Mariniers - **GENNES-VAL DE LOIRE** ✆ 02 41 45 75 31
www.authoureil.fr
Lun.-mar. 12h-14h30, mer.-sam. 12h-14h30, 19h-21h30, dim. soir l'été. Menu unique 34,50 €. Formule midi 19,50 €/23,50 €

Des ingrédients frais et locaux vous attendent dans cette Petite Cité de caractère comptant parmi les plus courues des bords de Loire en Anjou ! Ce bel établissement restauré et très joliment décoré offre une carte toute neuve à chaque saison et insiste sur une très large carte des vins. On regrettera cependant l'absence de menu pour les enfants... La carte présente un choix éclectique bien mené, joliment présenté et au hasard des saisons : chips de courgette et artichauts en hors-d'œuvre, anguille de Loire, poisson du jour, quinoa d'Anjou, pied de cochon, entrecôte... Et en fromage/ dessert : crémet du Thoureil, coupe Colonel angevin, gâteau saumurois. Une belle étape rafraîchissante !

FONTEVRAUD-L'ABBAYE

FONTEVRAUD LE RESTAURANT

38, rue Saint-Jean de l'Habit - **FONTEVRAUD-L'ABBAYE**
✆ 02 46 46 10 10
www.fontevraud.fr/les-restaurants/fontevraud-le-restaurant/
Ouvert du mercredi au samedi le soir de 20h à 23h ; le dimanche midi de 12h à 14h. Menu Lune à 70 €.

Concilier le beau avec le bon, le Chef Thibaut Ruggeri en a fait sa devise, à la hauteur d'un édifice emblématique, intemporel et spirituel : l'ABBAYE ROYALE DE FONTEVRAUD. Ouvert sur le cloître du prieuré Saint-Lazare magnifiquement restauré, Fontevraud le Restaurant est un lieu conciliant patrimoine et haute cuisine. C'est dans ce lieu inspirant que le Chef étoilé Thibaut Ruggeri, Bocuse d'or 2013, exerce son art et nous surprend par une cuisine simple et subtile, épurée et responsable avec une part belle aux produits locaux et de saison. Le menu unique « Lune » propose une découverte en 4 services, les assiettes sont superbement dressées, le service impeccable. Une adresse incontournable.

MONTSOREAU

VERVERT

7, place du Mail - **MONTSOREAU** ✆ 02 41 52 34 89
www.ververt.com/
Basse saison : jeudi-lundi 12h-14h et 19h-21h30. Haute saison : jeudi-lundi 12h-14h et 19h-21h30. Carte : 20 € environ.

Situé dans le charmant village de Montsoreau, Ververt est une belle découverte culinaire. Dans un cadre épuré, aux tons clairs, la cuisine du Chef étonne par la justesse de ses mariages de saveurs. Ici les producteurs sont locaux et régionaux. Il faut absolument venir le 2e dimanche de chaque mois pour tenter la Degust' des puces et se laisser surprendre par une daurade sébaste accompagnée de sa sauce coquillages et carottes ou par un canard, betterave, oignons et aubergine. Les assiettes sont à elles seules des chefs-d'œuvre de contemplation et de poésie. La carte des vins propose plus de 200 domaines bio. Assurément, une adresse petit futé au détour d'une balade à Montsoreau.

MONTREUIL-BELLAY

LA GRANGE À DÎME

Rue du Château - **MONTREUIL-BELLAY** ✆ 02 41 50 97 24
www.lagrangeadime.com
Ven. 19h30-21h30, sam. 12h-14h et 19h30-21h30, dim. 12h-14h. Tls en saison sf lundi. Menu 26 €, enfant 10 €/15 €.

Une superbe demeure du XVe siècle où l'on entreposait la dîme prélevée localement, d'où son nom. On nous sert le menu unique avec coteau-du-layon en apéritif, puis de beaux champignons frais farcis nommés galipettes, puis le cœur du repas avec les fouées maison, servies à volonté, véritable spécialité du lieu. Fines, moelleuses et légères, elles ont ce bon goût de cuisson au four à bois. On les garnit selon sa convenance de beurre salé, de rillettes ou de mogettes gratinées au confit de canard. On fait glisser le tout avec une salade, du chèvre fermier, arrosée d'un saumur rouge. Un passage incontournable pour s'immerger dans l'histoire festive locale en belles tablées. Les enfants adorent !

SAUMUR

L'ALCHIMISTE

6, rue de Lorraine - **SAUMUR** ✆ 02 41 67 65 18
www.lalchimiste-saumur.fr
Mardi-samedi 12h15-13h30 et 19h30-21h. Menus de 25,50 € à 37,50 €. Formule midi : 26,50 € /29,50 €

Une table enchanteresse de plaisirs entre un accord parfait des mets et du vin et une cuisine d'exception. Un bon rapport qualité/prix avec des produits frais et toujours de saison pour une cuisine locale, avec une entrée incontournable, le pot de fleur d'anguilles de Loire, citrons confits et pommes tapées. Selon la saison, ce sera un velours de potimarrons, nuage de chèvre et tempura d'épinard, une fondante effilochée de joues de bœuf, mousseline de patates douces et graines de courges, et on termine avec une mousse de confiture de lait ou poire rôtie au sirop de châtaigne et croustilles de pain d'épice. L'accueil finit de transformer l'expérience en totale réussite !

SAUMUR

BISTROT DE LA PLACE

16, place Saint-Pierre - **SAUMUR** ✆ 02 41 51 13 27
www.bistrotdelaplace-saumur.com
Lundi-vendredi 10h-14h30 et 18h-20h30, samedi 8h-14h30 et 18h-20h30. Menus 13,50 €/22,80 € (enfant 10 €).

Le Bistrot de la Place est sur le podium 2020 des « meilleures cartes de vins en France » – avec 600 références de vins traditionnels, bio et naturels dont 40 au verre ! Un record quand on considère la taille de l'établissement. La simplicité goûtée est à l'honneur dans ce lieu qui mise autant sur l'ambiance que sur la décoration. L'accueil y est chaleureux, le service parfait. Entre les huîtres de Noirmoutier, les charcuteries variées, l'assortiment de fromages servis à la planche... il y a de quoi satisfaire tous les appétits. Au menu, délicieuse volaille angevine bio, queue de bœuf confite au saumur-champigny, poisson de la marée... Les desserts sont faits maison, aux fruits frais.

SAUMUR

LE CARROUSEL

15, rue Colonel Michon - **SAUMUR** ✆ 02 41 51 00 40
www.le-resto-du-carrousel.com
Du mercredi au dimanche midi. De 23 € à 34 €. Carte : 32 €. Le midi : 16 €. Groupes. Terrasse. Cheminée

Situé face aux manèges équestres ce joli restaurant a conservé pierres et boiseries mais a été réagencé avec beaucoup de goût. L'ensemble arborant couleurs naturelles très reposantes. Le chef prépare une cuisine française agréable, fraîche, saisonnière et maison. Maître dans l'art des sauces et réductions, il les allège sans en perdre l'essence. Démarrez avec un carrousel de foies gras (4 cuissons différentes) à se damner, poursuivez sur un magret farci aux champignons sauce cassis ou une poire rôtie et gratin dauphinois ou encore un filet de saint-pierre au naturel sur légumes à l'orientale. De jolies salles ainsi qu'une agréable terrasse et un service impeccable.

NEW

SAUMUR
L'ESSENTIEL

11, Rue Raspail - **SAUMUR** ✆ 02 41 67 71 10
www.restaurant-lessentiel-saumur.fr
Ouvert du mardi au samedi de 12h15 à 13h30 et de 19h15 à 21h30. Menus 28 € à 52 €. Menu enfant 17 €. Formule midi 17 €

Après avoir exercé ses talents dans de prestigieux palaces à Genève et à Monaco, où encore quelques années à Fontevraud, le Chef Anthony Vaillant a repris en 2019 l'établissement Les Ménestrels pour le transformer à son image. Dans un cadre épuré et chaleureux, on se laisse surprendre par une cuisine hautement bistronomique, simple et raffinée, comme cet œuf parfait et concassé de tomates ou ce filet de maigre sauvage et légumes de saison. Le service est impeccable et soigné, les présentations sont travaillées, les cuissons sont maîtrisées et les desserts sont autant de promesses gourmandes. Rien à redire pour cet établissement, en bas du château, qui mérite amplement qu'on y fasse un tour !

SAINT-MELAINE-SUR-AUBANCE
LE PETIT MANOIR

12, rue Armand-Brousse - **SAINT-MELAINE-SUR-AUBANCE**
✆ 02 41 45 33 32
www.restaurant-le-petit-manoir.com
Lundi/samedi 12h-14h, vendredi et samedi 19h-22h. Menu 25 €. Carte 32 €. Menu enfant 10 €. Formule du midi 12,60 €.

On s'arrête volontiers dans ce joli bourg pour profiter de l'excellente manière d'arranger les mets de ce chef discret et efficace. Une salle intérieure, une autre à deux niveaux puis une élégante terrasse ombragée. On y recherche des menus saisonniers inspirés à base de produits frais locaux. La carte offre de vrais plats du terroir : rognons de veau en médaillon à la moutarde violette, écrasé de pommes de terre, noix de Saint-Jacques française aux girolles, fondue d'épinards... Laurence, qui officie en salle, saura quant à elle vous conseiller sur les vins (locaux, bien sûr) qui accompagneront à merveille vos plats. Une vraie étape gourmande !

SAUMUR
LE GAMBETTA

12, rue Gambetta - **SAUMUR** ✆ 02 41 67 66 66
www.restaurantlegambetta.com
Mercredi-samedi 12h-13h30 et 18h30-21h. Réservation impérative. Menus 35 € à 176 €. Formule midi 35 €.

De tous les sens, c'est d'abord l'œil qui est ravi par une présentation parfaite de chaque plat. Puis, la rencontre de saveurs raffinées et très bien mariées met rapidement les papilles en émoi. En entrée, le Chef Mickaël Pihours, invite au voyage avec sa variation « Végétal betterave-pomme », perlant, acidulé et craquant. Puis une lotte, lard de Colonatta, romarin fumé, caponata de fleur de courgette, bouillon de piperade, un mélange de saveurs étonnant et réussi, ou ce merveilleux pigeonneau d'Anjou (de Dominique Fouchard), acidulé-persillé, pousses de moutarde, naans aux épices. En dessert, vous serez subjugué par le citron, Yuzu et gingembre Daï. Une adresse incontournable.

SAUMUR
TABLE DU CHÂTEAU GRATIEN

94, route de Montsoreau - **SAUMUR** ✆ 07 87 08 29 05
www.restaurant-saumur-gratien.fr/
Tous les jours le soir, vendredi-dimanche le midi. Réservation impérative. Carte : 80 € environ. Formule du midi 45 €.

La majesté Art déco du bâtiment Gratien et Meyer domine le parc en bord de Loire sur le coteau de tuffeau. Au bas de celui-ci, trône l'élégant château Gratien, métamorphosé en table luxueuse. Les mises en bouche se suivent pour ouvrir grand votre appétit. Les plus gourmands se régaleront des plats savamment concoctés proposés par la carte. Courte car sans cesse renouvelée, elle offre, selon les saisons et les trouvailles du chef, une farandole des belles assiettes dont le contenu ne peut que satisfaire les papilles, que ce soit produits de la mer ou délicieuses viandes sélectionnées. Service des plus agréables, tarif du midi fort raisonnable et de belles assiettes complètent la découverte.

SAUMUR
LES NOBLES FOUÉES

23, rue Fouquet - **SAUMUR** ✆ 02 41 83 20 27
www.nobles-fouees.fr
Vendredi et samedi midi et soir, dimanche midi. Vacances scolaires mercredi et jeudi soir. De 19 € à 28 €. Enfant 10 €.

Situé à 5 minutes du centre de Saumur ainsi que des grandes caves à vins, le restaurant troglodytique propose la spécialité locale : la fouée cuite au four à bois à garnir de rillettes, terrine, tartare de légumes, saumon fumé, charcuterie, foie gras de canard, mogettes (haricots de Vendée), beurre persillé maison. Le dimanche, c'est un moment convivial et fortement familial qui s'y déroule. On profite de l'atelier des fouées ouvert aux enfants. Les apprentis fouaciers se souviendront longtemps de leur passage devant le four à confectionner leur propre petit pain à garnir de pâte à tartiner... On y mange aussi des assiettes fraîcheur et le week-end, vous dansez au son des années 1980.

VILLEVÊQUE
LES TOQUÉS D'ANJOU

24, route de l'Océane
VILLEVÊQUE
www.lestoquesdanjou.com
Toute l'année. Du lundi au vendredi le midi ; le jeudi et le vendredi.

En voilà une belle découverte ! Entre Angers et Villevêque, cet établissement de qualité vous propose, dans une ambiance chic et décontractée, une cuisine simple et de saison, préparée avec des produits locaux. Ici tout est fait maison : au choix, un menu du marché (entrée, plat, dessert) très abordable ou la formule express : pièce de bœuf, sauce au poivre complétée d'un dessert du jour et café. La carte est variée avec 3 à 4 entrées, comme le gravlax de saumon ou le foie gras de canard, suivi d'un filet de bœuf ou de ravioles du Dauphiné label Rouge. Les desserts, classiques et gourmands, complètent la proposition. Accueil, disponibilité et rapidité du service en plus !

JE FAIS MON MARCHÉ

Si Angers offre une remarquable concentration de restaurants de qualité et de tous types, que dire alors de ses « commerces de bouche » ? Faites l'expérience de vous rendre, à jeun, du côté des Places de la Visitation, de la Madeleine ou du Lycée, et d'en repartir le cabas vide... Impossible ! On ne peut qu'avoir l'eau à la bouche et des idées de recettes et de menus plein la tête en franchissant la porte de ces primeurs, de ces boulangeries-pâtisseries, épiceries fines, poissonneries, boucheries-charcuteries, crémeries-fromageries, caves à vins... Tous ces commerces, sans oublier les étals des différents marchés de la ville, sont là pour nous rappeler que nous sommes bel et bien, en termes de produits de terroirs, dans une région bénie des dieux, réputée pour la qualité de ses maraîchers, ses éleveurs, son vignoble, et à seulement 2 heures de route de la côte pour qui souhaite accompagner son verre de Savennières d'un poisson de toute première fraîcheur. Envie de rillauds cuisinés dans les règles de l'art ou d'un crémet onctueux à souhait ? Les meilleures adresses sont dans ces pages !

EPICERIE FINE

LES DELICES DE CÉ

31, rue Pasteur - **LES PONTS-DE-CÉ** ✆ 02 41 68 27 85

Ouvert du lundi au mercredi et le samedi de 9h à 19h ; le jeudi de 9h à 17h ; le dimanche de 9h à 13h.

Hervé est un fin connaisseur, affûté dans ses raisonnements gastronomiques. Il a repris cette échoppe en rehaussant très largement le décorum, l'esprit, les gammes et ses méthodes de transmission du savoir-apprécier ! Sa passion non feinte pour le fromage et l'art culinaire qui englobe sa dégustation, vins compris, est attestée par l'immense vitrine qui est dédiée aux fruits du lait. Mais la jolie échoppe est aussi une épicerie fine à part entière et pas une famille de produits ne manque. Une large place est faite aux créations angevines, chocolats, biscuits ou pâtisseries. Puis un rayon vins, primeurs, confitures et miels, bonbons et douceurs et évidemment les tartinables pour l'apéritif.

EPICERIE FINE

AUX HALLES DU LYCÉE

2, place du Lycée ✆ 02 41 87 61 13

lacueillettedeshalles.fr

Ouvert du mardi au vendredi : 8h30-13h et 16h-19h30 ; le samedi de 8h30 à 13h30 et de 16h à 19h

Des fruits et légumes de qualité et à profusion ! Voilà une boutique qui sent bon le terroir (avec un petit fumet de bio pour de nombreuses productions). Ici, les fraises gariguette, les tomates noires de Crimée ou les choux Pak Shoï vous rameneront à la vrai définition du goût. Une seconde boutique ouverte en 2016, place de la Visitation, propose le même type de marchandise. Et pour les plus pressés, il est également possible de se faire livrer via le site Internet regroupant les 2 magasins. L'enseigne propose également un joli rayon crémerie avec des produits de chez Beillevaire, des fruits et légumes secs, ou encore des produits d'épicerie, jus, conserves de légumes, assaisonnements...

EPICERIE FINE

AU PLAISIR

20, rue Marceau ✆ 02 41 36 02 67

au-plaisir.com

Ouvert du mardi au vendredi 9h-13h30 et 15h30-19h30 ; samedi 9h-20h ; dimanche 9h-13h

Ici, le plaisir est partout. Tout donne envie de sortir les verres, de couper de belles tranches de pain et de déguster ce que le monde entier nous envie ! Un vrai plateau de fromages parmi les plus aboutis de la ville, avec plus de 70 spécialités (la région du Nord y est particulièrement bien représentée), des salaisons de très haut niveau issues des plus beaux sommets français pour des saucissons d'exception, des jambons secs fruités, des viandes séchées à se damner. Pour vos déjeuners au bureau ou apéros-dînatoires entre amis, plateaux gourmands avec confits, tapenades, terrines Papillon, associant fromages et viande de porc, avec de bons vins parfois uniques à Angers de cette jolie cave.

EPICERIE FINE

QUAI DES OLIVIERS

8, rue Talot ✆ 02 41 20 41 32

www.quai-des-oliviers.com

Ouvert du mardi au samedi de 9h30 à 13h et de 15h à 19h.

C'est tout le bassin méditerranéen en version gourmande qui s'affiche dans cette jolie boutique. L'huile d'olive y occupe une place de choix, avec ces grands crus des Pouilles, d'Andalousie ou du Gard, exposés en fûts et servis dans des bouteilles en verre de différentes contenances. Vous trouverez également ici une belle variété de vinaigres, balsamiques principalement, ainsi que des produits de la gastronomie italienne de haute qualité : sauces et pâtes de la célèbre marque Garofalo, riz spéciaux pour risotto, polenta aux truffes, crême aux cèpes, miels de citron... Enfin la partie cave, elle aussi, possède un fort accent italien, sans oublier quelques belles appelations venus d'Espagne.

EPICERIE FINE

SAVEURS DU PRIMEUR

6, place Hérault ✆ 02 41 81 94 80

www.saveursduprimeur-angers.com

Ouvert du mardi au samedi de 9h à 19h.

Tous les produits sélectionnés ici sont issus à 85 % de l'Anjou ou du Grand Ouest : produits crémiers, plats cuisinés, confiseries, condiments, apéritifs, charcuteries et terrines sont de grande qualité. Pour un repas angevin, vous n'aurez donc que l'embarras du choix, entre les incontournables rillauds, les rillettes aux poissons de Loire, le poulet à la crème coteaux-du-layon, le vinaigre de savennières, la tomme d'Anjou ou encore les biscuits caramel, accompagnés d'un jus de pomme artisanal. Les fruits et légumes proviennent également de la région, souvent issus de l'agriculture bio ou raisonnée. Paniers aux contenus renouvelés chaque semaine complètent l'offre, visibles sur le site web.

BOUCHERIE

LA GRANDE BOUCHERIE DES QUAIS

7 bis, Quai Félix Faure ✆ 02 41 81 27 92

lagrandeboucheriedesquais.fr

Ouvert du lundi au vendredi, de 9h à 19h30, le samedi de 9h à 19h. Service drive et commandes Internet.

Cette boucherie artisanale affiliée à la Maison-Vincent fonctionne en circuit court, avec des viandes issues de petits producteurs locaux. Les pièces de jambon, les pavés de bœuf au poivre et le poulet Grand Maître effilé sont appétissants. Certains produits sont bien assaisonnés, comme les marinades basquaises ou antillaises. Les plats préparés sont variés : pâté au piment d'Espelette, lasagnes, salade piémontaise... Ceux qui craquent sur les brochettes et saucisses ont à disposition une cave, des chips et du charbon de bois ! Fraîcheur, traçabilité et tarifs étudiés.

BOUCHERIE

BOUCHERIE DE LA MADELEINE

145, rue de la Madeleine
✆ 02 41 66 55 49
Mardi-jeudi 8h-13h et 15h30-19h30, vendredi-samedi 8h-13h et 15h-19h30.

Yannis et Virginie Lusson veillent à la réputation sans faille de leur boutique. Ici, toutes les viandes sont parfaitement mises en valeur et bénéficient pour certaines de préparations idéales pour les gourmets les plus pressés, comme le bœuf par exemple, présenté en carpaccio ou en émincé. De superbes volailles de Bresse et des Landes également, du gibier, du lapin, du veau, de l'agneau du pays d'Oc... La partie traiteur fait aussi un sans-faute, avec des plats cuisinés toujours réussis comme les lasagnes, le gratin dauphinois, les endives braisées ou encore de délicieuses terrines et rillettes maison. Bref, une belle boucherie de quartier, où sourire et savoir-faire vont de pair !

BOUCHERIE

BOUCHERIE DE LA VISITATION

13, place de la Visitation
✆ 02 41 87 46 93
Ouvert du mardi au vendredi de 8h15 à 13h et de 15h30 à 19h30 ; le samedi jusqu´à 13h30 et 19h. Chèque Restaurant.

François et Thierry Château sont affiliés aux Maîtres Bouchers du Terroir, association ayant pour but de valoriser la profession d'artisan boucher, leur savoir-faire ainsi que la qualité des produits. Une qualité que l'on ne saurait remettre en cause au vu du superbe étal. Leur rôti de porc noir de Bigorre est un régal, mais on pourrait en dire autant de leurs marinades d'émincés de bœuf ou de volaille. La boutique propose aussi un rayon charcuterie-traiteur riche (quiches, boudins antillais, salades, tians de légumes...) et des conserves et produits de type épicerie fine.

PRODUITS DU TERROIR

ANJOU TERRE DE DOUCEUR

15, place Sainte-Croix
✆ 02 41 88 78 51
www.anjou-terrededouceur.fr
Ouvert du mardi au samedi de 10h à 19h.

© SÉBASTIEN AUBINAUD

C'est un best of de la gastronomie angevine qui vous attend ici ! Parmi les produits les plus plébiscités, les célèbres rillauds, les biscuits Le Vinaillou ou encore les Quernons d'ardoise. Mais pour qui sait faire preuve de curiosité, d'autres trésors culinaires vous attendent, comme les Pavés du bout du monde, délicieuses bouchées au praliné feuilleté et fleur de sel, une savoureuse terrine de poulet au Cointreau ou encore d'appétissants filets d'anguille fumée de Loire. Une belle sélection également ici de produits bio comme les nougats au miel d'Anjou, le quinoa, ou encore pour la partie non comestible des savons et eaux de toilette à base d'extraits de roses de Doué-la-Fontaine.

BOUCHERIE

BOUCHERIE LEBOUC

43, rue Tarin
✆ 02 41 87 78 13
https://maitres-bouchers-terroir.fr/bouchers/boucherie-lebouc/
Ouvert du mardi au samedi de 8h à 13h et de 15h30 à 19h30.

Une vraie boucherie traditionnelle à la française, labellisée Maître Boucher comme on les aime ! Installée proche de la place du Lycée, elle a été refaite au printemps 2016 et à nouveau l'été 2019 pour encore mieux recevoir les gourmets. Bertrand Lebouc vous propose ici un service de proximité et de qualité. Il choisit ses viandes pour leur qualité, tant en bœuf, veau, agneau, porc, charcuterie que volaille. La découpe traditionnelle à la française respecte le sens des muscles pour de parfaites cuissons. La boutique propose également des produits maison comme des pâtes pour accompagner vos plats, ainsi que des conseils avisés pour vos cuissons et vos recettes. Le tout avec le sourire !

BOUCHERIE

LES VIANDES AVRILLAISES

125, avenue Pierre-Mendès-France - **AVRILLÉ** ✆ 02 41 69 62 20
www.viandes-avrillaises.fr
Ouvert du mardi au vendredi de 8h30 à 12h45 et de 15h à 19h15 ; le samedi de 8h30 à 19h ; le dimanche de 8h à 12h30

Il suffit de contempler l'étalage de cette belle boutique pour comprendre que l'on fait ici dans la boucherie traditionnelle de haute qualité. Son petit plus ? Un service de commande en ligne sur Internet, avec une large gamme de colis au poids, regroupant des assortiments de pièces de bœuf, de porc, de volaille... Les caissettes de 10 ou 20 pièces permettent notamment de faire de belles économies : steaks, poitrine de porc, paupiettes, escalopes, saucisses, andouillettes... Le choix est très large et la formule idéale pour les familles nombreuses ! La maison se propose également de vous préparer des buffets et plats cuisinés (tajines, raclettes, couscous, paellas, coq au vin, etc.

TRAITEUR

L'ORIFLAMME

2, place de la Visitation
✆ 02 41 87 97 00
www.loriflammeangers.com
Ouvert tous les jours et les jours fériés de 10h à 14h30 et de 17h à 21h30.

© FABRICE QUINTON

© FABRICE QUINTON

C'est un désormais classique angevin que de venir manger sur le pouce à L'Oriflamme, place de la Visitation ! C'est à deux pas de la gare que loge cette rôtisserie où l'on viendra déguster ces délicieux sandwiches au rapport qualité-prix indétrônable. On y propose également des poulets entiers, des saucisses (de Toulouse, Morteau, Montbéliard ou même les merguez) que l'on dégustera avec des petites pommes de terre que l'on peut choisir d'arroser de gésiers de canard, de champignons ou plus simplement de jus de viande. Voici une adresse à noter à tout prix. Pour couronner le tout, une petite épicerie propose des produits locaux et des bouteilles de vins d'Anjou.

BOUCHERIE

MAISON VINCENT

13, rue Saint-Lazare ✆ 02 41 48 09 72
www.maison-vincent.fr
Ouvert du mardi au samedi de 8h30 à 13h et de 15h à 19h30 ; le dimanche de 8h30 à 12h30.

Changement de nom pour ce boucher-charcutier-traiteur bien connu du quartier Saint-Lazare. La Renommée se fait désormais appeler Maison Vincent. Une maison réputée, implantée également dans le centre commercial Grand Maine, dont les étals font immanquablement saliver à chaque visite. Du parmentier au sandre au beurre blanc en passant par les salades composées, les terrines ou encore de délicieuses petites quiches espagnoles aux légumes et chorizo, la boutique regorge de recettes savoureuses et se permet même le luxe d'exceller côté sucré avec un petit rayon dessert très attractif. Enfin, avis aux amateurs de choucroute d'Alsace et de paella : la Maison Vincent s'en est fait la spécialiste !

TRAITEUR

SAVEURS DE LA MADELEINE

1, rue Saumuroise
✆ 02 41 66 59 86
Mardi et mercredi 9h-13h15 et 16h-19h, jeudi 9h-13h15 et 15h30-19h ; vendredi et samedi 9h-13h15 et 15h-19h.

Mais que nous a-t-il préparé de bon aujourd'hui ? Chaque jour, Bertrand Subileau parvient à combler les gourmets les plus exigeants du quartier de la Madeleine avec une sélection sans cesse renouvelée de plats tous plus savoureux les uns que les autres : bœuf bourguignon, poêlée de gambas, suprême de pintade ou encore chou farci, le tout accompagné de garnitures irréprochables (pommes de terre sautées, pâtes fraîches). On se régale aussi ici de belles salades composées, de tartes salées au top (délicieuse quiche lorraine !), d'un choix de charcuteries certes modeste mais également de qualité, et de desserts dignes d'une vraie pâtisserie, avec le moelleux au chocolat ou la tarte aux noix.

TRAITEUR

CHAMEAU TRAITEUR - LES 5 SENS

9, place de la Visitation
✆ 02 41 87 40 25
Mardi-samedi 8h-14h et 15h-19h30.

Un des meilleurs charcutiers-traiteurs d'Angers. Si cette belle boutique possède un des rayons charcuterie les plus fournis de la ville, elle se distingue aussi par des plats cuisinés de haut niveau, où se conjuguent tradition, finesse et inventivité. Que diriez-vous en entrée d'une mousse d'avocat tartare de crevettes ou d'une mousseline de tacaud ? Plus calorique mais tout aussi exquis, le burger de porc confit à la bière ou la cuisse de canette à l'orange. Enfin, côté sucré, du grand art avec un gâteau au citron vert, chantilly de vanille et coulis de fruits rouges.

GRANDE SURFACE

SUPER U LES JUSTICES

6, square Louis-Jouvet
© 02 41 47 55 61
www.superu-angersjustices.com
Ouvert du lundi au samedi de 8h30 à 20h.

Quand grande distribution rime avec qualité et diversité. Tout comme sa voisine du quartier de la Pyramide, à Trélazé, cette grande surface présente un agencement parfaitement adapté aux besoins de sa clientèle ainsi que de très beaux rayons de produits frais. Celui des fruits et légumes propose notamment en toute saison une belle variété de produits, et en particulier pour la partie bio. De très beaux choix s'offrent également aux gourmets en matière de fromages à la coupe, mais aussi aux rayon boucherie-traiteur et poissonnerie. Saluons enfin la mise en avant de produits locaux et artisanaux (crémets d'Anjou, pains et pâtisseries, production de l'Anjou), ainsi que le service Drive.

CHARCUTERIE

MAISON GENTILHOMME

3, rue Émile Zola - **MONTREUIL-JUIGNÉ** © 02 41 42 30 19
www.maisongentilhomme.com
Ouvert du mardi au jeudi et le samedi de 8h30 à 13h et de 15h à 19h30 ; le vendredi de 8h à 13h et de 15h à 19h30.

Installés à Montreuil-Juigné, Valérie et Olivier Gentilhomme s'adaptent à toutes les formules : du simple repas en famille pour quelques personnes aux banquets de mariage en passant par les buffets, les cocktails ou même les plateaux-repas pour réunions de travail. Leur boutique affiche fièrement ses spécialités, régulièrement primées : foie gras, rillettes, boudin blanc, rillauds, choucroute... La liste des recettes concoctées par la maison est par ailleurs aussi impressionnante qu'alléchante : aumônières de Saint-Jacques, brochettes de limande jaune coulis de langoustines, suprême de pintade sauce morilles, grenadin de veau en croûte... Même les desserts ne sont pas oubliés !

CHARCUTERIE

MAISON JOUIS

49, rue Jules-Guitton © 02 41 87 46 79
www.maisonjouis.fr
Ouvert du mardi au vendredi de 8h à 13h30 et de 15h30 à 19h30 ; le samedi de 8h à 19h30.

Fabrication maison (avec une spécialité rillauds et rillettes), plateaux-repas, buffets et cocktails... Cette maison transmet son savoir-faire depuis 1954, soit pas moins de 3 générations. Récompensée par des médailles, elle propose, au gré des saisons, notamment des plats tels que de la tête de veau sauce gribiche, du coq au vin, des joues de porc à l'anjou rouge... On peut toujours y trouver la véritable choucroute d'Alsace, de la charcuterie artisanale mais aussi de la pâtisserie salée... Les plateaux-repas de différentes influences sont même livrés gratuitement sur Angers et comprennent entrée, plat, fromage et dessert Quant à la qualité des viandes et volailles, elle est irréprochable !

CHARCUTERIE

MARC CHARBONNIER

28, rue Bressigny © 02 41 88 17 11
www.charbonnier-traiteur.com
Ouvert du mardi au vendredi de 8h30 à 13h et de 15h à 19h30 ; (le samedi 19h15). Chèque Restaurant.

Mais comment autant de mets aussi appétissants peuvent-ils occuper un si petit espace ? Référencé en 2013 parmi les 100 meilleurs artisans-restaurateurs de France, Marc Charbonnier a fait de sa boutique de la rue Bressigny un vrai temple de la gourmandise, que ce soit grâce à sa charcuterie (pâté en croûte au fois gras, jambon d'York) ou à son rayon traiteur, où les classiques (blanquette de veau, cuisses de canard confites, filets de maquereau à l'escabèche, gouline angevine) côtoient des spécialités plus inattendues comme les endives braisées aux agrumes ou la mouclade vendéenne sauce curry. Une formule de plateaux-repas existe aussi à prix raisonnable, à retirer directement en magasin.

FROMAGERIE - CRÈMERIE

ANGE ET FROMAGE

137, rue de la Madeleine © 02 44 88 00 42
angeetfromage.fr
Ouvert du mardi au samedi de 9h à 13h et de 16h à 20h ; le dimanche de 10h à 13h. Chèque Restaurant.

Oubliez le clin d'œil aux fables de La Fontaine : anciennement baptisée Maître Corbeau, cette belle boutique a désormais pour nom Ange et Fromage. On y retrouve près de 120 spécialités fromagères de grande qualité, un petit rayon crémerie où se côtoient beurre Bordier, crème fraîche d'Isigny ou encore (exclusivité !) des kefirs, boissons grecques à base de lait fermenté. Le lieu propose également un large choix de produits d'épicerie fine de la maison Albert Ménès (thés, confitures, condiments...), ainsi qu'un petit espace bar à fromages où les plus épicuriens viennent marier bleus d'Auvergne, morbiers et autres comtés (sans oublier la charcuterie) aux plaisirs de la dive bouteille.

FROMAGERIE - CRÈMERIE

LE CREMET D'ANJOU

12, avenue Jean-Joxé
© 02 41 34 49 56
cremetdanjou.fr
Ouvert du lundi au vendredi de 6h30 à 12h30. Livraison possible.

Ouvert en 2013, ce laboratoire flambant neuf a su se faire une place de renom au cœur de la ville d'Angers, et plus encore. Les crémets d'Anjou, ces fameux légers nuages crémeux se sont installés au MIN d'Angers pour être expédiés en petits pots. Un dessert local, haut de gamme, onctueux, fabriqué ici artisanalement ! Aujourd'hui les professionnels restaurateurs et les particuliers s'arrachent ses délicieux petits pots. Les plus gourmands seront ravis de découvrir les nouveautés, les crémets sur lit de confiture (maison aussi). Selon le « prince des gastronomes » Maurice Edmond Sailland dit Curnonsky, le crémet est « un délice des dieux ». A ne surtout pas manquer, y compris version salée !

FROMAGERIE - CRÈMERIE

LA FROMAGERIE BOCAHUT

27, rue Plantagenet ✆ 02 41 19 60 44
www.fromagerie-bocahut.fr

Lundi 16h30-19h30 ; mardi-vendredi 10h30-13h et 16h30-19h30 ; samedi 10h30-19h30. Ouvert dimanche matin en décembre.

Que d'effluves dans cette fromagerie qui sert les meilleurs restaurants de la région, comme la Table de la Bergerie, à Champ-sur-Layon (une étoile au guide Michelin). Pâtes persillées, cuites, pressées non cuites, à croûte fleurie : la boutique offre un choix de fromages parfois classiques, comme le gouda ou le morbier, mais souvent originaux, l'Irish Porter, par exemple, ressemble à du marbre ou du boudin noir. Mais c'est un cheddar à la Guiness, à tester ! Du choix donc, avec des fromages au lait de vache, de chèvre ou de brebis agrémentés de piment, de pétales de fleurs, à la bière ou autre alcool. Le lieu propose quelques bouteilles, confitures et on peut louer des caquelons...

FROMAGERIE - CRÈMERIE

FROMAGERIE DES HALLES ET DES GOURMETS

26 bis, route de Bouchemaine ✆ 02 41 44 02 58
deshallesetdesgourmets.com

Du lundi au jeudi de 9h30 à 13h et de 15h à 19h30 ; le vendredi de 9h à 13h et de 15h à 19h30 ; le samedi de 9h à 19h.

Le riche espace fromage des Halles est garni de produits authentiques et d'une qualité irréprochable ! Vous êtes brebis ? Les pentes douces des Pyrénées vous assurent un joli choix de pâtes bien fermes. Vous êtes chèvre ? Toute la France et ses jolies provinces sont là ! Du plus frais à tartiner au plus sec, en bouchons, en crottins, en cendré... Parmi les belles découvertes à faire, les bries fourrés maison, un mélange irrésistible de sucré-salé à base de fruits secs, ou encore l'Ange-Vin, un délicieux fromage de chèvre affiné au thym, sel de Guérande et vin blanc sec.

FRUITS - LÉGUMES

LES HALLES DE LA VISITATION

10, rue Talot ✆ 02 41 72 96 15
lacueillettedeshalles.fr

Mardi-vendredi 8h30-13h et 15h30-19h30, samedi 8h30-13h30 et 15h30-19h.

Les propriétaires des Halles du Lycée ont ouvert une seconde boutique de fruits et légumes. En marge des produits primeurs, on trouve de l'épicerie fine salée ou sucrée : confitures artisanales, huiles, terrines, conserves, épices, condiments... La partie produits frais est intéressante avec de la vraie mozzarella di bufala, de délicieux nectars de fruits, de l'ananas prédécoupé ou encore un bar à soupes et d'excellents potages en bouteille, veloutés, gaspachos... Chaque semaine, les Halles préparent un assortiment de fruits et légumes frais dans des paniers.

POISSONS - FRUITS DE MER

POISSONNERIE DES JUSTICES

166, rue Saumuroise
✆ 06 08 33 20 28

Vendredi-samedi 8h30-13h et 15h30-19h, dimanche 9h-12h30.

Toujours fidèle au poste cette petite poissonnerie des Justices ! Et c'est tant mieux, car l'offre dans ce domaine, à Angers, est toujours aussi maigre. Sardines de Saint-Gilles-Croix-de-Vie, merluchons et maquereaux de La Turballe, lieu jaune du Croisic, soles de La Rochelle : ici, la provenance de la marchandise est toujours affichée. On peut même s'y faire concocter de superbes plateaux de fruits de mer sur commande. Marie-Line vend aussi des petits pots de mayonnaise ou d'aïoli maison et des sauces hollandaises, beurre blanc ou beurre citronné. Camion boutique : mardi matin et jeudi après-midi place de la Madeleine, mercredi matin place du Lycée, jeudi matin place Saint-Léonard.

POISSONS - FRUITS DE MER

POISSONNERIE LE VIVIER

3, place de la Visitation
✆ 02 41 88 63 52

Mardi-jeudi 8h30-13h et 15h30-19h, mercredi 8h30-13h, vendredi-samedi 8h-13h et 15h30-19h30, dimanche 9h-13h.

Une belle poissonnerie, qui fleure bon l'air du grand large ! Ici, les soles, bars, dorades, et cabillauds sont en provenance directe d'Audierne, et les huîtres, elles, d'Oléron ou de Penerf, dans le Morbihan. Un superbe choix de crustacés également, qu'il est notamment possible de s'offrir en version plateau de fruits de mer (formule toute faite ou à composer soi-même). Aux côtés de ce bel étal, un petit rayon traiteur-épicerie propose brandades de morue, saumon fumé, terrines et rillettes de poisson, coquilles Saint-Jacques et toutes sortes de condiments. Et que boire pour accompagner tout cela ? Un sancerre, un savennières ou un pouilly fumé. Oui, le lieu possède aussi une petite cave !

POISSONS - FRUITS DE MER

SAUMEXTRA

3, rue du Champ de Montigny - **BOUCHEMAINE** ✆ 02 41 22 06 30
www.saumextra.fr

Ouvert le lundi de 14h à 17h15 ; du mardi au jeudi de 9h à 12h30 et de 14h à 17h15 ; le vendredi de 9h à 12h30.

Il y a saumon fumé ET saumon fumé ! Vous saisissez la différence ? Dans cette petite entreprise familiale semi-industrielle, on se charge de vous faire découvrir le goût le plus authentique qui soit grâce à des techniques de fumage et de salage irréprochables et une parfaite traçabilité des produits. On trouve ici des produits estampillés AB (agriculture biologique), Label Rouge, et si la spécialité reste le saumon fumé, la maison travaille également la truite, le hareng (marinés ou fumés), le haddock, le crabe... Envie d'originalité ? Pourquoi ne pas essayer les « perles culinaires » à base d'algues marines ? Le concept de vente directe de l'usine, enfin, garantit des tarifs raisonnables.

© FABRICE QUINTON

FRUITS - LÉGUMES

NATURE GOURMANDE

139, rue de la Madeleine
✆ 02 41 66 82 98
www.naturegourmande.fr
Mardi-jeudi 8h30-12h30 et 15h30-19h ; vendredi et samedi 8h30-13h et 15h30-19h.

Réaménagée de A à Z il y a un peu plus d'un an, cette jolie boutique de la place de la Madeleine offre un étal de fruits et légumes réellement exceptionnel, autant en termes de présentation que de fraîcheur et de qualité. On privilégie ici les produits locaux ainsi que la filière bio. Une volonté d'excellence que l'on retrouve également pour la partie épicerie fine. Du très haut de gamme là encore, avec de délicieuses terrines, tapenades, risotto (de la prestigieuse marque italienne Carnaroli), sauces... Ajoutez à cela quelques bonnes bouteilles ainsi qu'un petit rayon frais offrant caviar, foie gras ou crémet d'Anjou, et vous aurez compris que l'on a affaire à une adresse incontournable !

© NATURE GOURMANDE

© FABRICE QUINTON

© NATURE GOURMANDE

MARCHÉS - HALLES

DES HALLES ET DES GOURMETS

26 bis, route de Bouchemaine ✆ 02 41 44 02 58
deshallesetdesgourmets.com
Du lundi au jeudi de 9h30 à 13h et de 15h à 19h30 ; le vendredi dès 9h ; le samedi de 9h à 19h.

Si vous avez besoin de miel, de truffes, d'asperges, de bœuf ou de brie fourré, pas d'hésitation : direction Des halles et des gourmets (ex-Halles de la Roseraie). Le marché couvert abrite différents espaces : boucherie-charcuterie, fromager, fruits et légumes, épicerie fine, une cave reconnue, une boulangerie-pâtisserie et un poissonnier (les vendredis et samedis matin sur le parking). Vins naturels, viande de l'agriculture biologique, primeurs issus de l'agriculture raisonnée... Ici, le maître mot des produits sélectionnés est le respect de l'environnement et des animaux.

HALLE COUVERTE

ÉPICERIE DES HALLES ET DES GOURMETS

26 bis, route de Bouchemaine
✆ 02 41 44 02 58
Lundi-jeudi 9h30-13h et 15h-19h30 ; vendredi 9h-13h et 15h-19h30 ; samedi 9h-13h et 15h-19h.

Cette halle privée rassemble une large variété de produits : épicerie fine, boucherie-charcuterie artisanale, traiteur, fromager. Sans oublier une excellente cave à vins et une boulangerie-pâtisserie. On a vraiment de quoi se faire plaisir : rillettes de lotte aux agrumes, soupes et veloutés somptueux, chocolat, miel. Egalement café moulu sur demande, une belle sélection de thés et des tisanes venant de Cheffes-sur-Sarthe. Les prix sont un poil plus élevés qu'en grandes surfaces, mais si vous recherchez des mets d'exceptions, la qualité n'est pas à remettre en question ici.

MARCHÉS - HALLES

LA FERME ANGEVINE

La Haie du Moulin - **BEAUCOUZÉ**
✆ 02 41 48 76 96
www.lafermeangevine.com
Ouvert le vendredi de 15h30 à 19h ; le samedi de 8h30 à 12h30.

Ici, point d'intermédiaires à tout va ! Les produits ont un visage, telle est la devise de La Ferme Angevine. Les vendredi-samedi, on vient ici faire sa sélection de produits issus de l'agriculture biologique, qu'il en soit des fruits et légumes, de viandes et produits laitiers ou même différents breuvages (bières, vins, jus...) chez les 22 producteurs tous issus du département et de ses alentours. L'ambiance ici de par son cadre charmant et la bienveillance de chacun change drastiquement d'une grande surface de laquelle nous n'avons qu'une hâte : nous échapper. A La Ferme Angevine, il fait bon prendre le temps de choisir ce qui fera un prochain repas savoureux.

MARCHÉS - HALLES

MARCHÉ FERMIER

2, avenue de la Millardière - **VERRIÈRES-EN-ANJOU**
✆ 02 41 60 87 56
http://marche-fermier.com/
Ouvert le vendredi de 9h30 à 19h ; le samedi de 9h à 18h.

Ce marché fermier réunit des producteurs depuis plus de 25 ans. D'abord réalisé sous deux barnums, il a eu tant de succès que des murs lui ont poussé. Originaires principalement de Baugé, une trentaine d'agriculteurs vendent ainsi leurs produits en direct : fromage, foie gras, canard, saucisses, escargots, poisson, légumes, fruits, confitures, vins, œufs, pâtes, fleurs... Avec autant de producteurs, les denrées sont variées et des animations viennent agrémenter les emplettes, pour lesquelles on paye en fin de course, après avoir parcouru les différents étals. On peut aussi précommander ses achats en ligne. Une belle leçon de résistance du terroir face aux industries agro-alimentaires !

MARCHÉS - HALLES

MARCHÉ LA FAYETTE

Place Lafayette
Ouvert de 8h30 à 13h les mercredis et samedis.

En attendant l'ouverture de halles alimentaires (enfin !) à la rentrée 2021, place de la Poissonerie, le dynamisme des marchés angevins de plein air ne se dément pas. Doutre-Saint-Jacques, Ney-Chalouère, Justices-Madeleine-Saint Léonard, Deux-Croix-Banchais, La Roseraie, place Leclerc : rares sont les quartiers de la ville à ne pas en bénéficier. Comptant parmi les plus réputés, le marché de Monplaisir (affectueusement nommé Marrakech) reste déplacé sur le boulevard du Doyenné jusqu'en 2022. Quant à celui de la place Lafayette, ouvert chaque mercredi et samedi, avouons qu'il regroupe tout de même toujours la quintessence des producteurs locaux et les plus beaux étals dans tous les rayons !

MARCHÉS - HALLES

LE MARRAKECH

Boulevard du Doyenné
Ouvert le mercredi de 8h à 13h et le dimanche de 8h à 13h30.

Marrakech ! C'est le nom affectueux que donnent les Angevins à ce marché du dimanche et que nombre d'adeptes ne louperaient pour rien au monde ! Travaux du tramway obligent, le marché est déplacé boulevard du Doyenné jusqu'en 2022. Sur quelques centaines de mètres, le plus coloré et épicé des marchés d'Angers présente donc pour toutes les communautés, un éventail très large de produits. Côté Maghreb, on trouvera donc tissus, tapis, vaisselles, bijoux, vêtements, livres, encens, hennés, huiles, épices. Des points de restauration proposent notamment des crêpes et galettes marocaines et des plats orientaux à emporter. Nombre d'étals offrent des objets du quotidien, toutes cultures confondues.

PAINS - GÂTEAUX - CHOCOLATS

ALLARD

2, rue Chaussée-Saint-Pierre
✆ 02 41 87 96 40
www.patisserieallard.fr
Ouvert du lundi au samedi de 7h30 à 19h30 (19h le dimanche).

Allard, maison familiale fondée en 1906, offre aux goumets des pâtisseries comptant parmi les meilleures de l'agglomération. Si la boutique du centre affiche un cadre un peu spartiate, ce qu'elle offre dans ses vitrines a de quoi faire succomber les gourmets les plus blasés. Les gâteaux sont ici de vraies œuvres : le Maltais (fond de macaron, crème vanille et segments d'orange fraîche), l'Andégave (fond dacquois aux amandes, poire sur crème caramel et vanille) ou le Feuille d'automne (disques de meringue, mousse au chocolat). Les amateurs de chocolat trouveront aussi ici des créations concoctées à partir de cacaos rares. Vous retrouverez ces merveilles dans la boutique des Ponts-de-Cé.

PAINS - GÂTEAUX - CHOCOLATS

L'ARMOIRE À PAIN

1, rue François-Besnard
✆ 02 41 87 62 38
Ouvert du lundi au vendredi de 7h à 19h30 ; le samedi de 7h à 13h30.

Bien qu'un peu en retrait du centre-ville, cette petite boulangerie située au bout de l'avenue Jeanne-d'Arc mérite largement le détour pour la qualité de son pain, le sourire de son personnel, mais aussi pour quelques merveilles (oui osons le terme !) de son rayon pâtisserie-viennoiseries. Ici les flans, éclairs et tartes aux fruits méritent tous une excellente note, tout comme le financier au chocolat. La couleur locale se retrouve dans les choux angevins et le gâteau d'Anjou, tous deux ayant bien sûr pour ingrédient principal le fameux Cointreau. Côté boulangerie, du bio, du non-bio, mais toujours un vrai savoir-faire, avec notamment une succulente baguette au maïs torréfié.

PAINS - GÂTEAUX - CHOCOLATS

MAISON BÉCAM BRISSAC

131, rue Louis Moron - **BRISSAC LOIRE AUBANCE**
✆ 02 41 54 11 55
maisonbecam.com
Ouvert du lundi au dimanche de 6h15 à 20h. Click&Collect. Livraison et commande en ligne.

© MAISON BÉCAM

En lançant en 2005 son projet de boulangeries-pâtisseries, Nicolas Bécam ne se doutait sans doute pas qu'il serait à la tête, près de 15 ans après, de 8 adresses comprenant notamment un laboratoire central où sont élaborées toutes les recettes. La Maison Bécam, c'est près de 6 métiers à la fois ! Relais repas avec une carte de snacking sur certaines adresses, des espaces petit déjeuner et salon détente comme ici à Brissac, et évidemment des pains et pâtisseries artisanaux, de la biscuiterie et des spécialités fondantes comme le désormais célèbre Choc'o Roi. Toute l'année en boutique ou sur commande, réalisation de buffets réception en sucré et salé, sans compter les formules repas le midi.

PAINS - GÂTEAUX - CHOCOLATS

ARTISAN PASSIONNÉ

59, rue Saint-Laud ✆ 02 41 87 44 39
www.artisanpassionne.com
Gluten-free friendly. Lundi de 14h à 19h30 Mardi au samedi de 9h30 à 19h30 Dimanche de 10h à 13h. Terrasse.

Artisans et passionnés, Aurélien Trottier et Luc Poisson le sont assurément ! Les deux hommes régalent les Angevins de créations alliant saveurs et originalité. On ne sait que choisir entre les éclairs revisités, le Madagascar avec sa mousse au chocolat, sa crème brûlée et son biscuit moelleux au cacao ou l'Amor Amor (compotée de fraise et de rhubarbe). Chaque saison, on trouve de superbes créations telles que le Rêve d'Ivoire (compotée d'ananas et de mangue, cheesecake). Ne passez pas non plus à côté des fabuleux macarons et du Vertigo (mousse au chocolat noir, compotée de poires, crémeux vanille et biscuit croustillant). Des cours sont organisés à l'atelier-boutique situé aux Ponts-de-Cé.

PAINS - GÂTEAUX - CHOCOLATS

BOULANGERIE CHEZ LUX

Place Mendès-France
✆ 02 41 33 18 07
Du lundi au mercredi et le vendredi de 6h/19h30 ; samedi 6h/19h ; dimanche 6h/13h. Formules déjeuner : 5,50 € à 8 €.

La boulangerie, sobre et élégante, donne sur le grand marché de la place Leclerc. Pains et pâtisseries sont nombreux et à un bon rapport qualité-prix : babas au rhum revisités, Paris-Brest classiques ou bien « noirs » au chocolat, tartelettes, nombreuses créations au Cointreau ou aux liqueurs Combier de Saumur… Le chef pâtissier est très inventif et teste régulièrement de nouvelles harmonies, ce qui amène à des recettes originales faisant dont la simple vue donne l'eau à la bouche, comme l'éclair exotique ou au mojito, le sablé aux smarties, le macaron à la menthe… A cela s'ajoutent des petits plats le midi : pâtes, bœuf bourguignon, sandwiches, pâtés et tourtes (comme la locale Gouline).

PAINS - GÂTEAUX - CHOCOLATS

BOULANGERIE DELAUNAY

13, place Bichon ✆ 02 41 87 63 10
www.boulangerie-delaunay.fr

Ouvert du mardi au samedi de 6h30 à 20h ; le dimanche de 6h30 à 19h30. Ouvert le dimanche.

Un large choix de pains à base de farines exclusivement de la région, des vitrines gorgées de créations pâtissières toutes plus alléchantes les unes que les autres, un respect du rythme des saisons... Que demander de plus pour cette boulangerie bien connue de tous les gourmets ? Certainement pas plus de choix ! Au rayon pâtisserie, on ne sait toujours pas où donner de la tête entre le fraisier revisité, le Paris-Bichon à la crème pistache ou une création de 2020 : l'opéra rouge (biscuit amande, crémeux fruits rouge et crème au beurre vanillé). Les viennoiseries, elles aussi, font un sans-faute. Enfin, pour l'Épiphanie, testez donc la galette frangipane à la vanille Bourbon ou au Cointreau !

PAINS - GÂTEAUX - CHOCOLATS

LE GRENIER A PAIN

220, avenue Pierre-Mendès-France - **TRÉLAZÉ** ✆ 02 41 18 19 08
www.legrenierapain.com

Fermé le mardi. Ouvert du mardi au samedi de 7h30 à 19h30 ; le dimanche de 7h30 à 13h

Cinq enseignes rien que pour l'agglomération angevine (Lac de Maine, gare, Grand Maine, Grand Pigeon, La Madeleine, Trélazé) ! La réussite de Michel Galloyer s'étend également aujourd'hui à plus d'une trentaine de boutiques en France et à l'étranger. Le savoir-faire de ses artisans boulangers se retrouve dans les pains (aux noix, à l'abricot), mais aussi dans les viennoiseries, les délicieuses pâtisseries (macarons, tartes fines, brownies), les baguettes apéritives ainsi que dans les excellents cakes au citron, au chocolat, aux griottes pistache... La boutique concocte également chaque jour de très bons sandwichs, aux riches ingrédients, ainsi que des salades et cocktails de fruits frais.

PAINS - GÂTEAUX - CHOCOLATS

LA COQUETTERIE

17, rue Beaurepaire
✆ 02 41 48 45 70

Ouvert du mercredi au dimanche de 10h à 18h30. Formule Brunch le dimanche midi sur réservation : 20 €.

La Coquetterie, c'est d'abord une partie brûlerie, avec une large sélection de thés et cafés (torréfiés maison !), mais aussi une ancienne chapelle du XIIe siècle restaurée d'une élégance rare ! C'est dans ce cadre sublime, à l'accueil généreux, que l'on vient savourer les stars du lieu, les Coquets, inspirés des cupcakes américains. Citron meringué, chocolat blond sans oublier le Roi René, avec sa chantilly au Cointreau et ses dés d'orange : ils sont tous à tomber par terre ! Mais aussi l'irrésistible chocolat chaud maison, les glaces, les jus de fruits, et moult gourmandises à rapporter chez soi. La pause du midi est aussi assurée sur place et ça change des brasseries bruyantes.

PAINS - GÂTEAUX - CHOCOLATS

LAURENT PETIT

4, rue Saint-Aubin ✆ 02 41 88 87 15
www.laurent-petit.com

Mardi-vendredi 9h30-13h30 et 15h30-19h, samedi 9h15-19h, dimanche 9h30-12h30. Ouvert le lundi en décembre.

Impossible de résister aux créations pâtissières de Laurent Petit ! Les fous de chocolat craqueront pour le Jupiter et les amateurs de pistache pour le Toscane. Et pourquoi pas une tarte fine aux pommes ou un délicieux mille-feuille ? Les macarons, irréprochables, offrent des parfums originaux : citron-basilic, groseille... La partie chocolat-confiserie, enfin, mérite aussi le détour : de grands crus de cacao, des guimauves délicatement parfumées ou encore la spécialité du lieu, la Tuff'line : une pâte de fruit framboise avec guimauve enrobée de chocolat blanc. Demandez aussi le dernier-né : le Petit Saint-Aubin, carré de nougatine au miel d'Anjou... l'excellence d'un produit local !

PAINS - GÂTEAUX - CHOCOLATS

LA DOREENNE

42, rue Bressigny
✆ 02 41 87 57 17

Ouvert du lundi au samedi de 7h à 19h30.

Tenue de main de maîtres par Anthony et Maryse Gaboriau, cette boulangerie-pâtisserie de la rue Bressigny ne souffre toujours d'aucune faiblesse. Un rapide coup d'œil à la vitrine accueillant les pâtisseries et l'on sait déjà que l'on ne repartira pas les mains vides ! Tartes au citron méringuées, Paris-Brest et tartes aux pommes côtoient quelques spécialités un peu moins communes comme le biscuit pistache, la tarte tropézienne ou encore de délicieux tiramisus à la framboise. Côté boulangerie, le lieu propose une quinzaine de variétés de pains. Des pains que les affamés du midi peuvent d'ailleurs déguster sous forme de sandwichs, en version demi-baguette et dotés de généreuses garnitures.

PAINS - GÂTEAUX - CHOCOLATS

MAISON BECAM

21, rue Saint-Julien ✆ 02 41 18 20 96
www.maisonbecam.com

Ouvert du lundi au samedi de 7h30 à 19h30. Différents horaires selon les lieux. Livraison possible. Chèque Restaurant.

C'est devenu une véritable institution à Angers avec tous ses points de vente en centre-ville, à Espace Anjou et depuis peu, à Brissac. Le Choc'o Roi est le produit entièrement inventé par la maison, et il existe en petit et grand format. Mais on lui préfère les petites douceurs, comme les éclairs ou les tartes aux fraises. Le pain y est frais et délicieusement croustillant. Le midi, la halte déjeuner est pratique avec ses nombreux menus avantageux et ses sandwiches, burgers, quiches, wraps. Le service traiteur est fiable avec proposition de coffrets sucrés et/ou salés. En heure de *rush*, le service est parfois un peu lent... Mais au vue de la queue devant les boutiques, on peut comprendre...

PAINS - GÂTEAUX - CHOCOLATS

BARTHELAIX

3, rue Saumuroise
✆ 02 41 66 79 36
www.barthelaix49.com
Ouvert du lundi au samedi de 7h à 19h30
et le dimanche de 7h à 13h.

Ce boulanger-pâtissier-chocolatier-glacier-snack (on s'arrête là !) de la place de la Madeleine propose une vingtaine de variétés de baguettes et pains spéciaux, les grands classiques en matière de pâtisserie mais aussi quelques spécialités comme la tourte angevine, une brioche-crumble avec pommes cuites façon Tatin et compotée de griottes, ou encore les Muscadines, délicieux chocolats à base de mousse pralinée parfumée au Cointreau. Impossible aussi de passer à côté des meringues géantes ou encore de la présence quotidienne en vitrine de véritables crémets d'Anjou. De bonnes quiches, salades ou sandwiches également le midi. Sans oublier les gâteaux à thème ou naked cake, un vrai succès !

© FABRICE QUINTON

© BARTHELAIX

© BARTHELAIX

PAINS - GÂTEAUX - CHOCOLATS

AUGUSTO EMMANUEL

1, rue Saint-Jacques ✆ 02 41 39 40 03
boulangerie-augusto-angers.fr

Ouvert du mardi au vendredi de 7h à 13h15 et de 15h30 à 19h30 ; le week-end de 7h30 à 13h.

C'est nichée à deux pas de la place Monprofit que se trouve cette mignonne petite boulangerie artisanale au look rétro. On se perd dans ces pains au chocolat, ces croissants et ces brioches plus dorés les uns que les autres. Les pains sont confectionnés avec le désir profond d'exercer un travail de qualité quotidien. Les farines, comme celles de sarrasin ou d'épeautre, sont on ne peut plus locales, venues tout droit de Brain-sur-l'Authion et bien souvent biologiques ou d'agriculture raisonnée. Leur spécialité est la Bagatelle avec son petit goût de noisette légèrement acide, excellent ! Par gourmandise, on se tournera également vers un délicieux mille-feuille pour bien terminer la journée.

PAINS - GÂTEAUX - CHOCOLATS

AURELIE ET CEDRIC - PROVOCATEURS DE GOURMANDISES

38, avenue Patton ✆ 02 41 77 29 02

Ouvert le lundi, le mardi, le jeudi et le vendredi de 6h15 à 14h ; le week-end de 6h15 à 13h. Distributeur de baguettes.

Cette boulangerie-pâtisserie est tenue de main de maître, depuis 12 ans, par Aurélie et Cédric Delahaye. Ici, on vous sert toujours avec le même grand sourire une excellente baguette de tradition, la Pétrisane, mais aussi de délicieuses viennoiseries (dont une aux fruits rouges !), une belle variété de cakes, des madeleines et brioches fondantes… Quant au rayon pâtisserie, il est difficile de ne pas craquer pour ses fines tartes aux fruits de saison ou encore ses éclairs gianduja, avec sa coque croquante chocolat-lait et son caramel beurre salé.

PAINS - GÂTEAUX - CHOCOLATS

MAISON LECLERCQ

58, rue Jules-Guitton
✆ 02 41 23 19 32
www.maison-leclercq.fr

Mardi-vendredi 7h-20h ; samedi 7h-19h30 ; dimanche 8h-13h.

Pain, viennoiserie, pâtisserie : tout est artisanal, et cela se ressent ! Les tartes sont généreusement garnies de fruits, les muffins de chocolat, les éclairs de fruits. Plus original encore, le lieu réalise de belles brioches italiennes (les panettone). Mais la spécialité de la maison, c'est le cœur angevin, un moelleux aux amandes et au Cointreau, garni d'une compotée de framboise et au glaçage craquant orange. Même si on peut, à raison, se concentrer sur les desserts, les sandwiches, quiches, paninis, salades, focaccias sont frais et copieux. Enfin, la maison dispose d'un petit rayon épicerie, avec notamment des tartinables de légumes en pot : artichaut et fromage frais, par exemple.

PAINS - GÂTEAUX - CHOCOLATS

LES PETITS BONHEURS

6, place du Lycée
✆ 02 41 88 97 54

Ouvert du mardi au samedi de 7h à 20h ; le dimanche de 7h à 13h. Chèque Restaurant.

Boulanger pâtissier de renom, Thierry Guillou a été finaliste et champion de France des desserts ! Décidément, cette place du Lycée n'en finit pas d'accueillir la qualité en son sein. Après avoir ouvert sa première boulangerie à Trélazé, l'homme de l'art propose ici, dans un nouvel agencement, des spécialités artisanales finement élaborées. Baguette du Lycée, pains spéciaux, une carte de snacking avec mignardises cocktails, sandwichs et parts individuelles pour combler les appétits. Les douceurs se retrouvent dans un vaste choix en feuilletés, briochés, brisés, crémés, beurrés, plus ou moins traditionnels et les spécialités maison comme le Perreyeux ou le Poussière d'Ardoise par exemple.

NEW

PAINS - GÂTEAUX - CHOCOLATS

LA SABLESIENNE

12, rue Saint-Aubin ✆ 02 41 96 44 65
www.sablesienne.com

Le lundi de 13h30 à 19h ; du mardi au samedi de 10h45 à 13h30 et de 14h30 à 19h (15h vendredi et le samedi).

Depuis 1670, les gâteaux de la Marquise de Sablé ont fait du chemin : ils faisaient alors fureur auprès de la cour du roi ! La Sablésienne lui rend hommage à travers sa collection 1670 et, peut-être, la jolie décoration classique de sa petite boutique. Elle-même a fait du chemin depuis 1962, ayant essaimé plusieurs magasins dans la région. Outre les sablés au caramel au beurre salé ou à la framboise, vous trouverez ici des langues de chat, des galets de chocolat gianduja, des fondants orange et chocolat, des soufflés aux amandes mais aussi des biscuits bio et vegan, des chocolats et autres gourmandises comme ces délicieuses confitures aux fruits bio ou ces tendres guimauves.

GLACIER

LA GLACERIE D'ANJOU

15, rue Plantagenêt
✆ 06 10 19 35 65

Ouvert du mardi au dimanche de 11h30 à 22h.

Un glacier à Angers, ça manquait ! C'est du bon : des glaces et sorbets artisanaux pour nous ravir les papilles. Au choix : 19 parfums, des fruités traditionnels aux rhum-raisin, mandarine, pêche de vigne ; pour les gourmands et amateurs de goût « biscuité », du caramel à la fleur de sel, des parfums spéculoos, Oréo, Kinder bueno, café, praliné… Ça ne vous suffit pas, il vous faut de la chantilly ou un « topping » ? Allons-y ! Un coulis chocolat, café ou encore mangue ou fraise apportera une touche encore plus gourmande. C'est tellement bon qu'on en redemande, tant pis pour les calories. Le tout est servi avec un cornet ou un pot. À déguster sur place (12 places assises) ou à emporter !

BOULANGERIE

BOULANGERIE CORNEILLE

14, rue Corneille
✆ 02 44 85 56 30
Ouvert du mardi au samedi de 7h30 à 19h.

Établie sur le même modèle que la boulangerie des Carmes, cette boutique a également tout pour séduire, avec son fournil installé derrière le comptoir, ses boulangers arborant leurs toques et ses douces odeurs de cuisson. Ici, la qualité prime sur la quantité : outre de délicieuses viennoiseries et des pains élaborés dans la pure tradition française, on vient déguster ici à des prix très doux une douzaine de spécialités aux saveurs et textures irréprochables : Madeleines, cannelés, brownies, flans, cookies, rochers coco, kouign amann, fondants au chocolat... Les petites faims du midi trouveront également ici de très bons sandwichs et plusieurs variétés de quiches.

BOULANGERIE

BOULANGERIE DES CARMES

21, bouvevard Henri-Arnault
✆ 07 82 66 45 92
Ouvert du mardi au samedi de 7h30 à 19h. Fermé les jours fériés.

Voici une bien jolie boulangerie pour les amateurs de bon pain et d'authenticité. On entre ici avec toutes ces odeurs de farine et de cuisson avec, devant nos yeux, le travail des artisans boulangers en toque à contempler. Si le choix parmi les pains et pâtisseries est relativement restreint, c'est pour préserver la qualité des produits proposés à la clientèle. On retrouvera ainsi les classiques baguettes croustillantes, des brownies, des brioches, des tartes fines de saison... Le midi, la boulangerie est également le repère des casseurs de croûtes avec des sandwiches et des petites quiches, toujours maison ! Par ailleurs, pas de risque de se ruiner tant les prix sont raisonnables.

BOULANGERIE

LE FOURNIL DU PILORI

3, place du Pilori
✆ 02 41 88 01 41
Lundi/samedi 7h30 à 19h. Chèque Restaurant.

Le Fournil du Pilori continue de nous régaler avec ses pains et pâtisseries artisanales, réalisées sur place, avec la farine du moulin de Sarré qu'on ne se lasse pas de vanter. On apprécie particulièrement les macarons, légers et croustillants à la fois, ou les viennoiseries comme le chausson italien... Cependant, la vraie réussite tient à son offre du midi, ce sont surtout les sandwiches qui expliquent peut-être le succès du lieu. Le pain, déjà, est délicieux et frais, tout comme les ingrédients qui composent les sandwiches. De plus, ils peuvent être préparés à la demande. Enfin, l'accueil est souriant et agréable, et une petite terrasse permet d'apprécier le quartier.

CAFÉ - THÉ - TISANE

LA BRULERIE DU PILORI

6, rue Saint-Etienne
✆ 02 41 87 64 58
Ouvert du mardi au samedi de 10h à 19h. Terrasse.

Tous les matins, le torréfacteur fonctionne dans cette charmante boutique, vieille de 35 ans, aux odeurs alléchantes. Une sélection invite à découvrir des cafés du Guatemala, d'Italie ou du Kenya, des thés fruités, en plus de thés noirs et verts, tels les thés d'exception Makaibari ou Jungpana... Des thés caramel au beurre salé, des infusions aux fruits, aux fleurs : le lieu est riche en découvertes et en idées de cadeaux. Pensez notamment aux coffrets de Dammann : thés ou cafés invitant au voyage à travers plusieurs continents. Tous les mois l'un de ces breuvages est mis à l'honneur. Et pour déguster cela chez vous, vous n'aurez que l'embarras du choix en matière de cafetière ou de théière.

CAFÉ - THÉ - TISANE

ET LE TEMPS S'EST ART ET THE

7, rue Chaperonnière ✆ 02 41 34 06 31
www.art-et-the-angers.fr
Ouvert du mardi au vendredi de 10h30 à 18h ; le samedi de 10h30 à 19h. Fin du service 30 minutes avant fermeture.

Cette belle boutique porte bien son nom. Ici, dans de grandes boîtes jaunes, se côtoient une centaine de thés différents, dont certains primés ou rares et précieux, comme le Gyokuro asahi, venu tout droit du Japon. Tout cela peut se déguster sur place, accompagné de savoureuses pâtisseries signées Patrice Bernard, artisan pâtissier à Baugé. Ses tarte Médicis (framboises et soufflé crème brulée) et poire-chocolat sont à se damner ! La boutique propose aussi quelques douceurs chocolatées et des confitures de Stéphan Perrotte, champion du monde 2015 dans sa spécialité !

CAFÉ - THÉ - TISANE

LA FEVE D'OR

77, rue Plantagenêt
✆ 02 41 87 48 57
www.lafevedor.fr
Ouvert le lundi de 10h à 19h ; du mardi au samedi de 9h à 19h.

Ici, on torréfie le café tous les jours depuis 1905 (admirez l'imposante machine à l'intérieur). Alors, oui, on ose le dire : le café et le thé sont la tasse de thé de La Fève d'or ! Et des effluves de café, vous pouvez en sentir avant même d'en franchir la porte. Tous les mois, des sélections sont proposées : Burundi Shembati, thé de Noël... Les belles boîtes à thés et tisanes des frères Damman côtoient les nombreux produits Bodum, les magnifiques théières en fonte japonaises et autres services à thé. On y trouve aussi des infusions, une centaine de thés et le chocolat montre aussi fièrement ses tablettes. De quoi trouver des idées cadeaux et profiter des dégustations parfois organisées.

CAFÉ - THÉ - TISANE

TENCHA

28, rue de la Roë ✆ 02 41 42 18 50
www.tencha.fr

Ouvert du mardi au samedi de 10h30 à 19h. Ici, on accepte la Muse, monnaie locale.

Antoine Hurtaud parle de ses produits comme un maître sommelier parlerait de grands crus. Ce passionné part dénicher pour nous, au Japon, en Chine, au Laos et au Sri Lanka, les meilleures appellations du genre, issues de petites exploitations. Il raconte ses voyages, ses découvertes avec plaisir, tout comme ses rencontres avec petits et grands producteurs, dont beaucoup sont bio. Les thés sont soigneusement sélectionnés, goûtés et ce spécialiste des thés chinois et japonais peut donc vous conseiller pour vous faire (re) découvrir cet art qu'est la cérémonie du thé. Grâce aux conseils et aux ateliers proposés, les mots *gong fu cha*, *gaiwan*, *chawan* ou *hishaku* n'auront plus de secrets pour vous.

CAFÉ

LE GRAIN PERCHÉ

72, rue baudrière
✆ 06 61 47 46 95

Ouvert du mardi au vendredi de 9h30 à 14h et de 15h à 18h ; le samedi de 15h à 17h30. 1,50 € le café, 3 € le chocolat.

Nous avons pénétré dans l'antre d'un torréfacteur, en témoignent les diverses cafetières en tout genre et cafés (du Pérou, Honduras, Papouasie Nouvelle-Guinée, etc.) en vente ici. Cela ne lui empêche pas de proposer aussi vinaigres et poivres, tablettes de chocolat, et bien sûr dosettes. La boutique lumineuse de David Pasquier, ancien du restaurant l'Ardoise, propose quelques tables qui permettent de déguster sur place lesdites boissons, dans un décor de sacs en toile de jute. Le sympathique patron a opté pour des produits de qualité, ce que n'ont pas manqué de remarquer certains restaurateurs qui font appel à lui. On le retrouve d'ailleurs au marché Bordillon dans la Doutre le samedi matin.

CHOCOLATIER

BENOIT CHOCOLAT

1, rue des Lices
✆ 02 41 88 94 52
www.chocolats-benoit.com

Ouvert du mardi au samedi de 10h à 12h et de 14h30 à 19h.

On ne compte plus les prix récompensant les talents d'Anne-Françoise Benoît ! A la tête de cette entreprise familiale depuis la fin des années 1990 (la chocolaterie, elle, date de 1975), cette dernière a créé une gamme de plus de 70 chocolats différents, concoctés à base des meilleurs crus de cacao venus d'Équateur, du Brésil ou du Vénézuela. Des merveilles à déguster aussi en version tablettes ou ballottines de chocolat noir, mais les recettes au lait regorgent d'inventivité ! La maison Benoît concocte aussi des macarons (une autre boutique, rue Saint-Aubin, leur est en partie consacrée) nougats, pâtes de fruits, ainsi que les Caramandes, spécialité du lieu exportée dans le monde entier !

CHOCOLATIER

CHOCOLATERIE BOURDILLAT

Boulevard de la Chanterie - **VERRIÈRES-EN-ANJOU**
✆ 02 41 42 50 40

Ouvert du mardi au samedi de 9h30 à 12h30 et de 14h30 à 19h. Livraison possible.

Incontournable cette boutique-atelier d'artiste où l'on peut jeter un œil sur la fabrication, grâce aux vitres ouvertes sur le laboratoire de Stéphane Bourdillat, de son fils et de leur équipe. Les chocolats, très fins, comprennent les classiques à la nougatine ou au caramel au beurre salé, qui sont à tomber. Pour les envies exotiques, les carrés sont agrémentés de piment, d'épices, de fruits... On trouvera des chocolats qu'on osera pas casser pour les déguster, tant leurs formes sont originales ; et des douceurs locales (Choc'O Roi, rocher d'Anjou, truffes du Val de Loire). Le maître des lieux sculpte par ailleurs de véritables œuvres d'art, absolument ravissantes à l'œil et en bouche.

CHOCOLATIER

LA MAISON DU QUERNON D'ARDOISE

22, rue des Lices ✆ 02 41 87 43 01
www.quernon.com

Ouvert le lundi de 13h30 à 19h ; du mardi au samedi de 10h à 19h.

Ce carré de nougatine caramélisée enrobé d'un chocolat bleu imitant les ardoises a fêté son demi-siècle d'existence. Dans cette boutique-atelier (un autre magasin se trouve au centre commercial Grand Maine), il se décline aussi sous forme de p'tit beurre, d'œufs de Pâques, ou en version Quernon noir, avec un enrobage au chocolat noir. Ne passez pas à côté des autres spécialités, d'exquis chocolats à base de ganache ou de praliné, des Mouchoirs de Cholet et d'autres autour du Cointreau, soufflés, macarons, griottes... De petits paniers dégustation sont là pour vous aider.

CONFISERIE - DRAGÉES

BENOIT MACARONS

33, rue Saint-Aubin ✆ 02 41 20 96 20
www.chocolats-benoit.com

Ouvert le lundi de 14h à 19h ; du mardi au vendredi de 10h à 19h15 ; le samedi de 10h à 19h30.

Incontournable pour ses chocolats, la maison Benoît sait aussi contenter avec le même talent les amateurs de macarons. Ici, le célèbre petit gâteau d'amande se décline à travers de très nombreux parfums : vanille, chocolat, café, rose, praliné, caramel, thé, framboise, cassis, pistache, citron... On peut les acheter au détail ou en coffrets, sans oublier les autres gourmandises du lieu : pâtisseries chocolatées, tartes, cakes, confitures, marrons glacés, calissons ou même café et chocolat chaud puisque le lieu fait également salon de thé. Enfin, les fameux chocolats confectionnés par Anne-Françoise et son équipe, eux, sont aussi à découvrir dans la boutique située au 1, rue des Lices.

CONFISERIE - DRAGÉES
CONFISERIE PLANTAGENET

57, rue Plantagenêt ✆ 02 41 87 55 83
www.confiserie-plantagenet.fr
Ouvert du mardi au vendredi de 10h à 12h45 et de 13h30 à 19h ; le samedi de 10h à 19h.

Coussins de Lyon, macarons, Quernons, calissons, marrons... glacés ! On perd la rime mais pas l'envie de vouloir retomber en enfance et présenter sa petite monnaie pour s'offrir ces délicieuses sucreries. Ces produits artisanaux, souvent locaux (caramels d'Isigny, clémentines corses) sont présentés dans des contenants tout aussi appétissants que leur contenu. Les amateurs de pâtisserie trouveront les ingrédients (coulis, écorces de citron) et ustensiles pour réaliser eux-mêmes leurs douceurs et les décorer de perles ou de personnages en pâte d'amande. Toutes ces confiseries sont soigneusement sélectionnées, les chocolats sont variés et la boutique évolue au gré des événements saisonniers.

CONFISERIE - DRAGÉES
CONFISERIE POISSON

6-8, rue du Maine
✆ 02 41 43 64 69
http://confiseriepoisson.fr
Ouvert du lundi au vendredi de 8h30 à 12h et de 14h à 18h.

Nouvelle boutique depuis 2018, la confiserie Poisson s'est refait une nouvelle jeunesse ! Notre époque, bercée dans la nostalgie, trouve ici sa malle aux trésors, aux goûts de fraise Tagada, nounours et autres sucres d'orge. Un palais du sucre dans lequel se vautrer en douceurs. Philippe Couprie a repris cette affaire de près de 50 ans, créée par monsieur Poisson. La maison Poisson alimente grossistes, associations, forains et professionnels, mais il convient d'avoir le cœur large, car ici on conditionne surtout en grands formats. S'ajoutent à cette panoplie des jouets en grand conditionnement ou au détail. Info futée : livraison possible sur toute la France.

NEW
CONFISERIE - DRAGÉES
LE ROY RENÉ

5, rue des Lices
✆ 02 41 96 45 20
www.calisson.com/

C'est en plein dans les courants d'air chaud du Sud de la France, à Aix-en-Provence, qu'est né en 1920 Le Roy René, là-même où mourut notre bon roi René, lui un peu plus tôt ceci dit, en 1480 ! La spécialité de cette confiserie, ce sont les calissons, ces pâtes de melon confit et d'amande nappés de glace royale à la forme de sourire, décrit par le roi en personne comme des câlins ! C'est dire le plaisir et la douceur que procure la dégustation. On pourra également se délecter de nougats (blanc, noir ou pistache) et chocolat (olivettes et calamandes), biscuits (gibassiés et macarons) et confitures (fraise, figues), le tout basé sur des recettes et un savoir-faire provençal par tradition.

PÂTISSERIE
LES PATISSEURS

3, rue Saint Etienne ✆ 02 41 96 09 71
lespatisseurs.fr
Ouvert le lundi de 11h à 18h ; du mardi au samedi de 10h à 19h. Terrasse.

Ce chaleureux salon de thé-pâtisserie dispose d'une belle et grande terrasse. Il n'offre que quelques tables à l'intérieur mais d'admirables pâtisseries. Ces dernières sont d'une qualité remarquable ! Le paris-brest est raffiné et onctueux, le chocolat tonka redoutablement délicieux. Une maîtrise dans l'art de la pâtisserie, que l'on retrouve dans les gâteaux aux fruits, et chez les plus classiques éclairs, babas, flan vanille Bourbon ou macarons, que l'on accompagne d'un délicieux café. Des glaces artisanales signées Les Garçons Glaciers sont aussi disponibles ici. Le midi, un choix salé vient compléter l'offre, avec cakes et quiches. Enfin, il est possible de commander en ligne !

PÂTISSERIE
LES COPAINS D'ABORD

12, rue des Perreyeux - **TRÉLAZÉ**
✆ 02 41 60 19 52
espace de restauration ouvert de 06h30 à 19h

Marie et Mickaël ont ouvert en 2020 ce lieu chaleureux, à la fois espace de restauration, boulangerie et pâtisserie. La décoration nous rappelle les voyages, avec ses tons bois et métal, dans une salle aux proportions généreuses. Le voyage se poursuit avec Mickaël, meilleur ouvrier de France, qui nous régale de ses délicieuses pâtisseries aux saveurs citronnées ou framboisées et que dire de ce «nœud viennois», une des spécialités, un délice ! Les formules déjeuner sont variées et gourmandes, la carte change toutes les semaines. La boulangerie quant à elle propose différents pains spéciaux, à la farine bio 100 % blé français mais aussi de craquantes viennoiseries au beurre... On adore !

PÂTISSERIE
DAMIEN VETAULT

1, place du Lycée ✆ 02 41 88 96 35
www.damienvetault.com
Ouvert du mardi au samedi de 10h à 13h et de 15h30 à 19h (ouverture à 9h30 le samedi) ; le dimanche de 9h à 12h30.

On imagine bien la tête des habitants du quartier de la place du Lycée, chaque jour, en passant devant la boutique de Damien Vétault... « Non, je ne craquerai pas... Non, je ne craquerai pas... » Et au final, bien sûr... on craque ! Ici, chaque pâtisserie tient toutes ses promesses, du Souvenir d'enfance (dacquoise aux noisettes, praliné feuilleté et chantilly chocolat au lait) au saint-honoré en passant par le baba ou le Mont Blanc (crème d'amande, meringue, compotée de cassis...), on soupire de bonheur à chaque bouchée ! Chocolatier émérite, Damien Vétault sait aussi combler les amateurs de cacao les plus exigeants, tout comme les mordus de sorbets, macarons, cakes et confitures.

BIO

BIO DELICES

30, rue des Lices ✆ 07 62 67 48 88

panier fruits et légumes de la semaine à commander, trois formules : 12 €, 15 €, 20 €.

La famille Humeau-Perdriau est productrice bio depuis plus de 30 ans, à Belleville-en-Layon. Les légumes proposés dans les deux boutiques angevines, l'une au 28 rue Beaurepaire et l'autre au 30 rue des Lices, sont tous produits à l'exploitation, privilégiant ainsi le circuit court du producteur au consommateur, en agriculture bio et à des tarifs tout à fait corrects. Vous pouvez également opter pour la commande du panier fruits et légumes de la semaine, avec la livraison possible. Outre les légumes locaux, vous trouverez des fruits régionaux ou nationaux, toujours bio, des tisanes, du café, de la farine, des pâtes, des légumineuses, de la bière et autres jus, en production locale également.

MYLABEL

Lassé d'acheter des produits qui ne sont pas en cohérence avec vos valeurs ? Cette appli vous aide à faire des choix alimentaires en fonction de vos exigences. Les critères sont personnalisables : rémunération des agriculteurs, pesticides, OGM, coût environnemental, respect de la biodiversité, bien-être animal... Grâce à une extension vous pouvez même faire vos courses en ligne. Vos courses n'auront jamais été aussi faciles !

PRODUCTEUR

LE CREMET D'ANJOU

12, avenue Jean-Joxé ✆ 02 41 34 49 56

cremetdanjou.fr

Ouvert le matin du lundi au vendredi. Présent sur les marchés, chez les fromagers, les épiceries et grandes surfaces.

La recette du crémet d'Anjou a été créée en 1890 par une jeune cuisinière originaire des Aubiers, Marie Reneaume. Près de 130 ans plus tard, on se régale toujours de cette spécialité crémière composée d'un mélange de crème fouettée et de blancs d'œufs battus en neige. Retournez-les, ajoutez-y un coulis de fruits ou une simple cuillerée de sucre en poudre et vous obtiendrez un dessert d'un exquise légèreté ! Les petits pots commercialisés par Rodolphe et Fanny Bourrigault sont en vente chez les bons fromagers-crémiers de la région mais aussi dans les épiceries et moyennes et grandes surfaces. Nouveauté 2019 : le crémet d'Anjou sur lit de confiture de mangue ou myrtille !

BIO

L'ÉPICERIE 2 PAULINE

22, rue Saint-Julien ✆ 09 86 47 53 81

http://lepicerie2pauline.fr

Ouvert le lundi de 14h à 19h30 ; du mardi au samedi de 10h à 14h et de 15h30 à 19h30.

Créée à l'origine par deux cousines passionnées, Pauline et... Pauline, cette épicerie bio et vrac a tout de suite fait l'unanimité. L'accueil est formidable, disponible pour vous présenter le concept de la boutique. Ici, on se libère des emballages pour acheter essentiellement du vrac. On trouve de quoi se nourrir : céréales, légumes, quelques produits frais (fromages, lait)... Mais aussi de quoi se faire beau/belle tout en préservant la planète : cosmétiques, produits d'hygiène, comme des brosses à dents compostables. Pour être encore plus raccord, on fait de même avec son logement grâce aux différents produits d'entretien écoresponsables. De quoi faire ses courses sans plastique !

CUEILLETTE

LE JARDIN DE L'AVENIR

Route de la Roche - **SAINTE-GEMMES-SUR-LOIRE**

✆ 02 41 66 64 08 – www.jardindelavenir.fr

Ouvert le lundi de 14h à 19h ; du mardi au vendredi de 9h à 13h et de 15h à 19h ; le samedi de 9h à 19h.

Nul besoin aujourd'hui d'être un militant écologiste pur et dur pour affirmer que l'état de notre pauvre planète nécessite une remise en cause de nombreuses pratiques de productions. Ce jardin de l'avenir, rempli de bons fruits et légumes bio, porte du même coup bien son nom ! Ici, on bénéficie de 20 % de réduction quand on vient ceuillir soi-même ses productions, équipé d'un plan du jardin, d'un couteau et d'un panier. Et des brouettes sont même mises à disposition ! En complément du jardin, les adeptes du bio trouveront également ici un grand magasin possédant plus de 3 000 références : épicerie, vins, boulangerie, produits surgelés, livres, santé, cosmétique, entretien, jardinage...

EPICERIE EN VRAC

DAY BY DAY

29, rue de la roë ✆ 09 73 27 12 27

http://daybyday-shop.com/magasin/angers

Du mardi au vendredi de 10h à 14h et de 15h à 19h ; le samedi de 10h à 19h.

Day by day favorise le *made in France* avec des producteurs locaux en vrac. Le but, réduire les déchets liés aux emballages avec des sachets, bocaux ou autre. La responsable Virginie Séheut-Bayelle vous recevra avec le sourire et n'hésitera pas à vous guider si vous êtes un peu perdu dans ce monde sans emballages. On trouve des aliments (céréales, sucres, farines, cafés, pâtes), et on peut désormais échanger ses recharges pour machine à gazéifier l'eau. Parmi les produits d'hygiène et d'entretien : mouchoirs, assouplissant, cristaux de soude. Nos amis les animaux ne sont pas oubliés avec des croquettes écoresponsables. Du choix, du bon et du bio, c'est décidé, on se lance, à vos bocaux !

L'APPLI
Vivre à Angers
je choisis
les services qui
me sont utiles
Composez votre
écran d'accueil
Sélectionnez au moins 3 services
TOUT SELECTIONNER
Agenda
Bus & Tram
Piscine
Cantine
Vivre à Angers
TÉLÉCHARGEZ VOTRE APPLICATION SUR
Google play
l'App Store
ANGERS VILLE
INNOVANTE
Angers

SUPÉRETTE

M'ANGERS BIO

15, rue de Létanduère ✆ 02 41 87 33 89 - Tram : arrêt Lafayette.
mangersbio.fr
Ouvert du mardi au samedi de 9h à 13h et de 14h30 à 19h15.

M'angers bio est une enseigne indépendante spécialisée dans l'alimentation biologique et diététique. Sur près de 200 m², le lieu offre une belle variété de fruits et légumes souvent issus de producteurs locaux, mais aussi des produits d'épicerie salés et sucrés, un rayon frais, des boissons... Les personnes suivant un régime sans gluten ou les parents désireux d'offrir à leurs bébés une alimentation bio y trouveront également une large gamme de produits. Des articles de cosmétiques naturels et des huiles essentielles viennent compléter l'offre de ce commerce entièrement au service du bien-être, ainsi que des soins esthétiques et des consultations en naturopathie, dispensées au 1er étage.

FOIE GRAS

EPICA

38, rue Saint-Julien ✆ 02 41 20 05 87
www.treillesgourmandes.com
Ouvert le lundi de 10h30 à 16h ; du mardi au samedi de 10h30 à 18h30. Livraison possible.

Si le terme « foie gras » était accolé aux ex-Frères Boucher, ce n'est pas pour rien, car cela reste leur spécialité : cru, mi-cuit ou cuit, sous vide, etc. On trouvera néanmoins dans cette petite épicerie d'autres produits du terroir. Des vins et alcools locaux, des sirops, des confitures (griottes, yuzu)... On salive devant les rillettes, terrines, plats cuisinés en bocaux (émietté de canard au miel caramélisé, par exemple). Mais ce qui les différencie est sans doute le nombre important de sachets « Le bon bag », à savoir des plats gastronomiques à réchauffer. Il y en a pour tous les goûts : bœuf-carotte, carbonnade, choucroute, gésiers de canard... Le lieu est aussi un point de restauration !

BIO

BIOCOOP LA CABA DOYENNÉ

50, boulevard du Doyenné
✆ 02 41 60 01 61
www.biocoop.fr
Ouvert du lundi au samedi de 9h30 à 19h30. Chèque Restaurant.

© BIOCOOP LA CABA

Au fil des années, les Biocoops se sont érigées en spécialistes des produits bio, essentiellement dans le domaine alimentaire (soupes, plats préparés, pâtes et riz, fruits et légumes...) que dans l'hygiène-beauté ou encore les produits pour animaux de compagnie. Dans les 3 boutiques angevines, boulevard du Doyenné, boulevard Foch, place Imbach et les 2 boutiques d'Avrillé et Mûrs-Érigné, on trouve une belle sélection de produits bio aux rayons frais, fromages, viandes, poissonnerie, boulangerie-pâtisserie. Également des bières bio locales et un bon choix de vins. Des animations ont lieu régulièrement avec des professionnels du bio, que ce soit côté alimentation ou côté esthétique.

MIEL - CONFITURE

FAMILLE MARY

74, rue Plantagenêt ✆ 02 41 22 05 31
www.famillemary.fr
Ouvert le lundi de 14h à 19h ; du mardi au samedi de 9h30 à 19h.

Cela fait presque 100 ans que la famille Mary officie, telle une abeille dans sa ruche. Plusieurs générations se sont succédé, toujours dans l'esprit de proposer directement leurs produits au consommateur. Il est possible d'y butiner du miel, et même à la pesée. En plus des grands crus comme du miel de caféier ou d'acacia. des mélanges en pots s'offrent à la curiosité des amateurs : miel et menthe pastille, ou encore truffes. Les produits de la ruche se déclinent en gelée royale, propolis, pollen, confiserie et cosmétiques (shampoing ou des crèmes au venin d'abeille). L'entreprise est aussi acteur du développement durable, bien sûr, la disparition des abeilles étant toujours d'actualité.

MIEL - CONFITURE

AU VENT DES ABEILLES

3, place du Mail - **SAVENNIÈRES**
✆ 02 41 72 28 10
www.au-vent-des-abeilles.com
Ouvert tous les jours et les jours fériés.

Partagés entre deux fermes apicoles en Vendée et à Savennières, Anthony et Mathilde jonglent entre leurs deux exploitations. Débutée il y a plus de 20 ans, la ferme compte plus de 300 ruches produisant toutes sortes de miel de châtaigner, d'aubépine, de tilleul, d'acacia... Au Vent des Abeilles propose d'autres productions comme le pollen, la propolis et la gelée royale, des sucreries naturelles avec une variété de nougat, de pain d'épices et de chutney d'oignon ou figue préparé au miel. Rendez-vous sur leur page Internet pour plus d'informations sur leurs ruches et leurs horaires. A Savennières ce sont Evelyne et François Marchesi qui reçoivent et vendent l'ensemble des productions.

DOMAINE

BOUVET-LADUBAY

11, rue Jean-Ackerman - **SAUMUR**
✆ 02 41 83 83 83
www.bouvet-ladubay.fr
Visite 5 € adulte, 3 € enfant de 14 à 17 ans, -14 ans : offert.

© LEIF CARLSSON

© LEIF CARLSSON

C'est en 1851 qu'Étienne Bouvet fonde avec Célestine Ladubay la Maison qui porte leurs noms. L'histoire de cette Maison saumuroise est une réussite exceptionnelle qui fera rayonner dans le monde entier les fines bulles de Bouvet Ladubay. Aujourd'hui la Maison signe une élégante Collection de « Brut de Loire » avec ses cuvées millésimées Saphir, Trésor, Instinct ; un savoir-faire unique dans l'art de l'assemblage et de la vinification des cépages chenin et chardonnay. À pied ou à vélo vintage, vous découvrirez les caves, la cathédrale engloutie, la visite patrimoine avec la bibliothèque à étiquettes, la salle des archives, le théâtre XIXe. Nouveauté 2021, la Collection Hippomobile de Saumur.

DOMAINE

DOMAINE DE GAGNEBERT

2, chemin de la Naurivet - **JUIGNÉ-SUR-LOIRE** ✆ 02 41 91 92 86
www.domaine-de-gagnebert.com
Ouvert du lundi au vendredi de 8h à 12h et de 14h à 19h ; le samedi de 9h à 12h et de 15h à 19h. Livraison possible.

La famille Moron, ce sont 5 générations de vignerons depuis 1884. Aujourd'hui, ce sont Nicolas et Christophe qui maîtrisent le vaste domaine de 90 ha, sur des parcelles principalement composées de vieilles argiles et surtout de différents schistes plus ou moins altérés pour des vins minéraux à souhait ! Leurs cuvées comprennent un crémant de Loire qui fait l'unanimité. Le travail de la vigne est une histoire de passion. Différents chais entourent les salles de réception et le bar de dégustation. Quelques jolies barriques sommeillent entre les murs d'ardoise en attendant la mise en bouteille. Durant les portes ouvertes, vous pouvez profiter d'un repas dégustation œnologique sur réservation.

DOMAINE

DOMAINE DE HAUTE-PERCHE

7, chemin de la Godelière - **SAINT-MELAINE-SUR-AUBANCE**
✆ 02 41 57 75 65 – www.domainehauteperche.com
Lundi-vendredi 9h-12h et 14h-18h30 ; samedi 10h-12h30 et 14h30-18h30. Dégustation tous les jours, sauf le dimanche.

Le domaine racheté en 2019 et qui est passé en biodynamie en 2020, est désormais dirigé par Serge, ancien maître de chai maison. On y trouve toute une gamme d'anjou, coteaux-de-l'aubance, cabernet-d'anjou ou rosé de Loire, crémants de Loire ainsi que des évidentes cuvées d'anjou-villages-brissac à laisser dormir en cave quelques années. Le coteaux-de-l'aubance a été récompensé médaille d'or au Concours agricole de Paris 2020 tout comme le crémant médaille d'argent au concours national des crémants. Les fines bulles aux notes florales restent populaires. Les mets de poissons sont réservés au blanc sec 100 % chenin avec la cuvée Caractère et sa solide minéralité fruitée.

DOMAINE

DOMAINE DE TERREBRUNE

La Motte - **NOTRE-DAME-D'ALLENÇON** ✆ 02 41 54 01 99
www.domainedeterrebrune.fr
Ouvert du lundi au vendredi de 9h à 12h et de 14h à 18h ; le samedi de 9h à 12h.

Ce domaine est planté de cépages cabernet franc, cabernet sauvignon, grolleau, gamay, chenin et chardonnay. Toute la palette des vins du terroir angevin, avec ses 11 appellations d'origine contrôlée. Bien que les vins rosés assurent une majeure partie de la production, les propriétaires s'assurent d'avoir des macérations longues (pour le rouge) et des élevages de deux ans au moins pour l'anjou-villages-brissac, le bonnezeaux et le cabernet. Le traitement de la vigne permet aussi de produire quelques-uns des meilleurs cabernet-d'anjou, fruités en bouche avec leur nez très vif de groseille et de framboise. Enfin le crémant de Loire est issu de 4 cépages sur des vignes d'une vingtaine d'années.

DOMAINE

DOMAINE DES DEUX MOULINS

20, route de Martigneau - **JUIGNÉ-SUR-LOIRE** ✆ 02 41 54 65 14
www.domaine2moulins.com

Vignobles et Découvertes. lundi au samedi 9h-12h et 14h-19h. Le dimanche l'été. Groupes à partir de 20 personnes.

Convertis en 2019 à l'agriculture biologique, Daniel Macault et son équipe produisent sur leurs 72 hectares de vignes d'excellents anjous rouges, anjous-villages-brissac, rosés de Loire, coteaux-de-l'aubance ou encore crémants de Loire. Spécialisé dans l'œnotourisme, le lieu propose plusieurs formules-dégustations, une salle de réception, ainsi que des possibilités de séjour avec ses 3 chambres d'hôtes comprenant un total de 14 couchages, petit déjeuner inclus. D'autres animations sont proposées, comme des ateliers autour du métier de vigneron, des balades pédestres ou en rosalie motorisée à travers les vignes, et même un marché de producteurs locaux, chaque vendredi en fin d'après-midi.

DOMAINE

DOMAINE OGEREAU

44, rue de la Belle-Angevine - **VAL-DU-LAYON** ✆ 02 41 78 30 53
www.domaineogereau.com

Vigneron Indépendant. Ouvert du lundi au samedi. Sur rendez-vous.

Vincent Ogereau, aussi sympathique que professionnel, et son fils Emmanuel œuvrent à la vaste production de l'anjou Bonnes Blanches sec et de l'anjou Vent de Spilite, du somptueux coteaux-du-layon Bonnes Blanches mais aussi de l'anjou-villages Les Tailles et du Cabernet-Sauvignon le Côte de la Houssaye, qui développe une complexité aromatique tout en équilibre et délicieusement veloutée. À quelques kilomètres de là, sur des coteaux bien ensoleillés, le domaine produit également une magnifique cuvée de savennières : le Clos de Grand Beaupréau, comptant parmi les meilleurs de cette prestigieuse AOC ainsi que l'Enthousiasme. Le domaine est également producteur de quarts-de-chaume.

DOMAINE

DOMAINE PIED-FLOND

Domaine de Pied Flond - **MARTIGNÉ-BRIAND** ✆ 02 41 59 92 36
www.piedflond.fr

Vigneron Indépendant. Ouvert le samedi de 9h à 12h. En semaine sur rendez-vous. Fermé le dernier samedi de chaque mois.

Catherine et Franck sont la 7e génération de vignerons ici ! Des parcelles de chenin, gamay, cabernet, grolleau et chardonnay. Elles sont synonymes d'un vin tourné vers la convivialité et le partage, autour d'un bon plat, par exemple (Catherine est une grande spécialiste des accords mets-vins) ! Sont élaborés des anjous blancs aux notes d'épices douces et de fruits confits, des anjous rouges aux notes de fruits noirs cuits et fruits rouges caramélisés, mais aussi des cabernets, des rosés-de-loire, des coteaux-du-layon, du saumur brut (l'AOC empiète sur Martigné-Briand) et des anjous gamay aux nuances poivrées. Le lieu propose par ailleurs une découverte insolite du vignoble en Solex.

DOMAINE

LANGLOIS-CHATEAU

3, rue Léopold-Palustre - **SAUMUR**
✆ 02 41 40 21 40
www.langlois-chateau.fr

Ouvert tous les jours de 10h à 12h30 et de 14h à 18h ; tarifs des visites entre 2,50 € et 10 € (de 30mn à 1h30) sur rdv.

© SÉBASTIEN AUBINAUD

© SÉBASTIEN AUBINAUD

Implanté depuis 1885, Langlois-Château a choisi d'exploiter ses propres vignobles et de maîtriser dans sa totalité ses vins effervescents. Une partie du vignoble du domaine est par ailleurs labellisé bio depuis l'automne 2020. L'agencement du site et de la boutique permet de découvrir l'univers du domaine de manière ludique. On « boit » littéralement les paroles de son guide pour des visites en 4 actes : cours d'œnologie, étapes de la vinification, 300 mètres de parcours souterrain et dégustation commentée. Après cette passionnante entrée en matière, on hésitera entre un saumur blanc, un cabernet fruité, un beau saumur-champigny, un sancerre blanc ou les fines bulles de la cuvée Quadrille.

DOMAINE

MAISON LOUIS DE GRENELLE

839, rue Marceau - **SAUMUR**
✆ 02 41 50 23 21
www.louisdegrenelle.fr
Ouvert du lundi au mercredi de 9h30 à 12h30 et de 13h30 à 18h30 ; du jeudi au dimanche de 9h30 à 12h30

© MAISON LOUIS DE GRENELLE

© MAISON LOUIS DE GRENELLE

Situées à 12 m sous terre en plein cœur de Saumur, les caves de Grenelle élaborent depuis 1859, dans la pure tradition, crémant-de-loire et saumur brut. L'ancienne carrière de tuffeau creusée au XVe siècle abrite les secrets de la méthode traditionnelle. La visite guidée est évidemment suivie d'une dégustation commentée et personnalisée dans un espace boutique du plus bel effet. Nouveauté : Escape Game en cave ! Enfermés dans une pièce au cœur de nos caves troglodytiques, vous avez 60 minutes pour en sortir. C'est le défi proposé par la Maison Louis de Grenelle. Une nouvelle activité insolite et ludique à vivre à plusieurs. Sur réservation – plus d'informations sur le site Internet.

DOMAINE

GRATIEN & MEYER

Route de Montsoreau - **SAUMUR**
✆ 02 41 83 13 32
www.gratienmeyer.com
Horaires variables selon la saison. Visite guidée : 3 €

Bel édifice de style Art déco, la maison saumuroise Gratien & Meyer est nichée à flanc de coteaux et offre un panorama exceptionnel sur le majestueux fleuve de la Loire. La visite des caves nous replonge au Moyen Âge, quand furent creusées ces galeries de tuffeau, mais aussi au XIXe siècle, époque à laquelle Messieurs Alfred Gratien et Jean-Albert Meyer élaborèrent leur vin à fines bulles. Des vins déclinés en blanc, rouge et rosé ou champagne, avec le champagne Alfred Gratien d'Épernay, et qu'il est bien sûr possible de déguster à l'issue des 40 minutes de visite. Les achats, eux, se font dans une toute nouvelle boutique avec vue sur Loire également.

DOMAINE

VEUVE AMIOT

19-21, rue Jean-Ackerman - **SAUMUR** ✆ 02 41 83 14 14
www.veuveamiot.fr
Ouvert tous les jours de 10h à 13h et de 14h à 18h. Visite et dégustation gratuites.

Qu'ils soient blancs ou rosés, ces saumurs et ces crémants sont élaborés dans la plus pure tradition et appréciés pour leur attaque fraîche et leur tenue en bouche. La découverte du lieu peut se décliner de différentes manières : visites théâtralisées, dégustations de mets et de vins à l'aveugle accompagnées d'une visite à la bougie et en musique, soirée Halloween... Un programme riche et à l'agenda régulièrement mis à jour. Ces visites de caves et galeries (près de 6 km creusés dans le tuffeau !) peuvent se faire individuellement ou en groupe. Et comme la gamme de vins est riche et que les enfants ont droit à leurs boissons (sans alcool,) on ne saurait trop la recommander aux familles !

NEW

CAVISTE

À BOIRE ET À MANGER

5-7, place de la Visitation ✆ 02 41 72 86 91
www.aboireamanger.com
Ouvert du mardi au samedi de 10h à 21h ; le dimanche de 10h à 15h

Un paradis pour les amateurs de vins bio ! Que vous soyez néophytes ou experts, Alexandre Forge sait toujours trouver les mots justes pour vanter les mérites de ses crus aux appellations et étiquettes souvent surprenantes. Parmi les 500 références proposées, une part non négligeable de vins du Val de Loire, même si le reste de la France viticole est aussi dignement représenté. Envie d'un bon whisky, d'un rhum rare ou d'une vodka d'exception ? Vous êtes aussi au bon endroit. Enfin, le lieu fait aussi bar à vins en soirée et même restaurant, grâce à l'ouverture à l'hiver 2019 d'une superbe salle jouxtant la boutique et proposant le midi, en semaine, une cuisine bistronomique de haute tenue !

ALCOOL

LE CARRÉ COINTREAU

2, boulevard des Bretonnières - **SAINT-BARTHÉLÉMY-D'ANJOU**
✆ 02 41 31 50 50 – www.cointreau.com
Boutique ouverte du mardi au samedi de 11h à 18h. Visites guidées, du mardi au samedi, sur réservation.

L'unique site de production de la Maison Cointreau. On vient découvrir ici le processus de distillation bien particulier de la célèbre liqueur angevine. Baignée par de subtiles effluves d'écorce d'orange, la fascinante salle des alambics de cuivre dévoile toutes les étapes de sa conception avant de laisser place au musée racontant 170 ans de conquête familiale et de saga publicitaire ainsi que l'histoire des cocktails. Puis, une dégustation vous attend ainsi qu'un passage en boutique, où vous découvrirez que l'univers Cointreau ne se limite pas qu'à la liqueur d'orange. Des chocolats aux griottines en passant par les miels, les babas, les confitures, les idées de cadeaux ne manquent pas !

ALCOOL

GIFFARD

Chemin du Bocage - **AVRILLÉ** ✆ 02 41 18 85 00
www.giffard.com
Ouvert du mardi au vendredi de 14h à 18h. Ouvert toute l'année. Visites sur réservation.

C'est en 1885, avec la Menthe Pastille, une liqueur de menthe blanche aux vertus rafraîchissante et digestive, que cette entreprise familiale angevine a démarré. Près de 130 ans et 4 générations plus tard, Giffard a élargi son activité et la gamme de ses produits : Menthe Pastille, Guignolet, crèmes et sirops de fruits s'exportent aujourd'hui dans plus de 35 pays. L'espace Menthe-Pastille célèbre tout le savoir-faire de la maison en s'articulant autour de trois pôles : historique, culturel et sensoriel. Une belle boutique vous y attend ainsi qu'un bar de dégustation et des circuits de visite (sur rendez-vous) comme la visite sensorielle en nocturne, uniquement de novembre à mars.

ALCOOL

WHISKY DISTRICT

18, rue des Poëliers ✆ 09 86 08 01 25
Ouvert du mardi au vendredi de 11h à 13h30 et de 15h à 20h ; le samedi de 10h à 20h.

Marc Mothé a ouvert en septembre 2019 Whisky District, une cave de spiritueux qui compte plus de 220 références. D'ailleurs, on n'y trouve pas que des whiskys, il y a aussi du rhum, cognacs, calvados, gins, quelques bières également. Pour les novices ou les habitués, il est possible de goûter bon nombre de breuvages avant d'acheter, afin d'être sûr de ne pas se tromper dans cette myriade de boissons fortes. Le conseil est de mise, car l'idée pour notre caviste, est de partager sa passion pour ces spiritueux, et pour ce faire, il mise sur ses connaissance et la convivialité. Dans le même état d'esprit, il vous propose des ateliers de dégustation, pour en savoir plus sur le monde du whisky.

BRASSERIE

LA BRASSERIE ANGEVINE

87, avenue Patton
✆ 02 41 17 31 59
www.brasserieangevine.com
Ouvert le jeudi et vendredi de 14h à 17h30

C'est à l'initiative du passionné Benoît Durand que naît la brasserie angevine sur le boulevard Patton. Profondément ancré dans la culture locale avec ses bières aux noms de personnalités historiques de la ville, le duo brasse sa bière pur malt à Angers, refermentée en bouteille, clarifiée naturellement et non pasteurisée, sans artifices. Ainsi, vous pourrez goûter la Puycharic, une bière blonde légère à haute fermentation, florale et légèrement amère, ou bien encore la Curnonsky, prince des gastronomes, de type India Pale Ale avec robe dorée. Que ce soit dans un bar, un magasin ou sur place, il y a fort à parier que la brasserie saura éveiller vos papilles !

BRASSERIE

CRAFT BEER SHOP

8, rue Saint-Laud ✆ 02 41 23 79 51
www.craftbeer-shop.fr
Ouvert du mardi au vendredi de 13h à 19h30 ; le samedi de 11h à 19h30.

Angers ne comptait aucune boutique dédiée à la bière en centre-ville jusqu'à l'arrivée de ce Craft beer shop ! Pourtant les amateurs ne manquent pas ! Stéphane, du Donald's Pub a donc eu la bonne idée d'en ouvrir une il y a un peu plus de trois ans. Les craft beer, pour ceux qui ne maîtrisent pas la langue de Shakespeare, sont des bières artisanales. Celles présentes ici viennent de France et des quatre coins du monde, à l'image des Fermenterarna, de Suède. Les créateurs sont souvent dotés d'assez d'imagination pour donner à leurs breuvages des noms originaux. Ainsi, vous pourriez bien trouver Franche de vie, ou *Wanna taste my gingerbread, man ?* parmi les 400 références vendues ici.

BRASSERIE

LE HANGAR A MOUSSES

20, rue du Landreau - **BEAUCOUZÉ** ✆ 02 41 37 50 53
www.lehangaramousses.com
Ouvert le lundi de 15h à 20h ; du mardi au samedi de 10h à 20h.

Le Hangar à mousses attire tous les amateurs de bonne bière de la région, mais possède également une belle gammes de spiritueux (whiskys, rhums, gins, vodkas, pastis...) et de vins issus des 4 coins du monde. Comme son nom l'indique, c'est surtout la bière qui nous intéresse ici avec un grand nombre de brasseries représentées (les classiques Delirium par exemple mais également les plus locales comme La Brasserie Angevine). Qu'on vienne boire un coup sur place ou faire le plein pour le réfrigérateur, on sera accueilli avec beaucoup de chaleur et de camaraderie. Aussi, des événements sont régulièrement organisés à l'occasion de matchs de football ou de soirées thématisées.

BRASSERIE

LA PIAUTRE

La Fabrique des Bières d'Anjou ✆ 02 41 57 62 78
www.lapiautre.fr
Merc. au vend. 14h30-18h, samedi 9h30-12h/14h30-18h30. Visites (sur résa.) samedi 10h30 ou 15h. En semaine pour groupes.

Si vous avez déjà couru brasseries, bars et guinguettes ou même supermarchés de la région angevine, il y a fort à parier que vous ayez déjà croisé le chemin d'une bouteille ou une pinte de la Piautre ! En effet, la brasserie basée à La Ménitré s'est faite avec les années une très jolie réputation qui ne tient qu'à la qualité de leurs bières, non filtrées et aux malts et houblons issus de l'agriculture biologique. En effet, ce ne sont pas moins d'une dizaine de bières à découvrir, des blondes, ambrées, rousses, noires pour les plus classiques. Mais ce sont également des créations telle l'excellente Imperial Smoked Rye Porter, une brune à 8,5°, ou encore des whiskys et un gin depuis peu.

DOMAINE

ACKERMAN

19, rue Léopold-Palustre - **SAUMUR** ✆ 02 41 53 03 21
www.ackerman.fr
Basse saison lundi-samedi 10h-12h30 et 14h-18h30, dimanche 10h-12h30 et 14h30-18h30. Haute saison tlj 9h30-19h.

Établissement pionnier des vins de Saumur depuis 1811, la Maison Ackerman propose une immersion complète dans ses gigantesques caves troglodytiques, au milieu d'installations artistiques majestueuses inspirées par la singularité du lieu. En effet, chaque année, en collaboration avec l'abbaye de Fontevraud, un artiste est accueilli ici en résidence. En 2020, autour de l'accord inédit entre une œuvre d'art et un vin, le visiteur était invité à une dégustation commentée issue de la collaboration entre les œnologues de la Maison Ackerman et les producteurs locaux. Une visite sensorielle exceptionnelle pour découvrir les meilleurs produits du Saumurois, notamment les fameux crémants de Loire.

NEW

DOMAINE

DOMAINE FL

Route de Beaulieu - **ROCHEFORT-SUR-LOIRE**
✆ 02 72 73 59 85
www.domainefl.com
Ouvert du mardi au samedi de 10h à 18h.

Baptisé d'après les initiales des familles Fournier et Longchamps, le domaine FL est implanté sur les hauteurs de Rochefort-sur-Loire et possède 34 hectares de vignes s'étalant sur les appellations Savennières, Anjou Blanc et Anjou-Villages, Coteaux du Layon et Quarts de Chaume. Des vins biologiques ou en biodynamie que l'on vient acheter directement dans la superbe boutique de la propriété ou déguster en s'offrant un tour du chai commenté. Le lieu est magnifiquement aménagé (possibilité d'y organiser des séminaires) et propose une belle palette d'activités œnotouristiques : repas accords mets et vins, ateliers de cuisine, balades en gyropodes dans les vignes...

CAVISTE

LA CAVE BEAUREPAIRE

67, rue Beaurepaire ✆ 02 41 87 27 61
www.cavebeaurepaire.com
Mardi-samedi 10h-13h et 15h-19h30. Mardi-samedi 10h-13h et 15h-19h30.

Dans une maison typique angevine, tout en poutres apparentes et pierres de tuffeau, la cave Beaurepaire défend le terroir. On trouvera ici des producteurs français, de l'Anjou et d'ailleurs, que la sympathique Christelle Dupéré sélectionne pour vous, des vignerons qui défendent une agriculture raisonnée et biologique pour la plupart. Mais il y en a pour tous les budgets, et tous les profils, que vous soyez amateur ou néophyte, la maîtresse des lieux vous conseille parmi les 400 références qui composent la carte de ce magnifique établissement. La boutique dispose également d'un espace livraison et organise régulièrement des cours d'œnologie afin de découvrir les secrets des vins.

CAVISTE

CAVE DES HALLES ET DES GOURMETS

26 bis, route de Bouchemaine ✆ 02 41 44 02 58
deshallesetdesgourmets.com
Du lundi au jeudi de 9h30 à 13h et de 15h à 19h30. Vendredi dès 9h et samedi journée continue 9h-19h.

Une des meilleures caves de la ville, de l'avis de nombreux spécialistes ! Les allées offrent une variété triée sur le volet de tout ce qui se mange et se boit. De ce côté, la renommée de la cave est même devenue régionale et au-delà, tellement la sélection de son maître de cave, Patrick Rigourd, est diversifiée et rigoureuse. Près de 1 200 références privilégiant une agriculture respectueuse de l'environnement avec des vins nature, bio, marginaux, originaux, indépendants et dans l'air du temps. Des séances de dégustations sont aussi organisées régulièrement.

CAVISTE

LA CAVE DU DOYENNE

30, boulevard du Doyenné ✆ 02 41 34 78 67
www.cave-du-doyenne-angers.fr
Ouvert le lundi (15h-19h30), et du mardi au samedi de 10h à 19h30 (fermé de 12h30 à 15h mardi, mercredi, jeudi)

Environ 500 références de vins de toutes régions, mais aussi des bières, des alcools forts, des cidres ou des jus de fruits : c'est une bien belle cave que nous retrouvons au Doyenné. La fine équipe a même l'honneur d'offrir le plus grand choix de vins étrangers – de l'Australie au Chili, en passant par les coteaux d'Afrique du Sud – et de whiskies sur Angers. Laissez-les vous guider dans le monde magique des grands crus, et aventurez-vous avec eux dans des AOC aux saveurs prononcées et envoûtantes. Pour parfaire le mariage des saveurs, des produits gastronomiques sont aussi en vente, ainsi que tout le matériel nécessaire au parfait petit caviste, le tout livrable gratuitement sur la ville !

VINS - ALCOOL

DISTILLERIE COMBIER

48, rue Beaurepaire - **SAUMUR** ✆ 02 41 40 23 02
www.combier.fr

Horaires et jours d'ouverture variables selon les saisons. Entrée 5 € par adulte (4 € pour groupe de +10 personnes)

La Distillerie, créée à Saumur par Jean-Baptiste Combier, fête ses 187 ans cette année. On ne sait que choisir dans les produits maison : on retrouve bien sûr « L'Original Combier », liqueur à base d'orange douces et amères, connue sous le nom de Triple Sec, mais aussi d'autres boissons alcoolisées ou non comme des crèmes de fruits, sirops, Guignolet d'Anjou, gin ou absinthes, et même des préparations pour les traditionnelles soupes angevine ou saumuroise. Chaque année, de nouvelles recettes et de nouveaux goûts sont créés ! Le plus dur est de faire son choix parmi la centaine d'alcools différents, mais heureusement, l'équipe est de bon conseil et propose même une dégustation.

© COMBIER

© COMBIER

ASIE

ASIA MARKET

283, avenue Pasteur
✆ 02 53 20 67 13
Ouvert du lundi au samedi de 9h30 à 20h ; le dimanche de 10h à 19h. Ouvert le dimanche.

Tenu par Xin Li et sa femme, originaires de Shanghaï, Asia Market constitue une source d'étonnement inépuisable pour les amateurs de cuisine exotique. On y trouve des produits alimentaires, frais, secs, conditionnés, surgelés. D'outre-mer, d'Asie, les denrées sont variées, pas étonnant vu la taille du magasin. Le rayon surgelé est réellement impressionnant. Vous pensiez ne jamais trouver à Angers de barracudas entiers, de carangues, de poissons-perroquets ou de poissons-chats ? Détrompez-vous ! Un vaste choix de nems également, de raviolis, de samossas... À noter, un petit rayon consacré aux bières exotiques. Des produits d'hygiène (notamment pour les cheveux) sont également en vente.

MÉDITERRANÉE

LA TOUR DE PISE

70, rue Jules-Guitton ✆ 02 41 39 11 48
www.latourdepise.fr
Ouvert du mardi au jeudi de 9h à 13h30 et de 16h à 19h30 ; le vendredi et le samedi de 9h à 19h30. Chèque Restaurant.

Changement de propriétaire en 2020 pour cette épicerie italienne et toujours une qualité irréprochable ! Elle offre un choix alléchant d'antipasti (entrées), de pâtes, d'huiles, de sauces, de charcuterie (avec de beaux jambons de pays italien), de fromages, de vins, d'apéritifs... et bien sûr des pâtes fraîches (lioravi). Le petit rayon des plats cuisinés maison, en portion individuelles ou à partager, propose des recettes variées de quiches, focaccias, tartes, sans oublier les pizzas et les incontournables lasagnes aux ingrédients multiples (poulet pesto, bolognaise, chèvre-épinard-riccota, légumes : champignons, tomates fraîches, épinard, courgette). En dessert, testez la Panna cotta !

ASIE

LE COMPTOIR D'ASIE

36 bis, boulevard Ayrault
✆ 02 41 88 53 54
www.comptoir-asie.com
Ouvert le dimanche et le lundi de 11h30 à 19h ; du mardi au samedi de 9h30 à 20h.

Avec la (quasi) fin des travaux du tram, le voyage en Asie se fait plus agréable. Si les produits sont surtout chinois, japonais, thaïlandais ou encore coréens, l'Afrique, les Caraïbes ou l'île Maurice ne sont pas en reste. Tous les produits exotiques sont là, ou presque, avec des arrivages réguliers de fruits et légumes. Côté classiques, des nouilles déshydratées, sauces nuoc mam ou riz, dans des sacs de 1 à 25 kg ! Des produits surgelés (notamment poissons et crustacés), des rouleaux de printemps, ainsi qu'un rayon bières bien étoffé. Hors alimentaire, on trouve des produits cosmétiques, des cuiseurs à riz ou des mortiers.

ASIE

NOUVELLE ASIE

26, boulevard Carnot
✆ 02 41 23 15 94
Ouvert du mardi au dimanche de 9h30 à 20h.

La façade est peu attrayante et inspire le désordre, mais l'intérieur de ce magasin asiatique est une petite mine d'or pour les amateurs de voyages gustatifs. Tout cuisinier qui se respecte adorera fouler cette boutique qui propose un nombre incalculable de produits exotiques (majoritairement asiatiques, africains et orientaux). On se fournira en germes de soja frais, ciboules, coriandre et autres herbes et plantes aromatiques, on se perdra aussi dans ces vastes rayons d'épices, sauces, nouilles et riz. Les gérants, timides mais agréables au demeurant, sauront vous guider dans vos achats si le choix se révèle plus compliqué que prévu. Le dimanche, cette épicerie peut bien dépanner aussi !

ASIE

LE PHNOM

39, rue Beaurepaire
✆ 02 41 87 39 44
Ouvert du lundi au samedi de 9h30 à 14h et de 15h à 21h. Chèque Restaurant.

Depuis plus de 30 ans, cette petite épicerie asiatique est quotidiennement en tête-à-tête avec l'Abbaye de Ronceray, en plein cœur de la Doutre. Ici, on trouve tout un tas de produits asiatiques pour parfaire vos plats, que ce soit des sauces soja, du miso ou encore des vermicelles de riz, il y aura de quoi garnir et assaisonner vos bouillons pékinois maison ! Par ailleurs, on peut également y trouver quelques produits de la gastronomie africaine. Le Phnom se distingue par son petit espace traiteur à emporter où l'on retrouve les grands classiques que l'on aime tant, les rouleaux de printemps, bœuf au saté et les indétrônables pâtés impériaux !

MÉDITERRANÉE

LES TRÉSORS DU LIBAN

4, rue des Lices
✆ 02 41 34 22 30
Restaurant Ouvert le midi du mardi au samedi de 11h à 13h45, le soir le vendredi et samedi de 19h à 21h30

D'années en années, le succès de ce restauranteur-traiteur-épicier libanais ne se dément pas. Le plus dur ici est bien de réussir à faire son choix parmi tous ces bons petits plats à consommer sur place ou à emporter. On retrouve ici des incontournables de la gastronomie libanaise, comme les houmous, les samboussec (chaussons farcis) ou encore les ailes de poulet flambées au citron, mais aussi d'autres spécialités moins connues comme le *msakaa*, une ratatouille libanaise très légèrement épicée, le *fassoulia*, une sorte de ragoût à base de bœuf et de haricots, ou le *samkeh harrah*, filet de poisson farci, le tout accompagné d'une bonne bouteille de Château Ksara ou Kefraya.

JE SORS JE ME CULTIVE

Sortir ou se cultiver... Pourquoi choisir ? A Angers, ces deux verbes peuvent aisément aller de pair dans de nombreux endroits. « Je sors ET je me cultive » donc, quand l'envie prend les Petits Futés que nous sommes de prendre une bonne bière dans les décibels d'un concert live, au Jokers Pub ou au Chabada, en fouillant des bacs de vinyles à Exit Music For A Drink, de s'offrir une pause café à la librairie Myriagone en feuilletant les dernières nouveautés littéraires, ou encore devant un copieux repas entre amis au Restau-Théatre. Ceux-là, avouons-le, sont un peu nos « chouchous », mais que les soirées promettent d'être belles également dans ces deux lieux pluriculturels que sont le 122 ou les Folies angevines... D'autres endroits, enfin, n'offrent rien à boire ou à grignoter, mais occupent depuis de très nombreuses années, en marge des grosses structures, une place de choix dans la vie culturelle angevine : le théâtre du Champ de Bataille, le théâtre de la comédie, ou encore les 400 Coups, toujours considéré (et à juste titre !) comme un des meilleurs cinémas d'art et d'essai de France.

COFFEE SHOP ET SALON DE THÉ
BENOIT MACARONS
33, rue Saint-Aubin ✆ 02 41 20 96 20
www.chocolats-benoit.com
Ouvert le lundi de 14h à 19h ; du mardi au vendredi de 10h à 19h15 ; le samedi de 10h à 19h30.

Le macaron est devenu depuis de nombreuses années l'un des péchés mignons favoris des gourmands. Ici, pas d'inquiétude à avoir : la production est aussi abondante que de qualité et les saveurs toujours au rendez-vous. Par ailleurs, ne vous fiez pas uniquement au nom de la boutique, car cette belle entreprise familliale a bien d'autres petits délices en réserve : glaces et marrons glacés, muffins, nougats, Quernons d'ardoises, fruits confits, guimauves, pâtisseries, chocolats au détail, en ballotins ou en tablettes, caramandes (spécialités de la maison !) etc. La gourmandise se déguste ici sous toutes les formes, à accompagner d'un bon chocolat chaud ou d'un café de grande provenance !

COFFEE SHOP ET SALON DE THÉ
CHEZ MARGUERITE
7, rue Pocquet de Livonnières
✆ 06 26 29 66 36
Salon de thé et repas de midi plus brunch le dimanche (2 services). Du mardi au vendredi de 11h à 18h, 18h30 le samedi.

C'est un tout petit espace mais qui attire beaucoup de passants ! Quelques tables en terrasse, quelques-unes à l'intérieur, et un grand choix de boissons et de pâtisseries. Des cafés de la Brûlerie du Pilori en passant par des thés, des jus, des smoothies, du chocolat, il y a de quoi sustenter sa soif. Pour la petite faim, du carrot cake, du crumble pomme rhubarbe, de la tarte citron meringuée, du cake pistache et rose, du cheesecake myrtille et citron vert, pour ne citer qu'une portion des réalisations maison ! Régulièrement, le lieu accueille, le dimanche, des brunchs qui affichent vite complet... Il faut un peu de patience, ou de la chance, pour tomber au moment où une table se libère !

COFFEE SHOP ET SALON DE THÉ
LE DOS DE LA CUILLÈRE
35, rue Toussaint
✆ 02 41 73 30 18
Ouvert du lundi au samedi de 11h30 à 18h ; le mardi 15h. Goûter + boisson à 5,90 €. Pâtisserie à emporter : 3,20 €.

Entre le château et le cloître Toussaint, ce petit salon de thé a autant de charme que le jardin des Beaux-Arts qui se trouve à proximité. Certes, l'endroit est minuscule mais l'intérieur est très agréable pour y savourer un jus bio, une infusion ou un thé. La carte des thés (noir, vert, rouge) est assez large et il est aussi possible d'en acheter en vrac parmi une belle sélection aux noms synonymes d'évasion : Bangkok, Samba, Jardin de Mogador... Enfin, que serait un salon de thé digne de ce nom sans d'excellentes pâtisseries ? Elles sont toutes ici absolument délicieuses, du gâteau chocolat fourré praliné au brownie pécan en passant par la tarte ananas pépites de chocolat ou le tiramisu...

COFFEE SHOP ET SALON DE THÉ
ONE WAY
16, rue des Lices ✆ 02 41 19 88 73
www.lagalerie-oneway.fr
Du mardi au vendredi de 11h30 à 19h30 ; le jeudi jusqu´à 22h30 ; le samedi 19h. Terrasse. Boutique.

Millefeuille de sensations ! Caché dans une arrière-cour, le salon de thé jumelé à la galerie d'art One Way est un très bel espace lumineux avec poêle à bois, sièges dépareillés et étagères d'inspiration asiatique où trône une lecture recherchée. Sérénité garantie dans ce lieu joliment décoré pour y manger des madeleines ou un scone maison ou encore boire un verre, un café ou un thé sur un air de jazz. Pause idéale le midi au calme avec une soupe ou un velouté puis un plat chaud, vegan, de viande ou de poisson. Le lieu propose aussi un brunch de 10h30 à 16h le 1er dimanche de chaque mois. Enfin, des concerts intimistes, de jazz manouche, par exemple, sont parfois organisés certains soirs.

COFFEE SHOP ET SALON DE THÉ
ET LE TEMPS S'EST ART ET THÉ
7, rue Chaperonnière ✆ 02 41 34 06 31
art-et-the-angers.fr
Mardi-vendredi 10h30-18h, samedi 10h30-19h. Horaires élargis en fin d'année.

Cette belle enseigne fait à la fois salon de thé et boutique ! On y trouve une centaine de variétés en pot mais aussi une sélection de cafés à moudre d'une dizaine de provenances. On peut aussi y boire de merveilleux chocolats chauds, des smoothies, milkshakes et jus de fruits pressés, accompagnés de chocolats ou de belles pâtisseries (cheesecake, tartes poire-chocolat...) réalisées par la Maison Bernard, Maître Artisan. Diverses confitures artisanales également, ainsi que des sirops et accessoires pour le thé. Une parenthèse de calme dont on peut aussi profiter le midi, autour d'une salade ou d'une quiche.

CAFÉ - THÉ - TISANE
SALON DE THÉ LA COQUETTERIE
17, rue Beaurepaire
✆ 02 41 48 45 70
Ouvert du mercredi au dimanche de 10h à 18h30. Plat à 5 € le midi ; plat + dessert : 8,50 € ; brunch le dimanche midi.

Un lieu absolument unique en son genre ! Dans cette ancienne chapelle du XIIe siècle, nichée à l'arrière de la boutique, on vient déguster sur fond de jazz d'excellents cafés torréfiés sur place, cafés frappés, chocolats chauds, thés, infusions ou rooïbos. De belles idées cadeaux aussi : théières, cafetières, boîtes à thé, confitures, sirops de curcuma, de gingembre... Ne passez pas non plus à côté de la spécialité du lieu, les coquets, des petits gâteaux dans l'esprit des cupcakes. Et le dimanche, place à un copieux brunch ! Impossible de ne pas tomber sous le charme !

BAR - CAFÉ

1801 - LES CUISINES DU MUSÉE

14, rue du Musée
✆ 02 41 24 84 57

Ouvert du mardi au samedi de 8h à 18h. Chèque Vacances, Chèque Restaurant. Brunch (chaque 1er dimanche).

L'ex-Café des Orfèvres, tout juste rénové, doit son nouveau nom à la date de création d'un muséum dans le logis Barrault. Isabelle Lelandais, la nouvelle gérante, en a fait un espace café et un restaurant traditionnel. Située à l'entrée du musée des Beaux-Arts, la terrasse devrait offrir au printemps et en été un vrai moment de quiétude, avec sa vue sur la place Saint-Eloi et sa splendide sculpture d'Igor Mitoraj. Faire halte ici après quelques heures de déambulation au sein du musée est un réel plaisir. Plaisir décuplé d'ailleurs le dimanche avec d'excellents brunchs !

BAR - CAFÉ

AMERICAN FURY

7, Boulevard Carnot
Americanfury.fr

Ouvert le mardi et le mercredi de 17h à 0h ; du jeudi au dimanche de 17h à 2h. Petite restauration (planches)

Vu le nom du bar et son emblème (hache et mitraillette), on avait peur de tomber sur des rednecks bagarreurs... Ouf, il n'en est rien ! Cette chaîne a essaimé en février, et les ardoises apparentes nous rappellent bien que le chauvinisme ici n'est point américain. Déco sobre, musique hip-hop assez basse pour qu'on s'entende parler, écran diffusant les matchs de NBA, oui, nous avons tout de même notre ambiance US. La spécificité du lieu, c'est bien sûr la salle de lancer de haches, qu'on peut épier à travers un trou dans le mur, pour les mieux placés : 30 min à 1h de dépaysement garanti ! On peut aussi s'essayer à la simulation de tir. Côté boissons, c'est craft beer, cocktails, que du bon.

BAR - CAFÉ

LE BAROCK

35, rue Saint-Laud
✆ 02 41 20 02 08

Ouvert du mardi au vendredi de 17h à 2h ; le samedi de 16h à 2h. Terrasse.

Comme il est agréable de boire un bon verre avec de la bonne musique. Ajoutez à cela une déco sympa avec un mobilier confortable et moderne et des cocktails originaux. Pour se rafraîchir, essayez un Alice au pays des sushis (vous n'allez pas rétrécir) ou un zombie Maouskosto (allez, il n'est pas si fort !). Pour des saveurs noisette ou café, on vous recommande le Casse-noisette et le café mexicain. Le Caribbean Julep est aussi une petite pépite. De toute façon, pas de crainte, ils sont vraiment délicieux et rien n'empêche les moins téméraires de se tourner vers des boissons plus connues, comme les bières. La musique tend vers le rock ou la pop des années 1970 et 1980, un régal.

BAR - CAFÉ

LE BOUDOIR - CAFE

11, rue d'Alsace ✆ 09 81 42 86 85 - Accès par le passage sous le porche.

Ouvert toute l'année, du mardi matin au samedi soir de 11h à 22h. Chèque Restaurant. Terrasse. Brunch.

C'est facilement un des petits lieux les plus mignons et attachants du cœur d'Angers ! C'est caché derrière un porche au beau milieu de la rue d'Alsace que l'on découvrira le Boudoir et sa petite terrasse calme et douillette, verte et chaleureuse. On peut venir y boire un coup, surtout les vins dont on sent une envie de sélection de jolies bouteilles, ou manger un bout avec ces belles assiettes généreuses à base de salades, de tartines ou de charcuteries et fromages. Un lieu hautement convivial où on se sent bien, en partie grâce au couple fort accueillant qui tient les lieux et semble de toute évidence ne vouloir que notre confort et plaisir. On reviendra à coup sûr s'y poser avec des amis.

BAR - CAFÉ

LE CAFÉ SAINT-MARTIN

28, rue Saint-Martin ✆ 06 84 57 79 65 - Le café est situé devant la préfecture.

Ouvert toute l'année. Lundi 13h-21h ; du mardi au vendredi de 8h à 21h ; samedi 9h-21h. Brasserie le midi uniquement.

Un café comme on les aime ! Ici, il fait bon boire son petit noir au comptoir ou savourer en toute quiétude une bonne mousse, au grand air, sur la jolie terrasse donnant sur la préfecture. Dans cette zone piétonne, le lieu devient aux beaux jours un véritable havre de paix, même si l'intérieur offre lui aussi une ambiance bien agréable, intime, où les sourires de Christophe et Véronique constituent pour une clientèle d'habitués le premier rayon de soleil de la journée. Les consommations sont à prix raisonnable et l'établissement propose le midi d'excellentes salades, quiches, croque-monsieur et plats maison concoctés par le maître des lieux, également cuisinier et pâtissier de formation !

BAR - CAFÉ

LA CALE

Quai de la Savatte ✆ 06 12 94 60 95 - Face au château d'Angers
www.lacaleangers.com

Ouvert tous les jours d'avril à octobre. Planches de charcuterie ou de fromages : entre 5 € et 10 €. Terrasse

Le grand atout de La Cale, c'est bien sûr sa vue : une des plus belles d'Angers ! Situé à quelques mètres des eaux de la Maine, face au château du Roi René, ce bar saisonnier est l'endroit idéal pour se détendre entre amis ou en famille. Le meilleur moment pour s'y rendre ? En fin d'après-midi, l'été, quand la lumière se fait encore plus belle. Bien sûr, quand la météo est au beau fixe, les places sont chères, mais comme la terrasse est immense... Au printemps, les petites tables se colorent d'orange, avec les inévitables Spritz, mais il fait aussi bon y déguster un mojito, une Margarita, un verre d'Anjou ou une bonne bière, le tout agrémenté d'une planche de charcuterie ou de fromage.

ET SI ON PRENAIT UN VERRE ?

BAR - CAFÉ

CATS AND COOKIES

13, rue de la Roë

Ouvert du mardi au dimanche de 12h à 20h

Bar à jus, bar à bières, bar à vins... Pourquoi pas bar à chats ? Rassurez-vous, il n'arrive rien de fâcheux ici à ces charmants félins, offerts selon leur humeur du moment aux caresses d'une clientèle tout attendrie par tant de douceur et de ronronnements ! Le concept, bien sûr, est loin d'être inédit, mais Nathan et Alix, les maîtres des lieux, ont aussi eu la bonne idée d'en faire un lieu gourmand proposant d'excellents sandwichs, tartes salées, pommes de terre au four, brownies, tiramisu... Des préparations maison, à savourer dans des conditions d'hygiène parfaites, et sous le regard de pensionnaires qu'il est toujours possible d'adopter via l'association Sauvetage et Chats en détresse.

BAR - CAFÉ

LA COUR

23, rue de la Roë ✆ 02 41 96 05 88

www.lacour-angers.com

Ouvert du lundi au mercredi 12h-0h ; jeudi et vendredi 12h-1h30 ; samedi 11h30-1h30, dimanche 11h30-15h. Terrasse.

Chers lecteurs, laissez-nous vous faire la cour... et quelle cour ! La vraie, qui abrite la terrasse, est un petit havre de tranquillité ! Le reste du lieu, qui fait aussi restaurant, est lui aussi calme, loin des bars plus bruyants de la rue Saint-Laud. La clientèle est plutôt constituée de trentenaires/quadras et la musique (années 70, 80 et groupes locaux !) est généralement peu forte. Que dire de la décoration soignée qui fait rêver avec ses globes, ses fauteuils en osier et ses cocktails... Le sublime Green Tonka au rhum, curaçao, jus de maracuja, liqueur de vanille et fève de tonka est à lui seul un appel au voyage. Un bar à la fois élégant et branché, sobre, idéal pour l'afterwork.

BAR - CAFÉ

LA DESCENTE DE LA MARINE

28, quai des Carmes

✆ 02 41 88 06 21

Fermé de mi-octobre à mi-mars. Tous les jours et les jours fériés 11h-22h.

Qu'on est bien ici au printemps ou en été, les pieds qui pataugeraient presque dans la Maine, un petit verre de rosé à la main, en tête-à-tête avec le château d'Angers ! La descente de la Marine fait partie de ces lieux incontournables de cette douce ville à l'heure des beaux jours tant son cadre est sans commune mesure. On a toujours autant plaisir d'y prendre l'apéro avant d'aller à un concert de Tempo Rives ou un spectacle des Accroche-Cœur. Si la fringale vient titiller l'esprit, pas de problème : les bruschettas se posent sur la table. Durant la saison hivernale, le bar ferme ses portes et nous fait patienter jusqu'au retour du soleil, autant vous dire qu'on est déjà au rendez-vous.

BAR - CAFÉ

LA FABRIQUE

7, rue de Brissac

✆ 02 41 73 17 02

Ouvert du lundi au vendredi le midi ; du mercredi au samedi le soir. Formule du midi à 9,90 € et 13,50 €. Terrasse.

La Fabrique, oui, mais de quoi ? De bonheur voyons ! Car oui, d'années en années, cela reste toujours un vrai plaisir de venir s'attabler ici les soirs d'apéro, au bar ou en terrasse, dans un cadre d'inspiration industrielle (murs aux tons gris, luminaires design) mais à l'ambiance 100 % chaleureuse. Le lieu propose une très belle sélection de vins et de cocktails, à accompagner pour les plus épicurien de tapas, de copieuses planchas de charcuteries et fromages, de rillettes, de foie gras... Et si l'heure de l'apéro est largement dépassée, pourquoi ne pas rester encore un moment ? La fabrique joue également avec talent la carte de la restauration, et ce pour un excellent rapport qualité-prix.

BAR - CAFÉ

LE HERON CARRÉ

Promenade Yolande-d'Aragon - Accès par l'entrée du parc Balzac, en bord de Maine, direction Belle-Beille.

Avr.-sep : dimanche-jeudi 11h-21h, vendredi-samedi 11h-22h. Service restauration tlj 12h-14h/18h-20h45, 21h45 ven.-sam.

Ce Héron Carré, avec son emplacement unique en bord de Maine, possède cette année encore toutes les qualités pour demeurer un des lieux festifs les plus fédérateurs de la ville. Ici, d'avril à septembre, Vincent Salvat et son équipe vous convient à venir boire un verre, danser sur des DJ sets, assister à des spectacles d'impro, des concerts de groupes confirmés aux styles variés, mais aussi déguster d'excellentes planches de charcuteries, de fromages, ou de bons petits plats du jour grâce à un espace restauration de plus en plus populaire. Bref, à boire, à manger et à danser, le tout dans un esprit éco-responsable (vins bio, produits frais et locaux, verres consignés...). Incontournable !

BAR - CAFÉ

LE JOKER'S PUB

32, rue Saint-Laud ✆ 02 49 87 11 12

www.jokerspubangers.com

Lundi-samedi : 12h-2h ; dimanche : 15h-1h. Happy hours (18h30-20h30). Concerts (2 à 4 par semaine, tous styles).

On le disait déjà les années précédentes, le Joker's Pub est un bar angevin incontournable. On peut le constater facilement à sa population hétéroclite. Elle y vient pour déguster de bons produits avec une sélection de bières et de vins si ce n'est locaux, toujours curieux, originaux et triés sur le volet, privilégiant le véritable artisanat. Mais cette clientèle se déplace tout autant pour voir d'excellents concerts. En effet, Jocelyn de Bouetiez fait des merveilles avec sa programmation variée qui a souvent permis de découvrir des artistes avant qu'ils n'explosent. Au-delà de la musique, ce sont aussi des soirées courts-métrages ou théâtre d'improvisation. Incontournable, qu'on vous dit.

BAR - CAFÉ

ONE WAY

16, rue des Lices ✆ 02 41 19 88 73
www.lagalerie-oneway.fr
Ouvert du mardi au samedi de 11h30 à 19h. Chaque 1er dimanche de 10h30 à 16h.

One Way se mérite presque ! Plaisir des yeux et des papilles en deux espaces. Niché dans une arrière-cour, le salon de thé/restaurant/ jumelé à la galerie d'art One Way est un espace lumineux et spacieux. Difficile de ne pas craquer pour ce lieu à la déco inspirée, moderne et colorée, avec son poêle à bois, ses chaises et fauteuils confortables, sa terrasse aux beaux jours... L'écrin idéal pour savourer un moment de calme et de détente en toute intimé, entre amis autour d'excellentes pâtisseries, d'un repas léger, devant un bon bouquin (BD et livres de voyage sont à disposition). Les déjeuners, eux, sont servis du mardi au samedi et le brunch est disponible le 1er dimanche de chaque mois.

BAR - CAFÉ

WALLABY'S AUSTRALIAN CAFE

60, boulevard Foch ✆ 02 41 87 98 18 - Foch - Haras
www.pubwallabys.com
Lundi et samedi 15h-2h, mardi-vendredi 10h30-2h. Happy hours (16h30-20h30).

Ce pub à la décoration d'inspiration industrielle est surtout australien par le nom, même si quelques bières et vins du pays des kangourous figurent à la carte. Outre une très belle variété de bières bouteilles et pression, on y retrouve également une trentaine de cocktails, des shooters, ainsi que quelques propositions appétissantes en termes de restauration : planches apéros, salades, burgers, quiches, desserts... Un anniversaire ou une soirée d'entreprise se profile ? Une des salles du lieu peut se transformer en espace privatisable jusqu'à 100 personnes. Enfin, comme tout bon pub qui se respecte, il est également possible d'y suivre, sur grands écrans, des retransmissions sportives.

BAR - CAFÉ

CHEZ PONT-PONT

13, promenade du Bout-du-Monde
✆ 02 41 17 40 03
chezpontpont.fr
Ouvert tous les jours De 9h à 2h. Café : 1,80 € ; cocktails : 9 €. Animations.

Il est toujours aussi agréable de venir ici prendre un verre entre amis et de profiter de l'immense terrasse jouxtant la promenade piétonnière du Bout du Monde, face aux tours du château. Le lieu idéal au printemps et en été pour siroter un verre à l'abri des bruits de circulation et de l'effervescence des rues du centre. On vient autant ici pour s'offrir un cocktail (mojitos, Mint Julep, piña colada ou encore Cointreaupolitain, pour la touche locale) qu'une bière (une vingtaine de références bouteilles à la carte), un vieux rhum, un whisky ou un verre de pontponnette, l'apéritif maison.

BAR - CAFÉ

LE WELSH

25, place Louis-Imbach ✆ 02 41 88 16 24 - Parking de la place Imbach.
Lundi-samedi 17h-2h. Concours de belote, concerts, soirées jeux de société.

Ce charmant petit bar est un lieu où les habitués se donnent rendez-vous régulièrement. Comme tout bon pub, sa carte est bien fournie en bières de toutes origines et de tous types, en whiskys ou en vins. Mais le Welsh se distingue aussi par ses jeux : les tables sont parfois décorées d'un plateau de dames, d'échecs et de nombreux jeux n'attendent que vous. Les plus compétitifs pourront même se défier avec des concours de belote et des soirées spéciales sont souvent organisées. Un lieu convivial qui dispose aujourd'hui d'une belle terrasse, parfait pour les beaux jours ! Des concerts y sont produits régulièrement (surtout irlandais). A ne surtout pas rater !

BAR - CAFÉ

LE SNOOKER

10, rue de la Gare ✆ 02 41 88 21 40
lesnooker.blogspot.com
Ouvert toute l'année. Tous les jours de 14h à 2h. American Express. Wifi. Terrasse. Animations. Concerts.

Les années se suivent et se ressemblent pour ce bar, cette institution même, du quartier de la gare. Depuis plus de trois décennies, le Snooker joue la carte de l'ouverture 7 jours sur 7 pour une clientèle appréciant son ambiance décontractée, ses retransmissions de matchs de foot (du championnat français mais aussi de ligues étrangères) ou de rugby, mais aussi son immense arrière-salle avec ses anciennes banquettes de cinéma et ses nombreuses tables de billard et de snooker (version à deux joueurs). Les amateurs de fléchettes et même de flipper ne sont pas non plus oubliés. Bref, une sorte de pub à la française, convivial, et sur lequel les années ne semblent pas avoir d'emprise !

BAR À BIÈRE

TONTON FOCH

4, boulevard Foch ✆ 09 81 77 71 81 - Tram ; arrêt Maison bleue.
www.tontonfoch.com
Lundi à mercredi 12h-0h Jeudi à samedi 12h-2h Dimanche 11h-15h. Happy hours 17h-19h30. Restauration. Brunch le dimanche.

Côté déco, l'esprit est industriel-trendy, mais le revers de la médaille, c'est qu'avec son acoustique mal étudiée, c'est un bruit constant de discussions plus ou moins enflammées. En groupe ou petit comité, on se sent tout de même à l'aise dans cette chaleureuse atmosphère. On apprécie l'accueil, le service et le grand choix de boissons, cocktails, bières ou vins... et la terrasse ! On partage une flammekueche maison à prix très raisonnables, une salade, une bruschetta ou un bon burger avec des frites belges. Le dimanche on profite d'un brunch de qualité. Vous pourrez siroter une bière locale, un vin bio ou un cocktail au nom rigolo. Un lieu connu des Angevins où il fait bon s'arrêter.

ET SI ON PRENAIT UN VERRE ?

BAR À BIÈRE

L'ALAMBIC ELECTRIC

8, rue Bodinier
✆ 02 41 39 13 69
Ouvert du mardi au samedi de 18h à 2h. Terrasse.

Michel et Yann ont repris l'an dernier cet alambic, qui reste « electric » ! En effet, la décoration et la carte n'ont pas changé, pour notre plus grand bonheur. Le lieu affiche sur deux étages une déco pop ultra colorée ainsi qu'un sérieux penchant pour le meilleur du rock. Et du rock, vous allez en entendre, la musique étant proche, elle aussi, de ce qu'on pouvait entendre auparavant. Encore plus agréable aux beaux jours, avec ses tables en terrasse donnant sur la calme rue Bodinier. Dans une ambiance toujours décontractée, on déguste ici un bel assortiment de bières aux noms évocateurs (Lupulus organicus, Flying Dutchman, Orange mécanique), ainsi que d'excellents rhums et cocktails.

BAR À BIÈRE

CHOPE ET COMPAGNIE

7, boulevard de la Romanerie
✆ 02 41 17 63 91
Ouvert du lundi au mercredi et le samedi de 10h à 21h ; le jeudi et le vendredi de 10h à 21h30. Terrasse. Restauration.

On n'est certes pas en centre-ville mais ce bar sait attirer la foule. Idéal pour un afterwork, le lieu propose de nombreuses références de bières allemandes, belges, françaises ou d'ailleurs, ainsi que du vin. Ici, on pratique le droit de bouchon qui consiste à pouvoir apporter ses boissons contre une modique somme. C'est aussi un lieu de restauration, avec notamment des salades et burgers le midi. Le soir, on se laissera tenter par les saucissons. La déco est quant à elle tournée vers le style entrepôt, palettes, contreplaqué, une vieille moto et pompe à essence postées dans un coin. Babyfoot, fléchettes, flipper, boutique de boissons et d'e-cigarette viennent compléter l'attrait du lieu.

BAR À BIÈRE

DELIRIUM CAFE

40 bis, Boulevard Ayrault
✆ 06 75 78 62 34
Ouvert du lundi au samedi de 16h à 2h ; le dimanche de 17h30 à 2h

Si vous n'aimez pas la bière, passez votre chemin ! On est loin du record Guiness que possède le célèbre Delirium de Bruxelles en termes d'offre, mais la version angevine propose tout de même une trentaine de bières à la pression et plus de 200 en bouteille. Ce n'est pas sans raison que les flots d'étudiants de la fac Saint-Serge en ont fait leur repaire ! Dans des salles aux styles différents, en hauteur ou en cave, dégustez du classique, avec la Pécheresse ou la Lindemans, mais aussi quelques références propres à vous faire voir le célèbre éléphant rose de la chaîne, avec l'éponyme Delirium tremens par exemple. Attention à la Nocturnum, la Piraat ou la Bush pécheresse avec leurs 8 à 10° !

BAR À BIÈRE

LE GARAGE

23, boulevard Foch
✆ 07 60 30 56 69
Ouvert du lundi au samedi de 15h à 2h. Happy hours (18-21h). Terrasse. Concerts.

Situé en plein cœur du boulevard Foch et au croisement de la rue des Arènes, Le Garage est un bar qui fête en décembre 2020 ses deux ans d'activité. Si la décoration est chaleureuse et moderne, c'est à l'image des frères Hardouin, gérants du lieu et de la clientèle jeune et enthousiaste. Les gourmets seront ravis de venir y déguster une sélection de bières filtrées avec, pourquoi pas, une planche apéritive. De plus, toutes les semaines des concerts de groupes français ou internationaux sont organisés, plutôt orientés rock et musiques alternatives. Les amoureux des décibels et des découvertes musicales sauront apprécier ce nouveau temple du rock'n'roll houblonné.

BAR À BIÈRE

LE HANGAR A MOUSSES

20, rue du Landreau - **BEAUCOUZÉ** ✆ 02 41 37 50 53
www.lehangaramousses.com
Ouvert toute l'année. Le lundi de 15h à 20h ; du mardi au samedi de 10h à 20h. Terrasse. Location de tireuses à bière

Au-delà d'un simple caviste-bar-bières, cet attachant lieu, au milieu du pôle motos, a de solides atouts, à commencer par une carte de bières comprenant plus de 350 références ! Franck, le maître des lieux, a même lancé il y a quelques années, en association avec la brasserie des Mauges, sa propre marque : la Teub, déclinable en version blonde, brune, fruits rouges ou IPA. Des bières à emporter ou à déguster sur place, attablé au bar ou en terrasse, agrémentées pourquoi pas de quelques tranches de saucissons artisanaux et bons fromages. Le lieu propose aussi des coffrets cadeaux pour une vingtaine de marques (Kwak, Chouffe, Carolus...) ainsi qu'une belle sélection de vins, whiskys et rhums.

BAR À VIN

LA P'TITE ARDOISE

2, place du Pilori
✆ 09 69 80 71 53
Ouvert du lundi au samedi. De fin de matinée à fin de soirée. Brunch.

A Funtanella n'est plus, vive la P'tite Ardoise ! Grignotage, planches à partager, et surtout bar à vins pour cet attachant lieu historique de la ville. Si vous n'êtes pas connaisseur, laissez-vous guider par le sympathique maître des lieux qui offre par ailleurs la possibilité à des artistes angevins d'exposer sur ses quelques murs et de se produire en concert, dans la jolie petite salle du fond. On peut aussi profiter de la terrasse, l'ambiance de la place du Pilori n'étant pas désagréable non plus ! Le propriétaire est également un passionné, fin connaisseur des vins et organise régulièrement des séances de découverte/dégustation.

NEW

BAR À VIN

À BOIRE ET À MANGER

5-7, place de la Visitation ✆ 02 41 72 86 91
www.aboireamanger.com

Ouvert du mardi au samedi de 10h à 21h ; le dimanche de 10h à 15h ; Ouverture du bar à vins à 18h

« Qu'est-ce que je vous sers ? » Le plus difficile, dans ce joli bar à vin tenu par Alexandre Forge, est bien de faire son choix ! Ici se côtoient 500 références de vins et de spiritueux. Pour savourer les richesses de ces crus issus de la viticulture bio ou en biodynamie, on peut prendre place dans la salle du fond, avec sa déco *vintage*, mais taper un brin de causette au bar avec notre expert fait aussi partie des plaisirs du lieu. Notez enfin que des soirées de dégustation sont régulièrement organisées (vins, whisky, saké...) et qu'un chouette restaurant bistronomique jouxtant la boutique-bar a été ouvert par Alex, histoire de creuser encore mieux la question des accords mets et vins.

BAR À VIN

UNE FILLE ET DES QUILLES

66, rue Baudrière
✆ 02 41 72 23 86

Ouvert du lundi au vendredi de 12h à 15h et de 18h30 à 2h ; le samedi de 18h30 à 2h. Restauration.

Une fille et des quilles ? Pour les quilles, traduisez bien sûr les bouteilles ! Plus de 400 références pour ce bar à vin-restaurant tourné vers les productions bio et faisant une belle place aux vins de la région. La fille, c'est Jade, mais n'oublions pas non plus Laurent, son compagnon et associé. Le couple a misé sur un lieu au style légèrement industriel, avec ses gros tuyaux apparents, ses murs de béton ou d'ardoise, ses découpes de bois brut et surtout sa cave visible depuis le sol, au milieu de la salle, par le biais d'une dalle transparente. Pour accompagner les trésors de ce sous-sol, de bons petits plats servis chaque jour : ravioles aux cèpes, magrets de canard, filet mignon...

BAR À VIN

L'ANGEVIGNE

5, rue Saint-Etienne
✆ 02 41 87 32 00

Ouvert du mardi au jeudi de 18h à 0h ; le vendredi et le samedi dès 18h, sans heure de fermeture définie.

Depuis sept ans, nous avons là un sympathique bar à vin, alors oubliez le café et le chocolat chaud : sur l'agréable terrasse ou dans l'une des deux salles à l'intérieur, vous dégusterez plutôt un verre de rosé ou un coteaux-du-layon, accompagné d'une planche. Avec ses chaises et banquettes sans fioritures, le décor est sobre mais très porté sur le vin, bien sûr ! Des soirées festives viennent égayer les lieux de temps à autre. C'est aussi un point de vente de références de vins bio, biodynamie ou nature, dont un tiers issus de producteurs locaux, ainsi qu'une carte d'une douzaine de « vins du jour », à consommer au verre. Envie d'une bière ? La belle brune Jolicœur vous fait de l'œil !

BAR À COCKTAIL

LE GATSBY BAR

legatsbybar.com

Inscription sur le site www.legatsbybar.com.

Vous souhaitez vivre une expérience hors du temps et vous plonger dans l'ambiance d'un bar clandestin des années 1920 ? Tentez l'aventure avec le Gatsby bar, le temps d'une soirée, pour une immersion totale dans un *speakeasy*. Dans une décoration années 1920 chinée et une ambiance musicale Années folles, vous pourrez déguster un cocktail ou un spiritueux, fumer un cigare attablé au bar et discuter avec les serveurs, en tenue années 1920. Comme tout bar clandestin, l'adresse et le code d'accès à la soirée ne vous seront divulgués qu'après s'être inscrit sur le site, le code change tous les mois. Vous aussi devenez un *bootlegger* et passez une merveilleuse soirée, dans une ambiance prohibition !

NEW

BAR À VIN

BARCO VINO

Quai des carmes
✆ 02 41 25 43 47

Ouvert du lundi au jeudi de 17h à 0h ; le vendredi et le samedi de 17h à 1h. Terrasse. Restauration.

Mathilde, sommelière qui tenait un bar à vins à Bordeaux, et Wolfgang, qui est chef de cuisine colombien, ont ouvert ce bar à vins, dans l'un des plus beaux endroits de la ville. D'un côté, le quai des Carmes et ses belles demeures, de l'autre, la Maine et le château. Vous l'aurez deviné, on se trouve sur une péniche (anciennement Plus que l'air marin). Et des vins, il y en a pléthore ! Une belle sélection de vins bio et nature, principalement français, à la carte, et quelques autres à l'ardoise, qu'on peut accompagner d'une planche. En terrasse, on profitera de la vue resplendissante, mais on peut aussi opter pour l'une des tables à l'intérieur du bateau, à l'ambiance feutrée et cosy.

BAR À WHISKY

THE BLACK PEAT

2, boulevard Foch ✆ 02 41 88 67 36
www.black-peat.fr

Lundi et mardi de 11h à 1h ; du mercredi au samedi de 11h à 2h. Chèque Restaurant. Restauration. Animations. Concerts.

Aucun doute là-dessus, on se trouve bien dans un bar d'inspiration écossaise ! Entre l'ambiance sombre typique du pub, l'immense carte des whiskys et les kilts, on serait prêts à souffler dans la première cornemuse venue ! Le Black Peat, c'est avant tout un lieu chaleureux dans lequel on se sent profondément bien grâce à son atmosphère chaleureuse et plutôt authentique. Si la carte des bières et assez classique, la carte des whiskys est pour le coup stupéfiante avec ses très nombreuses références. On n'aura pas trop de problème à déguster ça devant un match de foot ou de rugby que le bar transmet. Pour les affamés, les burgers et planches se laissent manger toutes seules sans aucun souci.

ET SI ON PRENAIT UN VERRE ?

PUB

DONALD'S PUB

48, rue Boisnet ✆ 02 41 87 89 16
https://donaldspub-angers.fr/
Du lundi au samedi de 17h à 2h. Happy hours (de 18h à 20h).

Un beau pub, dans lequel tournent 15 bières pression, régulièrement, ce qui est l'occasion de découvrir des breuvages peu communs : l'amère Arabier, l'acide Fruit work (on dirait presque du jus de citron), la Krampus affichant 10°... Le responsable, Stephane Lesieur, grand passionné du houblon, sait parfaitement vous renseigner et trouve toujours la bière parfaite pour vous. En 2018, ce pub a été classé parmi les 100 meilleurs bars à bières de France selon *Beer Time*, une raison de plus de s'y attarder. Côté sonore, ici on aime le rock mais on aime aussi s'entendre parler, un bon point. Qui plus est, le lieu possède une terrasse et propose des apéros, jeux, concerts, rediffusions sportives.

PUB

LE KENT

7, place Sainte-Croix
✆ 02 41 87 88 55
Lundi-mardi 10h-0h, mercredi 10h-1h, jeudi-samedi 10h-2h.

Une véritable institution que ce bar historique angevin. Le Kent est aussi un de ces pubs dans lesquels il est bon de se réfugier pour se réchauffer autour d'un bon Irish Coffee quand l'hiver vous glace jusqu'aux os. Mais c'est surtout l'été que l'on a l'occasion de l'apprécier le plus, lorsqu'il déploie sa terrasse sur toute la place Sainte-Croix, et nous donne l'occasion de faire une pause rafraîchissante, avec pour décor la majestueuse cathédrale Saint-Maurice et la magnifique Maison d'Adam. Les amateurs de bières et de whiskys en tous genres se réjouiront en outre de la vaste carte proposant des breuvages maltés et alcoolisés venus du monde entier.

PUB

DUBLIN'S IRISH PUB

18, rue Saint-Georges
✆ 02 41 43 59 46
Le lundi et du mercredi au samedi de 12h à 2h ; le mardi de 12h à 14h. Retransmission de matchs. Terrasse. Restauration.

On est sous le charme de cette ambiance sombre et intime typique des pubs irlandais. On se sent comme à la maison et il fait bon y passer du temps avec les copains. Bien entendu, la carte privilégie les bières et les whiskys. Par ailleurs, pas d'inquiétude : la traditionnelle Guiness est au rendez-vous, jusque dans la décoration, parmi les ballons de rugby ! La musique est assez classique avec ses standards rock, reggae ou soul, pas de doute, nous sommes dans un pub. Si une fringale s'installe, les petites planches de charcuterie ne demandent qu'à être mangées. Si une grosse fringale s'installe, un petit restaurant bistronomique excellent se trouve à l'étage.

PUB

MATT MURPHY'S

25, boulevard Foch ✆ 02 41 87 00 61
www.mattmurphys-angers.fr
Lundi-samedi 9h à 2h ; dimanche 16h-1h30. Happy hours (jusqu'à 18h). Retransmissions sportives sur écran géant.

Un superbe pub, d'inspiration irlandaise, à la déco boisée, soignée, et aux fauteuils club très disputés lorsqu'il s'agit de venir assister sur grand écran à un match des Ducs d'Angers ou à celui de son équipe de rugby préférée. Côté bar, là aussi, la carte se la joue *Irish* avec un large choix de whiskys, une douzaine de bières à la pression (peu de choix en bouteilles, en revanche, dommage) ainsi que des cocktails, dont certains également à base de bières. En cas de petite faim, ce pub fait aussi brasserie. On y déguste notamment d'excellents burgers ainsi que l'incontournable Welch irlandais, à base de cheddar fondu, de bière (encore !) de bacon, de pommes de terre... Riche, très riche !

PUB

JAMES JOYCE - IRISH PUB

40, boulevard Carnot ✆ 02 41 87 76 87
www.jamesjoyce.fr
12h/1h45 - samedi 15h/1h45 - dimanche 16h/1h45. Happy hours 18/20h Restauration. Concerts. Diffusion sportive sur écran.

Le James Joyce, c'est la destination idéale pour tous les fêtards et amateurs de bière. L'ambiance y est survoltée y compris avec la musique live. Ce n'est pas qu'un pub indépendant, c'est aussi une brasserie avec de bons burgers, le tout dans décoration plus que soignée ! Un service rapide et un riche choix de bières et cocktails. Après avoir grimpé l'escalier, une reproduction de Banksy vous invite à pénétrer dans une salle à l'ambiance plus feutrée style steampunk. Un squelette animé de monstre marin métallique vous accompagne jusqu'au splendide bar à whiskies. Les plus chanceux seront peut-être servis par Margaux Échasseriau, finaliste du concours national de cocktail en 2018. Bravo !

MUSIQUE - SPECTACLE

T'ES ROCK COCO

16, rue Beaurepaire ✆ 06 95 94 39 45
www.tesrockcoco.fr
Ouvert du mardi au samedi de 17h à 2h. Saucisson : 5 € ; planche fromage et charcuterie : 15 €. Animations. Concerts.

Du changement dans la continuité pour cet attachant café-concert de la rue Beaurepaire. En en reprenant les rênes en 2017, Ben, le nouveau patron, lui a offert un rafraîchissement et quelques réaménagements bienvenus tout en conservant l'esprit et les recettes de son succès passé. On aime son côté intimiste, sa bande-son rock'n'roll, ses livres et boîtes de jeux mis à disposition, et surtout sa salle en sous-sol accueillant plusieurs fois par semaine des concerts, des jam sessions, du stand-up... Le bar, lui, offre des vins exclusivement locaux, ainsi que de belles références en bières bouteilles et pression comme la Mélusine, brassée en Vendée, ou encore la Formosa, au poivre de Taïwan !

CONCERT

ANGERS NANTES OPERA

26, avenue Montaigne ✆ 02 41 36 07 25
www.angers-nantes-opera.com
Billetteries : site Internet, Grand Théâtre d'Angers, théâtre Le Quai. Prix des places variables.

La région n'a rien à prouver en matière de programmation culturelle large et versatile ! L'action d'Angers Nantes Opéra participe amplement à cette richesse dont nous profitons tous, d'une manière ou d'une autre. Au Grand Théâtre d'Angers, au Quai ou au Théâtre Graslin de Nantes, on peut s'émouvoir devant de la danse contemporaine, rire avec une pièce de théâtre ou voyager à travers la musique et la puissance d'un orchestre. Autant dire qu'il y en a pour absolument tous les publics et qu'il ne faut surtout pas hésiter à partir à la découverte. Une bonne dizaine de spectacles sont proposés par saison, et il est recommandé de s'y prendre à l'avance tant les tarifs peuvent être intéressants.

CONCERT

CONSERVATOIRE À RAYONNEMENT RÉGIONAL

Esplanade Henri Dutilleux ✆ 02 41 24 14 50
www.angers.fr/crr
Entrées gratuites ou à tarifs peu élevés.

Le Conservatoire forme ses élèves dans le domaine de la musique, du chant, de la danse ou du théâtre. Il organise des spectacles pour faire découvrir au grand public les travaux de ses élèves, parfois accompagnés par d'autres artistes. Ils se déroulent dans ses locaux et hors les murs comme au Grand Théâtre, au théâtre du Quai ou à Chanzy. Le Conservatoire propose aussi des conférences et des *Master Classes*. On salue la démocratisation d'accès à ces cultures, réalisée par le Conservatoire qui s'efforce de proposer des entrées peu chères, voire gratuites, pour une qualité souvent professionnelle.

CONCERT

CENTRE NATIONAL DE DANSE CONTEMPORAINE

17, rue de la Tannerie ✆ 02 44 01 22 66
www.cndc.fr
Toute l'année. Lundi-vendredi 9h-12h30 et 14h-17h30. Programmation sur le site Internet.

Première école de danse contemporaine créée par l'Etat, cette structure a fêté en 2018 ses quarante ans. Placée sous la houlette du chorégraphe d'origine américaine Robert Swinston, elle fonctionne à la fois en qualité de centre chorégraphique national et d'école supérieure de danse contemporaine, permettant la création et la diffusion d'œuvres contemporaines, invitant des artistes en résidence et partageant largement, à Angers comme partout en France, la pratique de la danse et sa pensée. On doit notamment au CNDC la programmation danse du Quai, très novatrice.

CONCERT

ORCHESTRE NATIONAL DES PAYS DE LA LOIRE

✆ 02 41 24 11 20
www.onpl.fr
De 7 € à 35 € selon catégorie et placement. 13 € à 23 € avec la carte fidélité Émotion (prix de la carte 12 €).

Environ 200 musiciens et choristes forment l'ONPL. S'ils se produisent dans toute la région, ils ont déjà conquis le monde entier, jusqu'en Asie. L'homme aux commandes, Pascal Rophé, a encore concocté un beau programme pour la saison : Mozart, Vivaldi, Ravel, Bartok, Debussy, Beethoven, Chopin… Les pauses-concerts vous permettent de découvrir le répertoire de musique de chambre à tarif réduit, Les concerts-familles, à partir de 5 ans, proposent la découverte d'un compositeur, comme Debussy, avec les musiciens de l'ONPL et le ciné-concert Ernest et Célestine en 2021.

CONCERT

LE CHABADA

56, boulevard du Doyenné ✆ 02 41 96 13 40 - En bus, prendre la ligne 1/1S (Lac de Maine – Monplaisir) jusqu'à l'arrêt Nozay, situé à 5 min de la salle. - www.lechabada.com
Billeterie ouverte du lundi au vendredi de 11h à 13h et de 14h30 à 18h30. Concerts à 20h45 en général.

Les habitués du lieu vous le diront : il règne ici une atmosphère particulière. Est-ce la trace impalpable laissée par les artistes ayant arpenté sa scène depuis 25 ans ? Une chose en tous cas est sûre : le Chabada reste un point d'ancrage essentiel pour tous les mélomanes et acteurs de la scène musicale angevine, qu'ils soient en Perfecto, avec des dreadlocks ou des casquettes. Le lieu possède une « scène-club » de 300 places, terrain de jeu idéal pour les artistes méconnus mais prometteurs (les soirées Total Découverte sont à des tarifs imbattables !) ainsi que pour la crème de la scène locale. Les artistes plus renommés, eux, investissent la salle principale, d'une capacité de 900 places.

CONCERT

THÉÂTRE LE QUAI

Cale de la Savatte (accès public) ✆ 02 41 22 20 20
www.lequai-angers.eu
Entrée : 25 €. Tarif réduit : 10 € (moins de 18 ans), 12 € (étudiants) ou 16 € (moins de 30 ans et demandeurs d'emploi).

Un temple de la culture ! Dans cet imposant édifice, c'est plus d'une soixantaine de spectacles qui sont programmés chaque saison. Théâtre, musique, danse contemporaine, arts du cirque ou encore œuvres inclassables… L'endroit se veut aussi un lieu d'échange avec des conférences ou encore des temps de rencontre avec les artistes en marge de certains spectacles. On salue également ici la qualité de la programmation jeune public dont la variété n'a d'égale que la qualité. Enfin, si l'envie vous prend de simplement flâner, l'immense hall du bâtiment (le forum) accueille toujours une librairie, des expositions et un très agréable petit bar-restaurant.

ART & CULTURE

LE RU - REPAIRE URBAIN

35, Boulevard du Roi René
✆ 02 41 05 59 65
Ouvert du mardi au samedi de 12h30 à 18h ; entrée libre

Comme il a changé le Restaurant universitaire du jardin des Beaux-Arts ! Le lieu a fait peau neuve et fonctionne depuis février 2020 sous le nom de Repaire Urbain. Ce pôle culturel accueille au rez-de-chaussée le CIAP (Centre de l'Interprétation de l'Architecture et du Patrimoine), offrant un espace d'exposition, une maquette géante de la ville et une application vidéo permettant de découvrir Angers en 360°. Au 1er étage, enfin, le service des archives patrimoniales côtoie une autre salle d'exposition ainsi que l'Artothèque, lieu consacré à la diffusion de la création contemporaine, où les Angevins ont la possibilité de venir louer, pour leur propre usage, près de 1 200 œuvres originales !

CABARET

AU RESTAU-THÉÂTRE

14, rue Garnier ✆ 02 41 72 84 26
www.aurestau-theatre.com
Ouvert pour les dîners-spectacles du jeudi au samedi soir, de 19h à 23h30. Dîner-spectacle : 57 €

Tout est dit dans le nom du lieu ! Coup de cœur renouvelé d'année en année pour ce petit café-théâtre gastronomique, niché en plein cœur de la Doutre. On vient ici pour déguster la cuisine 100 % maison du chef Charles-Henry, alias « Charly », mais aussi, une fois les assiettes débarrassées, découvrir les spectacles de one man ou one woman show et pièces de boulevard programmées tout au long de l'année par son épouse Sandrine. Le lieu accueille des artistes à la renommée montante mais il mise également, et c'est tout à son honneur, sur le talent de parfaits inconnus. La programmation est régulièrement mise à jour sur le site Internet. Un conseil : réservez au moins quelques jours à l'avance !

ARTS

GALERIE ELOKA

9, rue Toussaint ✆ 02 41 96 85 42
www.galerie-eloka.com
Mardi-jeudi au samedi 10h-13h et 14h-19h. Lundi et mercredi sur rendez-vous. Ouvert chaque 1er dimanche du mois.

Tenue par deux adorables passionnés, Dennya Cormier et son époux Michel, cette jolie galerie est la seule à Angers à marier arts premiers (d'Afrique et du Pacifique) et art contemporain. On vient ici admirer ou s'offrir une poupée de fécondité tanzanienne, un bracelet de mariage camerounais, un masque igname de Papouasie ou encore un pot à lait touareg. De l'unique et de l'authentique qui a évidemment un prix... Côté art contemporain, les peintures, sculptures, pièces de verrerie ou de céramique présentes ici sont toutes le fruit du travail d'artistes confirmés et souvent même renommés. Le lieu accueille également des expositions temporaires, tout au long de l'année.

CAFÉ-THÉÂTRE

LES FOLIES ANGEVINES

6, Avenue Montaigne ✆ 02 41 17 34 30
www.lesfolies.coop
Restauration. Cours et stages de théâtre pour enfants, ados et adultes.

Vaste et beau projet que ces Folies angevines, ouvert en 2019 et dont le concept va au-delà du simple café-spectacles. Fondé sur la base d'un collectif regroupant une quarantaine d'associations et artistes angevins, le lieu se divise en plusieurs espaces dédiés à toutes les formes de spectacles : théâtre, danse, musique, magie, one man show. Des scènes accueillant des artistes amateurs ou confirmés et pouvant aussi servir de lieux de répétition, de cours ou de stages pour un grand nombre de disciplines. Le résultat est qu'on s'y sent très bien dans cette petite salle, ensemble face à un artiste sur scène qui offre de belles émotions sur le piano droit. Un lieu dont on suivra l'évolution.

ARTS

ONE WAY - GALERIE D'ART

16, rue des Lices ✆ 02 41 19 88 73
www.lagalerie-oneway.fr
Ouvert le mercredi, le vendredi et le samedi de 11h30 à 19h ; le jeudi de 16h à 20h. Chaque 1er dimanche de 10h30 à 16h.

Exit l'époque des galeries d'art snob, où les initiés jettent aux simples curieux un regard dédaigneux ! Ici, la simple présence dans l'arrière-cour du salon de thé One Way apporte à cet endroit une vraie touche conviviale et décontractée. Aménagé dans des caves du XIIIe siècle, cette galerie dispose de 4 salles où s'exposent sculptures, tableaux contemporains, photographies... Plusieurs artistes se partagent les lieux (sans que cela détonne), ce qui permet de confronter les goûts et les inspirations artistiques de chacun. Les temps d'exposition variant, il est intéressant d'y venir régulièrement. Enfin, ce bel espace peut aussi être loué pour des événements privés et des *afterworks*.

CINÉMA

LES 400 COUPS

2, rue Jeanne-Moreau ✆ 02 41 88 70 95
www.les400coups.org
Ouvert toute la semaine. Tarif : 8,20 € (réduit : 6,60 € et moins de 26 ans : 6 €). Ouverture des caisses à 13 h.

Jeanne Moreau a donné l'an dernier son nom à la rue abritant les 400 Coups, institution pour tout cinéphile angevin qui se respecte. D'ailleurs, le fondateur du festival Premiers Plans, Claude-Éric Poiroux, était ami de cette grande dame du cinéma français. Avec 7 salles dans deux bâtiments se faisant face, c'est un complexe indépendant parmi les plus grands du cinéma d'art et essai en France. La programmation est éclectique, audacieuse, loin des films grand public. Les films étrangers sont toujours présentés en V.O. sous-titrée pour notre plus grand bonheur. Le lieu propose des rétrospectives, des rencontres et débats avec des professionnels, thématiques autour d'un pays.

TOUT UN SPECTACLE !

COMPLEXE MULTISPORTS

ARENA LOIRE

131, rue Ferdinand-Vest - **TRÉLAZÉ** ✆ 02 72 79 80 00 - A 400 m du bourg de Trélazé, en allant vers les Ponts-de-Cé.
www.arenaloiretrelaze.fr
Ouverture des portes 1h30 à 1h avant le début du spectacle.

Plus de 2 000 places pour l'événementiel, 5 000 pour les compétitions sportives et 6 500 pour les concerts : l'Arena brille par sa grande capacité d'accueil, la modernité de ses installations et sa polyvalence, adaptée aux compétitions de basket, de handball, de volley, de tennis, d'escrime, de badminton... Inaugurée en 2013, cette superbe salle a déjà accueilli de nombreux rendez-vous prestigieux, comme le championnat d'Europe de basket-ball féminin ou la demi-finale de la Fed Cup (à quand la Coupe Davis ?), mais aussi des spectacles d'artistes phares de la scène one-man show, du rock et de la variété française.Le lieu accueille aussi une partie des concerts du festival estival de Trélazé.

NEW

SALLE POLYVALENTE

LE 122

122, rue de la Chalouère ✆ 09 70 71 53 80 - Ligne 10 arrêt Vaillante
http://le122.fr/
Horaires d'ouverture variables : consulter le site internet.

L'association Paï Paï a noué un partenariat avec la Mairie pour faire de ce local un tiers lieu culturel. Danse contemporaine, théâtre optique, concerts de rock, funk, folk, hip-hop, friperie, expositions : voici un aperçu de la programmation diversifiée du 122. La salle de spectacle peut accueillir jusqu'à 240 personnes. Le lieu est aussi un repaire pédagogique pour les artistes à travers des ateliers et des stages, notamment via un pôle dédié à la vidéo. Le 122, c'est aussi un bar et un restaurant ouvert le midi en semaine et le week-end midi et soir. Un véritable lieu de diffusion des pratiques culturelles angevines, d'autant que bon nombre des événements sont gratuits !

THÉÂTRE

CENTRE DRAMATIQUE NATIONAL

17, rue de la Tannerie ✆ 02 44 01 22 44
www.lequai-angers.eu
Billetterie : mardi-vendredi 13h-19h, samedi 2h avant le spectacle.

Fondé en 1986, le CDN est le résultat d'une fusion entre l'ancien NTA et le Quai, dans le but de créer et proposer des spectacles sur place, avant qu'ils ne partent en tournée dans la France entière. Parmi les artistes invités au sein de ces créations, en 2019, la pétillante Camille Chamoux dans *Retours*, satire fiévreuse de la famille contemporaine, ou encore Isabelle Adjani dans *Opening Night*, adaptation d'un film de Cassavetes. Le dispositif intègre des sessions de formation pour comédiens professionnels, écoles, associations, ainsi que des conférences sur des sujets culturels.

THÉÂTRE

GRAND THÉATRE D'ANGERS

Place du Ralliement ✆ 02 41 24 16 40
www.angers.fr
Billetterie du mardi au samedi de 13h à 18h30 ; expositions visibles aussi le dimanche et les jours fériés de 14h à 18h.

Une programmation judicieuse et une offre complémentaire ont permis au Grand Théâtre et au théâtre du Quai de cohabiter. Opéra, musique, one man shows et, bien sûr, théâtre vous attendent sur la scène de ce monument historique de 1871. Théâtre à l'italienne surmonté d'une couple peinte par Jules-Eugène Lenepveu, la vaste salle dispose de 728 places. On peut y écouter les concerts de l'ONPL, du Conservatoire, du festival Jazz pour tous mais aussi de l'opéra classique et moderne. Sont aussi proposés des spectacles de comiques, des pièces de théâtre (comiques ou dramatiques) ou encore des projections de films dans le cadre du festival Premiers plans. Des expositions ont lieu toute l'année.

THÉÂTRE

THÉÂTRE DE LA COMÉDIE

1, rue Cordelle ✆ 02 41 87 24 24
www.lesarthurs-theatre.com
Billetterie sur place, à l'office de tourisme, à la Fnac, à Carrefour, à Géant Casino et à Hyper U.

La troupe des Arthurs a emménagé voilà près de 25 ans dans ce petit théâtre attachant, accueillant quelques créations chaque année, ainsi que des stages pour enfants, ados et adultes, et des cours... Une troupe de grande qualité, pour laquelle il est conseillé de réserver. Spécialisée dans les comédies, elle offre des huis clos où les mots fusent et les éclats de voix se mêlent aux repas tournant au règlement de comptes. Déjà sollicitée à deux reprises par le festival d'Anjou, elle présente aussi des pièces de compagnies amies, comme Le Masque Blanc. Des spectacles font parfois appel à des auteurs aussi connus que Philippe Claudel, Francis Veber ou Eric Métayer.

THÉÂTRE

THÉÂTRE DU CHAMP DE BATAILLE

10, rue Champ-de-Bataille ✆ 02 41 72 00 94 - Bus : lignes 5, 8, 9 et 15, arrêt Place Bichon. Jusqu'à minuit, ligne 14 arrêt Sainte-Thérèse et ligne 11, arrêt Saint-Jean. - www.champdebataille.net
Sur place : lundi au vendredi de 14h à 18h ou Internet18h. Entrée : 15 € (adultes). Tarifs réduits : 12 € et 10 €

Depuis 1992, ce petit théâtre aux 90 places continue de créer du lien entre la scène et le public. On y vient surtout pour le théâtre dont les auteurs contemporains et les compagnies émergentes sont au cœur de la programmation. L'art est ici considéré comme un vecteur d'éducation populaire avec ses nombreux projets de médiation et de sensibilisation mis en place notamment avec les scolaires, universités ou encore associations et amateurs. Tout au long de l'année, le lieu accueille par exemple des expositions et des stages-ateliers de théâtre pour enfants, ados et adultes.

MUSIQUE

L'ACCORDEUR

103, Boulevard Saint Michel ✆ 02 41 27 02 40
www.laccordeur.fr
Ouvert du mardi au vendredi de 10h à 12h et de 15h à 18h30 ; le samedi de 10h à 12h.

Vous ou votre enfant débutez le piano, mais vous ne savez pas encore si le talent est au rendez-vous ? Pensez à la location, c'est un excellent compromis qui permet d'avoir un piano correct pendant la première année du Conservatoire (tout proche !). Si vous êtes sûr de vous, bien sûr, vous pouvez aussi opter pour l'achat : ici, on trouve des pianos, droits, numériques ou hybrides (plus réalistes)... avec possibilité de les essayer. Le fameux piano à bretelles, l'accordéon est aussi de la partie ! On y trouve du neuf comme de l'occasion, ainsi que des partitions. Enfin, étant donné le nom du magasin on ne s'étonnera pas non plus qu'il offre ses services en matière d'accordage.

MUSIQUE

BAUER

24, rue du Commerce ✆ 02 41 88 10 25
www.lutherie-bauer.com
Ouvert du mardi au samedi de 14h à 19h. Le matin sur rendez-vous.

Dans cet atelier de lutherie, on vous donnera les meilleurs conseils en matière de violon, violoncelle, alto ou contrebasse. Ceux qui désirent s'initier à ces splendides instruments peuvent passer à l'atelier ou mieux, prendre rendez-vous avec notre spécialiste, qui n'a pas son pareil pour déceler l'âme d'un musicien à travers les âmes d'un violon. La lignée Bauer se perpétue ici avec trois générations qui s'y sont succédé et la maison est réputée depuis 1941. Le grand maître luthier Jean, puis Jacques, et désormais Thimotée conçoivent, vendent et louent (pour 10 mois minimum) des instruments à cordes de belle facture, plébiscités sur la scène internationale.

MUSIQUE

GROLLEAU

42, boulevard du Roi-René
✆ 02 41 88 94 94
www.musique-piano-guitare-angers.fr
Ouvert du mardi au samedi de 10h à 12h et de 14h à 19h.

Plus qu'un magasin, une véritable institution ! Grolleau est le plus ancien magasin de musique de la région angevine. Désormais installée à deux pas de son ancienne adresse, cette enseigne reste une référence pour les musiciens en herbe comme pour les pros. La gamme d'instruments est très large : pianos, guitares, claviers, amplis, accordéons, instruments à vent, percussions... Le magasin possède également un espace librairie musicale, un service de location, d'accordage de pianos, ainsi que des cours individuels donnés sur place. Enfin, pour les budgets plus limités, de belles pièces d'occasion sont aussi disponibles. Bref, plus d'excuses pour ne pas réaliser vos envies !

MUSIQUE

IMBACH MUSIQUE

1, rue Flore ✆ 02 41 87 55 01
http://imbachmusique.free.fr
Ouvert du mardi au vendredi de 10h à 12h30 et de 15h à 18h45 ; le samedi de 10h à 12h30 et de 16h à 18h.

Anny Olry, professeure de piano et de chant, vous accueille avec professionnalisme, tout sourire, et sera toujours de bon conseil, quel que soit l'instrument convoité. Et il y a le choix ! Imbach Musique revendique fièrement son titre de magasin généraliste, où se côtoient aussi bien les guitares sèches et électriques que les saxophones, trombones, trompettes, clarinettes, djembés, claviers, harmonicas... et même kazoos, pour les moins doués d'entre vous ! Les violons ne sont pas tous exposés, un atelier de lutherie se trouvant dans les murs. Il est présent le mardi et sur rendez-vous. Le lieu propose également des sangles, des méthodes et des partitions musicales.

MUSIQUE

LIBRAIRIE MUSICALE ROSSI

50, rue Saint-Laud
✆ 02 41 88 02 39
Ouvert du mardi au samedi de 9h à 12h et de 14h à 18h.

C'est la seule librairie musicale de la ville, même si Angers ne manque pas de magasins d'instruments vendant quelques partitions. Si la boutique est petite, les bacs sont bien remplis, et grande est la connaissance de M. Rossi en personne. Il n'hésitera pas à vous guider parmi ses nombreuses partitions et guides pour apprendre à jouer de divers instruments. Il dispose même de quelques menus instruments, comme des harmonicas. Alors, certes, on ne trouve pas tout, mais on préfèrera toujours fouiner dans les bacs de nos petits commerçants plutôt que de se précipiter sur Internet ! M. Rossi n'est pas avare de son temps, et c'est là une petite musique qui fait toujours plaisir à entendre !

MUSIQUE

OPUS 49

119, boulevard Saint-Michel
✆ 02 41 18 30 11
Ouvert du mardi au vendredi de 9h30 à 12h30 et de 14h à 18h30 ; le samedi jusqu ´à 17h.

Depuis l'arrivée des spécialistes angevins de la guitare, ces magasins voisins du Conservatoire ont créé un début de boulevard de la musique. À défaut d'une sonate de Beethoven, ce sont les hautbois, trompettes, bassons ou saxophones qui sont à l'honneur de cet Opus. On trouvera de quoi entretenir les instruments à vent, en bois ou en cuivre : huiles et graisses, chiffons spéciaux. Harnais, becs, anches sont de la partie... De beaux instruments sont en vente ou en location. L'équipe comporte des luthiers qui vous conseillent et restaurent, réparent ou entretiennent, par exemple, votre euphonium ! Le conseil est très professionnel, l'accueil est sympathique et le service après-vente au top.

MUSIQUE

POLYPHONIC MUSIC

37, rue Plantagenêt ✆ 02 41 81 02 73
www.polyphonic.fr
Mardi, jeudi et vendredi 10h-13h et 14h-19h ; mercredi et samedi 10h-12h et 14h-18h45.

Des cordes, des cordes et encore des cordes ! Qu'il pleuve, qu'il vente ou qu'il fasse soleil, ce lieu attire inévitablement les guitaristes d'Angers et des alentours. Les guitares classiques côtoient les pièces de collection, en séries limitées, de celles qui font vibrer les collectionneurs. Là, vous trouverez des guitares classiques et électriques, des ukulélés, des basses, des mandolines, des amplis et, bien sûr, tous les accessoires qui font que la musique est belle. Le maître des lieux est un véritable passionné, qui saura vous conseiller pour que vous repartiez avec le meilleur instrument pour vous. Il est d'une générosité rare : ne manquez pas de le saluer !

MUSIQUE

WOOD STUCK

Boulevard Saint-Michel ✆ 09 82 29 12 53
www.woodstuckmusic.fr
Ouvert du mardi au samedi de 11h à 19h.

Cort, Epiphone, Ibanez, Yamaha, Marcus Miller... Les plus grandes marques de guitare ont déménagé du centre-ville vers le boulevard Saint-Michel. Aux côtés de l'Accordeur (piano, accordéon) et d'Opus 49 (vents) : le boulevard Saint-Michel est un escalier vers le paradis musical, qui mène jusqu'au Conservatoire. Ici, ce sont les guitares et basses électriques et acoustiques (Sigma, Norman) qui sont proposées et les gauchers ne sont pas oubliés. Les accessoires, amplis, claviers, pédales, micros sont aussi présents. Un rayon occasion permet de trouver des perles rares qui n'attendent que vous ! Enfin, Thierry Le Roy propose un service de réparation et de personnalisation de votre instrument.

COURS DE DANSE

CENTRE NATIONAL DE DANSE CONTEMPORAINE

17, rue de la Tannerie ✆ 02 44 01 22 66
www.cndc.fr
Lundi-vendredi 9h-12h30 et 14h-17h30.

Philippe Decouflé, Mathilde Monnier ou encore Angelin Preljocaj : tous ces grands noms de la chorégraphie ont étudié, à leurs débuts, au Centre national de danse contemporaine. Mais le CNDC n'est pas qu'une école, c'est un vrai lieu de réflexion et de travail sur la danse. En plus d'une formation sur deux ans, accessible sur auditions, des colloques et des résidences d'artistes sont organisés sur place. Des créations y sont souvent réalisées et présentées au théâtre du Quai et lors de tournées dans différentes salles en France, en plus de divers projets éducatifs auprès des publics scolaires.

COURS DE DANSE

ÉCOLE DE DANSE JOËL CRUVEILHER

6, rue de la Douma ✆ 02 41 87 22 77 - Bus 5 et 8 : arrêt Poirel
www.danse-angers.com
95 € pour 10 séances de cours collectifs (170 € en couple) ; 1er cours d'essai gratuit.

Cette école propose des séances d'apprentissage et des stages pour de nombreux types de danses : valse, rock, salsa, tango, cha-cha-cha, rumba, bachata, merengue, paso doble, boogie, fox-trot... Les créneaux horaires sont nombreux et adaptés à chacun, selon l'âge et les disponibilités. Pour les enfants, les cours d'initiation sont divisés en 3 catégories : 5-7 ans, 8-11 ans et 12-15 ans. Pas d'âge limite en revanche pour les seniors ! Les cours privés sont en journée et les cours collectifs en soirée. Des soirées dansantes et des concours de danse sont souvent organisés.

CIRQUE

LA CARRIÈRE - ÉCOLE DES ARTS DU CIRQUE

61-63, Rue de la Paperie - **SAINT-BARTHÉLÉMY-D'ANJOU**
✆ 02 41 32 31 57
www.artsducirque-lacarriere.fr
Voir les horaires des cours sur le site Internet.

Pratiques sportives et artistiques, les disciplines du cirque sont nombreuses et se déclinent en différents cours et stages dans cette école agréée. Contorsion, monocycle, acrobaties au sol ou dans les airs, les cours sont accessibles dès 3 ans (les enfants doivent être accompagnés de leurs parents). Les sessions sont réalisées par âge et non par niveau, si bien que les élèves qui ont quelques années de pratique transmettent naturellement leur passion aux nouveaux. Tout au long de l'année, 800 élèves profitent des stages de découverte, d'initiation ou plus perfectionnés.

SPORTSWEAR - STREETWEAR

MIXAPE

2, place Mondain Chanlouineau
www.mixape.fr
Ouvert du mardi au samedi de 10h à 20h.

Mixape, autrefois dans une petite boutique de la rue Pocquet-de-Livonnière, a déménagé en 2019 pour créer un grand concept-store à Fleur d'eau. Mix : oui, pour l'influence électro du lieu, et pour le mélange cohérent de vinyles (en vente et en écoute), de vêtements et chaussures de type street et d'un petit bar. La boutique vend en exclusivité les marques Tealer, Ragwear et French Kick et l'espace qui leur est consacré est bien grand. Marre d'essayer des fringues ? Dirigez-vous vers l'une des deux platines mises à disposition pour écouter leurs vinyles... Puis savourez vos achats autour d'un café ou d'un verre, d'autant que la sympathique équipe organise parfois des soirées DJ.

ACTIVITÉ ARTISTIQUE

CONSERVATOIRE À RAYONNEMENT RÉGIONAL

Esplanade Henri Dutilleux ✆ 02 41 24 14 50
www.angers.fr/crr
Tarif annuel d'inscription et de location d'un instrument : selon le lieu de résidence et le quotient familial.

Petits et grands qui souhaitent démarrer ou perfectionner une pratique artistique peuvent bénéficier de l'excellence de ces enseignants, dans des disciplines très variées : trompette, piano, orgue ou violon, danse (classique, contemporaine, jazz), théâtre, mais aussi formation musicale, jazz et éveil musical. Les plus jeunes bénéficient d'horaires aménagés à l'école. Ces élèves sont suivis avec attention et peuvent se voir proposer un autre instrument durant leur cursus en cas de difficultés. Les instruments peuvent être loués à des prix, le plus souvent, raisonnables.

ACTIVITÉ ARTISTIQUE

CREASTORE

50, rue Bressigny ✆ 02 52 35 04 09
www.creastore.com
Ouvert le lundi de 13h45 à 19h ; du mardi au samedi de 10h à 12h45 et de 13h45 à 19h.

A quelques pas de l'École des beaux-arts, Creastore est la boutique des beaux-arts et des loisirs créatifs ! En achetant sur place ou en ligne, vous êtes sûrs d'y trouver tout le matériel nécessaire pour développer vos talents artistiques : pinceaux, peintures, toiles, papiers, cartons, plumes, feutres, fusains, châssis… Les peintures (fines et extra-fines, en tubes ou en godets) sont nombreuses, qu'il s'agisse de peinture à l'huile, à l'acrylique, d'aquarelle. Le magasin représente les meilleures marques et le service conseil est assuré par des passionnés qui connaissent leur affaire. L'enseigne propose aussi une large sélection de coffrets, kits et idées cadeaux pour toute la famille.

ATELIER - COURS DE THÉÂTRE

THÉÂTRE DE LA COMÉDIE

1, rue Cordelle ✆ 02 41 87 24 24
www.lesarthurs-theatre.com
Ouvert du lundi au jeudi et le samedi. Après-midi ou soir, selon âge et niveau. 45 à 50 € par mois.

Cela fait 26 ans que la troupe des Arthurs propose des cours aux enfants (dès 9 ans), ados et adultes. A raison d'1h30 (pour les enfants) à 2h par semaine, ces cours sont organisés à l'année ou par formules intensives (notamment, pour les élèves voulant préparer des concours). Ils s'accompagnent de rencontres avec des professionnels, de visites de théâtres et de spectacles dans la région et à Paris. Des stages d'été sont aussi proposés aux 13-18 ans. Ceux qui ont réalisé les 3 années du cycle ou qui ont déjà une bonne expérience du théâtre peuvent s'attaquer à l'Atelier de la Comédie, leur permettant de se confronter au regard du public dans ce théâtre de 89 places. Trac garanti !

HOBBIES

LES ATELIERS DE RADIS ET CAPUCINE

21, place Molière ✆ 02 41 24 99 29
www.ateliers.radisetcapucine.com
Mardi et jeudi de 14h à 19h, mercredi, vendredi et samedi de 10h à 19h

© FABRICE QUINTON

© FABRICE QUINTON

Radis et Capucine opère depuis plus de 20 ans à Trélazé et propose des coffrets (jardinage, cosmétique, gastronomie) vendus dans diverses boutiques locales. Tout naturellement, l'enseigne a donc décidé de proposer des ateliers d'une à quatre heures pour créer ses propres cosmétiques, plats, bière ou objets de décoration. Plus de 75 ateliers prennent place dans les différents espaces de la place Molière, qui comprend aussi une boutique. Vous pourrez par exemple réaliser une lampe sur un terrarium de plantes vertes, des pâtes fraîches bio, du baume à lèvres ou de la lessive.

COURS DE CUISINE

L'ATELIER GOURMAND

11, rue Joseph Fourier - **BEAUCOUZÉ** ✆ 02 41 86 92 40
www.atelier-gourmand.fr
Réservation obligatoire. cours de 2h : 38 €. Abonnement : 175 € (carte de 5 cours valable 1 an). Enfant : 26 €.

Apprendre à cuisiner n'a jamais été aussi facile d'accès ! Grâce à ces cours en groupe de 16, Claire Lehay et son équipe d'intervenants enseignent de manière ludique les bases de la cuisine indienne (avec les pakoras de légumes ou le poulet tikka...) comme celles de la cuisine traditionnelle. On passe un super moment tant la convivialité est au rendez-vous, qu'on soit seul ou en famille, on apprend en s'amusant tout en sachant pertinemment que ce qu'on prépare, on va le déguster et se régaler avec un peu plus tard à la maison. Petit plus, l'inscription duo parent/enfant est au même tarif qu'une personne seule, de quoi passer de beaux petits moment de famille.

COURS DE MUSIQUE

VOYAGER A L'INTÉRIEUR DU PIANO

6, rue Montault
✆ 06 30 22 67 28
www.piano-services-angers.com
Ouvert du mardi au samedi de 14h à 19h.

La « Maïeusique » est une méthode d'apprentissage du piano prônée par Jocelyn Riobé. Si le terme est un néologisme quasiment indéfinissable (bien que basé sur le même esprit que la maïeutique), la méthode, elle, a fait ses preuves. On parle ici d'une réelle philosophie consistant à remettre l'humain au centre de l'apprentissage. La volonté est d'accompagner chacun dans sa découverte de l'instrument. Capable d'enseigner à tous les niveaux, Jocelyn propose aussi des stages de découverte du piano, des conférences sur son histoire et des locations de pianos à prix raisonnables.

DISQUAIRE

EXIT MUSIC FOR A DRINK

4 bis, rue Bodinier ✆ 02 41 81 21 87
Ouvert du mardi au jeudi de 11h à 19h ; le vendredi et le samedi de 11h à 21h. Bar-disquaire.

Déambuler entre les bacs à vinyles, à la recherche de la perle rare, un petit café ou une bière à la main, ou un soft pour les moins aventuriers, quel bonheur ! La propriétaire, Dalhia Mahot, a ouvert sa boutique à l'automne 2014 avec sa volonté de communiquer sa passion de la musique et du rock indépendant plus spécifiquement. Elle a une bien jolie méthode pour ceux qui souhaitent découvrir un disque en vous demandant 3 adjectifs sur vos humeurs et envies, ensuite, c'est parti pour l'écoute sous les conseils de la maîtresse de maison ! À la fois pointue et généraliste, cette boutique est une bénédiction. L'hiver, au chaud sur les banquettes avec ce chocolat chaud aux guimauves, on est bien.

DISQUAIRE

HOME WAX

70, rue Baudrière
✆ 02 41 20 33 72
www.homewax-records-shop.blogspot.fr
Ouvert du mardi au samedi de 10h à 12h et de 14h à 19h.

Depuis 2013, Home Wax est devenu une référence des boutiques angevines de disques avec une sélection éclectique et pointue, pleine de rareté ou de classiques inconnus qui ne demandent qu'à être découverts. Stéphane Martin est de ces disquaires qui saura cerner vos goûts et vous conseiller en fonction, soyez sûr que vous aurez de nouvelles choses à écouter. Si le magasin propose peu de nouveautés, il dispose d'une large sélection d'occasions, avec des spécialités dans le jazz, le hip-hop et les musiques de films. Avec un peu de chance, vous aurez l'honneur d'entendre le propriétaire des lieux scratcher sur les platines vinyles qui ornent le comptoir.

LOISIRS CRÉATIFS

ATELIER MARTINE MAUDET

84, rue Bressigny
✆ 06 37 98 61 26
www.martinemaudet.com
Ouvert du mardi au samedi de 14h à 18h30

Voilà maintenant 4 ans que Martine Maudet, diplomée en broderie d'art et de la célèbre école nantaise Pivaut, a investi ce petit local de la rue Bressigny pour y exposer et vendre ses créations, mais aussi (en alternance, et de plus en plus fréquemment) dispenser des cours de broderie d'art (bien sûr !), mais aussi de peinture, de pastel, de dessin et même de tapisserie. Une artiste pluridisciplinaire donc, dont la galerie-atelier-boutique se réinvente continuellement au gré de ses créations (superbes sculptures d'argile et portraits féminins à l'huile ou à l'acrylique) mais aussi de ses envies d'exposer les œuvres d'autres artistes. Un lieu singulier, intime et attachant.

POTERIE - CÉRAMIQUE

DE TERRE ET D'EAU

6, place du Lycée ✆ 02 41 88 65 09
www.de-terre-et-d-eau.fr
Ouvert du mercredi au vendredi de 10h à 12h et de 15h à 19h ; le samedi de 9h30 à 12h. Ici, on accepte la Muse.

Florence Fradet travaille la céramique dans cet atelier, donnant sur une petite cour, qui fait également office de galerie d'exposition. Lors de stages et de cours en petit comité – pour adultes comme pour enfants –, elle y distille un enseignement pointu de son art, afin de vous faire découvrir tournage, modelage, de l'émaillage et l'approche des différentes terres. Équipé de 5 tours électriques, ce lieu de création et d'expression est totalement dédié au travail de la terre. Florence dispense aussi ses enseignements lors d'interventions occasionnelles dans des écoles et diverses collectivités. Tournassage, plaque, colombin, patines, sculpture, ne devraient plus avoir de secret pour vous.

LIBRAIRIE
CONTACT

3, rue Lenepveu
✆ 02 41 24 15 00
www.librairie-contact.over-blog.com
Ouvert le lundi de 14h à 19h ; du mardi au samedi de 10h à 19h.

L'an dernier, la librairie trentenaire est passée en SCOP, par le biais de la maison-mère (la Sadel). Société coopérative et participative dont les salariés eux-mêmes sont les principaux détenteurs du capital, elle est donc fidèle à ses valeurs démocratiques et laïques, dont les Angevins ne sont pas toujours conscients, par ailleurs. Ils sont en revanche nombreux à fréquenter la petite librairie, qui, en dehors du rayon ésotérisme, propose tous types de thèmes, plus ou moins étoffés, la boutique étant majoritairement généraliste. Elle offre aussi un rayon papeterie qui devrait satisfaire une bonne partie des clients. On regrette que l'accueil soit assez inégal, variant selon les rayons.

LIBRAIRIE
ESPACE CULTUREL LECLERC

1, boulevard Albert-Camus
✆ 02 41 73 28 88
www.culture.leclerc
Ouvert du lundi au samedi de 8h30 à 20h. Livraison possible.

Même si faire la promotion des vraies libraires ou petits disquaires restera toujours préférable, force est de constater que ce vaste espace culturel a de la tenue. Tout y est parfaitement classé et certains rayons déclinent une offre réellement conséquente, comme ceux dédiés aux romans de poche, à la littérature policière, à la BD, aux mangas ou encore aux guides de voyage. Le choix en matière de DVD reste honnête, mais du côté des CD, en revanche, mieux vaut ne pas chercher des références trop pointues... Belle initiative tout de même que de proposer un petit rayon vinyle à des prix parfois très attractifs. Enfin, le lieu propose également un petit rayon hi-fi et informatique.

LIBRAIRIE
FNAC

25, rue Lenepveu
✆ 08 25 02 00 20
www.fnac.com
Ouvert du lundi au samedi de 10h à 19h.

Souvent décriée comme « supermarché de la culture », la Fnac, dans sa partie librairie, n'en reste pas moins un espace agréable à fréquenter, où sont mis en avant les meilleures ventes, bien sûr, mais aussi les coups de cœurs des libraires. Car oui, loin d'être de simples vendeurs, les personnes travaillant pour ce géant sont avant tout des passionnés de livres en tout genre, qui savent ce qu'ils vendent et qui plus est, peuvent passer commande dans de courts délais. Le tout sans exercer une concurrence écrasante pour ses voisins puisque le prix du livre est, en France – et on ne le répétera jamais assez – unique, les 5 % de réduction autorisés par la loi étant offerts aux seuls adhérents.

LIBRAIRIE
LHERIAU

10, place de la Visitation ✆ 02 41 87 75 87
www.librairielheriau.canalblog.com
Ouvert le lundi de 14h à 19h ; du mardi au samedi de 9h à 12h30 et de 14h à 19h.

On aime le côté intime, l'ambiance presque feutrée de cette librairie à la surface bien plus réduite que ses concurrents de l'hypercentre, mais où il fait bon fouiner à la recherche d'un bon roman ou d'un polar, sans oublier les guides voyages, livres jeunesse, bandes dessinées, livres d'histoires ou d'art... Et comme ici les livres sont bien plus que de simples objets de consommation, des rencontres-dédicaces sont organisées deux ou trois fois par mois avec des auteurs de tous styles et de tous horizons. Le lieu offre également un espace papeterie assez complet, avec une très belle sélection de stylos plumes, ainsi que des boîtes de jeux et des puzzles pour les plus jeunes.

LIBRAIRIE
MYRIAGONE

16, rue Bodinier ✆ 09 81 78 28 02
myriagone.jimdo.com
Ouvert le mardi de 16h à 19h ; du mercredi au samedi de 11h à 19h. Espace bébé avec table à langer.

Lieu hybride et culturel où Andreas, le propriétaire, mêle art, littérature, rencontres et salon de thé. La déco nous invite à découvrir ces œuvres. Des artistes sont exposés, avec des productions en éditions limitées. Pour ce qui est de la librairie, Andreas privilégie la qualité à la quantité et, bien sûr, il connaît chacune de ses références. Le choix se porte sur des classiques et des œuvres atypiques de la littérature française, du théâtre, de la poésie. On trouve également des livres d'art, des BD indépendantes et de la SF. Désormais, la boutique propose aussi une petite sélection de vinyles et de CD, des productions très peu connues du grand public, pour rester dans l'esprit du lieu.

LIBRAIRIE
RICHER

6-8, rue Chaperonnière ✆ 02 41 25 50 00
www.librairie-richer.com
Ouvert du lundi au samedi de 10h à 19h. Accès rampe pour les fauteuils roulants et ascenseur.

Plus qu'une simple référence, une institution ! Fondée en 1870, cette immense librairie s'étend sur près de 1 000 m² et 5 niveaux. Le livre y est roi mais les rayons papeterie et arts créatifs sont aussi conséquents. Romans, bande-dessinées, ouvrages scolaires, livres d'art, d'histoire, guides de voyage, manuels de cuisine : l'établissement affiche aujourd'hui près de 375 000 références à son catalogue ! Belle idée également que celle d'avoir implanté le rayon des nouveautés littéraires dès l'entrée du magasin. Les jeunes auteurs ont certainement plus besoin de vendre que Victor Hugo ou Albert Camus ! Des auteurs régulièrement invités d'ailleurs, dans le cadre de rencontres-dédicaces.

BD

ART ET BANDES DESSINÉES

11, rue Toussaint
✆ 06 33 67 19 58
Ouvert le lundi de 13h à 18h ; du mardi au samedi de 10h à 12h et de 13h à 18h30. CB non acceptée.

Voilà une boutique d'occasion comme on les aime, où la perle rare se mérite et où il fait bon fouiner tout en taillant la bavette avec Bertrand, le maître des lieux. Si vous ne savez pas vraiment ce que vous recherchez, faites confiance à ce grand passionné pour vous conseiller et vous orienter au mieux dans son joyeux foutoir, bien plus organisé qu'il n'y parait au premier coup d'œil, où s'entassent des milliers d'ouvrages de tous styles. Gibrat, Hergé, Cauvin, Manara, Uderzo... Ici, les grands noms de la BD (comme les plus obscurs) s'affichent à des prix plus que corrects, 6 ou 7 euros pour les éditions courantes, et la probabilité de repartir les mains vides est assez faible !

BD

AU REPAIRE DES HÉROS

19, rue de la Roë
✆ 02 41 34 83 06
www.canalbd.net/AU-REPAIRE-DES-HEROS
Ouvert le lundi de 14h à 19h ; du mardi au samedi de 10h à 19h.

Les héros étant toujours plus nombreux, le Repaire manquait de place. Pas besoin de supers pouvoirs, un déménagement, et hop ! 50 m² supplémentaires. On retrouve, dans un environnement où perce un peu moins la lumière du jour, les BD, romans graphiques et figurines qui ont fait la gloire de son ancien local. Sans oublier les conseils avisés de ces spécialistes. Et il y en a, des BD, pour tous les goûts : beaucoup de comics, des BD historiques, pour enfants, etc. Le lieu est très bien tenu, il manque encore quelques étiquettes pour s'y retrouver dans cette caverne d'Ali Baba mais ce sera sûrement rétabli ! Les séances de dédicace et expositions ne sont pas oubliées, avec un espace dédié.

BD

AZU MANGA

19, rue Bodinier ✆ 02 41 36 15 32
www.azu-manga.fr
Ouvert le lundi de 14h à 19h ; du mardi au samedi de 10h-12h30 et 13h30-19h.

La jeune clientèle se presse aux portes de ce temple angevin du manga et semble trouver son bonheur parmi les nombreux volumes et autres figurines qui laissent les néophytes quelque peu ébaubis devant tous ces kanji. Du sol au plafond, on retrouve les fameux mangas « pour les filles », « pour les garçons », ou encore de type *survival horror*, mais aussi des romans graphiques et quelques exemples de littérature nipponne ou des livres sur les thématiques associées au Japon. On peut d'ailleurs se procurer des bentos, mais aussi des tee-shirts, affiches et DVD. Pour débuter une collection, direction les occasions : accrochez-vous, il y aura des dizaines de tomes si vous souhaitez poursuivre.

BOUQUINISTE

BOUQUINERIE DU CENTRE

10, rue Chaperonnière ✆ 02 41 41 70 88
Ouvert le lundi de 14h à 19h ; du mardi au samedi de 10h à 19h. Pas de reprises de livres le samedi.

Changement d'adresse début 2020 pour ce libraire d'occasion bien connu des Angevins. La grande boutique un peu froide de la rue Montauban a fait place, rue Chaperonnière, à un espace plus réduit, en longueur, mais nettement plus chaleureux, avec son parquet et ses rayonnages en bois. On y fait toujours de bonnes affaires, quel que soit le type d'ouvrage recherché, des classiques de poche (le rayon le plus fourni) aux bandes dessinées en passant par les livres d'art, de recettes de cuisine, les manuels de psychologie ou les formats romans. Le stock est renouvelé régulièrement, au gré notamment des reventes par les clients eux-mêmes. Quelques DVD également, noyés dans cet océan ce papier !

BD

KROKI

16, rue Louis-de-Romain
✆ 02 41 88 61 15
www.kroki.fr
Ouvert le lundi de 14h à 19h ; du mardi au samedi de 10h à 19h.

Bien plus qu'un magasin de bandes dessinées, c'est un petit musée consacré à cet art particulier, avec des figurines de collection (les Schtroumpfs, Dragon Ball Z, Blacksad, et même Bécassine !), des affiches, de beaux objets qui mettront des étoiles dans les yeux de tous les amateurs de case ! Les livres eux-mêmes ne sont pas en reste, avec là encore des exemplaires signés et numérotés qui sont plus à exposer qu'à feuilleter. L'espace cache de multiples secrets, et les yeux traînent partout à la rencontre des héros de papier... Ils sont aussi en mesure d'expertiser vos vieux *Tintin*, *Spirou*, *Astérix* et *Gaston Lagaffe*. Quelques éditions originales ou anciennes sont d'ailleurs en vente.

BOUQUINISTE

L'ANTRE DES CURIEUX

13, rue Toussaint
✆ 02 41 88 66 15
Ouvert du mardi au samedi de 10h à 12h30 et de 14h à 18h30. Achat et vente.

Les années ne semblent pas avoir de prise sur cette librairie spécialisée dans les livres anciens, et dont la petite devanture rouge vif fait aujourd'hui partie intégrante du décor de la rue Toussaint. Outre une large sélection de livres allant de l'encyclopédie de voyages aux récits historiques en passant par les vieux Jules Verne de la collection Hetzel, le lieu propose également des lettres autographes, des gravures, d'anciennes affiches publicitaires, cartes de géographie ou cartes postales... Enfin, comme la curiosité ne s'arrête pas aux objets papiers, les collectionneurs y trouveront aussi quelques jolies toiles, objets d'art en tout genre ou même d'anciens costumes militaires.

CULTURE - BIBLIOTHÈQUE

BIBLIOTHÈQUE ANGLOPHONE

60, rue Boisnet ✆ 02 41 24 97 07
www.ellia.org
Mardi, mercredi, vendredi et samedi 13h-18h, jeudi 13h-19h. Abonnements 14 € (tarifs réduits), 60 € (familles) / 1 an.

Vous voulez lire en anglais ? Une seule adresse : la bibliothèque anglophone ! Les exemplaires des classiques de la littérature (Shakespeare, Joyce ou Nabokov) ne sont pas tout jeunes, mais la bibliothèque a un fonds un peu moins décrépit en ce qui concerne la littérature moderne ; elle propose aussi un rayon assez fourni pour les beaux-arts et l'histoire, ainsi que des DVD... C'est un véritable lieu de rassemblement pour tous les anglophiles : de nombreuses activités sont en effet proposées tout au long de l'année, depuis les classiques groupes de lecture et d'anglais aux ateliers (tels des créations textiles) en passant par les projections de films et les sorties en plein air. *So come on !*

JEUNESSE

SADEL

7, rue Vaucanson ✆ 02 41 21 14 60
www.savoirsplus.fr
Ouvert lundi de 14h à 19h ; mardi, jeudi et vendredi de 9h à 12h30 et de 14h à 19h ; mercredi et samedi de 9h30 à 19h.

Cette coopérative qui, au départ, fournissait livres et fournitures scolaires aux enseignants, a peu à peu élargi son offre et sa clientèle. Elle s'adresse donc aussi, depuis longtemps, aux particuliers, à travers des jeux (plus ou moins éducatifs, d'intérieur ou d'extérieur), des loisirs créatifs (peinture, perle, couture...), des livres jeunesse ou pour adultes... Un lieu de choix où faire ses courses de la rentrée (pour pas trop cher), et où trouver du matériel ludique et pédagogique toute l'année. On y déniche à coup sûr les articles de papeterie manquants, les sacs à dos ou agendas. C'est un magasin à la fois bien fourni et doté d'espace, où les vendeurs sont sérieux et compétents.

INSTITUT - CENTRE CULTUREL

LE TROIS-MATS

42, place des Justices ✆ 02 41 66 02 02
www.letroismats.fr
Lundi 15h-18h ; mardi, mercredi et vendredi : 9h30-12h30 et 14h-18h ; jeudi : 14h-17h30, samedi : 9h30-12h30

« Associons nos énergies ! » : telle est la devise de ce lieu de vie incontournable du quartier des Justices. De nombreuses actions y sont organisées durant toute l'année : ateliers culturels et sportifs pour tous les âges, conseils pour l'insertion des jeunes ou l'accompagnement scolaire, cours de danse indienne, de tricot, de cuisine asiatique, de gym douce, improvisation théâtrale, chant, écriture, dessin, peinture, musiques du monde... La liste est impressionnante ! Enfin, au-delà de toutes ces animations spécifiques, le lieu propose également des expositions, conférences ou débats, parfois même autour d'un café, d'une bonne pâtisserie ou de quelques tapas les soirs de concerts.

MÉDIATHÈQUE

MEDIATHÈQUE TOUSSAINT

49, rue Toussaint ✆ 02 41 24 25 50
www.bm.angers.fr
Mardi et mercredi 9h30-18h30 ; jeudi et vendredi 12h30 -18h30 ; samedi 9h30-17h30 ; le 2e dimanche du mois 14h-17h30.

A deux pas du château, c'est un lieu culturel incontournable, avec ses 185 000 livres en libre accès, ses 12 000 DVD et 400 titres de périodiques. La discothèque dispose de 35 000 documents sonores (CD, vinyles...) dans tous les styles, avec une attention particulière portée aux artistes locaux. Le lieu offre également un accès wifi, des postes Internet, des liseuses numériques, un grand choix de livres audio, ainsi qu'un espace emploi-formation doté de 1 200 ouvrages et une salle d'étude, au 1er étage, pour consulter les documents patrimoniaux. L'espace jeunesse, enfin, situé au 2e étage, accueille régulièrement des activités ludiques, lectures de contes, etc.

JEUNESSE

LA LUCIOLE

4, rue des Poëliers
✆ 02 41 86 16 06
www.laluciole.fr
Ouvert du mardi au samedi de 10h à 19h.

Créée il y a plus de trente ans, la luciole nous éclaire dans l'obscurité brumeuse des éditions enfantines. Car il en sort, chaque année, des albums et autres romans pour enfants, une pléthore ! Ouf, Anne-Cécile et Catherine sont là pour en sélectionner les plus pointus, mais attractifs. Les livres, classés par âge ou par thème, sont également accompagnés de nombreux jeux qui ont, eux aussi, tout leur intérêt : il suffit de lever la tête pour voir les beaux mobiles et jouets, qui nous replongent aisément en enfance. Si les jeux de société que l'on trouve ici peuvent se dénicher ailleurs, d'autres types de jeux, sont plus originaux et pourraient même remplacer des jeux plus connus.

VOYAGE

ITINERANCES

62, rue Baudrière ✆ 02 41 77 36 47
www.librairie-voyage-angers.fr
Ouvert le lundi de 14h à 19h ; du mardi au samedi de 10h30 à 19h. American Express.

La France est, on le sait, la première destination touristique au monde (et cette année, elle le sera davantage encore pour les Français !). Nous aurions tort de nous priver de ses merveilles... bien qu'il fasse bon aussi la quitter de temps en temps ! Pourquoi ne pas se laisser tenter en feuilletant des guides, témoignages, carnets de route et autres beaux livres illustrés ? Venez faire le plein d'idées à l'aide des guides et cartes ici présents : vous ne devriez pas avoir trop de peine à trouver votre bonheur. Histoire de se plonger davantage dans ces cultures, on ne manquera pas la sélection de guides de cuisine et autres thrillers qui fleurent bon des pays en attente d'être découverts.

RADIO
ALOUETTE

✆ 08 20 90 90 00
www.alouette.fr
99.1 FM.

Alouette, créée en Vendée dès 1981, a profité du vent de liberté des stations locales de l'époque. Elle est l'une des rares à avoir résisté à l'érosion. Plus écoutée sur le Choletais à l'époque, il parut normal qu'elle étende son action. Elle rassemble régionalement 100 000 auditeurs de tous âges pour une riche programmation multiculturelle. Variée musicalement et des rendez-vous d'actu et d'info locale justement. Annonces de radars routiers en live, passage des hits non-stop la nuit et recherche de quelques jeux sympas. La qualité de réception est excellente même dans les zones où d'autres radios grésillent. L'Anjou l'a adopté, même si la jeune génération ignore parfois sa longue histoire.

RADIO
M RADIO (95.5 FM)

✆ 36 18
www.mradio.fr

Changement de nom début 2018 pour MFM Radio, devenue M Radio. La particularité de la station ? Elle ne diffuse que de la chanson française. Aucun problème de quotas donc ! Une programmation 100 % française mais très large, allant de Céline Dion à Étienne Daho en passant par Kyo, Eddy Mitchell, les Rita Mitsouko ou encore Michel Sardou. Les auditeurs de M Radio peuvent même «personnaliser» leur programmation grâce aux différents programmes de sa webradio : «M Radio Fitness» pour des musiques qui bougent, «M radio nouveautés» et même «M Radio 100 % Johnny» ! Parmi les animateurs stars de la station lors de la saison 2018-2019 : Vincent Cerruti, Alexandre Devoise ou encore Sophie Davant.

RADIO
CHERIE FM (105.1 FM)

2, square de la Penthière
✆ 02 41 35 25 25
www.cheriefm.fr
Ouvert toute l'année.

Disparu l'an dernier, le « FM » de Chérie a finalement été réintégré ! Pas de révolution en vue pour cette radio du groupe NRJ, surfant toujours sur son concept de *pop love music*, entre hits internationaux des années 1980 et variété française d'aujourd'hui. Entre deux tubes de Sting, Céline Dion, Goldman ou Madonna, la partie info locale est assurée par l'éternel et fringant Sébastien Michaud, fidèle au poste depuis maintenant vingt ans. Il vous donne rendez-vous de 6h à 9h, du lundi au vendredi, pour des flashs illustrés d'extraits d'interviews et les points météo. La partie animation locale revient dans l'après-midi à Thibaut Longépée pour des bons plans sorties et des cadeaux à gagner.

RADIO
NRJ (98.0 FM)

2, square de la Penthière
✆ 02 41 36 86 86
www.nrj.fr
Ouvert toute l'année.

Écouter NRJ, c'est un peu sortir en discothèque sans bouger de chez soi ! Avec une playlist tournée vers les tubes d'artistes récents, elle reste la première radio musicale à Angers. L'émission matinale *Manu dans le 6/9*, du lundi au vendredi, est entrecoupée de flashs d'info locale présentés par Julie Naudin. Beaucoup d'actualités sportives, musicales, étudiantes… L'après-midi, toujours à Angers, c'est l'animateur Niko qui prend le relais pour tous les bons plans de la ville et des cadeaux à gagner. Enfin, chaque année en juillet, c'est plusieurs dizaines de milliers de personnes qui se rassemblent au parc du Vissoir de Trélazé pour la grande soirée de concerts gratuits NRJ In The Park.

RADIO
HIT WEST (100.9 FM)

✆ 02 40 71 20 00
www.hitwest.com

Une radio française régionale musicale diffusée dans l'ouest de la France. Son audience en fait une des radios importantes de la région, sans être leader. Hit West compte 5 décrochages, dont un pour Nantes/Sud-Loire (où sont d'ailleurs basés les principaux studios). La radio du groupe Ouest-France diffuse principalement les hits du moment, qu'elle ponctue de flashs locaux (le matin) et régionaux (le reste de la journée), l'actualité des clubs de foot ou des concerts gratuits en plein air que Hit West organise dans différentes villes de l'Ouest en vue d'aider à la diffusion des musiques actuelles. Une bonne initiative pour un média régional qui répond ainsi à l'attente de ses auditeurs !

RADIO
RADIO CAMPUS ANGERS

2, rue Merlet-de-Laboulaye ✆ 02 41 37 60 03
www.radiocampusangers.com
103 FM. Diffusion 7j/7 et 24h/24. Permanence téléphonique du lundi au vendredi entre 14h et 19h

Radio de proximité pour l'info étudiante, Radio Campus Angers est animée par et pour les étudiants, avec l'assistance de professionnels. Elle propose une vingtaine d'émissions d'actualités générales, culturelles, sportives (L'Aparté, Dernière séance, Artyshow, l'Afterwork…) ainsi que musicales (Juicebox, Beatscape, Bamboo Station, Dans le rétro, le Coureur de funk…). Envie de destresser avant la reprise de la semaine ? Le dimanche soir, l'émission Transcendance met le cap sur la zénitude, la spiritualité et les diverses techniques de bien-être. Enfin la programmation musicale, elle, navigue entre électro, rap, rock indé et chanson, avec une belle place laissée aux groupes locaux.

RADIO

RADIO CLASSIQUE [93.6 FM]

✆ 01 40 08 50 00
www.radioclassique.fr

Radio Classique couvre plus de 100 villes en France ! Certains vous diront que c'est une programmation par trop « classique », formatée et répétitive, mais, au moins, on peut facilement écouter les extraits des concertos, concerts ou symphonies des grands compositeurs. Des entretiens avec des chefs d'orchestre ou des musicologues sont même accessibles à tous ceux qui veulent découvrir le monde de la musique classique. Le site de la radio permet de télécharger 20 titres de musique classique sur iTune, sélection recommandée par Radio Classique et renouvelée tous les mois.

RADIO

RADIO G ! [101.5 FM]

3, rue de la Rame
✆ 02 41 60 47 47
www.radio-g.fr
Ouvert toute l'année. Diffusion 7j/7 et 24h/24.

Créée en 1981, Radio G poursuit sa mission de radio de proximité. Sa grille de programmation regroupe une soixantaine d'émissions animées par des bénévoles venus de tous horizons. Pour la partie info, la radio assure du lundi au vendredi 3 décrochages quotidiens avec les flashs de RFI, et un décrochage le samedi et dimanche. Les programmes, eux, offrent une tribune à un grand nombre de passionnés et représentants de diverses communautés. Côté musique, tous les genres sont représentés, de la techno au rap en passant par la chanson française, le rock, le jazz... Enfin, si vous rêvez de passer derrière le micro, la station lance chaque année un appel à projet pour de nouvelles émissions !

RADIO

RADIO NOVA [89.6 FM]

✆ 01 53 33 33 15
www.novaplanet.com

Une pure radio musicale parisienne qui prend son nom en 1981 après avoir été créée, sous le nom de Radio Verte, pour appuyer la campagne « Paris écologie » de Brice Lalonde en 1977. Autre petite anecdote, elle siège dans le même immeuble que TSF Jazz et là-bas, l'ambiance est plus que cool ! Après plusieurs orientations, de tâtonnement, elle s'est maintenant orientée vers le chill-out, l'ambient, la jungle, l'électro, le hip-hop et la world music, mais toujours en décalé (genre faces B d'exception de 45 tours) avec une recherche poussée de sons marginaux, même si parfois d'autres plates-bandes sont usitées. Avis aux amateurs, il y a beaucoup de bonnes choses à découvrir de ce côté-là !

RADIO

RCF ANJOU

36, rue Barra ✆ 02 41 87 98 98
https://rcf.fr/
Radio Chrétienne en France. Angers : 88.1 FM. Diffusion 7j/7 et 24h/24

RCF Anjou, créée en 1982, est une radio associative locale ouverte et chrétienne, émettant sur l'ensemble du département de Maine-et-Loire. Reliée au réseau national RCF, qui comprend aujourd'hui 64 stations, elle présente une grille des programmes articulée autour de quatre grands thèmes : actualité, culture, spiritualité et vie quotidienne. Dans la dernière grille en date, la rédaction de RCF offrait deux rendez-vous quotidiens d'information locale, le matin, du lundi au vendredi. Plusieurs tranches de programmes locaux sont également programmées dans l'après-midi ainsi que le week-end. Il est également possible de réécouter sur le site Internet, en podcast, les émissions déjà passées.

MAGNUS

Tout le monde connaît déjà l'appli Shazam qui permet de reconnaître une chanson grâce au mode écoute en temps réel... Il existe désormais le même type d'application mais pour les œuvres d'art. Il suffit de prendre en photo une œuvre d'art au musée, dans la rue, sur un magazine, et hop, le titre de l'œuvre d'art et le nom de l'artiste apparaissent sur l'écran de votre smartphone, comme par magie.

TÉLÉVISION

VIA ANGERS

2, rue du Colombier
✆ 02 52 35 02 16
www.viaangers.tv
Ouvert toute l'année.

Ex-Angers Télé, cette chaîne de télévision locale rebaptisée Via Angers en 2019 est la propriété du président d'Angers SCO. Une chaîne en grand partie dédiée, vous l'aurez donc deviné, aux exploits de son club de football... SCO Time, Totalement Foot, conférences d'avant match : tels sont les rendez-vous phares de la chaîne attendus par les supporters des blancs et noirs. La chaîne continue de diffuser un journal d'information locale ainsi qu'une émission économique, l'Éco de l'Anjou. Toutes ces émissions sont visibles en replay sur le site Web de la chaîne. Via Angers est diffusée sur le canal 30 de la TNT, le canal 523 Numéricable et SFR, le canal 344 d'Orange et le canal 938 pour Free.

ÉCONOMIE

ANJOU ECO - CCI

8, boulevard du Roi-René
✆ 02 41 20 49 00
www.anjoueco.fr

Depuis 2006, la Chambre de Commerce et d'Industrie du Maine-et-Loire édite son propre magazine intitulé *Anjou Éco*. Ce trimestriel publie 4 numéros par an (janvier, mai, septembre et novembre), et est distribué à près de 25 000 exemplaires. *Anjou Éco* dresse le tableau de la vie économique angevine à travers l'activité des entreprises et de tous les acteurs de notre territoire. Des dossiers et enquêtes abordent tous les sujets liés à la création et au développement des entreprises, à leur gestion et à leur financement. Portraits, interviews et témoignages assurent au magazine un vrai rôle de proximité. Le magazine *Anjou Éco* est également consultable et téléchargeable depuis son site Internet.

QUOTIDIEN

LE COURRIER DE L'OUEST

Boulevard Albert-Blanchoin
✆ 02 41 68 86 88
www.courrierdelouest.fr

Angevin de naissance, le quotidien a été racheté par le groupe SIPA-Ouest-France en 2008. Depuis sa première parution en août 1944, il n'a jamais perdu ni son identité, ni son lectorat. Avec ses multiples points de rédactions dans le département, imprimé à Angers du lundi au dimanche, *le Courrier de l'Ouest* fait partie intégrante de la vie angevine. Il propose des suppléments hebdomadaires et est aussi consultable sur Internet pour une info en temps réel, pour y donner son avis sur l'actualité ou pour signaler des événements et manifestations en contactant directement la rédaction. Partenaire des temps forts de la vie locale, il propose régulièrement des pages spéciales et des jeux concours.

QUOTIDIEN

OUEST-FRANCE

5 bis, rue Thiers
✆ 02 41 25 62 00
www.ouest-france.fr

Créé en 1944, *Ouest-France* est devenu le plus grand tirage de la presse quotidienne en France. Avec près de 800 000 exemplaires distribués chaque jour dans l'Hexagone, il surpasse ses concurrents parisiens et nationaux. Il est implanté dans 14 départements en Bretagne, Basse-Normandie et en Pays-de-la-Loire et propose pas moins de 52 éditions locales différentes, dont Angers, pour s'adapter à son lectorat et à sa situation géographique. Le journal publie régulièrement des hors-série et des suppléments dédiés à l'emploi, à la formation, à l'immobilier, à l'automobile ou encore aux marchés publics. Son site Internet, enfin, constitue lui aussi une excellente source d'information.

S'INFORMER

ANGERS MAVILLE

4, Boulevard Albert Blanchoin
✆ 02 41 44 78 74
Hebdomadaire culturel gratuit.

Ce périodique gratuit du groupe Ouest-France/Courrier de l'Ouest assure avec dynamique un éventail complet d'informations à caractère de loisirs et de temps libre. L'actu culturelle, les portraits de ceux qui font bouger la ville et la région, interviews d'artistes se produisant en Anjou, focus sur des expos ou les thématiques saisonnières des musées, personnalités angevines présentant leur façon d'aimer leur ville et leurs lieux préférés. Enfin, la programmation quasi systématique de l'ensemble des dates des structures culturelles y compris les sorties cinéma, bref, il est un compagnon agréable pour l'ensemble des Angevins. *Angers Maville* se décline également en un site Internet.

S'INFORMER

ANJOU&VOUS

Place Michel-Debré ✆ 02 41 81 49 49
www.mag.maine-et-loire.fr
Ouvert toute l'année.

Depuis septembre 2019. *Maine-et-Loire Magazine* troque son nom pour *Anjou&Vous*. La base reste identique, c'est toujours un mensuel gratuit qui est distribué dans les boîtes aux lettres du Maine-et-Loire. Il tient au courant de l'actualité du département, délivre des informations pratiques et part à la découverte de ce beau territoire qu'est le nôtre. C'est également un décryptage des actions menées au quotidien pour les habitants. Sur des sujets aussi variés que, par exemple, les cantines scolaires, le bioparc de Doué-la-Fontaine ou les activités équestres, *Anjou&Vous* ratisse toute l'actualité de nos alentours. Superbe initiative, le magazine est également disponible en version audio !

S'INFORMER

METROPOLE

83, rue du Mail
www.angersloiremetropole.fr/medias/journal-metropole/index.html

Un journal mensuel 100 % angevin pour plus de proximité, c'est ça le secret du Métropole. Ses objectifs ? Rassembler l'actualité du territoire, valoriser les diverses initiatives des angevins qui s'engagent ou innovent, se tenir au courant de l'actualité économique, écologique, sociale et solidaire, mais aussi des travaux ayant lieux dans la métropole. Il est aujourd'hui tiré à près de 60 0000 exemplaires et il est distribué dans toutes les boîtes aux lettres du territoire, hors Angers, soit 29 communes ! Les Angevins, quant à eux, reçoivent le journal municipal, mais ils peuvent consulter gratuitement ce mensuel *via* le site Internet angersloiremetropole, qui est très intuitif.

JE PRENDS SOIN DE MOI

« Je prends soin de moi... » Oui, mais de quelle manière ? Les réponses se trouvent dans les pages de cette rubrique, où il est question de mode, de look, d'élégance, de bien être... De quoi s'offrir de longues heures de shopping, en quête du tailleur à la fois chic et sobre, de la chemise dernière tendance, de la veste idéale pour les soirées d'été ou de la doudoune réglementaire pour les longs mois d'hiver. A cette belle sélection d'adresses de prêt-à-porter viennent s'ajouter ici des enseignes de coiffeurs, de barbiers, d'opticiens, de chausseurs, de bijoutiers, de créateurs de sacs, de petits objets du quotidien, qu'ils soient futiles ou non... Bref, tout pour s'offrir une apparence irréprochable de la tête aux pieds, accessoires inclus ! « Bien dans son corps, bien dans sa tête », dit-on... Angers ne manque pas non plus d'instituts de beauté ni de salles de remise en forme... Autant de lieux que certains auraient tendance à fréquenter assidûment pour préparer au mieux le « plus beau jour de leur vie », pour lequel nous leur avons d'ailleurs aussi sélectionné de bonnes adresses !

CHAUSSURES

2E ACTE

12, rue Corneille
✆ 02 41 87 22 30
Ouvert du mardi au samedi de 10h45 à 13h et de 14h30 à 19h.

Dépositaire de la vénérable marque Repetto, cette échoppe de la rue Corneille fait dans le très haut de gamme avec de superbes chaussures à talon, mocassins, bottines ou sandales à la finition impeccable. Evidemment, le prestige et la qualité ont un prix, et les articles exposés ici ne s'adressent pas à toutes les bourses... Outre Repetto, le magasin propose aussi de superbes bottines semelles bloc ou chaussures derby de chez Robert Clergerie, des bottines de chez Sartore, des baskets Voile Blanche, mais aussi des modèles signés Avril Gau, Heschung (un fabricant alsacien), ou encore Pantanetti. De jolis sacs à main, également, en lin et polyuréthane de la marque française Jack Gomme.

CHAUSSURES

JACK'SON UNIVERSAL

1, rue Lenepveu ✆ 02 41 24 96 83
www.jackson-universal.com
Lundi 14h-19h ; mardi-samedi 10h-19h. Les personnes à mobilité réduite ont accès à moins de 50 % du magasin.

Plus de 3 000 références de chaussures hommes, femmes pour cette grande boutique avec ses nombreux espaces, où se côtoient toutes les grandes marques sportswear et streetwear. Mais aussi côté ville car la boutique s'est réorientée vers le cuir plutôt que les sneakers. On y trouve Camper, Timberland, Felmini, Pikolinos et une marque au nom rêveur : Schmoove (on vous avait prévenu). Une adresse de référence, que vous soyez à la recherche d'une simple paire de sandales ou d'un modèle de baskets dernier cri. L'été, les pieds nus se chaussent ici de tropéziennes, de crocs ou de Birkenstock – l'insurpassable sandale allemande asexuée. Les vendeurs toujours à l'écoute sont adorables.

CHAUSSURES

CHEZ MONSIEUR

23, rue des Lices ✆ 02 41 20 93 70
www.boutiquechezmonsieur.com
Ouvert du lundi au samedi de 10h à 19h. Ouvert le dimanche (sur rendez-vous).

Point d'effet de mode chez MM. Ronan et Alexis, mais de l'élégance, qu'elle se décline aux pieds, aux mains (gants), au poignet (bracelets de montre) ou à travers des accessoires tels que ceintures, bretelles, cravates faits main ou parapluie unique en son genre. La petite boutique propose des marques peu connues, du sur mesure et, surtout, des chaussures personnalisables. Que vous souhaitiez patiner vos Stan Smith ou acheter une paire de Jodhpur, de Richelieu fleuri ou une double boucle, c'est la spécialité de Ronan, coloriste, qui sublime le cuir avec un vernis, un patinage aspect bois ou un bleu profond. Du 40 au 48, vous pourrez vous offrir d'uniques souliers customisés haut de gamme.

CHAUSSURES

NUMÉRO 23

23, rue des Lices ✆ 02 41 39 73 65
http://numero23.business.site/
Ouvert le lundi de 15h à 19h ; du mardi au vendredi de 10h30 à 13h30 et de 14h30 à 19h ; le samedi de 10h à 19h.

Une très belle adresse pour toutes les amoureuses du savoir-faire italien (on parle de chaussures, soyons précis !). Chantal, la maîtresse des lieux, n'a pas choisi de mettre en avant des marques nécessairement très connues, mais se fait néanmoins un point d'honneur à proposer des modèles haut de gamme, fabriqués à partir de matières de grande qualité et aux finitions parfaites. ici, le chic citadin se retrouve dans de belles sandales habillées de chez Inuovo, des escarpins, des bottines cuir velours ou des baskets de chez Nero Giardini... La boutique propose également quelques accessoires, notamment de jolis petits sacs de fabrication... italienne voyons !

CHAUSSURES

OUTREMESURE

45, rue Saint-Laud
✆ 02 41 88 12 75
Ouvert le lundi de 10h30 à 19h ; du mardi au samedi de 10h à 19h. Inaccessible aux PMR.

On s'attarde tout de suite devant cette grande vitrine et son bel étage de chaussures, exclusivement pour femmes. Si la vitrine est impressionnante, l'étage démultiplie l'offre ! Que vous soyez baskets, bottes ou ballerines, vous trouverez votre bonheur à travers les 200 m² de la boutique, parmi des marques comme Serafini, No Name, Rosemetal, Unisa... Les vêtements, bijoux et sac à main ne sont pas en reste avec des belles collections haut de gamme de style majoritairement rock, romantique et sport. Tout pour se concocter un look tendance et moderne en un seul endroit, à condition d'avoir les moyens, mais la qualité a un prix. Une boutique que toute « modeuse » se doit de connaître !

CHAUSSURES

PIÉTON

13, rue Lenepveu
✆ 02 41 86 00 85
Ouvert le lundi de 14h à 19h ; du mardi au vendredi de 10h à 19h ; le samedi de 10h à 19h30.

Piéton s'est agrandi ! Avec 10 m² supplémentaires, et des murs semi-végétaux, la boutique à la décoration sobre est agréable à parcourir. Elle fait désormais la part belle aux chaussures de la marque française Veja. Karhu est également représentée, aux côtés d'Adidas, New Balance, Converse ou encore Vans. Bensimon, et sa collection de tennis très colorées, est la griffe-phare pour la toile. Pour les cuirs vintage et les sneakers, la gamme est large et les marques représentées d'une qualité irréprochable. Mais les modèles présentés font presque figure de collectors, tant les séries spéciales, en nombre limité, font la fierté des lieux. De quoi prouver que vous êtes une pointure de style !

OPTIQUE

BLANVILLAIN OPTICIENS

23, rue d'Alsace ✆ 02 41 88 25 39
www.blanvillain-opticiens.fr
Ouvert du mardi au samedi de 10h à 19h30. Ouvert dès 9h et le lundi uniquement sur rendez-vous.

Loin des standards des enseignes nationales, Blanvillain a pour vocation de se distinguer par des marques de créateurs. Depuis 1965, le magasin, qui a son propre atelier, a opté pour un vrai savoir-faire artisanal et une prise en charge personnalisée de chaque client. Le choix des montures se fait ici à travers une trentaine de marques : Caroline Abram pour celles n'hésitant pas à arborer de grandes montures, les originales Michel Henau, Edwardson au style vintage, les élégantes Lindberg, les tendances Nathalie Blanc... les enfants soigneront leur look avec Izipizi. Il y en a pour toutes les têtes ! Pour les travailleurs aux horaires décalés, possibilité de rendez-vous entre 9h et 10h.

OPTIQUE

VOIR ET PLUS

36, rue Saint-Laud
✆ 02 41 73 29 91
www.voiretplus.fr
Du mardi au samedi de 9h30 à 19h.

© VOIR&PLUS

Les lunettes sont choisies avec soin, mais la décoration l'est tout autant. Avec sa vitrine régulièrement revisitée et ses vieux murs de schiste, on en prend plein les yeux ! L'élégance du lieu ne retire en rien la qualité des montures de créateurs présentées ici, plus de 600 modèles en stock : Gaston Eyewear, l.a Eyeworks, XIT, Nina Mûr, Komorebi, In'Bô, Clayton Franklin, Jacques Durand... Des lunettes pour voir, et plus : pour se démarquer. Une borne Nikon, au sein du magasin, permet de prendre les mesures les plus précises possible et bien sûr, de se découvrir avec son nouveau look. Enfin, il est possible de restaurer vos anciennes lunettes, et de payer en douze fois sans frais. Bien vu !

OPTIQUE

ESPACE LENTILLES SERVICES

4, rue Montauban
✆ 02 41 87 14 96
www.espace-lentilles-services.fr
Lundi 14h-19h30, mardi et vendredi 9h30-19h30, samedi 9h30-18h30.

© ESPACE LENTILLES SERVICE

Cela fait plus de 25 ans qu'Espace Lentilles Services est installé dans ce bel immeuble de cette rue un peu à l'écart de l'agitation du Ralliement. Comme son nom l'indique, c'est donc un spécialiste des lentilles, souples ou rigides, de couleur ou naturelles. Bref, toutes les possibilités dans ce domaine sont disponibles ici, suivant les avancées technologiques qui permettent la meilleure adaptation aux différentes yeux. On vous conseillera sur la manipulation des lentilles, leur pose et leur entretien. De plus, ils proposent du maquillage spécifique pour les yeux sensibles ! Enfin, si vous ne trouvez pas votre modèle, sachez que la livraison est très rapide et l'accueil chaleureux !

OPTIQUE

TY'S YEUX

42, rue Saint-Laud ✆ 02 41 34 21 62
www.tysyeux.fr
Lundi 14h-19h ; mardi, jeudi et vendredi 10h-12h30 et 14h-19h ; mercredi et samedi 10h-19h.

Ce spécialiste des lunettes pour enfants, de 0 à 14 ans, attirera les plus jeunes par sa présentation colorée : idéale pour mettre en confiance l'enfant, car à cet âge, c'est un cap qu'il faut parfois savoir dédramatiser. Dans l'espace coloré, chaleureux et ludique, sont exposées plus de 350 montures. Si votre chère tête blonde n'y trouve pas son bonheur, il y a toutes sortes de lunettes en réserve ! Sont représentées les marques Star Wars, Zoobug, ICBG Kids, les lunettes de créateurs Paprika, Little Vinyl factory (inspirées des musiciens), J-F Rey... Non négligeable pour cet investissement parfois à risque devant certains petits casse-cous, une seconde paire vous est proposée pour un euro !

OPTIQUE

OPTICIENS CONTEMPORAINS

31, rue Saint-Aubin
✆ 02 41 25 00 16
www.opticiens-contemporains.com
Ouvert le lundi de 14h à 19h ; du mardi au samedi de 9h30 à 19h.

© FABRICE QUINTON

© FABRICE QUINTON

Associée à la charte Au Cœur de la Vision, regroupant des opticiens indépendants ayant à cœur d'exceller dans l'exercice de leur profession, cette enseigne vous garantit une écoute attentive et un suivi personnalisé de votre dossier visuel. Vous trouverez ici des modèles de lunettes correspondant vraiment à votre visage et à votre personnalité, sans oublier les lentilles de contact, verres progressifs... L'établissement propose un grand choix de montures de marques réputées comme Lindberg, J.F Rey ou Persol, ou encore Vuarnet et Maui Jim pour les modèles solaires. Enfin, pour vous aider à faire tranquillement votre choix, la boutique propose également des prêts de lunettes à domicile.

OPTIQUE

CÔTÉ REGARDS

13, rue Voltaire ✆ 02 41 87 03 87
www.coteregards.fr
Ouvert le lundi de 13h30 à 19h ; du mardi au samedi de 9h30 à 19h.

Avec sa belle vitrine de la rue Voltaire, ses conseils d'experts et sa large gamme de montures à des tarifs raisonnables, Côté Regards est devenu en 20 ans l'un des opticiens référence du centre-ville. Du côté des montures, on sait suivre ici les tendances et les marques haut de gamme, notamment côté solaire, avec Ray-Ban, Oakley, Tom Ford, Calvin Klein, Chanel, Celine... Partenaire de nombreuses mutuelles de santé, Côté Regards vous permet de ne pas avancer de frais lorsque cela est possible. Le site Internet du magasin permet de prendre rendez-vous directement en ligne et offre également un astucieux système de cabine virtuelle pour essayer les montures de votre choix via votre webcam.

OPTIQUE

MOTARD OPTICIEN LUNETIER

11, rue Saint-Laud
✆ 02 41 77 96 69
Ouvert du lundi au samedi de 10h à 19h. American Express.

Très classe cette échoppe de la rue Saint-Laud ! Ici, on teste des lunettes comme d'autres viendraient essayer un costume ou un tailleur dernier cri. La profusion de montures en bois, corne, pierre ou même en cuir, titane et vinyle séduisent les amateurs de produits uniques. Mais c'est sans conteste la qualité de l'accueil qui fait toute la différence, avec conseil avisé, à chaque essai de monture, à la façon d'un visagiste. Toutes les montures sont de qualité, chics, réalisées presque sur mesure par des créateurs de tous pays : Lunor est allemand, Moscot, américain, Masahiro Maruyama, japonais... Rien n'est trop beau pour vos yeux, côté solaire, avec des modèles de chez Cazal ou Masunaga.

CADEAUX

FISHBRAIN

31, rue Saint-Martin ✆ 02 49 87 60 19
www.fishbrain.fr
Mardi 14h-19h, mercredi-vendredi 11h-13h30 et 15h-19h, samedi 10h-13h30 et 14h30-19h.

Alors que l'atelier de sérigraphie est déjà implanté au 18 rue d'Iéna, Fishbrain a ouvert une petite boutique tout près de la rue Saint-Aubin (préfecture). Les artistes angevins connaissent bien la marque, elle qui leur permet d'imprimer leurs motifs sur différents supports, notamment textiles. On peut ainsi retrouver ici des polos, bonnets, t-shirts ou affiches à l'effigie, bien sûr, de la marque au poisson, mais aussi et surtout aux graphismes originaux et modernes d'artistes locaux (Hametism, Mahnu, Antoine Djack). Les entreprises et particuliers peuvent aussi faire imprimer leur logo, sur des cotons bio de qualité. Durable, local, original : trois bonnes raisons pour leur rendre visite !

FEMME
À CAUSE DES GARÇONS
25, rue des Poëliers
✆ 02 41 88 56 06
Ouvert du mardi au samedi de 10h30 à 13h et de 14h30 à 19h. American Express.

S'habiller, on le fait pour soi… ou à cause des garçons ! Cette boutique résolument tournée vers la mode féminine présente des pièces rares et de qualité. C'est l'occasion de (re) découvrir des marques ou de compléter sa collection de tenues dessinées par Isabel Marant étoile ou ses sacs Jérôme Dreyfuss. Les sacs sont aussi signés Loulou de Nantes, dont on trouvera également des bijoux. C'est tour à tour chic, tendance, vintage, élégant… Les différentes marques s'adaptent à votre univers : Athé Vanessa Bruno (bohème-chic), APC (chic décontracté), Current Elliott qui remet au goût du jour le denim américain… Pour parfaire le tout, des chaussures sont également en vente à l'intérieur !

FEMME
JADE
31, rue Saint-Julien
✆ 09 83 88 88 85
Mardi-vendredi 10h-14h et 15h-19h, samedi 10h-19h.

Pour celles en quête à la fois de classe et de décontraction, de fraîcheur et d'élégance, Jade est à coup sûr une bonne adresse. Sur les portants de cette petite boutique de prêt-à-porter féminin, un éventail de marques sélectionnées juste pour vous. Vestes, chemisiers, pulls, pantalons, robes, chaussures à la mode, manteaux, le tout dans des étoffes aux discrets imprimés. Les prix sont raisonnables et les lignes sont soignées. Pour une centaine d'euros, vous réussirez à vous composer une tenue sympa, de la tête aux pieds. Le joli choix de pochettes et de sacs à main complétera votre impeccable silhouette, ainsi que de très jolis bijoux. Du choix et des tenues qu'on ne retrouve pas ailleurs.

FEMME
CLOÉ
6, rue Bressigny
✆ 02 41 20 33 69
Ouvert du mardi au samedi de 10h30 à 12h30 et de 14h30 à 19h.

Située à quelques mètres du boulevard Foch, cette petite boutique de la rue Bressigny fêtera l'an prochain ses 20 ans. 20 années de sourires, de complicité et de conseils toujours judicieux à l'attention d'une clientèle ultra fidèle. Dans ce lieu intime, chaleureux, Ghislaine et Valérie accueillent les clientes comme on accueille de bonnes copines. Des copines attirées par de jolis hauts, robes longues, pantalons, jupons ou petits manteaux aux tons souvent très colorés. On fait ici dans le bohème chic, avec des pièces de la marque française Rhum Raisin, de Neslay (pour les femmes un peu rondes), mais aussi de plusieurs marques italiennes comme Wendy Trendy, 158C, Carla Gianinni, Sabini…

FEMME
NOTTING HILL
4, rue Bodinier
✆ 09 82 20 76 17
Lundi 14h-19h, mardi-vendredi 11h-13h30 et 14h30-19h, samedi 11h-19h.

Cette belle boutique à la devanture grise porte bien son nom : un mélange de chic et de décontracté façon « Londoniennes dans le vent ». Si l'on a peu de chance d'y croiser Julia Roberts, peut-être pourra-t-on se la jouer Pretty Woman en essayant les nombreuses marques exposées : La Fée Maraboutée pour des coupes virevoltantes, Tommy Hilfiger pour un look branché, Maison Scotch et son classique réinventé, des robes et des pantalons de la marque italienne Liu Jo, du American Vintage, du Reiki, Studio… Vous y êtes chouchoutées, conseillées sur les gammes et couleurs… De belles marques côté chaussures et des accessoires, foulards et sacs… Un beau magasin pour des tenues tendance.

FEMME
EKYOG
5, rue Voltaire ✆ 02 41 87 79 11 - 02 41 87 79 11
www.ekyog.com
Lundi de 14h-19h ; le mardi et le jeudi 10h-13h et 14h-19h ; le mercredi, le vendredi et le samedi 10h-19h.

Depuis 2003, Ekyog développe un concept de vêtements féminins éthiques et éco-responsables, excluant lors de leur fabrication tout produit potentiellement nocif ou toxique. Des modèles composés de matières naturelles, bio ou recyclées : lin, laine, soie, coton… Une charte éthique s'assure également du respect des employés travaillant sur les filières de production. Et le style de tout cela ? Des robes aux vestes en passant par les tee-shirts, jeans, gilets et pulls, il est à la fois sobre et tendance. Quelques modèles de chaussures également, en collaboration avec la marque Veja, et même du vernis à ongles éco-responsable (utilisant l'eau en guise de solvant) de la marque Nail Matic.

FEMME
SAPOTILLE
19-21, rue Lenepveu
✆ 02 41 20 62 35
www.sapotille-france.fr
Ouvert du lundi au samedi de 10h à 19h.

Le magasin a migré vers la rue Lenepveu et propose toujours ses habits de dentelle, de froufrous, de tissus légers… Monochrome ou à motifs, le vêtement résolument féminin se pare même de romantisme à l'esprit bohème. Juxtaposez les pièces, superposez les motifs et mixez les tissus parfois très colorés. Beaucoup de créations italiennes, des tenues virevoltantes et aériennes, des lignes et des étoffes très féminines. Des mailles ajourées, des cotons, de la soie, du lin et surtout de la légèreté ! La féminité est accessible pour toutes les silhouettes : le magasin habille du XS au XL. Il s'adresse à des femmes d'âge, de goûts différents, pour un budget accessible. L'accueil est chaleureux.

ACCESSOIRES

DORE-DORE

9, rue Voltaire
✆ 02 41 87 56 96
www.dore-dore.fr
Ouvert le lundi de 14h à 19h ; du mardi au samedi de 10h à 19h.

LE spécialiste angevin de la chaussette ! A motifs classiques ou déjantées, en version fil d'Écosse, Burlington, soquette, jambière ou chaussette-chausson à picots, le choix est vaste. Dans cette petite boutique de la rue Voltaire, Marlène a su miser non seulement sur le choix, mais aussi sur la qualité et l'originalité des modèles. De quoi contenter une clientèle large, qui trouvera également ici, pour les femmes, une belle sélection de collants et bas de la célèbre et prestigieuse marque autrichienne Wolford, ainsi qu'une gamme très colorée de maillots de bain durant toute l'année. Quant aux conseils de la maîtresse des lieux, ils sont toujours avisés et dispensés avec le sourire.

ACCESSOIRES

AU GRÉ DU TEMPS - LA MANUFACTURE

16, rue des Lices
✆ 02 41 87 06 00
www.augredutemps-angers.fr
Lundi 14h-19h, mardi-samedi 10h-12h30 et 14h-19h.

Longtemps spécialisée en chapeaux (de toile, de paille fine, de pluie, de cérémonie), en gants, foulards et parapluies, la boutique a élargi son répertoire pour proposer 4 marques françaises de chaussettes et collants. Perrin propose toute une gamme de chaussettes classiques en fibre naturelle : La Chaussette Française, plus habillée et déclinée en plusieurs coloris, les Dagobert à l'Envers avec la particularité d'être réversibles, Berthe aux Grands Pieds qui décline des imprimés originaux. Pour les plus sensibles, des modèles anti-compression ou anti-bactériens.

TAILLEUR - SUR MESURE

JEAN-MARIE BEUCHER

51, boulevard Saint-Michel
✆ 02 41 60 46 87
Ouvert du mardi au vendredi de 9h à 12h et de 14h30 à 19h ; le samedi jusqu´à 18h.

Depuis 26 ans, Jean-Marie Beucher exerce le noble et rare métier de tailleur. Depuis son atelier, cet irréductible garantit une confection 100 % maison, en dénichant pour vous les étoffes les plus nobles et les tissus les plus résistants. Les costumes sont chers mais vous les garderez à vie ! Le talent de cet expert des ciseaux est grandement reconnu, même hors des frontières de l'Anjou – les dandys parisiens viennent jusqu'à lui pour se vêtir, son nom revient régulièrement dans les forums spécialisés et il a même eu les honneurs de TF1. Notre Meilleur Ouvrier de France 2015, dernier tailleur d'Angers, ne fait plus les retouches, et il faut prendre un rendez-vous pour le sur-mesure.

CRÉATEUR

FOLIES DOUCES

10, rue Saint-Etienne ✆ 02 41 48 72 51
www.folies-douces.com
Ouvert le lundi de 15h à 19h ; du mardi au samedi de 10h à 19h (fermé le mercredi entre 12 h et 14 h).

Cette boutique, tenue par la dynamique Joëlle, est un lieu rafraîchissant et un véritable paradis de couleurs et de senteurs. Maroquinerie exclusive, senteurs au naturel pour la maison, accessoires de mode, cadeaux et bijoux de créateurs garnissent la boutique. La plupart des articles sont signés d'artistes jouant la mixité des traditions et des techniques. L'emploi de matières variées et les contrastes donnent un effet saisissant aux créations (cuir, métaux, ivoire végétal, verre, résines, etc.). Un très bon choix de sacs (Paul Marius, Le Voyage en Panier, Le Sac du Berger...), et de bijoux de création française, des pierres semi-précieuses... De quoi faire des folies... douces.

CRÉATEUR

LEAME CREATION

55, rue du Mail ✆ 02 41 25 13 22
www.leame-creation.com
Mardi-vendredi 10h-12h et 14h-19h (samedi 18h). Sur rdv pour créations. Création de robe de mariée : 900 €/2000 €.

Avec 30 ans d'expérience, dont la moitié dans le prêt-à-porter de luxe, Béatrice Ruel – ancienne couturière notamment chez Christian Dior et Chanel – propose, dans cette belle boutique, des vêtements haut de gamme et réalise, selon vos envies, des modèles uniques sur mesure. Vous pouvez choisir le tissu pour une jupe ou une veste, une coupe ajustée pour un tailleur ou un pantalon, un coloris spécial pour un chemisier. Mais vous pouvez passer par la boutique pour d'autres occasions : robes de cocktail, de baptême et de mariage peuvent y être créées selon vos goûts. Les retouches sont aussi possibles. On y trouve aussi de l'ameublement stylisé. Une perle dans la ville !

CUIR

AU 7 RUE BRESSIGNY

7, rue Bressigny
✆ 02 41 88 24 41
Lundi-vendredi 9h-12h et 14h-18h15 ; samedi 9h-12h et 14h-17h30. Lundi théoriquement fermé, mais souvent ouvert...

A l'heure où les simili cuir prospèrent, il convient de mettre en avant le travail des artisans qui ont fait le choix de travailler cette matière noble qu'est le vrai cuir. Joël Noury est un de ces artisans qui s'est associé avec deux autres spécialistes du cuir, et dans son atelier, il nettoie, répare, retouche, aussi bien les fauteuils que les vêtements, les sacs que les ceintures. Envie d'offrir une pochette, une trousse ou un portefeuille en cuir ? On peut ici vous créer des modèles sur mesure, dans le cuir et le coloris de votre choix ! Enfin vous trouverez aussi ici toute une gamme de vêtements en cuir neuf à des prix raisonnables ainsi que tous les conseils d'entretien qui vont avec.

CHAPEAUX - GANTS - FOULARDS

AU GRÉ DU TEMPS

16, rue des Lices
✆ 02 41 87 06 00
www.augredutemps-angers.fr
Ouvert le lundi de 14h à 19h ; du mardi au samedi de 10h à 12h30 et de 14h à 19h.

Triple casquette (oui, elle est facile !) pour cette jolie chapellerie de la rue des Lices, qui revendique aussi le titre de ganterie et de chaussetterie. De quoi être élégant de la tête aux pieds, avec une large collection de chapeaux de toile, de paille fine, de pluie, de cérémonie... Les marques Stetson et Bailey sont ici largement représentées, mais on retrouve aussi la tradition italienne de Panizza, des casquettes Göttmann, Derby Sport et City Sport ou encore les chapeaux de la marque Soway, garantis anti-UV ! Des parapluies également, écharpes, foulards, pochettes, gants de cuir ou de laine, chaussettes en laine, en soie ou en coton et collants de marques exclusivement françaises.

DÉPÔT-VENTE

LE DRESSING

29, rue Plantagenêt
✆ 02 41 19 13 04
Ouvert du mardi au vendredi de 10h à 18h20 ; le samedi de 10h à 12h et de 14h30 à 18h30.

Dans le royaume des dépôts-vente, celui-ci porterait la couronne. Qui dit couronne dit prestige et prix élevés. Mais rien que de très naturel, ici, les vêtements et accessoires sont haut de gamme. Exemple ? Louis Vuitton, Rayban, Claudie Pierlot, Sonia Rykiel, Chanel, pour les plus connus... Le résultat est à la hauteur des prix affichés : de grande qualité, très élégant, de quoi briller à n'importe quel cocktail. D'ailleurs, la vitrine de la boutique sait mettre en valeur des robes et chaussures qui font rêver. Et dites-vous bien que tout cela est vendu nettement moins cher que leur véritable valeur ! Quant à celles qui souhaitent vendre plutôt qu'acheter, elles prendront rendez-vous...

DÉPÔT-VENTE

TROC'CINELLE

115, rue Saint-Jacques ✆ 02 41 73 37 58
www.troccinelle.net
Mardi-jeudi et samedi 10h-12h30 et 14h30-18h30 ; vendredi 10h-18h30. Dépôt les mardis, jeudis et vendredis matins.

Situé près de l'étang Saint-Nicolas, ce dépôt-vente réserve de belles surprises pour les amateurs de mode au budget serré. Le rayon femme offre toujours le plus large choix avec de jolis hauts de chez Hollister, Comptoir des cotonniers, The Kooples, des robes d'été Kookai. Des sacs également, des chaussures, des lunettes de soleil... On est parfois loin des tarifs de type friperie, mais cela reste très raisonnable au vu de la qualité des pièces et de la renommée de certaines des marques présentes ici. Le rayon homme est normalement plus restreint, mais celui des enfants, lui, est toujours bien garni, avec des modèles de chez Catimini ou Petit Bateau, ainsi que des bijoux et des jouets !

EQUITABLE

LA MAISON D'ATCHOBO

46, rue des Lices
✆ 06 03 03 55 74
Ouvert du mardi au samedi de 11h30 à 20h30. Livraison possible (possibilité de commander en ligne).

Regroupant 5 artisans et stylises créateurs, la Maison d'Atchobo offre une large collection de vêtements, bijoux, objets déco et linge de maison (nappes, sets de table, coussins) à la mode africaine, où mixant le genre ethnique à des influences plus occidentales. Côté mode féminine, c'est une explosion de couleurs qui vous attend dans le petit atelier aménagé au fond de la boutique : Laurence, styliste et maîtresse des lieux, y stocke de magnifiques pièces en wax, ces tissus africains très colorés et très tendance. On craque également pour les superbes parures de bijoux, en vitrine, aux perles venues tout droit du Cameroun, du Ghana, du Mali... Dépaysement et plaisir des yeux garantis !

GRANDE TAILLE

TOSCANE

75, avenue Montaigne
✆ 02 41 22 16 00
www.toscane-boutique.fr
Ouvert du lundi au samedi de 9h30 à 20h30.

Ils sont - hélas ! - trop peu nombreux les magasins dédiés aux grandes tailles. Heureusement Toscane est là pour proposer des vêtements 44 au 52. Il s'agit d'une filiale d'Armand Thierry et l'on bénéficie ici d'un accueil très souriant, les vendeurs sont disponibles et donnent de bons conseils sur les tailles, les modèles, avec patience et clairvoyance. Tuniques, gilets, jupes, pulls ou pantalons : les vêtements sont bien coupés, et arborent matières, couleurs et imprimés diversifiés, le tout à prix raisonnable. On y trouve aussi des accessoires tels que des bijoux, écharpes ou ceintures. Cette enseigne rend bien des services à celles qui ne savent ni où ni comment se vêtir.

HOMME - FEMME

ALTIUS FORTIUS

11, rue de l'Oisellerie
✆ 02 41 19 25 47
Ouvert le lundi de 14h à 19h ; du mardi au samedi de 10h à 12h30 et de 14h à 19h.

Depuis maintenant deux ans, Altius Fortius a su conquérir sa clientèle, à l'image de son nom, en latin dans le texte : plus haut, plus fort. L'homme grand et fort vient donc se vêtir dans cette boutique. Ici, les vêtements sont modernes, chics et de qualités. Parkas, polos, vestes, doudounes, chemises... Les tailles vont jusqu'au 7 XL et au 38 de longueur pour les pantalons. Cravates et caleçons viennent compléter l'offre de la boutique. Quant aux marques, on y trouvera autant Hugo Boss que Canson ou Eterna. Et il est toujours possible de passer commande pour tout type de taille, de coupe, de couleur ou de tissu, celle-ci arrivera dans les 48 à 72 heures à votre domicile !

HOMME - FEMME

DÉTENTE

75, avenue Montaigne ✆ 02 41 86 06 19 – www.la-galerie.com/espace-anjou/boutiques/detente-detente-espace-anjou
Lundi-samedi 9h30-20h30. A Atoll, ouvert lundi-samedi 10-20h. Chèques acceptés jusqu'à 30 €.

Présente à Espace Anjou mais aussi à Grand Maine et à Atoll, Détente est une enseigne offrant sur Angers un large choix de références pour tous, dans un style à la fois citadin et décontracté. Côté femme : des petits hauts de chez Kaporal, Temps des cerises, des vestes Vero Moda... Les hommes, eux, trouveront ici des blousons Redskins ou Calvin Klein, des jeans Jack & Jones, des pulls Teddy Smith, ou encore des polos Tommy Hilfiger. Le petit rayon chaussures n'est pas mal non plus avec des marques comme New Balance, Adidas, Converse... Bref, un lieu où il fait bon fouiller pour trouver à coup sûr le vêtement que l'on cherche, ou celui pour lequel le coup de cœur est inévitable !

HOMME - FEMME

EVENTS

35, rue des Lices
✆ 02 41 76 19 59
Ouvert le lundi de 14h à 19h ; du mardi au samedi de 10h30 à 13h et de 14h à 19h. American Express.

Un magasin très tendance, où les jeunes branché(e) s viennent trouver du confort et du style. On est ici dans le sportwear et le casual. Parmi les marques présentes : Country of origin, Mr Charli, Home Core, Oxbow... Belle idée également de proposer la jeune marque régionale de Loire-Atlantique Maison Oscar, de fabrication 100 % française. Côté chaussures, on retrouve P448, Atlantic stars, Mr Moustache... Les fashionistas angevines, elles, ont aussi droit à de jolis modèles de chez Sassun, Imprévu, Thinking Mu... Des sacs également, signés Rains, Cabaïa... Quant aux prix, ils ne sont pas les plus bas, certes, mais les finitions sont belles et les conseils du personnel toujours avisés.

HOMME

TERRITOIRE D'HOMME

6-8, rue Voltaire ✆ 02 41 87 43 24
www.territoiredhomme-angers.fr
Ouvert le lundi de 14h à 19h ; du mardi au vendredi de 9h30 à 12h30 et de 14h à 19h ; le samedi de 9h30 à 19h.

Une boutique en forme de vrai dressing, clair et spacieux, où s'épanouissent ici les rêves d'élégance et de séduction à travers une ambiance chic, chaleureuse et masculine. Les costumes Territoire d'Homme, Scabal et Pierre Cardin côtoient les pièces sportswear de chez Ruckfield, Tommy Hilfiger ou les chemises haut de gamme de chez Seidensticker. Un coin du magasin est réservé aux habits de cérémonie, où un catalogue vient compléter les collections de smoking, queue-de-pie et costumes trois-pièces. Les conseils des vendeurs et les collections multimarque se conjuguent pour valoriser votre silhouette et vous dénicher la pièce dont vous avez toujours rêvé !

HOMME - FEMME

MIX ET TENDANCES

39, rue Toussaint
✆ 02 41 88 34 26
Ouvert du mardi au samedi de 10h30 à 19h.

Ici la diversité est reine : des vêtements dans l'air du temps sans pour autant se raccrocher à un style particulier ou à une quelconque mode éphémère. Un côté casuel et très tendance tout de même pour les hommes, avec de très belles chemises à carreaux de la marque portugaise Flannel, de confortables pulls et sweats de chez Olow ou Farah, ou encore les collections d'inspiration maritime de chez Baskinthesun, pour tous les Angevins en manque d'horizons iodés ! Pour les femmes, enfin, des pièces de chez Samsoe & Samsoe, Minimum, ainsi que de très jolis sacs artisanaux en raphia, de la marque Made in Mada, confectionnés à Madagascar par une créatrice australienne.

HOMME

XY BOUTIQUE

1, rue de l'Aiguillerie ✆ 02 41 88 35 99
www.xy-boutique.fr
Lundi 14h-19h, mardi-samedi 10h-12h30 et 14h-19h.

Une des références angevines en matière de vêtement sportswear. La boutique XY fait la part belle aux marques Hugo Boss et Strellson pour des coupes irréprochables et des tissus de grande qualité. Bonne nouvelle pour les plus robustes : les vestes Strellson taillent ici jusqu'au 62. Vous trouverez aussi ici un large choix de blousons, vestes d'été, parkas, manteaux, pulls, polos, chemises, t-shirts, mais aussi quelques jolis modèles de chaussures de chez Kost. La boutique propose aussi divers accessoires, de la marque LXH, par exemple, avec des casquettes, cravates, nœuds papillons ou ceintures 100 % coton. C'est chic, mais pas luxueux pour autant, idéal pour les fameux cadres dynamiques.

HOMME

LES ARCHIVES

31, rue Toussaint ✆ 09 82 35 20 50
www.lesarchives-shop.com
Ouvert du mardi au vendredi de 11h à 13h30 et de 14h30 à 19h ; le samedi de 10h30 à 19h.

Ouverte en 2018 dans les locaux d'une ancienne galerie d'art, cette jolie boutique de prêt-à-porter pour hommes joue la carte branchée-décontractée et sportwear avec une belle sélection de marques de qualité, privilégiant le savoir-faire français (bravo !) : vestes, blousons et pulls de chez A.P.C, chemises, pantalons et jeans de chez Maison Kitsuné, Maison Labiche ou AMI... Pour l'été, de jolis shorts-bermudas et maillots de bain également, toujours très tendance. La boutique propose aussi une large sélection de baskets de la marque Veja, orientée vers le commerce équitable, ou de chez Zespa, au design intemporel, ainsi que divers accessoires, ceintures, bonnets, écharpes, sacs...

LAINE

TISSUS DE LA MINE

1, chemin du Clos-Doré - **VERRIÈRES-EN-ANJOU**
✆ 02 41 36 84 10
www.tissus-de-la-mine.fr
Ouvert du lundi au samedi de 9h30 à 19h.

Le magasin offre tout le matériel nécessaire pour les amateurs de couture, y compris de quoi confectionner des masques ! Installé face au Parc des Expositions, il offre toujours une très large sélection de tissus d'habillement et d'ameublement à un excellent rapport qualité-prix. Pour les adeptes du tricot, une belle gamme de fils de laine également. Les lieux présentent leur propre atelier de retouches et de confection et, en cas de souci sur une machine à coudre, assurent l'entretien ou la vente de modèles des marques Pfaff et Janome. Enfin, des cours de couture sont proposés, pour tout type de public, ainsi que la restauration de fauteuils ou canapés à domicile !

LINGERIE

ARTHUR

4 bis, rue Voltaire ✆ 02 41 87 94 87
www.boutique-arthur.com
Ouvert le lundi de 14h à 19h ; du mardi au samedi de 10h à 13h et de 14h à 19h.

Arthur est le spécialiste des vêtements d'intérieur, le paradis des sous-vêtements douillets à enfiler le soir ou lors d'un moment de farniente le week-end, avec une vaste collection de pyjamas colorés, courts ou longs, mais aussi des robes de chambre, chaussettes et chaussons. Une belle promesse ce *cocooning* avec des produits de qualités. Arthur préfère apparemment les hommes, au vu du large choix qui leur est offert (notamment côté caleçons), mais toute la famille est la bienvenue : femmes et enfants y trouveront également des tenues de nuit (ou de grasse matinée). L'esthétique des collections, enfin, ne se dément pas d'année en année, tout comme la qualité de l'accueil.

LINGERIE

DANSES & PLAGE

19, rue Saint-Julien ✆ 02 41 20 10 08
www.dansesetplage.fr
Mardi 10h30-13h et 14h-19h, mardi-samedi 10h30-19h, jeudi 11h-13h et 14h-18h30, vendredi 10h30-13h et 13h30-19h.

Le rendez-vous de tous les danseurs et danseuses : classique ou claquettes, modern-jazz, tango, danse orientale... Il y en a pour tous les styles. Cache-cœur ou tunique Intermezzo, justaucorps Ballet Rosa, jupette Grishko, sont des marques spécialisées dans le domaine. Certaines tenues peuvent même sortir en ville, toujours en souplesse et en féminité. Les vêtements ne suffisent pas, passons aux pieds : chaussures de danse de salon, de salsa, de swing et bien sûr chaussons pour la danse classique. La plage et les maillots de bain sont l'autre spécialité du magasin. Des accessoires, sacs, porte-clés sont aussi vendus. En ligne, retrouvez la liste des écoles de danse partenaires.

LINGERIE

ELLE AIME LINGERIE

29, rue Saint-Julien ✆ 02 41 86 86 40
www.elleaime-lingerie-angers.com
Ouvert le lundi de 14h30 à 19h ; du mardi au samedi de 10h à 19h.

Une boutique qui invite à marier votre épiderme avec les plus jolies dentelles et matières finement dessinées. Son attrait évident présente autant de tenues sages que les tendances actuelles, ultra féminines. Les modèles présentés sont tous de très belle qualité : Lise Charmel, Aubade, Marie-Jo, les marques européennes Andres Sarda, Hanro, Zimmerli, les italiennes Paladini et R. Crescentini, Luna di Seta, Oscalito. On peut choisir des soutiens-gorge du bonnet A au bonnet J et les assortir. Une élégante ligne de maillots de bain avec Pain de sucre. Vous allégez vos soirées avec des nuisettes et de doux peignoirs ou d'autres accessoires qui prolongent votre goût pour la lingerie.

LINGERIE

JOUR ET NUIT

78, rue Plantagenêt
✆ 02 41 87 70 67
Ouvert du mardi au vendredi de 10h à 13h et de 14h à 19h ; le samedi de 10h à 19h.

Les Angevines, les plus fines comme les plus rondes, bénéficient ici de très jolis dessous, à porter de nuit ou de jour. En boutique également, des maillots de bain, des accessoires gainant, ainsi que des sous-vêtements pour les femmes enceintes. Les modèles, alliant structure et grâce, sont disponibles jusqu'à 145 cm de tour, et du bonnet A au J pour certains. Au rayon confort et/ou glamour, les grandes marques se bousculent, les tailles allant du S au XXXL : Empreinte, Felina, Lauren Vidal, Oscalito, Triumph, Ulla (spécialiste des grandes tailles). Les hommes ont aussi droit à leurs sous-vêtements et linge de nuit distingués. Une adresse loin des enseignes de la grande distribution.

MAROQUINERIE

LE TANNEUR

23, rue Voltaire
✆ 02 41 31 83 86
www.letanneur.com
Ouvert du lundi au samedi, le matin et l'après-midi

Lancée en 1898, Le Tanneur, jadis célèbre marque de cirage et symbole d'un cuir de qualité, expose aujourd'hui son savoir-faire dans cette belle et luxueuse boutique s'ouvrant aussi bien sur la rue Voltaire que sur la place Maurice-Saillant. Ici pour femme comme pour homme, le cuir est roi et se décline de mille et une manière. Sacs à main, cartables, serviettes, porte documents, sacs ordinateurs, portefeuilles, porte-monnaie, porte-billets, le choix est vaste... Un savoir-faire plus que centenaire qui donne également quelques envies d'évasions avec une belle gamme de sacs de voyage et de valises. Enfin, pour ne rien gâter, l'accueil est à la hauteur de la qualité des produits présentés.

SPORTSWEAR - STREETWEAR

MIXAPE

2, place Mondain Chanlouineau
www.mixape.fr
Ouvert du mardi au samedi de 10h à 20h.

Mixape, autrefois dans une petite boutique de la rue Pocquet-de-Livonnière, a déménagé en 2019 pour créer un grand concept-store à Fleur d'eau. Mix : oui, pour l'influence électro du lieu, et pour le mélange cohérent de vinyles (en vente et en écoute), de vêtements et chaussures de type street et d'un petit bar. La boutique vend en exclusivité les marques Tealer, Ragwear et French Kick et l'espace qui leur est consacré est bien grand. Marre d'essayer des fringues ? Dirigez-vous vers l'une des deux platines mises à disposition pour écouter leurs vinyles... Puis savourez vos achats autour d'un café ou d'un verre, d'autant que la sympathique équipe organise parfois des soirées DJ.

BEAUTÉ

AMBAE

23, rue Saint-Aubin ✆ 09 86 31 38 16
ambae.fr

Boutique ouverte du mardi au samedi de 10h30 à 19h et du mercredi au samedi de 9h à 19h pour l'institut.

A l'heure où les substances nocives des cosmétiques, perturbateurs endocriniens et autres particules polluantes ou allergènes sont d'actualité, quoi de plus naturel que de se tourner vers des produits cosmétiques bio ? C'est ce que propose la boutique-institut Ambaé, également implantée au Mans. Des cosmétiques naturels, donc, que l'on peut acheter ou dont vous font bénéficier les esthéticiennes du lieu. La gamme de soins proposés est très large : épilation (à base de cire 100% naturelle, fabriquée à Sainte Gemmes-sur-Loire), soins du corps et du visage (par stimulation lymphatique et « naturo-esthétique » de Phyt's), maquillage, soins autour de l'ongle, soins minceur-détox...

BEAUTÉ

L'INSTITUT BY H

23, rue Bressigny ✆ 02 41 35 06 39
www.institutbyh.fr

Mardi, jeudi et vendredi 9h30-19h, mercredi 9h30-18h, samedi 9h30-12h30.

Ici, on s'offre une parenthèse de détente et beauté : massage relaxant, soin visage sur mesure, beauté des mains et des pieds, mise en beauté complète... On vous recommande le modelage relaxant douceur pour 1h de détente absolue, confortablement installée, lumière tamisée et musique douce. Et pourquoi ne pas compléter par un soin du visage ? Hydradant, purifiant, réconfortant..., des soins de qualité réalisés avec des marques réputées. L'Institut by H propose aussi différentes prestations d'épilation (dont maillot classique, brésilien ou intégral), la pose de vernis semi-permanent avec manucure... Un accueil des plus agréables et très professionnel et une jolie boutique complètent l'offre.

BEAUTÉ

LA MAISON DOUCE

4, rue Montault ✆ 02 41 88 40 75
lamaisondouce.fr

Lundi 14h-18h, mardi-vendredi 9h-19h, samedi 9h-18h. Soin visage 38 €, maquillage 25 €, manucure 29 €, maillot seul 13 €

Ambiance 100 % *cocooning* pour ce joli petit établissement niché au cœur d'une maison ancienne. La gamme de soins y est très riche. Pour le visage : démaquillage, gommage, soin aux algues, dermatologique... Les soins du corps, eux, incluent également des spécialités plus insolites comme le soin « barbe à papa », modelage sucré assurant un retour garanti en enfance, ou encore le « rituel aux trois bougies », soins complets relaxants, raffermissants et énergisants aux huiles précieuses et sous la douce lumière tamisée de bougies. Envie de prendre votre temps ? Le « rituel de la maison douce » vous offre 2h15 de zénitude absolue avec gommage aux sels marins et massage aux huiles biologiques.

BEAUTÉ

SEQUOIA L'INSTITUT

42, rue Boisnet ✆ 02 41 88 07 86
https://sequoia-spa.fr

Lundi 14h-19h, mardi-vendredi 10h-19h, samedi 10h-18h. Soin visage : 40 €. Maquillage : à partir de 15 €.

Véritable miroir du savoir-faire du spa situé juste en face, Séquoia l'Institut propose l'expertise de ses esthéticiennes qualifiées et attentives au bien-être du client. Epilation définitive, soins minceur, soins du visage, blanchiment des dents, maquillage et également beauté des mains et des pieds... Pour éliminer la cellulite, on opte pour la stimulation cellulaire, la diadermie ou la lipocavitation. Les services sont nombreux et le lieu est impeccable en termes d'hygiène et de décoration. Les soins s'adressent autant à l'homme qu'à la femme. Une adresse de qualité pour ceux qui aiment se faire chouchouter. La carte cadeau est l'un des plus judicieux présents à faire !

BEAUTÉ

UN TEMPS POUR SOI

Rue Louis-Gain ✆ 02 41 25 08 85 - (angle rue de la Rame)
www.untempspoursoi.net/

Lundi 14h-19h, mardi-samedi 10h-19h. Soin du visage 20 €/51 €. Sourcils : 8 €, demi-jambe : 22 €, aisselles : 9 €.

Ce petit établissement cosy, à l'ambiance zen et à l'hygiène parfaite, a plus de 20 ans d'existence. Une valeur sûre, donc, avec un personnel composé exclusivement d'esthéticiennes diplômées. Les soins du visage vont ici de 20 min à 1h15, et les soins du corps sont personnalisables, allant du simple gommage aux modelages différentes formules (balinais, relaxant, dos), le tout aux huiles essentielles ou à la bougie de massage. Les hommes peuvent également se faire épiler. Teinture des cils, sourcils ou décoloration de duvet sont également au programme. On peut aussi avoir ici un maquillage pour se marier, et une prestation spéciale enterrement de vie de jeune fille.

SOINS DE BEAUTÉ

SEQUOIA DAY SPA

31, rue Boisnet ✆ 02 41 34 84 42
www.sequoia-spa.fr

Séances de spa et hammam (30 min) : 18 €. Gommage, modelage en hammam (1h30) : 110 €.

Il y a toujours une bonne raison pour prendre soin de soi. Si vous êtes en centre-ville, dirigez-vous vers ce havre de paix qui fait spa et institut de beauté. Orientez-vous vers le hammam, spa et sauna infrarouge. Soins du corps et du visage, au rhassoul et au savon noir, vous attendent pour votre bien-être. Plusieurs types de massage sont disponibles : californien, oriental, à quatre mains... Vous pouvez même opter pour un spa ou une parenthèse duo avec des massages alternés ou synchronisés. Des soins anti-âge, des rituels balinais, et nouveauté, un lifting manuel d'inspiration japonaise, lissant et repulpant ainsi que des soins et massages aux senteurs bio complètent leur offre.

COIFFURE

ACTU'ELLE

14, rue du Haras ✆ 02 41 87 45 15

www.actuelle-coiffure-coloration-angers.fr

Ouvert du mardi au vendredi de 9h à 18h30 ; le samedi de 8h30 à 17h. Couleur : à partir de 25 €.

Vos cheveux ont besoin d'un moment rien que pour eux ? Vous pouvez les confier à l'équipe d'Actu'Elle les yeux fermés ! Ambiance tamisée, luminosité, décoration reposante pour l'œil, fauteuils ultra-confortables : il n'y plus qu'à laisser la magie opérer. Comme il est question de notre look et de nos envies on se laisse aller aux expertes mains. Le geste est précis et le salon est spécialisé dans la couleur qu'il maîtrise avec grand soin et s'est spécialisé dans les colorations végétales. Option pour un lissage, un french balayage, la réduction de volume ? Pas de souci. Et les hommes bénéficient s'ils le souhaitent d'une coloration partielle qui limite discrètement l'effet poivre et sel.

COIFFURE

LA SUITE COIFFEUR COLORISTE

19, boulevard Foch ✆ 02 41 87 41 39

www.lasuite-coiffeur-coloriste.fr/

Ouvert le lundi de 12h à 18h ; du mardi au vendredi de 9h à 19h ; le samedi de 9h à 17h. Coupe : femme 41 €, homme 26 €.

Le salon de coiffure de Laurence a fait peau neuve l'an dernier, pour offrir un bel espace, clair et dégagé. La spécialité de la maison, c'est la coloration, pour laquelle l'équipe est au fait des dernières innovations, notamment en matière de coloration naturelle, végétale ou même vegan. Véritables experts, ils connaissent la nature du cheveu sur le bout des doigts, et en retirent un diagnostic pour vous proposer le meilleur des soins tandis que la forme de votre visage est étudiée pour la meilleure des coupes. Un savoir-faire qui met en confiance.

COIFFURE

S2C

11, rue Lenepveu ✆ 02 41 88 02 20

www.planity.com/s2cn11-49100-angers

Lundi 10h-19h, mardi-mercredi 9h-19h, jeudi-vendredi 9h-20h samedi 8h30-17h. 47 € femme, 30 € homme, 25 € étudiants.

S2C – pour studio2création – s'offre une nouvelle jeunesse. Le salon a déménagé au-dessus de la boutique The Kooples : le lieu change mais aussi les prix, le nom (S2C n° 11) et les horaires. Ces artistes du cheveu aiment la couleur et créent sur mesure des teintes adaptées à votre carnation. Chaque coupe est étudiée pour s'adapter à votre morphologie. Les techniciens se forment régulièrement, il y a donc toujours des nouveautés qui suivent les tendances. Les cheveux y sont ondulés, raidis, méchés, ils se parent de teintes originales, résolument modernes. Les barbes y sont aussi taillées au cordeau, une petite manucure, un soin du visage ou une taille des sourcils est également possible.

COIFFURE

CAMILLE ALBANE

25, rue Saint-Julien ✆ 02 41 87 24 87

https://salon.camillealbane.com/coiffeur/angers/

Lun. 14h-18h, mar.-ven. 9h-18h, sam. 9h-17h. Coupe dès 51 €/ femme, 30 €/homme. Couleur dès 31 €. Balayage 51 à 66 €.

Toujours aussi élégant, ce salon s'est refait une vraie beauté durant l'été 2019 ! Hormis ce relooking, rien ne change ici, avec un personnel toujours aussi aimable, attentif, et au savoir-faire intact. Du petit massage du cuir chevelu après le shampoing à la coupe en passant par la couleur ou le balayage dont ces derniers restent une des spécificités maison, tout ici est bon à recevoir. Les cheveux colorés et méchés ont aussi droit à un masque à l'huile d'hibiscus et à la vitamine E. Les coquettes angevines ont aussi ici la possibilité de se faire maquiller. Elles repartiront avec de bons conseils pour mettre en valeur leur visage en fonction de leur nature de cheveu, de leur morphologie...

COIFFURE

RICHARD ROUSSEAU COIFFURE

51, rue Bressigny

✆ 02 41 87 61 59

Mardi, vendredi et samedi, de 8h à 19h (18h le samedi) ; mercredi et jeudi 8h-12h 13h30-19h. Coupe à partir de 11,90 €.

Si vous aimez l'ambiance Street Art, (et si vous êtes un homme !), on vous conseille ce petit salon à la déco vintage et bois brut. Richard Rousseau, le spécialiste de la coupe homme à Angers (champion du monde 1992 !), plus de 30 ans d'expérience professionnelle pour vous messieurs, propose différents types de prestations pour donner du style et des tendances à votre coiffure : couronne ou coupe à la brosse sont parfois vintage mais reviennent à la mode. Chaque coupe est savamment proposée, dessinée, avant d'attaquer aux ciseaux ou au rasoir. On s'occupe ici également de votre barbe. Le tout pour un service rapide et sympathique, et cerise sur le gâteau, les tarifs restent très attractifs !

COIFFURE

MESDEMOISELLES M

2, place Maurice-Saillant ✆ 02 41 87 75 29

Lundi 9h30-17h30 ; mardi-vendredi 9h-18h30 ; samedi 9h-16h. Coupe femme dès 38 €, homme 28 €, enfant (-5 ans) 12 €.

Dans ce charmant petit salon au cadre boisé, situé à quelques pas de la place du Ralliement, Marion et Marine vous réservent un accueil souriant et prodiguent à vos cheveux des soins parfaitement adaptés à leur nature. Passé l'étape du shampoing, le moment du massage du cuir chevelu est toujours le bienvenu. Qu'elles soient pour hommes, femmes, étudiantes ou enfants, les coupes sont toujours parfaitement exécutées et actuelles. Enfin, pour les consciences les plus « vertes », l'équipe du salon utilise la ligne de soins Davines : des shampoings, produits de coloration et produits de masques capillaires essentiellement composés de produits naturels, pensés dans un esprit éco-responsable.

COIFFURE
PASCAL MEIGNAN

36, rue de la Roë
✆ 02 41 88 56 05
Lundi-vendredi 9h-19h ; samedi 8h-19h. Coupe : femme 27 €, homme 18 €. Tarif étudiant le jeudi.

Ce coiffeur-visagiste travaille de manière traditionnelle avec son équipe souriante et dynamique, ce qui ne veut pas dire qu'il ne se forme pas aux dernières techniques, mais plutôt qu'il prend le temps de s'occuper de vous... jusqu'au brushing, réalisé à la brosse et non pas aux doigts comme dans certains salons. Il propose même des services de soin des ongles ou soin massage. Les habitués sont d'ailleurs nombreux et fidèles, en plus l'ambiance est conviviale. Un coiffeur pas avare en conseils, à l'écoute de vos envies qui prend le temps de vous conseiller selon la forme de votre visage, votre style et le type de vos cheveux, que demander de mieux ?

COIFFURE
LE PETIT SALON

3, rue Chaperonnière
✆ 02 41 87 48 63
Le lundi de 10h à 19h ; du mardi au vendredi de 9h à 19h ; le samedi de 9h à 18h. Coupe : femme 45 €, homme 26 €.

Un petit salon, oui, mais sur deux étages ! Le haut est dédié à la couleur et le bas à la coupe. Des coupes exécutées par une équipe jeune, dynamique, et surtout experte au point de partir régulièrement se former en Angleterre sur les dernières tendances en matière de coupe et de coloration. Dans ce domaine, les coiffeurs du lieu défendent la marque anglaise ultrabranchée Tigi, elle-même initiatrice de nouvelles idées de coiffures pour les professionnels utilisant ses produits. C'est donc un salon tendance, à la déco contemporaine et possédant tous les atouts pour séduire une clientèle jeune, qui ne s'en prive pas, d'ailleurs, en profitant de tarifs dégressifs selon l'âge : 2, 13 et 17 ans.

COIFFURE
ARTHÈME COIFFEUR

38, rue des Lices
✆ 02 41 23 11 46
Ouvert du mardi au vendredi de 9h à 19h ; le samedi jusqu'à 17h. Possibilité de rendez-vous nocturne sur simple demande.

© ARTHEME

Thierry Lamotte, le maître des lieux, réserve toujours à sa clientèle un accueil et des prestations à la hauteur du cadre ! Avec ses miroirs, sa petite alcôve garnie de coussins en guise d'espace d'attente, ses moulures et ses jolies peintures renouvelées régulièrement, l'endroit met immédiatement à l'aise. Ici les gestes sont toujours parfaitement assurés, très professionnels, et l'on ressort avec la certitude d'avoir eu les cheveux parfaitement respectés grâce à l'usage de produits de grande qualité, comme ceux de la gamme Source, aux ingrédients d'origine naturelle ou ceux de Botanea pour une coloration végétale naturelle ; Arthème propose également deux autres gammes sans ammoniaque.

COIFFURE
QUENTIN DESMARS

23, rue des Lices
✆ 02 41 27 69 45
salonquentindesmars.com
coloration sans amoniaque et sans allergène

Quentin Desmars est un artisan-coiffeur à la fibre entrepreneuriale. Celui qui rêvait d'être coiffeur depuis son enfance, cumule une multitude de titres de champion régional et national... au total 19 titres depuis l'âge de 15 ans ! Dans un cadre très cosy et élégant, aux tons or, blanc et noir, Quentin Desmars transforme et sublime votre coiffure et vous apporte tout son savoir-faire : coloration, flash, balayage, mèches, patine, lissage brésilien ou japonais, les produits sont sans ammoniaque et sans allergènes. Les soins capillaires offrent une véritable cure de jouvence et complètent l'offre. Pour vos événements, Quentin Desmars propose également le forfait mariage. Une belle adresse !

PARFUMERIE
PASSAGE 31

11, rue des Lices
✆ 02 41 09 15 70
https://passage31.com/
Ouvert du mardi au samedi de 10h30 à 13h et de 14h à 19h.

« Nous sommes les cavistes du parfum ! » : on ne peut que donner raison au maître des lieux de cette très belle enseigne, implantée également à Nantes, et spécialisée dans les parfums de luxe, aux fragrances sortant des sentiers battus. On craque ici pour les parfums et bougies Diptyque, ceux de la vénérable maison Trudon ou encore Astier de Villatte, dont la gamme s'étend jusqu'aux bâtonnets d'encens et même produit vaisselle ! On retrouve également ici les parfums mixtes de chez Acqua Di Parma, Comme des garçons, les crèmes pour le corps de chez Santa Maria Novella, ainsi que quelques bijoux (Gigi Clozeau, très tendance !), des sacs, foulards et pièces de baccarat pour les arts de la table.

BARBIER

AUTHENTIC MEN

3, rue des Poëliers
✆ 02 41 18 00 52

Mardi-vendredi 9h-19h, samedi 9h-17h. Coupe homme 26 € (-12 ans 18 €). Couleur 21 €. Taille de barbe dessinée 23 €.

La barbe est à la mode ! Pas étonnant, donc, que fleurissent les barbiers et autres boutiques spécialisées dans le domptage de vos poils, messieurs ! Ce nouveau coiffeur-barbier se veut donc authentique de par son nom mais aussi de par ses techniques et produits mis en vente pour chouchouter votre barbe. Authentic Men est une petite chaîne qui ouvre chez nous son 6e salon : rasage à l'ancienne, taille de barbe dessinée, boule à zéro, soin du visage et moustache pour les plus rétro d'entre vous. Voici pour la partie barbier, qui a sa contrepartie coiffure : shampooing, massage capillaire, coupe, coiffage... et masquage des cheveux blancs ! Adieu barbe mal entretenue et bonjour coupe-chou !

BARBIER

FRENCH BARBER

76, rue Baudrière
✆ 02 85 34 19 52

Lundi-mardi 10h-21h ; mercredi-samedi 9h-21h. Coupe cheveux : 19 € ; 16 € pour -27 ans. Coupe barbe 14 €/35 €.

S'il existe bien des métiers en voie de disparition, celui de barbier, en revanche, a connu il y a quelques années un bel essor ! A Angers, French barber est un des premiers à s'être installé pour satisfaire les nouvelles exigences d'une clientèle jeune et barbue. On s'occupe ici de votre barbe ou de vos cheveux, avec des forfaits incluant les deux prestations. Pour la barbe, la formule la plus simple et économique comprend les contours et la taille. La seconde, elle, comprend l'utilisation de serviettes chaudes et froides, deux passages de lame, des soins et mousse au blaireau. Les deux gérants Alisée et Milan, toujours de bon conseil, vous accueillent dans une ambiance décontractée !

HOMME

HOM & GARS

5, rue Savary
✆ 02 41 43 96 32

Mardi-vendredi 8h30-19h, samedi 8h30-17h. Coupe homme 24 €, enfant 16 €, étudiant 20 €. Taille barbe 10 € ; rasage 20 €.

L'équipe d'Hom & Gars accueille chaleureusement la gente masculine, mais pas uniquement, puisque les femmes peuvent aussi se faire couper les cheveux dans ce petit salon du quartier Saint-Michel. On notera quand même que la clientèle est très masculine, car c'est tout de même bien la spécialité de ce coiffeur-barbier ! L'ambiance est bon enfant, on s'y détend autant qu'on se fait refaire le portrait à grands coups de rasoir, tondeuse, ciseaux et lames diverses, mais toujours avec précision. Chez Hom & Gars, la coupe désirée ne sera pas renvoyée aux calendes grecques, car ici l'écoute et l'envie du client sont des priorités, le tout pour des prix très compétitifs : un salon au poil !

HOMME

SAINT-BLAISE COIFFURE

6, rue Saint-Blaise
✆ 02 41 87 69 44

Du mardi au vendredi de 8h à 19h ; le samedi de 8h à 18h. Coupe : homme 27 €, étudiant 20 €. Taille de barbe : 10 €.

Si vous trouvez rasoir d'avoir une coupe ou une barbe au poil, alors, pas de prise de tête ! Il serait bon de pousser la porte de ce salon à l'esprit à l'ancienne, où l'on ne cherche pas à en mettre plein la vue avec une décoration sophistiquée... On a affaire là à un vrai salon de coiffure homme doublé d'un barbier, non pas à la mode, mais depuis toujours spécialisé. Ici, pas de chichis, l'équipe est aux petits soins pour que vous repartiez avec la tête que vous désiriez. Elle se renseigne sur vos goûts, vos coupes précédentes et vous donne des conseils avisés. Les cheveux sont taillés aux ciseaux, la barbe peut l'être au coupe-chou... Un salon à classer, peut-être, parmi vos favoris !

MANUCURE - PÉDICURE

MY LITTLE BEAUTY

28, rue de la Roë ✆ 02 41 81 35 10
my-little-beauty.wix.com/mylittlebeauty

Lundi 12h-14h et 15h-19h, mardi 10h-14h et 15h-19h, mercredi-vendredi 10h-14h et 15h-20h, samedi 9h-14h et 15h-18h.

Parce que les ongles aussi méritent leur petite beauté, et parce que vous le valez bien, réservez votre rendez-vous pour une série de soins aux petits oignons (pas celui du gros orteil, non !). Avec ou sans vernis, la manucure peut se faire spa ou détox. Un soin professionnel est aussi applicable sur les pieds calleux. Côté vernis, la classique French manucure côtoie le semi-transparent couleur, la pose de vernis Princesse pour les plus jeunes ou le nail art. Enfin, les sourcils peuvent être épilés, teints ou redessinés et l'atelier propose un « bar à maquillage » notamment pour les futures mariées. Un deuxième nail bar se situe un peu plus bas, au 36 de la même rue.

PIERCING - TATOUAGE

SOMBRE EPINE

49, rue Saint-Julien
✆ 09 88 34 75 12

Ouvert du mardi au samedi de 10h à 19h. Projet tatouage : acompte de 80 €.

Que vous ayez une idée de tatouage en tête, et que vous vouliez retoucher un tattoo déjà réalisé, ou bien encore que vous ayez des envies de piercing, vous pouvez réaliser tout cela à cette nouvelle adresse. Émilie et Océane sont les deux professionnelles auxquels vous aurez affaire. Émilie est plutôt spécialisée dans un style épuré, floral – épineux ? – avec pourquoi pas, quelques insectes butinant, tandis qu'Océane vous marquera de son univers sombre, geek : deux genres pour varier les goûts. Différents types de piercing sont aussi proposés, pour différentes parties du corps. Si ces univers vous intéressent, sachez que nos professionnelles sont à l'écoute et donnent des conseils avisés.

CADEAUX

CARACTÈRES ET COMPAGNIE

19, rue Saint-Aubin
✆ 02 41 87 43 16
Ouvert du mardi au vendredi de 10h30 à 13h et de 14h30 à 18h30 ; le samedi de 10h30 à 13h et de 14h à 19h.

Des idées de cadeaux à foison dans cette belle et grande échoppe de la rue Saint-Aubin, où les plaisirs de l'écriture viennent s'illustrer par une multitude de cartes de tous styles et pour toutes les occasions, mais aussi de carnets pour la rédaction de vos journaux intimes, de stylos, d'accessoires de calligraphie, de parures de manuscrits... A tous ces articles de papeterie vient s'ajouter un large choix d'objets déco, accessoires ou gadgets divers, souvent dans un esprit assez « girly » : trousses, sacs à main, chapeaux en raphia, mugs, boîtes à bijoux, tirelires, coussins et masques de voyages... Deux dénominateurs communs à tout cela : de la couleur et des prix corrects !

CADEAUX

COUTELLERIE DES POËLIERS

7, rue des Poëliers ✆ 02 41 87 50 38
www.coutelleriedespoeliers.com
Ouvert le lundi de 14h à 19h ; du mardi au samedi de 10h à 19h. American Express.

Plus ancien magasin de la ville, cette Coutellerie existe depuis 320 ans. On y trouve tout ce qui coupe, hache, tranche, découpe, y compris poignard et coupe-choux. La spécialité de la maison ? La cuisine ! En matière de couteaux, bien sûr, mais aussi d'accessoires en tout genre dont on ignorait l'existence tant ils sont spécialisés : pique à pomme de terre ou éplucheur à asperges. Les lames ne sont pas qu'en acier, mais parfois en céramique, matériau que l'on peut retrouver sur les cocottes ou les poêles, puisque ce type de matériel est aussi en vente ici. Tout l'univers de la table y est représenté en bonne quantité. La boutique offre aussi un service d'aiguisage et de remoulage.

CADEAUX

LHERIAU

10, place de la Visitation ✆ 02 41 87 75 87
www.librairielheriau.canalblog.com
Ouvert le lundi de 14h à 19h ; du mardi au samedi de 9h à 12h30 et de 14h à 19h.

On ressent toujours autant de plaisir à déambuler dans les petits rayons de cette librairie-papeterie de quartier. Ici, la sélection de livres est à la fois large et sélective (poche, jeunesse, art, histoire...), et vous y trouverez forcément votre bonheur, que ce soit avec ou sans les conseils d'un personnel aux petits soins. Le rayon papeterie offre aussi un beau choix de fournitures pour l'école et le bureau, avec notamment de jolis bloc-notes Paperblanks ainsi qu'une large sélection de stylos-plumes. De belles idées-cadeaux également parmi les jouets en bois, puzzles et coffrets de loisirs créatifs, avec une prédilection pour les origamis et les constructions de papier ou de carton.

CADEAUX

MAISON DES ARTISANS

1, place Sainte-Croix ✆ 02 41 88 06 27
www.maison-artisans.com
Ouvert le lundi de 14h à 19h ; du mardi au samedi de 9h30 à 19h. American Express.

Mitraillée quotidiennement par les touristes, la célèbre maison d'Adam et ses magnifiques colombages cache aussi bien des trésors à l'intérieur ! Elle abrite une vaste boutique sur 3 niveaux. Fondée en 1992, la Maison des Artisans propose des créations de plus de 80 artisans d'art : figurines en étain, sculptures, bibelots, tapisseries d'inspiration médiévale, luminaires, bijoux... Au sous-sol, admirez les magnifiques caves voûtées du XIIIe siècle. De nombreux artistes ou marques de créateurs, en exposition permanente ou temporaires, valent vraiment le détour comme les sculptures Déesse, rondes et colorées, évoquant l'univers de Botero, ou celles, fragmentées, signées Matt Buckley.

CADEAUX

PAILLETTE

51-53, rue du Mail
✆ 02 41 19 43 46
www.paillette.org
Ouvert le lundi de 13h à 19h ; du mardi au samedi de 11h à 19h.

Voici une boutique ravissante qui se dédouble en un univers généraliste et un autre enfantin. Elle détonne de par sa grande vitrine colorée et pétillante ! Paillette propose divers objets tous insolites, originaux pour les grands et les petits dans un cadre charmant où les couleurs et les matières sont là pour nous étonner. Lucie déniche ses trouvailles aux quatre coins du monde, du créateur angevin à l'artisan thaïlandais, ici les merveilles sont partout. Les vêtements côtoient des plantes et leurs vases, des réveils *vintage*, des coussins, de la papeterie, de la maroquinerie. Ce lieu regorge de trésors poétiques, à offrir ou non. C'est un plaisir de se fondre dans cette ambiance !

COQUIN

OH DARLING

20, boulevard du Doyenné ✆ 02 41 87 77 51
www.ohdarling.fr
Le lundi 14h/19h, mardi au vendredi 10h30/13h et le samedi 10h30/19h30.

En ces temps d'épidémie, les règles en matière de safe sex n'ont pas changé, alors faites-vous plaisir avec les nombreux accessoires proposés ici ! Sur 400 m², l'érotisme est de mise, notamment avec des bijoux et des collections de lingerie coquine et le prêt-à-porter sexy avec des marques de bonne qualité. Autre rayon à succès, celui des sex-toys aux formes originales ou à activer à distance ! Au rayon « bien-être érotique », vous trouverez des huiles, des «crèmes orgasmiques», des poudres aromatisées, des sprays parfumés pour vos draps, des onguents, des encens, des bougies... Les coffrets cadeaux se font séducteurs avec les porte-jarretelles ou dévergondés façon « 50 nuances de Grey »...

ARTS DE LA TABLE

L'ATELIER D'HORTENSE

26, rue Valentin des Ormeaux - **MÛRS-ERIGNÉ**
✆ 02 41 79 45 47
Ouvert du lundi au samedi de 9h à 20h.

Quelle belle découverte que cette boutique, située dans la galerie commerciale de l'Hyper U Mûrs-Érigné. L'Atelier d'Hortense vous enchantera avec ses différents espaces dédiés à la décoration, l'art de la table, le linge de maison, les produits gourmands mais aussi le prêt-à-porter femme, les accessoires ou encore l'univers de l'enfant. Les collections sont renouvelées régulièrement ; avec de belles marques danoises et anglaises comme Maileg, Rice, Pip studio, Light and Living, Cream, mais également des créateurs français comme Coquecigrues pour le linge de maison, les thés Terre d'Oc, la Fiancée du Mekong pour le prêt-à-porter et Moulin Roty pour l'enfant. Le conseil professionnel en plus.

BIJOUTERIE

OLIVIER CRÉATION ET RÉPARATION

4, rue Saint-Aubin
✆ 02 49 87 73 53
Ouvert du mardi au samedi de 14h à 20h. Ou sur rendez-vous 7/7 jours de 8h à 20h.

Cette bijouterie se démarque par la variété de ses pièces réalisées par de jeunes créateurs. Des pièces uniques de chez Aline K, Catherine Boris, Yasmin Yahya ou encore Amira Sliman. Pour les plus connues : de magnifiques colliers signés Indicolite, Morellato ou encore Crystals from Swarowski. Le choix des bagues en or, or blanc ou argent est époustouflant. Créateur lui-même, le bijoutier-horloger Olivier peut dessiner avec vous vos bijoux et transformer vos anciennes pièces de joaillerie en véritables œuvres d'art sur mesure ! Le lieu assure la réparation de montres.

BIJOUTERIE

BENOIT NOURY JOAILLIER

6, rue Montauban ✆ 06 62 82 96 71
https://benoitnoury-joaillier.fr/
Lundi 14h30-19h ; mardi et jeudi-samedi 10h-13h et 14h30-19h ; mercredi 10h-13h.

Après plus de 25 années passées à bourlinguer dans le monde de la joaillerie, Benoît Noury a fait de sa boutique-atelier un véritable condensé de créativité et de luxe. Des voyages renouvelés chaque année, en Asie, en Europe ou aux États-Unis, à la recherche des plus belles pierres précieuses. Des saphirs, perles, spinelles qui seront serties dans son atelier pour créer de sublimes bagues ou colliers. Ce gemmologue de formation dessine lui-même les croquis de ses créations uniques et somptueuses. Il sait conseiller pour que le bijou choisi corresponde à votre teint mais aussi votre personnalité. Une adresse fiable pour l'entretien, la transformation ou la réparation de vos bijoux.

BIJOUX - HORLOGERIE

LANDREAU JOAILLIER

14, rue d'Alsace
✆ 02 41 87 61 79
www.landreau.fr
Ouvert le lundi de 14h à 18h45 ; du mardi au samedi de 10h à 18h45.

Une belle boutique pour les portefeuilles avisés. En effet, les montres Hermès ou Tag Heuer font dans le très haut de gamme et le joaillier-diamantaire est également distributeur officiel de Baume & Mercier. La marque française March lab est plus abordable. Parmi les bijoux, ceux d'Arthus Bertrand sont sans fioritures, Marco Bicego marie pierres et or, Gioielliamo se concentre sur les perles et Ginette NY sur l'éclat de petites pierres. Bijoux en hommage à Van Gogh, également. Enfin, le lieu fait office d'atelier de création sur place et on peut aussi y faire réparer ou transformer des bijoux ayant subi les aléas du temps. Les bijoux or sont certifiés 18 carats.

BIJOUTERIE

GUILDE DES ORFÈVRES

12, rue Voltaire ✆ 02 41 72 60 47
www.guildedesorfevres.fr
Ouvert le lundi de 14h à 19h ; du mardi au samedi de 10h à 13h et de 14h à 19h.

Un des plus anciens bijoutiers-horlogers d'Angers. Cette belle boutique tenue par la même famille depuis 3 générations s'est franchisée il y a quelques années en intégrant l'enseigne Guilde des Orfèvres. De la bijouterie-joaillerie-horlogerie haut de gamme, allant du classique au très contemporain (intégrant notamment les marques Sofia Milano et Manhattan), offrant une large sélection de bagues, colliers et boucles d'oreilles, mais aussi des médailles, bracelets et pendentifs personnalisables à la demande. La boutique possède également son propre atelier pour la réparation de vos bijoux et montres, leur transformation ou encore la création à votre demande de modèles uniques.

HORLOGER - MONTRE

L'HORLOGEUR

74 bis, rue Plantagenêt
✆ 02 41 23 70 61
www.lhorlogeur.blogspot.fr
Ouvert du mardi au samedi de 10h à 19h.

Si l'on trouve un échantillon de montres et horloges à la vente (Bayard, Royal London, Beuchat, Braun), ce sont surtout les services de proximité qui font l'atout de cette petite boutique : travaux minute ou sur commande tels que la réparation de montres et le contrôle d'étanchéité, le remplacement de bracelets et de piles (et pas uniquement pour les montres, d'ailleurs, mais pour tous types d'appareils électroniques : télécommandes, jeux, calculatrices, etc.)… Les plus jeunes pourraient bien y trouver leur bonheur, avec des montres et réveils tout à fait originaux (notamment les nombreuses déclinaisons de la marque Lego). Cet horloger dispose également d'une surface de vente à Espace Anjou.

© SÉBASTIEN AUBINAUD

© SÉBASTIEN AUBINAUD

BIJOUX - HORLOGERIE

LA CLÉ DES CŒURS

38, boulevard Foch
✆ 02 41 87 44 53
Ouvert du mardi au samedi à partir de 10h et à partir de 19h.

La Clé des Cœurs nous ravit, depuis 1974, avec ses nombreuses pièces toutes plus belles les unes que les autres. Elle offre un choix intéressant de montres des marques Royal London, Go, Citizen ou Certus (souvent dorées-argentées). Les All Blacks et Casio ont de quoi satisfaire les plus sportifs, les hommes pouvant également opter pour des bijoux, le choix étant bien sûr plus large pour ces dames, tant au niveau des prix que des styles. Ces spécialistes en gemmologie proposent des émeraudes, rubis, saphirs jaunes, diamants, aigues-marines et perles de Tahiti pour des créations sur mesure. La maison répare et crée, évidemment, et vend aussi les devenues rares... médailles de baptême.

© SÉBASTIEN AUBINAUD

© SÉBASTIEN AUBINAUD

© SÉBASTIEN AUBINAUD

HORLOGER - MONTRE

LES 4 TEMPS

10, rue Voltaire ✆ 02 41 87 19 38
http://les4temps-angers.fr/
Ouvert le lundi de 14h à 19h ; du mardi au samedi de 10h à 19h.

« Avec le temps va, tout s'en va... » Et les montres alors ? Dans ce beau magasin, le temps se conjugue avec la longévité, la fiabilité et la modernité tant sa gamme de grandes marques est impressionnante ! Plus de 40 marques différentes et 800 références pour hommes, femmes et enfants, parfois exclusives sur Angers. Des marques internationales, suisses ou françaises, des montres solaires, connectées, de poches, de plongées... Il y en a pour tout les goûts et toutes les bourses. Parmi celles-ci des modèles de chez Tissot, Nixon, Lip, Maserati, Fossil... Le plus ? L'équipe remplace vos piles usagées et répare ou remplace votre bracelet cassé avec rapidité et pour des prix très raisonnables.

CRÉATEUR

ATELIER DU SCARABEE

7, rue Saint-Georges
✆ 02 41 88 30 66
Ouvert du mardi au samedi de 10h30 à 13h et de 14h à 19h.

Sous la carapace de ce scarabée, les bijoux sont de toute beauté, élégants, clinquants parfois, séduisants, toujours. Certains attireront plutôt les jeunes filles mais la majorité a la classe qui sied aux femmes, fatales ou non. Certains de ces bijoux sont assez classiques, comme les belles pierres montées sur bagues en argent ciselé, d'autres relèvent d'une création plus originale et, souvent, colorée. Excentrique ou discret, un camaïeu de couleurs, acidulées ou pastel, et de formes, raviront toutes les envies. L'échoppe de Florence – adorable, qui plus est – assure les réparations, transformations et créations originales (y compris à la demande) et présente diverses collections standard.

CRÉATEUR

ARTISANS DU MONDE

74, rue Baudrière ✆ 02 41 77 33 59
www.artisansdumonde.org
Ouvert du mardi au samedi de 15h à 18h30.

À l'heure du commerce équitable et du développement durable, quoi de plus naturel que l'existence de boutiques et d'associations comme Artisans du Monde ? Créée par des bénévoles, elle a pour vendeurs ses bénévoles, qui s'assurent que les produits ont été réalisés dans de bonnes conditions de travail afin d'apporter une solution alternative à la consommation de masse. Le magasin fait le lien entre des coopératives, associations-relais favorisant de petits producteurs et un public en recherche d'authenticité. Vous trouverez de la nourriture : caviar d'aubergine, houmous, pois chiches..., des bijoux touaregs traditionnels, des jouets, des paniers, de la déco, tout cela payé au prix just

CRÉATEUR

SILICE

5, rue Pocquet-de-Livonnières ✆ 02 41 86 95 99
silice-creation.fr
Ouvert du mercredi au vendredi de 12h30 à 19h ; le samedi de 10h30 à 12h30 et de 14h à 19h.

Des bijoux ronds, colorés comme d'appétissantes dragées, réveillent votre âme d'enfant dès la vitrine. Entrez dans l'antre de Valérie Caillé, la fileuse de verre, pour découvrir plus finement ses créations originales, toutes de verre, donc : colliers, bracelets, bagues et, même, des mobiles pour décorer votre intérieur. D'autres objets déco sont réalisés ici : fusionnant divers éléments, ils sont ensuite montés en lampes ou posés sur des cadres d'ardoise. En effet, la boutique est également l'atelier de cette ancienne graphiste à la reconversion réussie, à qui vous pouvez demander des créations artisanales uniques ou couleurs particulières, sur mesure, témoins de la créativité angevine !

DÉCORATION

L'ATELIER COQUILLE

6, rue Saint-Blaise ✆ 02 41 43 80 97
www.lateliercoquille.fr
Ouvert du mardi au samedi de 10h à 19h.

Il faut se rendre dans cette petite rue un peu à l'écart de la rue d'Alsace pour découvrir une élégante boutique qui présente des objets déco et des idées cadeaux nombreuses et fort variées. Cet atelier présente de belles créations originales que l'on ne voit pas ailleurs et met en avant les producteurs locaux. Tableaux, luminaires, miroirs, mais aussi tasses, bougeoirs ou cadeaux de naissance, il y en a pour tous les budgets et tout les goûts. La boutique est certes réduite mais regorge de belles pièces, à l'image de ces vases et autres contenants qui achèvent votre déco avec classe ! La qualité est toujours au rendez-vous, et sa jolie mise en scène est un vrai plaisir pour les yeux.

CRÉATEUR

ICI MONSIEUR MADAME CRÉENT

77 bis, rue Bressigny ✆ 02 41 24 79 05
ici-monsieurmadame-creent.fr
Mardi-samedi 10h-12h30 et 14h-18h30.

D'un côté, Mikaël Coutand, artisan-joailler, et de l'autre son épouse Alexandra. Mikaël dessine ses bijoux mais propose aussi ses propres créations de mobilier, gravures, objets détournés, luminaires... Des créations exposées dans leur *concept-store* magnifiquement aménagé de la rue Bressigny. Côté bijoux, les collections femmes et hommes se veulent à la fois tendance et intemporelles : bagues, pendentifs, bracelets et colliers sertis de saphirs et de rubis, de calcédoine, de spinelle rouge, de diamant, d'émeraude, de perles... Enfin les superbes créations d'Alexandra, elles, tournent autour des univers de la poterie, de la céramique ou du bois.

SPORT

CAP'ADAPT

18, rue du Landreau - **BEAUCOUZÉ** ✆ 06 76 49 14 76
www.capadapt.fr
Espace santé et bien-être : du lundi au samedi de 9h à 19h. Autres horaires et tarifs : voir le site internet.

Cet espace accueille autant les personnes valides que celles en situation de handicap. Ainsi, une ostéopathe, une diététicienne et un kinésithérapeute veillent au bien-être de qui le souhaite et proposent des bilans de santé. Des soins du corps et du visage, des soins beauté sont possibles. Les espaces balnéothérapie, spa et sauna sont accessibles individuellement mais peuvent être loués, tout comme les salles de sport individuel ou d'activités de groupe, et ce, avec ou sans coach. Un coach sportif vous accompagne aussi pour des programmes minceur ou plus physiques, de façon individuelle ou en petit groupe. Musculation, tapis de courses : les machines sont adaptées aux fauteuils roulants.

FORME

STATION FOCH

66-68, boulevard Foch ✆ 02 41 22 96 36
www.stationfoch.fr
Lundi-vendredi 7h-22h ; samedi 9h-17h ; dimanche 9h-13h.

Trois clubs en un pour ce temple de la remise en forme, sur près de 1 800 m². Le club fitness propose pas moins de 10 types de cours et 5 en version cinéma pour une immersion totale. On y pratique l'assouplissement, le renforcement musculaire, l'entraînement cardio... Le Club Cycling, lui, joue la carte d'un Tour de France... Immobile ! 50 vélos pour pédaler sous les encouragements d'un coach ou non, avec assistance vidéo. Enfin, le Club Training est constitué d'une salle de musculation dotée de nombreux appareils. Ici la variété des cours et la flexibilité des horaires sont suffisamment larges pour s'adapter à tous. Vous hésitez encore ? La 1re séance de découverte, est gratuite !

FORME

LF' PILATES-CENTER

130, rue des Ponts-de-Cé ✆ 09 54 08 36 56
www.lfpilates-center.com
Cours entre 15 € et 30 € sur le principe de cartes à points. Parking privé et gratuit.

Avec plus de 500 types d'exercices différents, cette méthode de renforcement musculaire façon zen améliore bien sûr votre capital santé, mais s'avoue tout aussi bénéfique pour votre mental, en diminuant notamment les effets du stress. On travaille à un affinement de la silhouette, un meilleur alignement du corps ainsi qu'à davantage de souplesse. Les cours, accessibles à tous les niveaux et degrés de condition physique, peuvent être individuels, en duo ou en petits groupes. En marge de ces séances, le lieu propose du yoga, du Powerplate, ou du circuit training, méthode d'entraînement consistant à réaliser plusieurs exercices les uns après les autres sur des temps de récupération très courts.

FORME

SWIMCENTER

14, rue Charles Lacretelle - **BEAUCOUZÉ** ✆ 02 41 19 69 05
www.swimcenter.fr
Du lundi au vendredi : 9h à 13h et 15h30 à 19h ; le samedi : 9h à 13h30. 1 séance 18 €, 10 pour 150 €. Mensuel 45 €

Premier réseau français de clubs aquatiques, Swimcenter est un espace de remise en forme proposant un large choix d'activités sportives ou ludiques pour tous les âges. Cela commence avec l'Aqua Bébé (initiation aux jeux et plaisirs de l'eau), pour se poursuivre avec l'aqua-éveil et l'aqua-grenouille, à partir de 3 ans et 5 ans, ou encore la formule baignade-anniversaire ! Pour les adultes, outre l'aquabike et l'aquagym, qu'on ne présente plus, le lieu propose également des séances d'aéro-boxing, avec des enchaînements inspirés des arts martiaux, de l'aqua-mouv', synonyme de chorégraphies en musique, et même des séances d'aquaphobie, pour ceux qui souhaitent vaincre leur peur de l'eau.

FORME

MAGIC FORM

12, boulevard Gaston-Birgé ✆ 09 84 24 77 33
www.magic-form.fr
Ouvert du lundi au dimanche de 6h à 22h.

Quand on cherche une salle de sport, on tient compte des machines et activités, du tarif et des horaires. Magic Form est compétitif sur toute la ligne. Ce club de remise en forme possède un autre atout de poids : une carte d'abonnement valable dans tous les clubs du réseau. Climatisé, équipé de saunas, le lieu propose plus d'une cinquantaine d'activités : musculation, cardio-training, cours collectifs de body combat, cardio dance, circuit training, CAF (cuisses-abdos-fessiers), djembel dance, hiit, yoga statique ou bien Vinyasa, Bodyjam, gym posturale, stretching... Les cours sont dispensés par des professeurs diplômés d'État, et chaque adhérent peut se concocter un programme sur mesure.

MASSAGE - RELAXATION

TRADITIONS DU BIEN-ÊTRE

19, rue Thiers ✆ 06 34 37 49 63
www.helenescardina.canalblog.com
Du lundi au samedi (sur rendez-vous). Shiatsu et réflexologie : 49 €, Kobido : 69 €, soin ayurvédique : 69 €.

Hélène Scardina pratique ici différentes techniques destinées à libérer le corps de ses tensions, notamment par le shiatsu : de légères pressions sur les points des méridiens. Le massage thaï, les soins ayurvédiques, la réflexologie plantaire ou le massage pour les bébés sont les autres cordes à son arc. Hélène saura choisir le soin le plus adéquat pour vous détendre, dans un silence bien agréable. Enfin, vous pourrez y découvrir le kobido, massage du visage pour un effet à la fois sur le bien-être et la fermeté de la peau. Seule une quinzaine de praticiens l'exercent en France ! A noter : il est possible d'offrir des bons cadeaux pour ces soins, une bonne alternative pour Noël, par exemple.

LIEU DE RÉCEPTION

CHÂTEAU DE BELLE POULE

Levée de Belle Poule - **LES PONTS-DE-CÉ** ✆ 02 41 79 20 62
www.chateaudebellepoule.com

Réservations et devis par téléphone, sur rendez-vous ou Internet. 4 chambres d'hôtes et suites.

A seulement 10 minutes d'Angers, dans un parc à l'anglaise du XIXe siècle, ce château accueille les mariages, séminaires et réceptions grâce à sa belle salle de réception située dans les dépendances. Elle peut accueillir 230 personnes en configuration assise (130 au rez-de-chaussée et 100 sur la mezzanine) et ses cuisines de plain-pied sont idéales pour les traiteurs. Il est possible de louer sur place de la vaisselle en porcelaine, mais aussi pour les mariés de réserver une voiture de luxe, Rolls Royce ou Cadillac, et s'assurer ainsi d'une arrivée en grande pompe ! Enfin, le magnifique parc abrite le 2e séquoia le plus imposant d'Europe : 48 m de haut et 12,80 m de circonférence !

LIEU DE RÉCEPTION

MANOIR SAINT-ELLIER

Charcé-Saint-Ellier-sur-Aubance - **BRISSAC LOIRE AUBANCE**
✆ 06 87 13 89 75 - www.prieuresaintellier.com

Ouvert toute l'année sur réservation. Devis sur rendez-vous. Le manoir dispose de 4 chambres et d'une suite.

Un endroit d'une classe et d'un charme infini ! Niché au cœur d'un jardin paysager de 4 hectares, ce manoir édifié au XIe siècle et restauré au XVIIIe offre tout le confort d'un établissement contemporain de luxe et la garantie d'un séjour hors du temps. D'une capacité de 150 personnes, sa magnifique chapelle romane peut être utilisée comme espace de réception, mais aussi comme salle de conférence et de projection et peut être louée de façon indépendante. Le parc, lui, contient des espaces de loisirs aménagés : piscine chauffée, tennis, solarium, étang privé pour la pêche, parcours de randonnée... A noter, enfin, que des transferts en gares et aéroports sont possibles sur demande.

LIEU DE RÉCEPTION

CHÂTEAU DE LA PERRIÈRE

Route de Cantenay-Epinard - **AVRILLÉ** ✆ 02 41 27 37 47
laperrierechateauandgolf.com

Ouvert toute l'année, y compris le dimanche. Séminaires, événementiels professionnels, mariages, repas de familles, etc.

C'est dans ce magnifique château du XVIIe siècle entièrement restauré par la Ville d'Avrillé que se vivent parmi les grands instants d'une vie. D'une mariée qui se balade parmi les jardins à la française et des convives qui trinquent sur la terrasse qui donnent sur le green du golf de la ville, des journées entre collègues d'entreprises à concevoir des stratégies ou à apprendre à se connaître, le château accueille tous types d'événements dans ses cinq salles de réception. C'est également des équipes de professionnels qui s'assureront du bon déroulé des festivités, traiteurs, décoration florale, animation musicale, photographe... De quoi passer ces bons moments loin de toute anxiété.

PHOTOGRAPHE

GUIL PHOTOGRAPHIE

Le Clos de Chaudefond
✆ 06 61 71 84 06

Informations, devis et demandes sur rendez-vous.

Guillaume est un jeune infographiste qui a aussi évolué dans la maîtrise d'Internet. Très attiré par l'image en général et particulièrement à ce qu'elle dégage, il s'est attaché à se former dans le monde de la photographie. Après divers séjours loin de la Loire, il s'est installé en Anjou pour fixer sur papier ou en numérique, le souvenir des instants choisis. Depuis qu'il a maîtrisé la photo et la lumière en studio, c'est désormais chez vous ou dans le lieu de votre choix qu'il réalise vos reportages. Passionné par l'image, il partage donc avec vous les sensibilités souhaitées, qu'elles soient intimistes (grossesse, naissance, famille) ou festives (mariage, réunion de famille, soirée).

LIEU DE RÉCEPTION

DOMAINE DU MOULIN CAVIER

2, la Croix Cadeau - **AVRILLÉ** ✆ 02 41 42 30 45
hotelmoulincavier.com

Chambres à partir de 77 € et jusqu'à 127 €

Situé à proximité de Terra Botanica, le domaine du Moulin Cavier possède cinq caves aménagées au sein d'un vieux moulin à vent, ainsi qu'une sixième de taille plus importante. Des espaces originaux, entièrement équipés, parfaits pour l'organisation de séminaires ou de mariages. La plus grande des caves possède une capacité maximale de 20 personnes et la grande salle, elle, contient jusqu'à 50 personnes. Le lieu propose des forfaits résidentiels, avec repas et hébergement sur place, aux deux restaurants de la Croix-Cadeau. 48 chambres sont à votre disposition, dont 11 avec terrasse privative, ainsi qu'un espace bien-être et une piscine extérieure chauffée, accessible de mai à septembre.

PHOTOGRAPHE

LACOSTE PHOTOGRAPHIE

72, rue Rabelais ✆ 02 41 25 18 25
www.lacostephotographie.fr

Ouvert du mardi au samedi de 10h à 12h30 et de 14h à 18h. (également sur RDV)

Encore un changement d'adresse pour Laurent Lacoste. Bye bye la rue Saint-Aubin et bonjour la rue Rabelais, dans le quartier de l'Université Catholique de l'Ouest, où ce dernier propose désormais à sa clientèle d'habitués (plus de 30 ans de service à Angers !) un espace parking privatisé gratuit. Devant un café gentiment offert, on vient ici prendre conseil pour les meilleurs tirages photos numériques ou argentiques possible, mais aussi des agrandissements, des retouches, ou encore des portraits individuels ou de familles réalisés depuis le studio de la boutique. Enfin rien ne se perd, tout se transforme : Laurent assure aussi la numérisation de vos vieux films super 8, diapos et VHS.

©ALBERT

©DOMAINE DE CHATILLON

LIEU DE RÉCEPTION

M&S CHATILLON

Chatillon - **CANTENAY-EPINARD**
✆ 02 41 24 36 97 - Depuis Angers, tourner à droite au premier rond-point à l'entrée du village et suivre les indications.
www.ms-chatillon.fr

Ouvert toute l'année, de 50 à 400 places assises, devis et réservation sur rendez-vous.

Confort, charme et évasion garantis à seulement dix minutes d'Angers. Ce magnifique domaine, avec sa propre restauration, convient aussi bien aux mariages et fêtes privées qu'aux événements de types professionnels. Implanté dans un somptueux parc de 8 ha donnant sur la Mayenne, le Domaine de Châtillon propose un grand espace de réception, un espace cocktail avec sa gloriette du XIXe ainsi qu'une vaste salle de 450 m², l'Orangerie, équipée d'une scène permanente, d'un écran géant et d'un système de sonorisation. Pour les séjours prolongés, enfin, le lieu offre 11 chambres de charme, 1 dortoir et même, plantées au sein du parc, six yourtes mongoles !

©ALBERT

©DOMAINE DE CHATILLON

©ALBERT

TRAITEURS SPÉCIALISÉS

M&S CHATILLON TRAITEUR

Chatillon - **CANTENAY-EPINARD** ✆ 02 41 24 36 97
www.ms-chatillon.fr/traiteur
Ouvert du lundi au vendredi de 9h30 à 12h et de 13h à 17h30.

Réceptions de mariage haut de gamme, cocktails dînatoires pour des soirées de gala, brunchs : Samuel Chatelain et son équipe savent s'adapter à toutes les demandes. Leurs armes ? Un professionnalisme sans faille assorti d'une autonomie totale, grâce à leurs camions frigorifiques, mobiliers de banquets et matériels de cuisson mobile. Pour les adeptes des formules clefs en main, Mets et Secrets propose également son propre lieu de réception, à Cantenay-Epinard, au cœur du domaine de Châtillon. Avec son parc de 8 hectares, le lieu bénéficie d'une immense salle entièrement équipée, l'Orangerie, ainsi que d'une gloriette, pour les cocktails en extérieur.

TRAITEURS SPÉCIALISÉS

GREEN TRAITEUR

4, Rue de l'Eglise - **SAINT-LAMBERT-LA-POTHERIE**
✆ 02 41 69 94 23
traiteurgreen.com
Devis en ligne. Salles de réception.

Du haut de gamme ! Pour vos mariages, fêtes familiales ou séminaires, ce traiteur transforme les repas en véritables spectacles (le festival d'Anjou fait d'ailleurs appel à lui pour ses cocktails !). Il n'est pas question ici de simple buffet mais de *show cooking* : des ateliers où le serveur-cuisinier concocte devant vous des spécialités parfois assez originales. Planchas, woks, ateliers-découpe : tout est fait pour faire saliver le convive-spectateur jusqu'au moment de la dégustation ! Pour les lendemains de mariages, Green Traiteur propose aussi des brunchs, à déguster pourquoi pas dans quelques-uns de ses lieux partenaires : le château de Jalesnes, la Richardière chez Alfred Cointreau...

TRAITEURS SPÉCIALISÉS

LOIRE ET SENS ÉVÈNEMENTS

11, chemin du Bois-Guillou - **JUIGNÉ-SUR-LOIRE**
✆ 02 41 66 30 03
www.loireetsens.com

Établi au sein d'un vaste site aux prestations variées et grâce à un auditorium de 100 personnes, l'établissement peut organiser réunions, séminaires, assemblées générales et bien sûr mariages et banquets. Ces spécialistes peuvent gérer des réceptions allant de 20 à 1 000 convives. Vous dégusterez des mets choisis au sein d'une carte variée, faisant la part belle aussi bien à l'innovation et à la créativité qu'à la tradition. Les petits groupes seront servis comme dans un restaurant ! Formules repas complets, buffets, brunchs : à vous de décider et de personnaliser votre événement ! Un cloître contemporain de 23 chambres et 12 suites peut même héberger les convives pour les soirées tardives.

TRAITEURS SPÉCIALISÉS

BON BÉTEND RÉCEPTIONS

48, boulevard de la Romanerie - **SAINT-BARTHÉLÉMY-D'ANJOU**
✆ 02 41 21 15 70
www.bonbetend-receptions.com
Toute l'année sur réservation et sur devis

L'ancien traiteur historique d'Angers, le talentueux André Bon Bétend, avait cédé sa belle entreprise à un groupe qui l'a cédé à son tour cet été 2019. Mais cette fois c'est à nouveau du sérieux, car le laboratoire traiteur vient tout juste d'être repris par un grand nom angevin, Lionel Gélineau, qui a régalé des dizaines de milliers de personnes en 30 ans dans ses restaurants angevins, au California, puis à la célébrissime Villa Toussaint. Son savoir-faire et ses recherches culinaires de par les frontières vont assurer une carte d'une richesse incomparable tant dans les compositions que dans les présentations, chères à l'homme de l'art. Les salles de la Romanerie, elles, ne se louent plus.

ROBE DE MARIÉE

LA MAISON DU MARIAGE

14, rue des Lices ✆ 09 82 61 55 05
www.lamaisondumariageangers.fr
Ouvert le lundi de 14h à 18h ; du mardi au vendredi de 10h à 19h ; le samedi de 9h à 19h.

Si préparer un mariage peut être parfois synonyme de stress, cette enseigne vous garantit, le temps de quelques essayages de robes ou de costumes, une zénitude absolue ! Dans l'intimité d'un élégant appartement chaleureusement décoré, les futures mariées s'essayent aux styles glamour, rétro vintage ou classiques des collections de chez Ladybird, Luna Novias, White One, Alma ou San Patrick. Les hommes, eux, ont droit à la classe italienne avec des coupes signées Scribano ou Protocolo. Pour le reste de la famille, le lieu propose aussi des tenues habillées, des chapeaux, chaussures, bijoux... Enfin, quelques belles pièces de lingerie féminine également, mais ça c'est pour après la cérémonie !

ROBE DE MARIÉE

MADEMOISELLE FÉE

20 bis, rue des Lices ✆ 02 41 81 09 75
www.mademoisellefee.fr
Du mardi au vendredi de 10h30 à 12h30 et de 14h à 19h ; le samedi de 10h à 13h et de 14h à 19h

Difficile de ne pas être séduit d'emblée par le cadre de cette boutique à l'esprit rétro-bohème chic, son superbe parquet, ses murs blancs et sa décoration cosy : Mademoiselle Fée offre aux futures mariées et à leurs proches un espace de découverte mais aussi de bien-être. Au rez-de-chaussée, un concept store permet de trouver tous les accessoires de tenue : cravates, bijoux, nœuds papillons, boutons de manchette... Au 1er étage, un showroom privatisé permet des essayages en toute quiétude de robes signées de créateurs français mais aussi européens : Margaux Tardits, Mademoiselle de Guise, Marie Laporte, Lambert Créations ou encore Rembo Styling. L'accueil est professionnel et souriant.

SHOPPING

MAISON XAVIER THOMAS

21, Place Sainte-Croix
✆ 02 41 24 72 69
Ouvert du mardi au samedi de 10h à 18h. Toute la semaine, sur rendez-vous. Ouvert le dimanche (sur rendez-vous).

La Maison Xavier Thomas est une maison d'exception dédiée au diamant. Après avoir travaillé dans la bijouterie dans la région saumuroise, Xavier Thomas s'est installé en 2018 à Angers. Sorti major de promotion à Anvers, il souhaitait un écrin pour exercer son métier de diamantaire. Chaque rendez-vous est unique : on découvre d'abord la codification du diamant puis on confie son projet pour faire de celui-ci une histoire unique et personnelle avec cette pierre légendaire. Chaque création est faite à l'atelier : alliance, solitaire, pendentif, boucles d'oreilles, rivière de diamants... La Maison Xavier Thomas propose aussi la création à partir de bijoux anciens.

FLEURISTE

NATURE ACIDULÉE

461, rue St Léonard
✆ 06 61 70 91 54

Ouvert du lundi au samedi de 10h à 18h. Livraison possible.

Audrey Barraud est assurément fleuriste et artiste à la fois ! Cette vraie passionnée s'emploie à utiliser les objets les plus insolites (matériaux de récupération notamment) pour des mises en scène aussi étonnantes que colorées. Elle propose ses collections pour les mariages, les deuils, les réceptions, mais aussi pour les décorations de vitrine ou de stands. Il est aussi possible de se faire réaliser des pièces sur demande. Enfin, si le savoir-faire d'Audrey a fait naître en vous un début de vocation, cette dernière anime également durant toute la semaine des cours d'art floral. Des séances d'une heure et demie, en petit groupe de 6 à 7 personnes, pour les adultes comme les plus jeunes.

HOMME

ENZO

4, rue Chaperonnière ✆ 02 41 24 75 03
www.enzo-angers.com

Ouvert le lundi de 14h à 19h ; du mardi au jeudi de 10h à 13h et 14h à 19h, vendredi et samedi de 10h à 19h

L'élégance au masculin : voilà la promesse de cette belle boutique, vaste et lumineuse, mettant principalement en avant la marque Hugo Boss, mais aussi Manuel Ritz, Lagerfeld, Colmar, Monsieur Hector... Que l'on vienne pour un costume de marié, une tenue sportswear, un blouson décontracté pour la touche casual ou même une simple cravate en mode business, on trouvera ici des grands classiques. Les prix sont certes élevés, mais cohérents au vu de la qualité des collections présentées. Les tissus sont de belle tenue, les coupes tendance et confortables, et les conseils des vendeurs toujours avisés. Quelques jolies paires de chaussures également, notamment de la marque italienne Bellini.

LOCATION

ALPHA SERVICE

2, rue Louis-Bréguet - **AVRILLÉ** ✆ 02 41 34 28 05
www.alpha-service-ouest.com

Ouvert du lundi au vendredi de 9h à 12h et de 14h à 18h. Samedi sur rendez-vous. Livraison possible.

Il y a fort à parier que les buffets et autres enfilades de la maison ne contiennent pas assez de vaisselle lorsqu'il s'agit d'organiser de grands événements ! Qu'il soit question de mariage, de communion, de cousinade, de séminaires ou même d'anniversaire, qu'importe le type d'occasion, Alpha Service est là pour fournir tout le nécessaire au confort de chacun. Vaisselle, décoration de table, mobilier, nappes, tout y passe pour pouvoir préparer de grandes tablées (jusqu'à 8 000 !). Différentes formules existent afin de s'adapter à toutes les bourses et à la qualité de la réception. Alpha Service est bien sûr présent à Angers, mais également au Mans, Alençon et Chartres.

LOCATION

BFM

Les Pelouses - **LA MÉNITRÉ** ✆ 02 41 57 17 31
bfm-location.com

Ouvert toute l'année. Devis et contacts par mail, site et téléphone.

Installé depuis de très nombreuses années, rayonnant dans le très Grand-Ouest (sur près de la moitié du sol français !), BFM loue et installe ses structures de réceptions, chapiteaux, barnums et autres types d'installations pour une journée, un week-end ou en longue durée. Fêtes, séminaires, mariages, lancement produits, inaugurations, cocktails trouvent ici les équipements nécessaires à leur réussite. BFM loue également le matériel tel que le mobilier, les toilettes, le chauffage, l'électricité, la mise en lumière, les scènes et le parquet, etc. Particuliers, administrations, associations et entreprises font appel à ce spécialiste de notoriété pour tout type d'événement en Anjou et au-delà.

NEW

LOCATION

DISCRETION

Rue Michael - **BEAUCOUZÉ** ✆ 02 41 60 29 51
www.discretion-angers.fr

Location vaisselle, mobilier de réception, sonorisation, éclairage, vidéo, matériel scénique. Prestation évènementielle.

Discrétion est votre partenaire unique pour l'organisation de vos événements privés ou professionnels. Sur un seul et même lieu, vous trouverez une large gamme de services pour répondre à vos besoins : de la location de matériel de sonorisation, à l'éclairage, la location d'écrans géants ou encore l'installation de matériels, la location de vaisselle, de tables... Une équipe à votre écoute, expérimentée, qui vous accompagne dans vos événements : concert, séminaire d'entreprises, conférence, inauguration mais aussi mariage, soirées privées. Discrétion, c'est une équipe de professionnels pluridisciplinaires pour les prestations techniques événementielles et l'intégration audiovisuelle.

LOCATION

GENNY'S FLOWERS

25, rue Henri Brisset - **LONGUENÉE-EN-ANJOU** ✆ 06 86 17 58 16
www.gennysflowers.com

Location de compositions florales, mur de fleur, plantes et arbres pour les entreprises et les particuliers.

Derrière Genny's Flowers, vous avez Genny, une entrepreneuse convaincue et convaincante. Vous souhaitez fleurir vos espaces de réception et de travail ? Et pourquoi pas la location de fleurs intemporelles ? Plus besoin d'arrosage, pas d'entretien, pas de pollens, adaptées aux espaces climatisées, les fleurs artificielles de Genny's réhabilitent complètement l'idée que l'on pouvait se faire de ce produit un peu passé de mode. Les compositions sont superbes, saisissantes de réalisme ; Genny travaille aussi bien les bouquets de fleurs que les plantes ou les arbres. La prestation de location comprend la livraison et l'installation. C'est beau, c'est pratique et surtout durable !

JE TRANSPIRE MAIS JE M'ÉCLATE

Que d'eau dans cette rubrique consacrée aux activités sportives ! Entre les rives de la Maine, celles de la Loire, le lac de Maine et ses infrastructures ou encore ses piscines, avouons que la ville d'Angers et ses alentours ne manquent vraiment pas d'atouts pour séduire les amateurs de coups de pagaie, de rame, de voiles, de plongeons ou de brasses coulées... Outre de nombreuses activités aquatiques, ces pages vous emmèneront également dans quelques commerces d'équipements sportifs, ainsi que dans le quartier Saint-Serge, sur la glace de l'Ice Parc et les pistes du Skatepark, à Avrillé pour y découvrir les greens de son magnifique golf, ou encore aux Ponts-de-Cé, où l'on s'adonne toute l'année aux joies de l'escalade, du karting, de l'équitation... Enfin, comme une rubrique peut en cacher une autre, c'est ici, sous les termes «si on jouait ?», que nous avons décidé de répertorier pour les plus jeunes quelques parcs de loisirs et magasins de jouets, mais aussi de bonnes adresses à l'attention des fans de modélisme, de jeux de société, de bowling ou encore de laser game.

AVIRON

ANGERS NAUTIQUE AVIRON

11, rue Larrey ✆ 02 41 48 23 61
www.angersnautique.org
Abonnement : entre 140 et 350 €, selon la catégorie d'âge, pour les moins de 18 ans).

Même si les mythiques clubs anglais d'Oxford ou de Cambridge le battent en longévité, Angers Nautique Aviron est tout de même une institution. Fondé en 1893, il fonctionne aussi bien en tant que structure de loisir que club sportif. Sa section loisirs permet de pratiquer l'aviron quels que soient l'âge et le niveau, tout en bénéficiant de l'encadrement d'entraîneurs ou de bénévoles. Des séances découverte de 2 heures sont régulièrement organisées le week-end, ainsi que des stages de plusieurs jours, l'été, pour les débutants de 9 à 15 ans. Le section compétition du club, enfin, organise depuis plus d'un quart de siècle, à l'automne, sa propre compétition, la Coupe des Dames.

CANOË

CANOË-KAYAK DES-PONTS-DE-CÉ

30, rue Maximin Gélineau - **LES PONTS-DE-CÉ** ✆ 02 41 44 65 15
canoekayakdespontsdece.fr
Sur réservation. Matériel et transfert inclus au prix. De 13 €/pers pour 2h à 45 € pour 2 jours.

Ah ! les charmes de la Loire, quand votre canoë se faufile en silence entre deux bancs de sable et sous le vol des hérons ! Ce club propose différentes formules allant de la simple balade au bivouac de plusieurs jours en passant par des randonnées accompagnées ou des séances d'initiation sur site. Des sorties sont organisées sur d'autres rivières françaises et même à l'étranger. Pour les compétiteurs et ceux qui souhaitent se perfectionner, le club a créé un « groupe compétition », avec plusieurs séances d'entraînement par semaine, et une école de pagaie pour les 10-15 ans.

CANOË

CLUB NAUTIQUE DE BOUCHEMAINE

Rue des Frères-Gasniers - **BOUCHEMAINE** ✆ 02 41 77 22 36
http://cnbouchemaine.fr/
Haute saison tous les jours 9h-18h. (20h sur résa) Location canoës dès 6 €. Descente Loire dès 12 €.

Admirer la Loire en paddle, la descendre en canoë-kayak où la découvrir en mode « balade au crépuscule » est un plaisir accessible à tous. Le Club nautique de Bouchemaine propose plusieurs formules de locations de ces canoës, selon qu'on a juste envie de se dégourdir les bras à coups de pagaies ou de jouer les Robinson Crusoé, le soir, sur l'une des belles petites îles sablonneuses du fleuve royal. Pour les plus jeunes, le club organise plusieurs fois durant l'été des stages de quelques jours pour apprendre à manier au mieux canoës, kayaks et paddles. Dépaysement garantis !

CIRCUIT

KARTING INWALL KART

Rue Joseph-Cugnot - **LES PONTS-DE-CÉ** ✆ 02 41 44 94 94
www.inwallkart.com
Horaires variables suivant les jours et les périodes de vacances. Tarifs : à partir de 9 € (enfant), 17 € (adulte).

Prenez le volant, fermez les yeux (enfin juste une 1/2 seconde hein !) et imaginez-vous dans la peau d'un pilote de Grand Prix... Avec sa piste de 600 mètres de long, Inwall Kart revendique le titre de plus grand circuit de karting couvert des Pays de la Loire. Un écran géant de 12 mètres affiche vos chronos et tout l'équipement nécessaire à une course sécurisée vous est fourni : casque homologué, combinaison, gants de cuir, véhicule adapté et minerve pour les enfants (de 7 à 14 ans)... Le site propose toute l'année des formules et animations pour les groupes, familles ou entreprises, avec une option Premium offrant podium et champagne, ainsi que plusieurs formules de restauration.

NEW ESCALADE

CLIMB UP

1, boulevard Léo Lagrange - **LES PONTS-DE-CÉ** ✆ 02 90 87 88 89
angers-lespontsdece.climb-up.fr
Ouvert 7 jours sur 7. Abonnement 1 salle ou toutes salles. Salle de réunion. Restauration. Modules pour groupes.

« Si tu vas à Rio, n'oublie pas de monter là haut ! » Et aux Ponts-de-Cé alors, où monter ? Eh bien les 2000 m² de murs d'escalade de Climb Up, dans la zone du Moulin Marcille, devraient vous fournir un début de réponse ! Cet équipement sportif, entièrement dédié à l'escalade, propose des murs à cordes de 14 m, des salles de blocs aux itinéraires renouvelés tous les 2 mois, un espace fun climbing (de l'escalade sous sa forme la plus ludique, avec des structures aux formes délirantes), des espaces enfants ainsi qu'en espace détente-bar et restauration. On accueille les initiés comme les débutants, et les adhérents ont accès aux autres établissements Climb Up éparpillés dans toute la France.

GOLF

GOLF BLUE GREEN D'AVRILLE

Route de Cantenay-Epinard
AVRILLÉ
✆ 02 41 69 22 50
www.avrille.bluegreen.com
Ouvert toute l'année. Parcours 9 trous : De 30 € à 40 € selon la saison ; 18 trous : de 40 € à 55 €.

Ce golf 18 trous bénéficie d'un emplacement idéal, situé à à peine plus de 10 minutes du centre d'Angers et implanté dans le cadre prestigieux du château de la Perrière. C'est là que se situe le club house ainsi qu'un restaurant gastronomique, doté d'une terrasse pour les beaux jours. Le site présente un relief successivement plat et vallonné, ainsi que quelques longs par-4. Il est aussi possible d'opter pour une version plus compacte du parcours, en 9 trous. Les novices peuvent participer à différents types de stages et cours collectifs ainsi qu'à des cours particuliers.

PATINAGE

ANGERS ICEPARC

✆ 02 41 88 28 45
www.angers-iceparc.com
Voir horaires sur le site internet.

Adieu la patinoire du Haras, bienvenue au Angers IceParc ! C'est désormais comme cela qu'il faut nommer la nouvelle patinoire de la ville, inaugurée en septembre 2019 et construite sur le site d'anciennes friches industrielles. Un édifice enfin à la hauteur de la renommée de ses célèbres résidents, les hockeyeurs des Ducs d'Angers. Il est doté de deux pistes de glace, dont l'une équipée de gradins modulables d'une capacité maximale de 5 000 places (il sera possible d'y organiser des concerts en recouvrant la glace !). Pourquoi ce nom d'IceParc ? Outre la référence à la glace, le nom du lieu évoque aussi ses aménagements périphériques comprenant un vaste parc paysager ainsi qu'un skate-park.

PISCINE

BB PLOUF

1, place Aquavita ✆ 06 51 53 51 00
http://bbplouf-angers.blogspot.com
30 séances réparties sur l'année. Pour un enfant : 150 €. 2 enfants = 250€ ; 3 enfants = 320€

L'association BB Plouf a maintenant plus de 30 ans ! Installée à AquaVita, dans le bassin d'apprentissage spécialement conçu à cet effet, l'eau est à 32 °C. Le rôle de l'association est d'encadrer les enfants (de 4 mois à 6 ans) pour qu'ils se familiarisent avec le milieu aquatique, découvrent les joies de l'eau mais aussi apprennent en groupe, le tout dans le respect du rythme de l'enfant, de ses besoins et désirs... Sur dérogation, la limite d'âge peut être portée à 9 ans pour les enfants en situation de handicap. L'association insiste beaucoup sur l'aspect ludique de l'apprentissage. Les inscriptions se font à l'accueil du centre AquaVita, ou à Jean Bouin (sous l'entrée de la piscine).

PISCINE

COUZE'O

5, chemin de la Houssaye - **BEAUCOUZÉ** ✆ 02 41 19 10 36
www.couzeo.fr
Ouvert tous les jours en horaires variables. 5,30 € (4,50 € pour les Beaucouzéens). Abonnement 46,90 € Enfants 4,20 €.

Une piscine où l'on ne se contente pas de faire trempette. Cet espace moderne bénéficie de plusieurs zones pour que chacun pratique selon ses envies et capacités. Les enfants apprécieront la pataugeoire, le bassin d'apprentissage et les toboggans extérieurs, quant aux nageurs, ils profiteront plus au calme des 4 lignes qui leur sont dédiées. De nombreux cours sont organisés, des bébés nageurs à ceux dédiés aux seniors et même des cours d'aquabike pour garder la forme ! En été, c'est l'ouverture sur l'extérieur des grandes baies vitrées qui séduit les amateurs de bronzette. Il ne faut pas manquer le coin détente avec son hammam et son sauna, pour repartir heureux comme un poisson dans l'eau.

PLAN D'EAU

BASE DE LOISIRS DU LAC DE MAINE

Lac de Maine
✆ 02 41 22 32 20
www.lacdemaine.fr
Ouvert toute l'année.

Cet espace de 220 hectares propose aux Angevins un beau parc et un immense plan d'eau tout près du centre-ville. Le lieu est idéal pour la promenade, le footing, mais aussi pour la baignade et les activités nautiques telles que le dériveur, la planche à voile ou le kayak. Aux beaux jours, des barbecues sont à la disposition des promeneurs et il est aussi possible de se restaurer au centre Ethic Etapes, à proximité, ou bien de prendre un verre à la buvette du lac. Astuce : prolonger votre chemin en longeant la Maine pour finir au joli village de Bouchemaine.

RANDONNÉE À CHEVAL - EN ÂNE

ÉCURIE DE CÉ

64 bis, route de Sorges - **LES PONTS-DE-CÉ** ✆ 06 48 48 34 66
www.ecuriedece.com
Promenade 1 journée : 55 € à 70 €. Randonnée 2 et 3 jours : 130 € à 250 €. Cours particulier, à partir de 36 € / h.

Emmanuelle Rabillon a débuté son histoire avec les chevaux dans les fjords norvégiens ! Puis, de fil en aiguille, elle a monté son propre élevage et développé son centre équestre, abritant aujourd'hui une cinquantaine de bêtes, soignées et montées par des cavaliers en herbe ou confirmés. Une multitude d'options de stages ou de cours s'offre aux amateurs comme aux professionnels : poney-club, randonnée (les bords de l'Authion sont tout proches), western, CSO (saut d'obstacles). Le baptême en poney permet de s'initier dès 4 ans. Une préparation aux examens est également disponible. Enfin, ses 6 hectares de terrain lui permettent d'accueillir votre cheval en demi-pension ou pension complète.

SKATE

SKATEPARK SAINT-SERGE

Allée des présidents

Amateurs de grind, slide, ollie, manual et figures complexes, ce nouveau skatepark vous est dédié. Sur 1 200 m², entouré de verdure, il offre aux amateurs de glisse urbaine des modules assez diversifiés : plans inclinés, murets, une double pente, des rails, des curbs, un tremplin, des ledges, des marches et un bowl avec coping. Accessible à tous, dès 8 ans, on peut aussi y faire du roller, du BMX, de la trottinette. Bien pensé quand on sait que de nombreux endroits sont interdits à ces pratiques, ou que cela y est mal vu. La liberté s'offre donc à vous ! Le skatepark s'inscrit dans le projet de végétalisation des abords de la patinoire qui accueillera aussi de nouvelles constructions.

SPORT

LA BULLE

22, boulevard Gaston-Birgé ✆ 02 41 20 07 06
Bus : ligne 5 ou 9, arrêt Isoret, ligne 12 arrêt Birgé.
www.plongee-shop.com
Ouvert du mardi au samedi de 9h30 à 12h30 et de 14h30 à 19h

Que vous soyez simple amateur de snorkeling ou spécialiste des grandes explorations en bouteilles, une bulle d'air vous est proposée à Angers même. Certes, nous sommes loin des profondeurs, mais vous trouverez ici toute la gamme de matériel nécessaire à la plongée, des simples masques, tubas et palmes jusqu'aux combinaisons, détendeurs et gilets stabilisateurs, montre de plongée, accessoires de chasse sous-marine. Et si jamais le produit recherché est absent, on vous le commande. La Bulle, c'est aussi des voyages organisés aux quatre coins du monde et une école de plongée agréée (SSI, FFESSM, ANMP, plongeur Nitrox) proposant des baptêmes, des cours d'initiation, des entraînements à l'apnée.

SPORT

TARMAC

23 bis, rue de la Roë ✆ 02 41 86 92 81
www.tarmac-loisirs.com
Ouvert du mardi au samedi de 10h à 12h30 et de 14h à 19h.

La boutique de tous les amateurs de skate sur Angers. Yohann connaît évidemment tous ses articles sur le bout des doigts. Sa gamme de produits inclut des skates et longboards... Les conseils sont personnalisés et honnêtement distribués. On y trouve également un choix de pièces de rechange (fortes usures selon la pratique !) et accessoires pour les soins des planches. Côté vêtements et bagages, c'est la marque Carhartt, une valeur sûre, qui est largement mise en avant. On trouve aussi les sweatshirts Element. Les chaussures sont bien sûr un outil indispensables : DC shoes est en vedette, avec Etnies. La boutique dispose d'un service de réparations et/ou de personnalisation de skates.

SPORT

DECATHLON

Avenue Moulin-Marcille - **LES PONTS-DE-CÉ** ✆ 02 41 25 52 80
decathlon.com
Ouvert du lundi au samedi de 9h à 20h.

Bien agencé, avec un vaste espace d'exposition, ce Décathlon s'est donné pour mission de vous équiper au mieux pour courir, nager, pédaler, skier, smasher, escalader, camper... (on s'arrête là car la liste est longue !) Ici, les vélos peuvent être testés dans les rayons, les tentes montées et démontées sous vos yeux, le tout supervisé par des vendeurs aux conseils toujours avisés. Les installations sportives qui jouxtent le magasin (salle en intérieur et parcours extérieurs) permettent des cours de gymnastique, des activités variées et même les anniversaires des enfants. Enfin, pour les sportifs résidant à l'ouest d'Angers, un autre magasin les attend à Beaucouzé.

SPORT

INTERSPORT

Ecoparc du Buisson ✆ 02 41 19 92 75
www.intersport.com
Ouvert du lundi au samedi de 9h30 à 20h.

Si les magasins d'Atoll répondent surtout à une demande concernant la maison, Intersport sera là pour satisfaire les sportifs, plus intéressés par le grand air que par l'aménagement intérieur ! La politique généraliste de cette grande enseigne se retrouve dans la quinzaine de rayons bien garnis du magasin, répartis par sports ou thématiques (forme et bien-être, plein air et jeux, sports d'hiver, sports d'équipe, sports d'eau, sports de raquette...) Force est de reconnaître que le choix est satisfaisant. Si les produits et les conseils n'atteignent peut-être pas toujours la qualité des enseignes spécialisées, les prix et la disponibilité des vendeurs restent des arguments très appréciés.

SPORTS INDIVIDUELS

ANGERS PADEL

52, boulevard de la Romanerie - **SAINT-BARTHÉLÉMY-D'ANJOU**
✆ 02 41 19 72 27 - www.angerspadel.fr
Lundi-vendredi 10h-23h, samedi 10h-19h, dimanche et jours fériés 10h-13h. Entre 5 € et 8 € de l'heure.

Le premier club de padel de la région vient de fêter ses trois ans ! Le padel, késako ? C'est un sport né au Mexique qui mêle tennis, pelote basque et squash. Il se pratique uniquement en double, au moyen de petites raquettes percées de trous, sur un terrain clos et vitré, équipé d'un filet. Après un rebond, la balle peut toucher n'importe quelle paroi (y compris la poignée de la porte !). On peut frapper la balle après un rebond sur une paroi de son propre camp pour la renvoyer dans le camp adverse, ou encore la frapper à la volée... Le jeu a le même système de points que le tennis. Pour ceux qui n'ont pas compris, assistez à l'un des tournois internes organisés par le club !

VÊTEMENT - CHAUSSURES

ENDURANCE SHOP

7, place du Pilori ✆ 02 41 39 24 19
www.enduranceshop.com
Ouvert le lundi de 14h30 à 19h ; du mardi au samedi de 10h à 13h et de 14h30 à 19h.

Avec les marques On, Hoka ou SauconyBrooks, l'amateur de running ou de trail trouvera chaussure à son pied dans la boutique de Benjamin Féquant, triathlète et coureur invétéré. Chacun ayant son type de foulée, une machine analyse la morphologie de votre pied, et ces spécialistes peuvent vous demander de faire quelques foulées pour choisir au mieux l'équipement qui évitera la blessure. Car c'est surtout pour les conseils techniques et personnalisés qu'on recommande le magasin. Les spécialités randonnée, marche nordique, trail et raid sont au 75, rue du Mail. Vêtements, chaussettes, chevillères, podomètres, bâtons de marche, compléments alimentaires ou gourdes sont également présents ici.

BOWLING

BOWLING RED BOWL

3, rue Clément-Ader - **SAINTE-GEMMES-SUR-LOIRE**
✆ 02 41 36 37 38 - http://redbowl.fr/
Horaires variables. De 5,50 € à 8 € la partie selon jour / heure. Restauration. Bar. Jeux. Location de salle de réunion.

Ce grand bowling compte 12 pistes homologuées pour les compétitions, dont une spécialement adaptée aux personnes handicapées, et propose de nombreuses formules : bowling illimité avec boissons soft à volonté, formule étudiante, groupe et entreprise, anniversaire. Entre deux strikes, on peut aussi y jouer au billard, au baby-foot ou se poser tranquillement devant son écran géant les soirs de match. Le bar-restaurant avec vue sur les pistes, lui, comblera les petites faims et il est aussi possible d'y organiser des apéros dînatoires où même des buffets. Enfin, le club du lieu, le Phoenix Bowlers, permet aux plus mordus de s'entraîner chaque semaine et de participer à des compétitions.

BOWLING

LE COLISÉE

8 bis, boulevard Maréchal Foch
✆ 02 41 77 10 22
www.bowlinglecolisee.fr
Ouvert mardi au dimanche et fériés. 14h-2h (voir par jour). Entrée : 7.50 €/partie et par personne, chaussures incluses.

Pour se détendre et s'amuser en centre-ville autour d'un bowling, d'un billard ou d'un jeu de fléchettes, direction le Colisée. Le lieu dispose d'une mezzanine, d'un bar, et surtout de dix pistes bien lustrées. Ici, le bowling est roi bien sûr, mais on peut également y jouer au billard, aux fléchettes, au flipper... Un conseil : allez-y le dimanche pour être sûr de trouver un jeu disponible, car l'affluence est très faible ce jour-là ! On peut aussi réserver le lieu en dehors des horaires d'ouverture (pour plus de 12 personnes), y organiser des goûters-anniversaires d'enfants, voire même assister à des concerts de rock et jouer les nightclubers le temps d'un DJ Set.

BOWLING

SILVER BOWL

Avenue Paul-Prosper-Guilhem - **BEAUCOUZÉ** ✆ 02 41 73 05 05
www.silverbowl.fr
Du lundi au jeudi de 12h à 1h ; le vendredi de 12h à 3h ; le samedi de 14h à 4h ; le dimanche de 10h à 20h.

Des bruits sourds de boules roulant sur un parquet, le fracas des quilles quelques secondes plus tard... Vous êtes au Silver Bowl ! Un peu en dehors de la ville, sur l'axe Angers-Nantes, le lieu abrite 24 pistes de bowling,12 billards, un laser-game, un bar et même un restaurant. Le lieu est idéal pour y organiser des soirées en groupe, avec quelques formules très attractives comprenant plusieurs parties et une boisson au choix. Les plus jeunes peuvent aussi venir y fêter leur anniversaire tout en s'initiant aux joies du *strike* (10 quilles renversées au premier lancer), grâce à des formules pouvant inclure 2 parties, des boissons à volonté, des bonbons et même un gâteau au chocolat !

JEUX ET JOUETS

LA GUILDE DES JOUEURS

46, rue du Mail ✆ 02 41 20 00 88
www.la-guilde-des-joueurs.com
Ouvert le lundi de 14h à 19h ; du mardi au samedi de 10h à 19h.

Des jeux en veux-tu, en voilà ! Des vendeurs passionnés aussi ! Même quand la boutique fait le plein, on n'hésite pas à demander des informations si l'on est perdu dans les multiples jeux de société. Il y en a pour tous les âges, et certains peuvent être joués en grand groupe. Sont représentés différents univers : fantastique (le royaume d'Abyss, Lovecraft), humoristique, historique, de survie (ah ! les zombies !), stratégiques (construction d'une ville, d'un canal, d'un chemin de fer), de mémoire, de rapidité. Des puzzles d'art, des jeux traditionnels (Awalé, par exemple) et des figurines complètent l'offre. De grandes franchises sont à l'honneur des programmes d'animation.

JEUX ET JOUETS

JMR - JOUETS MODÈLES RÉDUITS

65, rue André-Gardot ✆ 02 41 87 00 21
www.angersjmr.com
Ouvert du mardi au samedi de 9h30 à 12h et de 14h30 à 19h. Ouvert les lundis du mois de décembre avant Noël.

Implantée depuis plus de 30 ans, cette indéboulonnable boutique de modélisme n'a pas pour vocation de ne faire rêver que les ados ! Ici, on vient cultiver une jeunesse éternelle auprès de tout ce qui roule, flotte, vole et vrombit, sur route ou sur rails, que ce soit en version modélisée, motorisée ou radiocommandée. Toutes les grandes marques (Tamiya, Joysway, Aquacraft, Multiplex, MHD Fly, Kyosho) sont représentées ainsi qu'une large gamme d'outils. Une pièce vous manque pour refaire fonctionner votre antique train électrique ? C'est ici que vous la trouverez !

JEUX ET JOUETS

LE P'TIT LUTIN

4, rue de l'Aiguillerie
✆ 02 41 20 15 01
Ouvert le lundi de 14h à 19h ; du mardi au samedi de 10h à 19h. American Express.

Cette boutique indépendante est un petit paradis pour les parents qui recherchent des jouets de bon goût, loin des jeux à piles, mais plutôt dans le style traditionnel. Des chariots en bois, des poupées de chiffon – ou presque – côtoient toupies, puzzles, quilles en peluche, manège musical et chevaux à bascule… Tout cela devrait donner envie aux enfants de se lover dans leurs édredons avec un doudou, et les parents pourraient retomber en enfance... Les produits proposés sont à la fois ludiques et beaux, faits avec des produits de qualité – rien de tel pour éveiller les petits. La boutique est très agréable à parcourir, avec sa mezzanine où l'on trouve aussi des meubles et autres nids d'ange…

JEUX ET JOUETS

SORTILEGES

24, rue de la Roë ✆ 02 41 88 96 96
www.sortileges.fr/angers
Ouvert le lundi de 14h à 19h ; du mardi au samedi de 10h à 19h.

Vous n'êtes pas particulièrement joueur ? Sortilèges pourrait bien vous envoûter : jeux et figurines connus ou confidentiels, casse-tête, puzzles, beaux jeux en bois : Qwirkle, échecs, Timeline, Dixit, House flippers n'attendent que vous... Le tout, pour les enfants ou pour les adultes, à jouer seul, à deux ou plus. Les aficionados y trouveront même les accessoires dédiés (tapis de jeux, choix de dés, recharges de jeux...). Des parties endiablées vous attendent donc, sur fond d'enquête policière ou d'*escape game*, par exemple. Des présentations de jeux, en soirée ou en journée, ont régulièrement lieu et vous pourriez même y voir des joueurs en pleine partie dans la salle du fond !

JEUX

LA CHAUMIÈRE DU BOUT DES RÊVES

10, rue de la Roë ✆ 07 85 42 13 00
www.chaumiere.org
Lundi de 14h-19h, mardi-vendredi 10h-12h et 13h-19h, samedi 10h-19h.

Ce magasin vous plonge d'emblée dans le monde féerique de l'heroic fantasy, des jeux de rôle, de carte et de plateau. C'est le spécialiste des costumes et accessoires pour les jeux de rôle grandeur nature : costumes, armures, casques, répliques d'armes... En ce qui concerne les jeux plus classiques, le magasin offre un grand choix pour se divertir entre amis. Tous les ans, la boutique organise des jeux de rôle grandeur nature : les Chroniques de Kandorya a fêté ses 10 ans en juillet, avec des artisans venus de toute l'Europe. Des jeux d'occasion sont en vente toute l'année.

JEUX

OUISTITI - COMPAGNIE

Avenue Aliénor d'Aquitaine - **BEAUCOUZÉ** ✆ 02 41 37 86 94 - Ligne de bus n° 11, arrêt Aliénor d'Aquitaine. - www.ouistiti-cie.com
Carnet de 10 entrées : 71 € de 1 à 3 ans et 83 € de 4 à 12 ans. Enfants (de 1 à 3 ans) : 8,20 € (9,90 € de 4 à 12 ans).

Ouistiti Compagnie, c'est un parc de 1500 m², chauffé et climatisé, dans lequel nos chères têtes blondes ont tout le loisir de courir, sauter, rebondir, glisser, pédaler et même manger avec le jungle resto... Bref, le lieu idéal pour une journée en famille mais aussi pour un anniversaire, avec 4 formules comprenant toutes un accès illimité aux jeux et un espace réservé pour l'heure du goûter. Aux beaux jours, l'espace intérieur se double d'une surface extérieure de 1000 m² tout aussi bien remplie en jeux gonflables et même piste de karting. Enfin, les parents eux aussi bénéficient d'un espace aménagé en mezzanine avec presse et wi-fi mis à leur disposition. Ils ont pensé à tout !

JEUX

SKOUBI-PARC

34, boulevard Gaston-Birgé ✆ 06 06 78 83 96 - Ligne 5 ou 9 arrêt Isoret. - http://skoubi-parcangers.business.site/
Ouvert de 13h à 18h30 : mercredi, samedi, dimanche et jours fériés, et 7J/7 pendant les vacances.

Les jeux vidéo ne leur suffisent plus ? Le temps exécrable ne leur permet pas d'aller se défouler dans le jardin ? Pour occuper vos enfants le temps d'un mercredi après-midi ou d'un week-end, Skoubi Parc a plus d'un tour dans son parc ! Cette plaine de jeux d'un peu plus de 1 000 m² offre aux enfants 25 attractions toutes parfaitement adaptées en termes de sécurité. Dépense physique garantie avec zone de foot, circuit motos et voitures pour les 4-8 ans, piste de luge, trampoline, toboggan... L'endroit est aussi parfait pour les anniversaires (plusieurs salles sont conçues à cet effet) avec des jeux divers, un atelier maquillage et un gâteau au chocolat, des gaufres et des bonbons...

LASER GAME

LASER GAME EVOLUTION

50, boulevard du Doyenné ✆ 09 50 40 13 75
www.lasergame-evolution.com/fr/angers
Horaires variables selon les saisons. Entrée : 8 € (la partie de 20 minutes). 2 parties : 15 €, 3 parties : 20 €.

Le laser game, jeu de tir collectif et interactif, constitue un sacré défouloir ! Jeune ou moins jeune, on se défie dans l'obscurité, arme au poing, avec des obstacles, des murs réfléchissants ou encore un labyrinthe. Vous êtes sceptique ? Vous trouvez cela un brin régressif ? Méfiez-vous, nul n'est à l'abri de devenir accro ! La diversité des scénarios et la possibilité d'aménager l'espace en fonction du nombre de joueurs contribuent certainement au succès de ce jeu. Idéal pour les journées d'anniversaire (enfants de plus de 7 ans), mais aussi les soirées d'entreprise (quel bonheur de pouvoir mettre en joue son chef de service !). Il existe même une formule pour les futurs mariés !

LOISIRS CRÉATIFS

DALBE

14, rue Charles-Lacretelle - **BEAUCOUZÉ** ✆ 02 41 19 18 60
www.beaucouze.dalbe.fr
Ouvert le lundi de 14h à 19h ; du mardi au vendredi de 10h à 13h et de 14h à 19h ; le samedi de 10h à 19h.

Quels que soient votre talent, votre inspiration ou votre budget, voilà typiquement le type de magasin dont vous aurez du mal à repartir les mains vides ! Repaire bien connu des étudiants des Beaux-Arts, Dalbe donne inévitablement envie de peindre, dessiner, modeler, encadrer, relier... Le lieu propose plus de 3 000 références dans les domaine des beaux-arts et arts graphiques (peintures, pastels, encres, chevalets, planches à dessins...), des métiers d'art, ou encore des loisirs créatifs. On trouve aussi ici des livres sur l'art, un espace papeterie et un large éventail d'animations et d'ateliers pour toute la famille (scrapbooking, aquarelle, peinture sur porcelaine, argile, mosaïque...)

JE CRÉE MON ESPACE DE VIE

« Home sweet home ! » Quels que soient les saisons et votre type de logement, parions que cette rubrique vous donnera à coup sûr l'envie de décorer, aménager, rénover, cocooner, jardiner, bricoler... Bref, faire de votre « chez-vous » un lieu on l'on se sent bien ! Côté déco et ameublement, la rédaction angevine de ce City Guide a écumé les showrooms, petites boutiques de créateurs, antiquaires et galeries d'art, à l'affût du tableau qui attire l'œil, du fauteuil design dans lequel il fait bon se prélasser ou de la petite lampe de chevet qui vous donnera envie de lire jusque tard le soir... Mais que serait votre intérieur (allez, soyons plus terre à terre !) si l'on ne pouvait y faire fonctionner correctement son ordinateur, sa machine à laver, y caser son écran géant de télévision, sa chaîne hi-fi ? Là encore, de belles adresses vous attendent, ainsi que pour votre balcon ou jardin, avec une sélection des meilleurs fleuristes et jardineries de la ville. Enfin, pour vos projets de grands travaux, cuisinistes, menuisiers et autres spécialistes du parquet vous attendent de pied ferme !

DÉCORATION

L'ATELIER COQUILLE

6, rue Saint-Blaise
✆ 02 41 43 80 97
www.lateliercoquille.fr
Ouvert du mardi au samedi de 10h à 19h.

Il faut se rendre dans cette petite rue un peu à l'écart de la rue d'Alsace pour découvrir une élégante boutique qui présente des objets déco et des idées cadeaux nombreuses et fort variées. Cet atelier présente de belles créations originales que l'on ne voit pas ailleurs et met en avant les producteurs locaux. Tableaux, luminaires, miroirs, mais aussi tasses, bougeoirs ou cadeaux de naissance, il y en a pour tous les budgets et tout les goûts. La boutique est certes réduite mais regorge de belles pièces, à l'image de ces vases et autres contenants qui achèvent votre déco avec classe ! La qualité est toujours au rendez-vous, et sa jolie mise en scène est un vrai plaisir pour les yeux.

DÉCORATION

NOUVEAU JOUR

46, place Imbach ✆ 06 63 15 11 02
www.nouveaujourstore.fr
Mardi-mercredi 14h-18h, jeudi-vendredi 11h-13h et 14h30-19h, samedi 10h-13h et 14h30-19h. Dimanche (période de Noël).

Collectionneur ? Vous trouverez ici la pièce qui vous manque. Simple curieux ? La propriétaire Agathe Cian-Renimel donne volontiers des explications pour tous ses trésors. Le Nouveau Jour est la nouvelle boutique déco-design esprit vintage à Angers. La maîtresse des lieux, petite-fille de collectionneur, est devenue chineuse professionnelle, à l'affût d'objets de qualité et rétro. Un charmant et savant mélange de styles avec des marques design comme Serax, Claudio Colucci… L'amour pour la brocante se fait ressentir par le choix des objets et de plus, nous y trouvons des produits à moins de 50 €, idéaux pour sublimer votre intérieur à moindre prix ! Une très belle adresse à retenir.

DÉCORATION

RETIF

1, rue de Champfleur - **SAINT-BARTHÉLÉMY-D'ANJOU**
✆ 02 41 37 01 62 - www.retif.eu
Ouvert du lundi au vendredi de 9h à 12h et de 14h à 18h ; le samedi de 9h à 12h et de 14h à 17h.

Si l'enseigne vise avant tout à équiper les commerçants, elle offre une alternative intéressante aux magasins de déco, pour les particuliers. Ce vaste magasin devrait vous donner des idées pour aménager votre intérieur. Les ambiances vous embarquent dans des maisons de bord de mer, de campagne, dans des jardins, dans des salons romantiques ou plus contemporains. Pour les pièces d'intérieur, les tabourets, tables, paravents, meubles en bois, en métal ou en similicuir sont de bon goût. Côté arts de la table, le choix est large : vaisselle, couverts, verrerie, linges de table et accessoires. Retif propose également du matériel pour les travaux manuels ou bien encore l'écriture.

CANAPÉS - FAUTEUILS

TECHNOCUIR

10, rue Beaurepaire ✆ 02 41 24 00 10
www.renovcuir.fr
Ouvert du mercredi au samedi de 9h30 à 12h30 et de 14h à 18h30. Livraison possible (sur Angers).

Un professionnalisme hors pair et de la passion : voilà ce qui caractérise les artisans de cette grande et belle boutique où le cuir est roi. Ici les fauteuils allient invariablement confort et beauté. De superbes fauteuils club, que l'on jurerait sortis tout droit de cercles privés pour gentlemen londoniens. Le lieu propose également un service de rénovation très intéressant, pour vos pièces d'ameublement comme pour vos vêtements en cuir. C'est en regardant les photos avant/après d'un fauteuil en piteux état que l'on prend réellement conscience de la valeur du travail de restauration proposé ici. Enfin, pour prendre soin vous-même de vos cuirs, la boutique propose des produits d'entretien.

LITERIE

LITERIE PATTON

186, avenue du Général-Patton - **BEAUCOUZÉ** ✆ 02 41 73 82 00
www.literie-patton.fr
Lundi 14h-19h, mardi-samedi 10h-12h et 14h-19h. Montage de la literie et reprise des vieux matelas. Livraison possible.

Un bon sommeil, c'est essentiel ! Depuis plus de 30 ans cette entreprise familiale propose un vaste choix de lits, sommiers, matelas et têtes de lit de grandes marques (Technilat, Treca, Davilaine), une large gamme de linge de lit, ainsi que des canapés et des banquettes. On est ici aux antipodes des méthodes de vente des grandes enseignes, avec des conseillers à l'écoute et jamais avares de conseils. Dans le showroom, une trentaine de modèles n'attendent que votre dos pour faire valoir leurs qualités respectives : matelas moelleux, fermes, en mousses synthétiques à mémoire de forme, en matières bio, équipés de suspensions dynamiques… Le magasin assure la livraison et le montage à domicile.

RANGEMENTS

QUADRO

126, avenue Pasteur ✆ 02 41 24 13 30
www.agem-angers.fr
Ouvert du mardi au samedi de 10h à 12h et de 14h à 18h30. Possibilité de rendez-vous.

Depuis 2004, Quadro (ex-AGEM) vous oriente parmi la large gamme de matériaux et de coloris pour réaménager votre intérieur. Vous désirez faire un dressing, optimiser le dessous de vos escaliers ou autour du lit ? Réaliser une bibliothèque, un dressing, une verrière, refaire votre cuisine ? L'équipe spécialisée trouve de la place là où vous ne vous y attendiez pas. Gagner du volume, optimiser le rangement, aménager tout en occultant de vilains éléments de l'habitat, jusqu'à recomposer votre pièce de vie et apporter ainsi la touche personnelle grâce au sur-mesure... Voilà ce que peut faire cette agence pour vous, et le patron connaît parfaitement son métier !

LITERIE PATTON
LITERIE PATTON

ESPACE SAMO

L'AGENCEMENT : UNE PASSION FAMILIALE !

Spécialiste angevin de l'aménagement de cuisine, de salles de bain et du rangement, Samo met son savoir-faire à votre service depuis 1975.

À l'origine, c'est aussi une histoire familiale et la passion du métier d'agenceur.

L'entreprise SAMO va bientôt souffler ses 46 ans, pouvez-vous nous parler de son histoire ?

La mère de Julien a ouvert en 1975, avenue Patton, un magasin de meubles. Le concept était donc différent à l'origine. Les parents de Julien ont su adapter leur entreprise aux besoins des clients et aux différentes conjonctures. Dès son plus jeune âge, Julien commence comme apprenti dans l'atelier et évolue jusqu'au poste de concepteur-agenceur. En 2012 il repense entièrement le showroom en donnant vie à un vrai travail de conception et d'architecture intérieure, il reprend l'entreprise en 2016. Mais l'histoire de l'entreprise ne serait pas celle-ci sans son équipe de 8 personnes, certaines présentes depuis plus de 20 ans !

Quelle est la valeur ajoutée de votre entreprise ?

Notre véritable valeur ajoutée est sans hésiter notre large gamme de services. Nos clients sont notre première source d'inspiration. Nous aimons écouter leurs envies et les voir se projeter dans leur futur lieu de vie avant de leur proposer toutes les solutions techniques, matérielles et esthétiques qui permettront un agencement au plus juste de leurs besoins et désirs.

Que peut-on trouver comme produits chez vous ?

Nous sommes très heureux de faire partie des revendeurs de la marque TEAM7, une marque autrichienne proposant un travail du bois massif de grande qualité. Nos cuisines sont conçues avec le savoir-faire et la rigueur allemande de notre partenaire NEXT125. Côté salles de bains, nous travaillons avec la menuiserie italienne EDONE. Nous proposons également d'autres produits comme les saunas/hammams d'EFFEGIBI, les luminaires du célèbre designer allemand Tobias GRAU, la collection de mobilier italien KRISTALIA. Du côté ménager nous travaillons avec l'ensemble des fabricants, l'originale marque SMEG est également présente.

Y aura-t-il prochainement des nouveautés ?

Nous avons à cœur de toujours présenter les nouvelles tendances et nouveaux équipements. C'est pourquoi nous renouvelons souvent notre showroom. Cette année, c'est avec l'ensemble de l'équipe que nous établissons nos choix pour nos futures expositions. Et puis l'approche des 50 années de SAMO est un événement que nous sommes déjà en train de programmer !

> ESPACE SAMO

87, avenue du Général Patton

✆ 02 41 48 44 99 www.samodirect.fr

© FABRICE QUINTON

© SAMO

© SAMO

MEUBLES

ESPACE SAMO

87, avenue du général Patton ✆ 02 41 48 44 99
www.samodirect.fr
Ouvert du lundi au vendredi de 9h30 à 12h et de 14h à 18h30 ; le samedi de 9h à 12h et l'après-midi sur rendez-vous

En quête d'un relooking total de votre intérieur ? D'idées déco ? D'un meuble de rangement ? Au fil des années, les raisons de pousser la porte de cette belle entreprise familiale sont restées les mêmes. On y vient pour le sérieux, l'expérience et l'inventivité d'une équipe maîtrisant de A à Z tous les aspects de la création et de l'aménagement de pièces, de la salle de bains à la cuisine en passant par les chambres, les espaces dressing, bibliothèques... Le showroom de l'avenue Patton est digne des plus grandes enseignes et le site Internet de la maison offre de très beaux exemples de ses réalisations passées, avec une collection de clichés « avant » et « après » particulièrement parlants !

MEUBLES

LIGNE ROSET

3-5, avenue de Contades ✆ 02 41 87 88 59 - Tram : arrêt Gares
www.ligneroset.fr
Ouvert du mardi au vendredi de 10h30 à 12h30 et de 14h à 19h ; le samedi de 10h30 à 19h. American Express.

Du *made in France* très haut de gamme ! On ne présente plus cette grande entreprise familiale spécialiste du mobilier contemporain pour toutes les pièces de la maison, et dont le savoir-faire s'étend aussi aux objets et accessoires de décoration (luminaires, vases, bougies...). Les meubles proposés dans le *showroom* angevin (tables, bureaux, canapés, lits, étagères, tapis...) sont fonctionnels, pratiques, à la pointe des dernières tendances et sont l'œuvre d'une multitude de designers tous plus talentueux les uns que les autres (les prix s'en ressentent). Des questions sur l'agencement de votre intérieur ? Des projets déco ? Ligne Roset propose des rendez-vous coaching-déco gratuits.

MEUBLES

CAROL'S

32, route de Cholet - **MÛRS-ERIGNÉ** ✆ 02 41 45 92 00
Bus 8, juste en face de l'arrêt Erignés. - www.carols.fr
Ouvert le lundi et le mardi de 14h à 19h ; du mercredi au samedi de 10h à 12h et de 14h à 19h. American Express.

Cette boutique d'intérieur, revisite, inspire et rénove toutes les pièces d'une maison jusqu'au jardin en passant par la terrasse. Les genres se mélangent ici avec bonheur : ancien, moderne, rétro-chic, mais le bon goût fait figure de dénominateur commun où les amoureux du beau se plaisent à chiner ici très régulièrement ! Les pièces de la maison s'apparentent à un génial bric-à-brac où se côtoient des canapés au style cosy, des lampes, coussins, fauteuils, miroirs, jusqu'aux tables basses et nichoirs à oiseaux ! On apprécie les conseils avisés de l'équipe chaleureuse. À savoir que le magasin a profité de la fin d'année 2020 pour elle-même faire peau neuve en changeant son identité visuelle.

MEUBLES

MEUBLES RAMBAULT - MEUBLENA

26-30, rue du Grand-Launay ✆ 02 41 73 01 30
www.rambaultmeubles.fr
Lundi 14h-19h, mardi-samedi 9h-12h et 14h-19h.

Dans cet espace de plus de 2 000 m² se déploient diverses gammes de mobilier : canapés, sièges, bibliothèques (superbe choix de la marque Celio), dressings, tables, chaises, meubles TV, literie... Dans l'espace salon, les canapés se parent des plus fines lignes avec les marques Faber ou Valmer. Le style industriel est présent, côté séjour, avec les buffets et tables de chez Corti. Vous pouvez même trouver des modèles de fauteuils ou canapés de relaxation grâce à la marque Stressless. Les cuisines Mobalpa appartiennent à la même direction, tout comme Place de la Literie.

MEUBLES

ICÔNES

33, rue Boisnet
✆ 02 41 20 02 00
Ouvert du mardi au samedi de 10h30 à 12h30 et de 14h à 19h.

Icônes est spécialisé dans l'aménagement d'espaces et propose, dans son show-room de 400 m², une sélection de meubles et d'objets déco, pour un chez-soi très contemporain. Les marques Knoll, USM Haller, Cassina, Zanotta, Kartell, Gervasoni, Moooi, MDF Italia sont très bien représentées. Sont exposés aussi des luminaires de chez Artemide ou Fontanaarte, les marques Foscarini, Hay ont aussi leurs collections mises en avant. On égaye son intérieur avec des tapis ou des fauteuils design. Et pour profiter des belles nuits estivales, on suivra les tendances avec Fermob ou la marque néerlandaise de design Fatboy. Accueil et sens du conseil en prime pour cette jolie boutique.

MEUBLES

LA CHAISE DE BOIS

48, boulevard Gaston-Ramon ✆ 02 41 43 98 77
www.lachaisedebois.com/
Ouvert le lundi 14h-19h ; du mardi au vendredi 9h30-12h15 et 14h-19h ; le samedi 9h30-12h30 et 14h-19h.

Ce magasin situé dans entrepôt de 1 000 m² dédié aux meubles existe à Angers depuis 1974. Un bel exemple de longévité ! L'espace permet un large choix aux clients. Des modèles neufs côtoient les secondes mains, puisque beaucoup proviennent de particuliers ou de mises en dépôt-vente (expertises à domicile, reprise de mobilier dans tout le Grand Ouest). Les chaises, tables, bahuts, commodes, chevets, armoires et fauteuils se déclinent dans tous les styles. Les produits sont souvent de qualité, on pourra y trouver de bonnes affaires, des pièces originales, et l'on y recueille de précieux conseils ainsi que des adresses d'artisans pour réparer ou patiner des surfaces fatiguées.

MEUBLES

DISTRIMOUSSE GERENOV

246, avenue Pasteur ✆ 02 41 43 93 09
www.distrimousse-gerenov.fr/
Ouvert du mardi au samedi de 9h à 12h30 et de 14h à 18h30.

En plus de l'activité de vente à la découpe de mousses, Gérénov réalise tous vos travaux de réfection de sièges, tous styles confondus. Fournissez le tissu de votre choix ou commandez-le parmi les nombreux échantillons disponibles. Ce professionnel travaille aussi bien le tissu que le cuir ou le skaï, et redonne une seconde vie à votre Voltaire, votre banquette, ou vos fauteuils club. Il réalise aussi le coussinage, tous les travaux de couture d'ameublement, et propose aussi un petit choix d'oreillers, traversins, billes de polystyrène et produits de garnissage. Il rénove les assises de matériel médical, de cinéma, les selles de deux-roues et celles des vieilles motos, même très anciennes.

NEW MEUBLES

LOFT

Ecoparc du Buisson - **BEAUCOUZÉ**
✆ 02 41 37 68 85
Ouvert du lundi au samedi de 10h à 20h.

Eh bien ! L'Atoll n'en peut décidément plus d'accueillir toutes les marques de mobiliers et de décoration pour son petit nid douillet. Vous connaissiez peut-être l'endroit en tant que Xooon il y a quelques années avant que celle-ci ne déménage en face dans les locaux d'H&H. L'endroit héberge désormais Loft, un espace dédié uniquement à la décoration. On trouve de tout en matière de style, du boisé pour un salon cosy, du rococo pour ceux qui préfèrent les strass et les paillettes, il y en a pour franchement tout le monde. Les tarifs sont honnêtes par rapport à la qualité des matériaux utilisés. Il est possible d'essayer avant d'acheter, il faut être certain d'habiller correctement sa demeure.

MEUBLES

H&H CREATEUR DE MEUBLES

Ecoparc du Buisson - **BEAUCOUZÉ** ✆ 02 41 73 97 70
www.HetH-angers.fr
Ouvert du lundi au samedi de 10h à 20h.

Une maison vide, il faut bien trouver un moyen de la remplir, et on trouve un peu tout ce qu'il faut chez H&H Créateur de Meubles. L'enseigne propose 4 univers : moderne, authentique, naturel ou le très branché industriel, afin de satisfaire un large éventail de goûts. La marque vante la création de ses meubles dans ses propres ateliers par des artisans professionnels et cela se sent tant la qualité est au rendez-vous en plus de pratiquer des tarifs honnêtes et pour toutes les bourses. Par ailleurs, la marque Xooon a rejoint les mêmes locaux et propose une collection aux styles très similaires mais un peu plus accessibles encore. Si vous débutez dans la décoration, H&H propose du coaching.

MEUBLES

ROCHE-BOBOIS

58-64, boulevard du Roi-René ✆ 02 41 88 63 84
www.roche-bobois.com
Ouvert le lundi de 14h à 19h ; du mardi au samedi de 10h à 12h30 et de 14h à 19h.

A Angers, Roche-Bobois défend toujours son «french art de vivre» dans un immense *showroom* sur deux étages où se côtoient meubles d'inspiration contemporaine, exotique, vintage ou classique, luminaires hyper design et objets déco. Les collections sont divisées en deux univers bien distincts : Les Contemporains, reflétant les tendances et la créativité du design actuel, et Les Nouveaux Classiques, revisitant le mobilier de style avec une pointe d'audace. Des collections mettant toujours en valeur le talent d'une foule de créateurs et designers. Gros coup de cœur cette année pour les consoles de Stefano Bigi, les buffets de Bina Baitel ou encore les tables basses et lampes de Johan Lindsten.

MEUBLES

LA RESSOURCERIE DES BISCOTTES

19, Avenue du moulin Marcille - **LES PONTS-DE-CÉ**
✆ 02 53 20 31 96 - Ligne 12, arrêt Baudrairie. -
http://ressourceriedesbiscottes.fr
Ouvert le mardi de 14h à 17h ; le mercredi, le vendredi et le samedi de 9h à 13h et de 14h à 17h.

A la Ressourcerie des Biscottes, on y reprend tout ! C'est une association loi 1901 dont les employés bénéficient de contrats d'insertion, ils recyclent ainsi des tonnes d'objets chaque semaine. Le matin en semaine, on peut donc venir donner presque tout ce dont on n'a plus besoin, et pour de bonnes causes : écologique et solidaire. La plupart de ces objets trouvent une seconde vie au magasin où l'on trouve de tout pour des prix vraiment bas. Les objets présents tournent souvent selon des thèmes (comme la puériculture). Venir régulièrement pour faire de bonnes affaires.

LUMINAIRES

COMPTOIR DES LUSTRES

Avenue Prosper-Guilhem
✆ 02 41 72 16 00
Ouvert du lundi au samedi de 9h30 à 12h30 et de 14h à 19h. Livraison possible. Pas d'accès aux PMR à l'étage !

Une enseigne de référence à ne pas négliger pour tout ce qui touche aux éclairages de toute la maison et du jardin. Situé face au bowling, il offre une gamme très diversifiée de produits contemporains bien qu'on y retrouve des lustres style XIXe, des lampes de chevet ou encore des appliques classiques pour ceux que ça tente encore. On est ici au royaume des ampoules LED plus économiques et surtout écologiques. Les vendeurs sont accueillant et connaissent plutôt bien les techniques et la sécurité du monde électrique. On s'étonne toujours du tarifs des luminaires en général, mais on constate ceci dans tous les magasins. Possibilités de livraison à domicile et de montage offerts.

MAISON EN BOIS

RENDEZ-VOUS EN VILLE

17, rue Toussaint ✆ 02 41 05 55 93
www.boutique-rendez-vous.com
Ouvert du mardi au samedi de 10h30 à 13h et de 14h à 18h30.

Philippe et Isabelle Guémard, propriétaires du vaste espace de décoration et d'antiquités Rendez-vous, promenade de la Baumette, ont ouvert ce concept-store au printemps 2019. Un lieu lui aussi dédié à de la marchandise haut de gamme, des meubles aux textiles en passant par des objets de déco, des luminaires, des coussins... On vient dénicher ici les dernières tendances en matière de design, à l'image des créations de Drugeot Labo, fabricant de petits meubles en bois, des livres lumineux et connectés (eh oui !) de chez Sbam, ou encore des poufs de la marque Fatboy. Les arts de la table ne sont pas oubliés avec des couverts de chez Sabre ou encore de la vaisselle éco-responsable Ekobo.

RIDEAUX - VOILAGES - TISSUS - TENTURES

L'HARIDON

21, rue des Lices ✆ 02 41 88 39 79
www.lharidonyann.com
Ouvert le lundi de 14h à 18h30, du mardi au samedi de 9h30 à 12h et de 14h à 18h30

La maison L'Haridon est depuis 2 ans dirigée par la fille, Margaux L'Haridon, diplômée d'une école d'architecte d'intérieur et désormais digne héritière d'une histoire familiale débutée au milieu des années 1960. L'une des plus anciennes entreprises de décoration d'Angers œuvre autant dans le neuf que dans la restauration : décoration intérieure, rideaux et voilages, tentures murales et papiers peints, sièges de tous styles... avec des marques comme Pierre Frey, Canovas, Casamance, Harlequin, Missoni. En partenariat avec une illustratrice parisienne, la maison propose aussi sa propre marque MGX. Une équipe de professionnels travaillant en atelier ou chez vous pour sublimer vos intérieurs.

MEUBLES

LA CAVERNE DES PARTICULIERS

7, rue Vaucanson ✆ 02 41 34 77 71 - www.lacaverne.com
Ouvert le lundi de 14h à 19h ; du mardi au vendredi de 10h à 12h30 et de 14h à 19h ; le samedi de 10h à 19h.

© FABRICE QUINTON

Où peut-on trouver à la fois une fausse vache en taille réelle, des cassettes audio, des meubles, des selles de cheval et de la déco ? Dans ce dépôt-vente, bien sûr, où chacun pourra trouver son bonheur, à condition tout de même de ne pas avoir d'idée d'achat trop précise en tête. Les produits neufs invendus côtoient les fonds de greniers. Une seule méthode : fouiller, arpenter les allées et ouvrir l'œil ! Des articles de pêche aux armoires bretonnes, en passant par les outils de bricolage, les styles, les volumes et les prix varient, les bonnes affaires aussi. Enfin, si vous préférez vendre qu'acheter, deux options existent : le dépôt-vente de vos articles ou le rachat immédiat en cash.

LINGE DE MAISON

CARRÉ BLANC

14, rue des Poëliers ✆ 02 41 87 90 65
www.carreblanc.com
Lundi de 14h à 19h ; mardi, vendredi et samedi de 10h à 19h ; mercredi et jeudi de 10h à 13h et de 14h à 19h.

Une des rares enseignes nationales sélectionnées dans votre guide. Il faut dire que Carré Blanc a beau être une marque connue depuis longtemps, elle ne se repose pas pour autant. Les créateurs ont retenu l'adage : comme on fait son lit, on se couche... et ils le font en couleurs ! La marque suit le cours des tendances, et propose très régulièrement de nouvelles collections de linge de maison pour petits et grands. La boutique est lumineuse, même si certains recoins ne mettent pas toujours en valeur les produits présentés. C'est la mission de la vitrine : elle attire le regard et donne envie de profiter d'un moment cosy. On se lovera donc dans la profondeur toute douce des couettes !

LINGE DE MAISON

BOUCHARA

24-26, boulevard Foch
✆ 02 41 88 25 33
www.bouchara.com
Ouvert du lundi au samedi de 10h à 19h.

Cette franchise dédiée à l'univers de la maison propose au rez-de-chaussée une multitude d'articles allant du linge de maison aux luminaires en passant par les coussins, la vaisselle, les accessoires de salle de bains ou encore les meubles de petite taille. Les tissus d'ameublement et autres rideaux, eux occupent une place spécifique au sous-sol. Une qualité d'articles standard, des prix souvent très corrects et des collections renouvelées régulièrement : voilà les points forts de cette enseigne où il n'est pas rare de réaliser de bonnes affaires tant les opérations commerciales y sont fréquentes. Un bon point enfin au personnel du magasin, toujours souriant et attentif.

NEW

ARTS
AU CUBE

32, rue Maillé
www.au-cube.fr
Ouvert du mardi au samedi de 10h à 19h.

Difficile de ne pas craquer en découvrant ce lieu hybride, à la fois boutique, showroom et bar-salon de thé ! Dans cette ancienne cour intérieure d'hôtel particulier en forme de dôme, surplombée d'une verrière, Manon et Maëlane ont créé un superbe espace d'exposition-vente entièrement dédié aux créateurs locaux : Peinture, fripes, vêtements enfant, origami, meubles vintage, nourriture locale, textile écolo, postes de radio vintage... On admire tout cela avant de s'octroyer une pause café-lecture dans un vieux fauteuil ou dans la petite cour intérieure devant un thé ou un jus de fruit bio. C'est un endroit atypique, au look rétro étudié, qui ne devrait pas manquer de vous charmer.

ARTS
RIVE D'ARTS

13, rue Boutreux - **LES PONTS-DE-CÉ** ✆ 02 41 79 14 63
www.rivedarts.wixsite.com/rivedarts
Ouvert du mardi au dimanche de 14h à 18h. Également sur rendez-vous.

Un lieu unique ! Installé dans une ancienne usine de fabrication d'hameçons et articles de pêche, ce pôle de création géré par la ville des Ponts-de-Cé regroupe sur deux niveaux des expositions temporaires ou pédagogiques, des évenements créatifs, ainsi que dix espaces-ateliers loués à des artistes et artisans venant d'horizons divers et ouverts à la visite. Ici se côtoient luthiers, créateurs de bijoux, designers, enlumineurs ou encore peintres sur verre, tous acteurs de ce que l'on nomme l'économie créative. Une économie locale basée sur l'innovation et l'inventivité. Notez enfin que le lieu intègre aussi l'hôtel-restaurant Les 3 Lieux, où œuvrent en cuisine d'autres vrais artistes !

ANTIQUAIRE
MADAME DE BROCANVILLE

18, rue Bodinier
✆ 06 60 89 16 48
Ouvert du mardi au samedi de 10h à 13h et de 14h30 à 19h.

Habituée depuis toute petite au monde de la brocante, Myriam Jacob a débuté en ouvrant une boutique en Grande-Bretagne. C'est donc tout naturellement que cette petite échoppe dispose de trésors d'antiquaires et parfois de pièces vintage d'inspiration anglaise. Et tout trouve preneur ! L'ensemble est chiné un peu partout dans la région. Meubles, vaisselle et objets décoratifs divers s'y succèdent, sans que l'espace ne soit jamais surchargé. C'est que la propriétaire des lieux aime la décoration et n'hésite pas à faire relooker certaines pièces par des designers afin d'obtenir des objets vraiment uniques. Le mélange est charmant et donne envie d'apporter une seconde vie à ces vieux objets...

ANTIQUAIRE
RENDEZ-VOUS

5, promenade de la Baumette ✆ 02 41 86 85 88
www.boutique-rendez-vous.com
Ouvert du mardi au samedi de 10h à 12h30 et de 14h à 19h.

Cette vaste boutique de déco (comprenant également quelques pièces d'antiquités) se visite tel un musée : on y déambule lentement, le regard attiré par des objets et meubles tous plus beaux ou étonnants les uns que les autres. Un voyage fascinant à travers styles et époques : gravures anciennes, bougeoirs, papillons sous verre, abat-jour, tables basses, masques africains, miroirs, coussins et pièces de vaisselle aux thèmes animaliers, fauteuils club, cages à oiseaux, bustes d'animaux en papier mâché, faïencerie de Gien... Un vrai cabinet de curiosités où le passé se conjugue de plus en plus au futur, avec la présence accrue ces dernières années d'objets design signés de jeunes créateurs.

ARTISANAT
RELIURE DORURE SEGUIN

26, rue David-d'Angers ✆ 02 41 87 60 64
www.reliuredoruresequin.fr
Lundi 14h-19h, mardi-vendredi 8h30-12h et 14h-19h, samedi 8h30-12h. Sur rendez-vous.

Voici l'un des ateliers de reliure et dorure les plus vieux de France ! Créé en 1830 à cette même adresse, par Auguste Defody, c'est aussi l'un des plus anciens ateliers artisanaux du département. A sa tête aujourd'hui, la quatrième génération avec Charles-Édouard Seguin. Les artisans d'art étant rares, vous pouvez découvrir celui-ci grâce à Made in Angers, tous les ans. Restaurant avec passion vos livres anciens dans les règles de l'art, il vous présente un devis avant la restauration. Reliure sur toile ou sur cuir (spécialité de l'atelier), même les cas les plus désespérés peuvent retrouver une nouvelle jeunesse ici. Enfin, il peut aussi réaliser de la dorure sur des meubles.

ARCHITECTE
L'ETOFFE DU LIEU

2, Place de la Laiterie ✆ 02 41 09 01 37
www.letoffedulieu.com
Showroom ouvert du mardi au samedi de 9h30 à 12h et de 14h à 19h.

L'Étoffe du Lieu est une agence conseil en décoration d'intérieur qui propose des études d'aménagement pour les particuliers et les professionnels. Dans leur showroom, Véronique et son compagnon Bruno vous conseillent sur la manière de placer au mieux votre mobilier, de choisir les meilleures couleurs, éclairages et revêtements possible, et ce dans l'esprit Feng Shui (art asiatique destiné à assurer la plénitude physique et morale de ceux qui le pratiquent). Véronique propose aussi aux entrepreneurs d'aménager au mieux leur espace professionnel afin d'être plus efficaces. Enfin, allez jeter un œil sur leur blog « Domaine maison ». Ce dernier a fêté récemment ses 1 000 abonnés !

© FABRICE QUINTON

QUINCAILLERIE - DROGUERIE

DROGUERIE SAINT-JULIEN

24, rue Saint-Julien
✆ 02 41 87 65 14
Ouvert le lundi de 14h à 19h ; du mardi au samedi de 9h à 19h.

Cette droguerie existant depuis 70 ans est une institution à Angers. Elle nous permet toujours de dénicher à peu près n'importe quel produit d'entretien, de ménage, des masques de protection, des cabas pour les courses, des paillassons, des produits de jardinage... Tout ce qui a trait à la maison et au bricolage : de quoi coller, peindre, teindre, désinfecter, vernir, désinsectiser... Le rayon électricité dispose d'ampoules de toutes formes et puissances, et le rayon plomberie est également bien fourni. La livraison des produits encombrants est possible et les vendeurs s'avèrent être toujours d'excellents conseillers en taches et tâches ménagères !

© FABRICE QUINTON

© FABRICE QUINTON

HI-FI - SONO

AMBIANCE CONCERT

74 bis, rue du Mail ✆ 02 41 87 51 00
www.ambiance-concert.fr
Mardi, jeudi et vendredi 10h-12h30 et 14h30-19h ; mercredi 10h-12h30 ; samedi 10h-12h15 et 14h-18h.

Platon est en vitrine de ce spécialiste du son. Comme le dit ce grand maître, « la musique est une loi morale, elle donne une âme à nos cœurs, des ailes à la pensée, un essor à l'imagination. » Il faut donc lui allouer les moyens techniques à sa mesure ! De bonnes enceintes, un amplificateur haut de gamme, une platine vinyles ? Si vous ne connaissez rien aux combinés ampli/tuner ou aux fréquences mieux vaut se laisser guider par le gérant, non avare en conseil, car les marques et les appareils ne manquent pas : Rurak audio, Roberts, Naim... Des produits sélectionnés avec soin, loin des modes éphémères. Les produits de par leurs qualités sont un peu chers, mais tout est question d'échelle !

APPAREILS PHOTO - VIDÉO

IMAGES PHOTO

2, place du Ralliement
✆ 02 41 87 42 32
www.images-photo.com
Ouvert du mardi au samedi de 9h30 à 19h.

C'est probablement le meilleur magasin de la ville pour tous les passionnés d'objectifs, qu'ils soient pro ou novices. Ils trouveront dans cette petite boutique de nombreux modèles, à des prix très variés, d'objectifs mais aussi de boîtiers. La vitrine des occasions est particulièrement alléchante et surtout fiable, les modèles ayant tous été testés. La force d'Images Photo ? La qualité de son accueil. Les vendeurs du lieu sont souriants, connaissent leurs produits et sauront parfaitement vous conseiller en fonction de vos attentes et de votre budget. A savoir : on y trouve également des articles dérivés, tels que des sacs ou des trépieds, et des sessions de test de matériel.

ELECTROMÉNAGER

BOULANGER

Ecoparc du Buisson - **BEAUCOUZÉ** ✆ 08 25 85 08 50
www.boulanger.fr
Ouvert du lundi au samedi de 10h à 20h. Numéro surtaxé si des questions relatifs au magasin.

Boulanger affiche la couleur d'entrée avec de larges espaces aux couleurs vives et une belle gamme de jeux vidéo et dernières consoles high-tech en démonstration pour le plaisir de tous. Le magasin en soi est très bien organisé et la répartition des produits donne une impression d'espace sûrement renforcée par la taille immense du magasin. C'est un espace convivial de découverte, de démonstration et de bons conseils. C'est d'ailleurs l'une des plus grandes surfaces du centre commercial. Temple de l'électroménager il présente tous les rayons y compris de quoi cuisiner : lave-linge, lave-vaisselle, four, hotte, robot, aspirateur, TV, home-cinéma, PC, jeux vidéo, tablette, photo, smartphone...

PHOTOGRAPHE

LACOSTE PHOTOGRAPHIE

72, rue Rabelais ✆ 02 41 25 18 25
www.lacostephotographie.fr
Ouvert du mardi au samedi de 10h à 12h30 et de 14h à 18h. (également sur RDV)

Encore un changement d'adresse pour Laurent Lacoste. Bye bye la rue Saint-Aubin et bonjour la rue Rabelais, dans le quartier de l'Université Catholique de l'Ouest, où ce dernier propose désormais à sa clientèle d'habitués (plus de 30 ans de service à Angers !) un espace parking privatisé gratuit. Devant un café gentiment offert, on vient ici prendre conseil pour les meilleurs tirages photos numériques ou argentiques possible, mais aussi des agrandissements, des retouches, ou encore des portraits individuels ou de familles réalisés depuis le studio de la boutique. Enfin rien ne se perd, tout se transforme : Laurent assure aussi la numérisation de vos vieux films super 8, diapos et VHS.

ELECTROMÉNAGER

ENVIE

Rue de l'Argelette - **BEAUCOUZÉ** ✆ 02 41 48 21 48 - Bus ligne 11.
www.envieanjou.com
Ouvert du lundi au samedi de 10h à 12h et de 14h à 19h. Livraison possible. Garantie des appareils : 1 an ; SAV assuré.

Quel admirable concept que celui d'Envie : récupérer de l'électroménager qui n'est plus utilisé, le rénover entièrement ou juste la partie qui le nécessite et le revendre à petit prix avec en prime la garantie ! Envie est de ces enseignes qui incitent à la réflexion sur la surconsommation, pourquoi racheter systématique quand quelque chose de fonctionne plus, pourquoi jeter également ? Être client chez Envie, c'est aussi agir pour l'emploi, puisque l'enseigne s'inscrit dans une démarche de réinsertion des personnes exclues du marché du travail. On vous recommande très fortement d'utiliser les services d'Envie, que cela concerne la vente ou la réparation de biens vous appartenant. Superbe !

INFORMATIQUE

MY MICRO

95, rue Bressigny ✆ 02 41 39 12 45
www.my-micro.net
Ouvert le lundi de 14h à 18h30 ; du mardi au vendredi de 9h30 à 13h et de 14h à 18h30 ; le samedi de 9h30 à 12h30.

« Éleveur de souris depuis 2004», proclame avec malice l'enseigne de ce professionnel angevin de l'informatique. On vous garantit ici un service d'expert pour l'assemblage, la maintenance et la réparation de votre équipement informatique. Une gamme d'accessoires et de périphériques est également disponible, tant en *hardware* qu'en *software* : souris, écrans, clés USB, imprimantes, cartouches d'encre... Il est aussi possible de concevoir votre ordinateur sur mesure, avec les composants adaptés à vos besoins. Enfin, la boutique propose des services à domicile, par le biais de sa deuxième société dédiée aux services aux particuliers, Anjou Clic : dépannage, réparation, formation, installation...

DÉGUISEMENT

ANJOU FETES

40, rue Saint-Laud ✆ 02 41 87 76 49
www.anjoufetes.com
Ouvert le lundi de 14h à 19h ; du mardi au samedi de 9h à 12h et de 14h à 19h.

Elle en a vu défiler des fêtards cette boutique de la rue Saint-Laud ! Depuis 1974, elle fait pleuvoir les confettis, jaillir les cotillons, maquille, travestit, déguise... Bien sûr, son impressionnant stock de gadgets et farces et attrapes ne fait pas toujours dans l'extrême raffinement (évitez au volant, en cas de contrôle d'alcoolémie, d'arborer le bonnet « captain vodka »), mais le lieu reste incontournable pour qui souhaite acheter ou louer un costume de rennes, de Casimir ou de Schtroumpfs. Envie d'un feu d'artifice pour votre mariage, votre fête d'entreprise ? Anjou Fêtes met à votre disposition son équipe professionnelle d'artificiers pour des prestations adaptées à tous les budgets.

FÊTE

FAVRY EMBALLAGE

5, rue de Champfleur - **SAINT-BARTHÉLÉMY-D'ANJOU**
✆ 02 41 43 62 18
www.favry.fr
Ouvert du lundi au vendredi de 8h30 à 12h30 et de 14h à 18h

L'adresse de référence à Angers en matière d'emballage et de décoration festive. Professionnels et particuliers y trouveront tous les articles nécessaires pour la réussite d'une belle fête : des étuis pour les frites, les crêpes, des cartons à pâtisserie, des gobelets en plastique, des serviettes, des plateaux traiteur... Le tout est personnalisable et bon nombre de produits s'inscrivent dans une démarche écoresponsable. Si vous souhaitez dresser de belles tables pour vos hôtes, nappes et décorations en tout genre sont disponibles en vente ou en location, ainsi que tout le nécessaire pour concevoir et personnaliser vous-même votre décoration.

ARTS DE LA TABLE

LA BOVIDA

9, rue Saint-Laud ✆ 02 41 48 36 85
www.labovida.com
Ouvert le mardi, le vendredi et le samedi de 10h à 19h ; le mercredi et le jeudi de 10h à 13h et de 14h à 19h.

Cette entreprise familiale, née en 1921, est une référence pour les métiers de bouche. Depuis plus de 10 ans, elle promet aux amateurs de cuisiner «comme un chef» avec du matériel professionnel à la portée de tous. Pas étonnant, donc, que le matériel soit de grande qualité, mais on trouve aussi des premiers prix accessibles. Casseroles, coutellerie, ramequins, accessoires divers se trouvent en boutique... Le lieu propose également de belles tenues de chef cuisinier et parfois des animations. Enfin, passons à table ! Des truffes noires, cela vous tente ? A moins que vous ne préfériez les boyaux ? Le site Internet propose de tout, y compris des meubles de plonge et du matériel frigorifique.

ARTS DE LA TABLE

HONORANCE

4, rue du Landreau - **BEAUCOUZÉ** ✆ 02 41 88 81 25
honorance.fr
Ouvert du lundi au vendredi de 8h à 12h et de 14h à 18h.

Amis des grands espaces, vous voilà servis en ces lieux ! Chez Honorance, près de 600 m² de plaisir s'offrent aux amateurs d'arts de la table ! Ici, on s'adresse avant tout aux professionnels de l'hôtellerie, la restauration, autant collective qu'à échelle plus réduite. On peut se fournir en vaisselles de qualité (Guy Degrenne, Chef & Sommelier, Apilco...), obtenir les services de maintenance relatifs aux outils de cuisine (entretien des postes de chaud et de froid par exemple) ou trouver tous les produits et dispositifs pour une hygiène irréprochable dans son établissement. Bien entendu, puisqu'on s'adresse à des professionnels, l'exigence de la qualité est au rendez-vous.

ARTS DE LA TABLE

CULINARION

17, rue des Poëliers
✆ 02 41 42 36 39
www.culinarion.com
Ouvert le lundi de 14h à 19h ; du mardi au samedi de 10h à 19h.

Avez-vous déjà rêvé de vous offrir un moulin à poivre Peugeot de 1,10 m ? C'est chose possible avec Culinarion ! Il vous faudra sortir tout de même votre billet à 4 chiffres (vous en avez un, n'est-ce pas ?). Vous êtes moderne, connecté : un potager d'intérieur intelligent fera l'affaire ! Vous êtes design ? Toaster, blender, machine à pâtes font partie des belles pièces du rayon électroménager. Sans oublier les couverts, les pots en tout genre, accessoires d'œnologie, livres... et l'immense et robuste gamme d'éléments de cuisson... bref, des milliers de références pour tous les talents. Des ateliers de démonstration sont aussi proposés, notamment pour une bonne utilisation du Magimix.

FÊTE

RETIF

1, rue de Champfleur - **SAINT-BARTHÉLÉMY-D'ANJOU**
✆ 02 41 37 01 62 - www.retif.eu
Ouvert du lundi au vendredi de 9h à 12h et de 14h à 18h ; le samedi de 9h à 12h et de 14h à 17h.

Vous organisez un événement, à titre personnel ou professionnel ? Ce grand magasin, agencé en différents thèmes, est idéal pour cela. On y trouve aussi bien de bonnes idées pour les portes ouvertes, séminaires, repas familiaux et réceptions (vaisselle, couverts, verrerie, linge de table) que de la décoration. Les ambiances et les propositions changent au fil des saisons et des fêtes : Pâques, Halloween, Saint Valentin, et même rentrée scolaire, avec par exemple des ardoises. Pour les pièces d'intérieur, les tabourets, tables, paravents sont en bois ou en similicuir. Au chapitre des arts de la table et des accessoires de fête, le lieu ne manque pas d'objets inspirants mais aussi pratiques.

FLEURISTE
ANNIE CLAIRE

39, rue des Lices ✆ 02 41 88 18 34
www.annieclaire-fleuriste-angers.com
Lundi 14h-19h, mardi-samedi 9h-20h, dimanche 10h-13h. Livraison possible (membre agréé d'Interflora).

Ici, comme pour les chefs cuisiniers les plus sérieux, on est attentif à la saisonnalité des produits ! C'est en hiver et au tout début du printemps que vous trouverez chez ce fleuriste réputé des jacinthes, des tulipes ou des anémones, en été de magnifiques dahlias ou hortensias et en automne des azalées et cyclamens. Quant à ceux qui veulent déclarer leur flamme un bouquet à la main, qu'ils se rassurent, les roses sont à l'honneur toute l'année ! Des bouquets réalisables d'ailleurs à tous les prix. Enfin, vous trouverez aussi ici un large choix de plantes d'intérieur (cactus, ficus, yucca) et d'extérieur (laurier rose, clématite, bambou) ainsi que des arbres à fruits et des bonsaïs.

FLEURISTE
JOSETTE FLEURS

141, rue de la Madeleine ✆ 02 41 66 81 35
www.josettefleurs.fr
Du mardi au jeudi : 8h30-12h30 et 14h30-19h30 (dès 14h les vendredis et samedis) ; dimanche et jours fériés : 9h-12h30.

Une vraie galerie d'art végétal : oui, ce sont bien des artistes qui sont ici à l'origine de compositions florales toutes plus belles et originales les unes que les autres, avec de belles propositions pour honorer Noël en plus du traditionnel sapin. Et le contenant est souvent tout aussi important que le contenu, avec des vases aux tailles parfois impressionnantes et aux formes étonnantes. Côté plantes, un choix intéressant de petits citronniers et mandariniers, plantes grasses ou encore de magnifiques phalaenopsis, dites aussi orchidées-papillons. Josette Fleurs propose par ailleurs des abonnements floraux, permettant de faire livrer périodiquement des fleurs à l'être cher, ou à un proche.

FLEURISTE
L'ARROSOIR

21, rue Saint-Laud ✆ 02 41 87 07 11
www.arrosoir-angers.fr
Mardi-samedi 9h3-19h ; dimanche 10h-13h. Ouvert le dimanche (fermé le dimanche en juillet et août).

Voici une charmante boutique comme on les aime ! Dans une somptueuse maison à colombages, en plein cœur de la ville, L'Arrosoir rappelle ces merveilleuses échoppes du chemin de Traverse chères à Harry Potter. Point de mandragores ici, mais des bonsaïs au tronc si noueux qu'on pourrait s'y méprendre, des arbustes, cactus et dizaines d'autres plantes et fleurs. Les compositions florales, délicates et foisonnantes, sont accompagnées d'objets décoratifs. Les prestations incluent la livraison y compris le dimanche, les mariages, sans oublier l'entretien de jardins d'entreprise. Des cours d'art floral pour les enfants pendant les vacances scolaires. Une idée créative et originale !

FLEURISTE
LE LYCÉE FLEURI

1, place dy Lycée ✆ 02 41 87 66 49
lelyceefleuri.site-solocal.com/
Ouvert du mardi au samedi de 9h à 13h et de 14h à 19h ; le dimanche de 10h à 13h.

C'est une bien jolie boutique que propose Marion Marquet et son équipe, à deux pas du jardin du Mail. Cette artisan fleuriste propose un bel espace de quartier fort bien habillé qui donne envie de prendre son temps et de se balader. Entre compositions florales et décorations, l'équipe hautement sympathique saura vous conseiller de manière experte quant à l'entretien de vos plantes où comment fleurir votre habitat. Le Lycée Fleuri offre également des prestations sur mesure pour différents événements comme des mariages ou autres cérémonies. On sent une grande passion qui se transforme en de très belles idées, de quoi donner de la fraîcheur et de l'air grâce aux fleurs.

FLEURISTE
CHÂTAIGNER FLEURS

1, rue Plantagenêt ✆ 02 41 88 39 87
www.chataigner-fleurs.fr
Lundi 14h-19h30, mardi-samedi 9h-19h30, dimanche et j. fériés 9h30-13h. Dimanche possibilité de commander par téléphone.

Qu'il est agréable de rentrer chez un fleuriste où la douce fragrance fleurie vous enivre et que la verdure omniprésente vous plonge dans une campagne luxuriante. Roses ou pivoines rivalisent d'élégance avec les compositions florales soignées réalisées par les petites mains talentueuses de la boutique. Telles des reines trônant dans leurs vases, ces belles orchidées sauront-elles vous faire les yeux doux ou préférez-vous de petits cactus ou de majestueuses succulentes ? Difficile de résister aux achats compulsifs, que ce soit dans l'espace cadeau ou l'aménagement végétal, vous n'êtes pas à l'abri de repartir avec une jolie bougie ou du parfum d'intérieur en plus de votre achat initial !

FLEURISTE
LYDIE

30, rue Beaurepaire ✆ 02 41 87 19 90
www.fleuristelydie.fr
Ouvert du mardi au samedi de 9h à 19h30 ; le dimanche de 9h à 13h. Livraison possible. American Express.

Qu'elle est mignonne cette petite boutique ! Si vous vous êtes déjà baladé dans la Doutre, probablement avez-vous déjà repéré cette devanture sauvage et fleurie, probablement une des plus jolies de la ville. Ce petit fleuriste est une vraie invitation à la rêverie tant le lieu est féerique. Ces artistes du végétal que sont Jean-Paul et Hélène habillent avec élégance les lieux par leur créativité débordante et les font évoluer à chaque saison. Entre toutes les variétés de fleurs (orchidées, hortensias, amaryllis...), bonzaïs, cactus et plein d'autres encore, c'est une forêt d'objets décoratifs à découvrir. Si il faut choisir quelques mots pour définir cet endroit : éthique, beau, attachant.

ANIMALERIE
MAXI ZOO ANGERS

Avenue Montaigne
✆ 02 41 87 00 10
www.maxizoo.fr/stores/maxi-zoo-angers/
Ouvert du lundi au samedi à partir de 9h30 et à partir de 19h30.

Maxi Zoo est l'endroit idéal pour prendre soin de vos petites (ou très grandes !) bêtes poilues (ou non). Dès l'entrée du magasin, on est dans un climat de confiance et de bien-être pour les animaux, ceux-ci peuvent nous accompagner pour arpenter les rayons (et au passage, voir s'ils n'ont pas trop abusé des croquettes grâce à la pesée gratuite). On trouvera ici tout le nécessaire pour leur entretien, qu'il soit question de nutrition, de toilette ou de jeu, votre compagnon chien, chat, oiseau, rongeur, poisson ou autre aura de quoi contenter son plaisir et sa santé. Maxi Zoo est aussi une entreprise engagée qui fait notamment des dons à des refuges et organisations de protection des animaux.

JARDINERIE
LES JARDINS DES ARDOISIÈRES

14, Rue des Perreyeux
TRÉLAZÉ
✆ 02 41 33 03 10
www.jardinsbleus.fr
Ouvert tous les jours de 9h30 à 12h30 et de 14h30 à 19h. Ouverture en continu le samedi.

Ce paradis pour les jardiniers amateurs ou confirmés regroupe un large choix de plantes d'intérieur et d'extérieur ainsi que tous les produits dédiés au végétal, engrais, outils, semences, terreaux, arrosage, poterie... Envie de vous la couler douce après vos exploits de jardinier ? Rien ne manque avec des abris et mobiliers de jardin, des clôtures, parasols, pergolas, ainsi qu'un rayon dédié aux barbecues. La partie animalerie s'étend sur 400 m^2 : chiens, chats et oiseaux côtoient des confrères plus discrets : poissons d'eau douce froide ou exotiques, reptiles et rongeurs.

NEW

JARDINERIE
HORTELLI

162, boulevard de Strasbourg ✆ 02 41 45 78 23
Tram A Strasbourg, ligne 10 Guichard - hortelli.fr
Du mardi au vendredi de 10h à 13h et de 14h30 à 19h ; le samedi de 9h à 19h45 ; le dimanche (au printemps) de 9h à 13h.

Du latin *hortus*, Hortelli signifie «petits jardins». Belle idée que celle de Clémentine, la maîtresse des lieux, d'avoir monté dans le quartier Lafayette-Éblé cette boutique-jardin à destination des citadins désireux d'embellir leurs balcons, petits jardins de cours, terrasses ou simples rebords de fenêtres. Vous trouverez ici toute une gamme de végétaux adaptés à vos envies (fleurs et plantes aromatiques), mais aussi du terreau, des engrais, des bulbes, des graminées, des objets déco... Le petit plus ? La mise à votre disposition de différents petits espaces, en marge de la boutique, pour des ateliers ou tout simplement s'offrir une pause verte devant un beau livre de jardinage.

NEW

JARDINERIE
URBAN ET VEGETAL

19, rue des Lices
✆ 02 41 27 36 80
Ouvert du mardi au samedi de 10h à 17h.

Urban et Végétal est une nouvelle et jolie boutique, pour le citadin angevin qui souhaite végétaliser son intérieur. Ici, pas de fleurs, que des plantes : calathea, monstera, senecio, dracaena, Aglaonema silver queen, figuier de barbarie, cactus de toutes les tailles, la proposition varie en fonction des saisons, de jolies plantes qui vont décorer et purifier votre habitat... Jordan Chalopin, paysagiste de formation, saura vous conseiller sur le choix le plus judicieux, au milieu de cette mini forêt urbaine. Des cache-pots sont à la vente, simples, design, bruts, béton, colorés, drôles aussi avec ce cache-pot lunettes. Difficile de résister avec autant de choix et des prix attractifs !

JARDINERIE
JANE

21, rue Toussaint
✆ 02 41 96 58 36
jane-jardinerie.fr
Ouvert du mardi au samedi de 11h à 14h et de 15h à 19h

Baptisé en hommage à Jeanne Barret, première femme botaniste à avoir fait le tour du monde, Jane se définit comme un concept-store pour les citadins en manque de lien avec le végétal. Pas de fleurs dans cette « jardinerie urbaine et récréative », implantée également à Nantes, mais une belle gamme de plantes vertes ou grasses, graines, objets déco et accessoires pour ceux qui n'ont pas d'autres choix que d'arroser, rempoter ou bêcher depuis leurs petites terrasses, balcons ou jardins de cours intérieures. Belle idée aussi que d'avoir fait de cette boutique un lieu d'échange, par le biais d'ateliers pour adultes et enfants. Vous y apprendrez notamment à confectionner votre propre terrarium !

SOIN - TOILETTAGE
K BEAU CHIC

79, boulevard Saint-Michel
✆ 02 41 69 60 81
www.toilettage-angers-kbeauchic.fr
Mardi, jeudi et vendredi 9h15-18h, mercredi 9h15-12h30, samedi 8h-16h30. Possibilité de forfaits.

Une bonne adresse en centre-ville pour les animaux citadins qui ne veulent pas ressembler à des rats des champs... Ici, on lave, on coiffe, on parfume vos amis comme des stars. Pas de travail à la chaîne, chaque race a droit à ses prestations personnalisées, car Audrey Guigot connaît bien toutes les particularités de chaque chien. En boutique, vous trouverez les accessoires et produits de complément qui vous permettront d'entretenir la beauté et les soins de votre animal, ainsi que des friandises pour les récompenser d'avoir été si sages durant le toilettage. Sûrs qu'ils auront envie de revenir !

CARRELAGE - CÉRAMIQUE

ANJOU CARRELAGE

16, Rue du Pavillon - **BEAUCOUZÉ** ✆ 02 41 72 01 10 -
Le long de la RN 23 ; accès par la rue du Pavillon (ex-Castorama). -
www.anjoucarrelage.fr/
Ouvert du lundi au vendredi de 9h à 12h et de 14h à 19h ;
le samedi de 9h à 19h.

Avec 7 agences réparties dans le Grand Ouest, cette enseigne propose plus de 35 000 références en choix de carrelages et faïence, mais aussi de produits d'entretien, joints, outillages. Au sein de son immense *showroom* recréant les univers salons-séjours, cuisine, chambre ou salle de bains, Anjou Carrelage expose les créations les plus osées comme les plus contemporaines. Un choix inégalé de carreaux de céramique, de mosaïques, de pâte de verre, galets... Et pour les nostalgiques du parquet, de magnifiques carrelages imitation bois également, destinés à votre intérieur comme à votre extérieur. Des conseils de pose sont évidemment dispensés ainsi qu'un carnet d'adresses d'artisans carreleurs.

MISTER BRICOLO

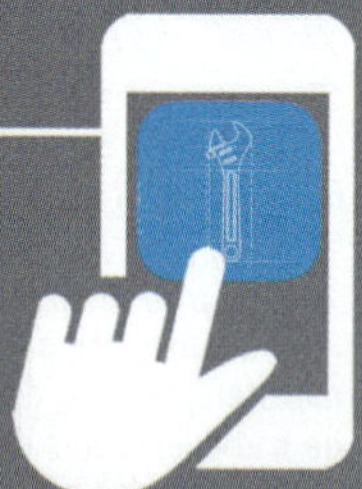

Le bricolage n'est pas votre tasse de thé ? Pas de panique, l'appli Mister Bricolo est là pour vous aider. Elle vous donne plein de conseils pratiques et d'astuces pour bien entretenir et aménager votre maison. Avec un peu de patience et de concentration, vous devriez même vous débrouiller comme un vrai pro !

CARRELAGE - CÉRAMIQUE

TERRIERE CARRELAGE

4, Rue de l'Ebeaupin - **BEAUCOUZÉ** ✆ 02 41 36 82 82
www.terriere-carrelage.fr
Ouvert du lundi au vendredi de 8h à 12h et de 14h à 18h30 ;
le samedi de 9h à 12h et de 14h à 18h.

Créé à Angers en 1925 (!) et réinstallé à Beaucouzé dans les années 1970, cette entreprise s'adresse essentiellement aux professionnels, mais son vaste hall d'exposition propose également aux particuliers un vaste choix de carrelages de gamme classique ou contemporaine pour les aménagements intérieurs comme extérieurs. Le lieu se divise en plusieurs espaces, chacun dédiés à un type de carrelage spécifique : carrelages sols et murs, faïences, carreaux de ciment et terre cuite... Sont également proposés des services personnalisés en fonction de la demande tels des conseils concernant choix de carrelage par rapport à l'environnement, la location de carrelettes, du fait sur mesure...

CHEMINÉE - POÊLE

HEXA [POËLES GODIN]

5, rue du Landreau - **BEAUCOUZÉ** ✆ 02 41 22 03 10
www.esprithexa.fr
Ouvert du mardi au vendredi de 9h à 12h et de 14h à 19h ;
le samedi de 9h à 12h et de 14h à 18h.

Avec ses 6 showrooms implantés dans la région nantaise et angevine, Esprit Hexa s'est imposé depuis plusieurs décennies comme un vrai spécialiste de l'aménagement intérieur. Ses domaines de prédilection ? La cuisine, les rangements (dressings, placards, bibliothèques...) ainsi que les poêles et cheminées. Tout ici se conjugue selon l'espace, le budget et les envies de chacun ! Les cheminées, fer de lance de la marque, essayeront de s'accorder au mieux avec votre intérieur, qu'elles soient à bois, à gaz, granulés ou éthanol. Bon à savoir : l'entreprise bénéficie du label SCOP, prônant la démocratie d'entreprise et le partage des responsabilités avec une pleine implication des salariés.

CHEMINÉE - POÊLE

SCE2

2, rue Joseph-Cugnot - **LES PONTS-DE-CÉ** ✆ 02 72 73 11 77
www.sce2.fr
Ouvert du lundi au vendredi de 9h à 12h et de 14h à 18h30 ;
le samedi de 9h30 à 12h et de 14h à 18h.

Ce spécialiste du chauffage économique et écologique par utilisation de poêles à bois et/ou granulés présente une large gamme de produits pour tous les types d'habitats, neufs ou anciens. Entre encombrement, type de fonctionnement, automatisme, sécurité, aspect esthétique et coût d'acquisition, on opte pour un modèle répondant à nos besoins en fonction du volume à chauffer. Outre le choix de poêles à granulés ou à bois, l'établissement présente aussi de belles cheminées à insert, des chaudières, ainsi que des cuisinières à bois qui peuvent aussi servir de chauffage d'appoint ! Pour faire le tour de la question avant de faire votre choix, une visite s'impose dans ce *showroom* bien présenté.

CHEMINÉE - POÊLE

ABELARD

7, quai Félix-Faure ✆ 02 41 48 10 96
Tram station Saint-Serge-Université. - www.abelard-49.fr
Ouvert le lundi 14h/18h30 ; du mardi au vendredi 9h30/12h et 14h/18h30 ; le samedi 9h30/12h et 14h/18h.

Lotus, Henka, Morsø ou Heta... Vous ne trouvez pas que ça a un petit côté scandinave ? Normal, c'est la particularité des poêles de chez Abelard ! Ces pays sont experts dans la maîtrise du feu, météo oblige, et nous le prouvent avec des poêles et cheminées contemporains. On privilégie rendement et confort : la chaleur accumulée est parfaitement maîtrisée avec les poêles à stéatite ou les pierres naturelles Tulikivi, une technologie à la fois classique par ses matériaux et à la pointe de la modernité, en termes de rendement calorifique. On y trouve aussi des poêles à granulés, à la pierre ollaire, pierre de sable ou faïence. Mieux vaut demander conseil à ces techniciens experts-flammistes.

MENUISIER

ATELIERS PERRAULT

30, rue Sébastien Cady
MAUGES-SUR-LOIRE
✆ 02 41 22 37 22
www.ateliersperrault.com

Dire que les ateliers Perrault font partie des valeurs sûres de la région en matière de menuiserie ou d'ébénisterie est un doux euphémisme. 260 ans d'histoire pour cette grande entreprise des Mauges, spécialisée également dans la réfection d'édifices patrimoniaux et un candidat certain pour la reconstruction de la charpente et de la flèche de la cathédrale Notre-Dame de Paris ! Pour les particuliers, on excelle ici dans la création, la reproduction ou la restauration de fenêtres de style, de boiseries et de mobiliers, et ce dans le respect fidèle de l'esprit de chaque époque. Un savoir-faire ô combien précieux que l'on retrouve également en matière de ferronnerie et de serrurerie d'art.

MENUISIER

MENUISERIE MENUAU

9, rue du Plan d'Eau - **GENNES-VAL DE LOIRE**
✆ 02 41 45 50 07
www.menuiserie-menuau.fr/
Ouvert du lundi au jeudi de 9h à 17h ; le vendredi de 9h à 12h.

Fondée en 1937 par Joseph Menuau, cette entreprise de menuiserie et ébénisterie travaille aussi bien dans la menuiserie traditionnelle que dans la restauration du bâti ancien, En 2001, Monsieur Richard, ancien élève de l'école Boulle, reprend le flambeau et développe l'activité au service de la restauration du patrimoine ligérien : demeures privées ou bâtiments publics classés ou non monuments historiques. Toujours d'excellente facture, les réalisations vont de la porte intérieure et extérieure au portail, volet, escalier, fenêtre, bibliothèque, boiserie, cuisine, placard et aménagement divers en bois massif. Une équipe très professionnelle pour un travail vraiment impeccable, une adresse !

REVÊTEMENT SOS - MURS

SAINT-MACLOU

Boulevard Gaston-Ramon ✆ 02 41 34 92 58
www.saint-maclou.com
Ouvert du lundi au samedi de 10h à 12h15 et de 14h à 19h. Livraison possible.

Est-il encore nécessaire de présenter cette enseigne ? Spécialiste de décoration intérieure, elle se distingue par ses collections de papier peint et de revêtement de sols. Elle est immuable dans son concept mais présente toutes les nouveautés du genre sans pâlir face à ses confrères. Pour habiller les sols, des tapis orientaux ou contemporains, de la moquette ou des matières plastifiées, des parquets, et une collection outdoor (gazons synthétiques)... Pour compléter la décoration d'une pièce, tissus et voilages se trouvent aussi dans ces rayons. Besoin d'un conseil ? La sympathique équipe est à votre écoute. Les devis sont gratuits, la livraison et la pose font aussi partie des services.

MENUISIER

MENUISERIE MISANDEAU

Zone industrielle des Grouas - **BRISSAC LOIRE AUBANCE**
✆ 02 41 91 28 05
www.misandeau.com
Ouvert du lundi au jeudi de 7h45 à 12h30 et de 14h à 17h30 ; le vendredi de 7h45 à 12h30. Devis sur rendez-vous.

© ARCHITECTE MR BELLANGER JEAN FRANÇOIS

© ARCHITECTE MME PITHOIS GUILLOU ADELINE

Créée en 1973, cette belle menuiserie de renom travaille sur des ouvrages en bois et autres matériaux contemporains, en menuiserie intérieure et extérieure. De grandes réalisations en entreprises, restaurants, hôtels, commerces mais aussi pour les particuliers avec de belles réalisations sur mesure. Imagination, création, conception, réalisation, pose et finition pour tous vos espaces d'habitation. Cuisines, placards, porte-fenêtres, escaliers, chambres et tous mobiliers techniques personnalisés. De nombreux professionnels ont fait concevoir l'intégralité de leurs agencements et mobiliers chez cet excellent professionnel.

LOCATION

ETS FRANC

414, rue Haute-des-Banchais - **SAINT-BARTHÉLÉMY-D'ANJOU**
✆ 02 41 43 67 78 - ets-franc-angers.com/
Ouvert du lundi au vendredi de 9h à 12h15 et de 14h à 18h30 ; le samedi de 9h à 12h15.

Toutes les remorques sont ici, même celle que vous avez en tête puisque ce spécialiste fait aussi du sur-mesure et construit aussi des remorques isothermes pour entreprises. La société, implantée depuis 1977, vend, loue, équipe et répare tous ses modèles, et assure le dépannage. Tout ce qui est tracté est ici disponible : porte-vélos/motos/bateaux/animaux, avec bennes, automatismes hydrauliques, bâches, rehausseurs, rampes de chargement, stabilisateurs, rétroviseurs, électricité dédiée...Vous y trouverez de grandes marques comme Lider, Annssems, daxara, Erde... sur 3 000 m² d'expo-showroom, plus grand de la région ! L'équipe est chaleureuse et connaît parfaitement la législation en vigueur.

LOCATION

TAKALOUER

134, avenue Victor-Chatenay ✆ 02 41 43 10 67
www.location-materiel.fr
Ouvert du lundi au vendredi de 8h à 12h et de 14h à 18h ; le samedi de 8h à 12h.

Quand on loue le type de matériel proposé ici, on veut assurément de bons conseils pour ne pas se tromper. C'est le cas ici avec des prix raisonnables et un accueil chaleureux. Cette société propose une vaste gamme d'engins et de petits matériels pour les professionnels, artisans et particuliers. Le champ des activités représentées ici est extrêmement vaste : espace vert, peinture, construction, chauffage, nettoyage... Vous trouverez aussi bien ici une mini-pelle qu'un marteau piqueur, une bétonnière, une débroussailleuse ou une ponceuse à parquet. La location de camions-bennes pour transporter vos gravats ou le gros matériel est également possible. « Si t'as pas, takalouer » !

LOCATION

KILOUTOU

7, quai Félix-Faure ✆ 02 41 72 16 20
https://particulier.kiloutou.fr/agence/angers/0365
Ouvert du lundi au vendredi de 8h à 12h et de 13h30 à 17h ; le samedi de 8h à 12h.

Oui, en matière de location, Kiloutou n'oublie rien : du matériel de gros travaux (béton, soudure, électricité, peinture, isolation...) en passant par celui de jardinage, de bricolage, de travaux d'aménagement de terrains, de sécurisation de sites ou encore de manutention et de transport (véhicules utilitaires)... Du matériel de réception également : tentes canopy, bancs, chaises, matériel de sono, vidéoprojecteurs, barbecues... Bon à savoir : les réservations peuvent se faire sur le site Internet, ce qui évite de se déplacer pour rien. Les équipes de l'entreprise peuvent également vous mettre en relation avec les professionnels de la région et obtenir des devis pour vos travaux.

SALLE DE BAIN - SANITAIRES

PORCELANOSA

2, rue du Landreau - **BEAUCOUZÉ** ✆ 02 41 73 81 00
www.porcelanosa.com/fr/porcelanosa.php
Ouvert du lundi au vendredi de 9h30 à 12h et de 14h à 19h ; de 9h30 à 12h30 et de 13h30 à 19h. Livraison possible.

Des carrelages et des faïences pour toute la maison et des salles de bains au top du chic et du design ! Voilà ce que promet cette marque espagnole toujours à l'affût des nouvelles tendances et au très vaste catalogue. Si la salle de bains est ici reine, vous y trouverez aussi des spas, des armoires et dressings, et bien sûr des carreaux de sol et de mur... Porcelanosa est certes un peu plus chère que ses concurrentes, mais la qualité et la fonctionnalité sont au rendez-vous. Sachez enfin que la marque édite sa propre revue, *LifeStyle Magazine*, téléchargeable sur son site et consultable dans chaque point de vente. Un joli condensé d'idées pour créer et aménager les espaces les plus actuels.

SALLE DE BAIN - SANITAIRES

NUANCES BAINS

2, square de la Ceriseraie - **BEAUCOUZÉ** ✆ 02 41 39 43 00
www.nuancesbains.com
Mardi-vendredi 10h-12h et 14h-18h30 ; samedi 10h-12h et 14h-18h. Possibilité de crédit personnalisé.

Faire appel aux artisans de Nuances Bains, c'est l'assurance de passer à l'avenir beaucoup plus de temps sous sa douche ou dans sa baignoire ! Leur showroom propose une quinzaine de concepts de salle de bains haut de gamme, synonymes de matériaux de grande qualité (pierre, verre, faïence, carrelage…), au design soigné et aux styles variés : rétro, nature, bois, zen… Pour ceux qui bénéficient de vastes pièces, les douches italiennes et les baignoires îlots restent un must, tout comme les options hammam ou balnéothérapie. Chaque pièce d'eau est conçue sur mesure, ce qui justifie évidemment les tarifs de l'enseigne. Cependant, des crédits pour le paiement peuvent être personnalisés.

SALLE DE BAIN - SANITAIRES

ESPACE AUBADE

rue Charles Lacretelle
BEAUCOUZÉ
✆ 02 41 39 64 80
Ouvert du lundi au samedi de 9h3 à 12h et de 14h à 18h30.

Installé depuis longtemps mais mainte fois remis au goût du jour, ce très bel espace dédié aux sanitaires, au carrelage ainsi qu'à des systèmes de chauffage, présente toutes astuces et gammes de belle facture en matière d'agencement et d'équipement pour le bain et les toilettes. La présentation, claire et large, donne tout de suite envie de rééquiper vos intérieurs de neuf et de contemporain avec des griffes reconnues telles que Jacob Delafon, Roca, Villeroy & Boch. Les dernières évolutions techniques sont ici de mise et l'on peut compter sur un solide catalogue en complément du *showroom*. Pour le complément de conseils et la pose, Aubade dispose d'une liste très rigoureuse d'artisans.

ÉLECTRICIEN

ENTREPRISE MARTIN

35, rue du Maine
✆ 02 41 43 99 93
Ouvert du lundi au vendredi de 8h45 à 12h et de 13h30 à 18h.

Les professionnels de l'électricité ! Cette solide entreprise angevine intervient dans quasiment tout le département pour la protection contre le vol, les parafoudres, l'électricité générale et les antennes de télévision. Elle se déplace à domicile et étudie vos besoins y compris en électricité générale (remises aux normes, installations complètes, dépannage), ainsi que dans la maintenance et la réparation de tous les matériels électriques, alarmes, antennes TNT et satellite, interphones, paratonnerres, mâts, fixations et même pylônes. La société travaille en effet pour les particuliers, les professionnels et les collectivités. C'est une valeur sûre, avec déjà plus de 50 ans d'existence.

VÉRANDA - TERRASSE

CONCEPT ALU

45, boulevard de la Romanerie - **SAINT-BARTHÉLÉMY-D'ANJOU**
✆ 02 41 39 96 52 - www.conceptalu.com
Ouvert du lundi au vendredi de 10h à 12h et de 14h à 18h30 ; le samedi de 9h à 12h30.

Labels, innovations, certificats, brevets et engagements sont quelques-unes des garanties professionnelles de cette marque cinquantenaire, possédant aujourd'hui 66 showrooms en France. Concept Alu, ce sont des vérandas de salon, de cuisine, de salle à manger ou encore de chambre, toutes lumineuses et parfaitement isolées, et des solutions sur mesure pour l'agrandissement de votre habitat, l'agencement de pièces et l'ouverture d'anciennes pièces. L'entreprise réalise également des abris de piscine ainsi qu'un modèle unique de pergola bioclimatique évolutive, permettant de jouer avec les rayons du soleil et de moduler la température tout en restant protégés des intempéries. Un must !

TRAVAUX

SORENOV

2, route de la Chapelle
✆ 02 41 34 92 34
www.sorenov-renovation-travaux-49.fr
Ouvert du lundi au vendredi de 9h à 18h.

Pour une solution tout-en-un des travaux d'habitation, particuliers ou professionnels peuvent faire appel à ce bureau d'études et d'architectes. Que ce soit pour des travaux d'embellissement, de rénovation, de construction. son équipe est constituée d'architectes, bien sûr, mais aussi d'ouvriers. Sorenov est d'ailleurs pourvue de nombreuses certifications comme Qualibat qui valorise les entreprises ayant fait leurs preuves en matière de savoir-faire. Si vous voulez vous simplifier la vie, cette entreprise sera votre seule interlocutrice pour tous les corps de métier du bâtiment, et ils sont nombreux ! Installés à Angers, à Nantes et en Vendée, ils se déplacent néanmoins dans tout l'Ouest.

PARQUET

L'AME DU BOIS

1, rue du Chêne-Vert - **SAINT-BARTHÉLÉMY-D'ANJOU**
✆ 02 41 60 43 46
www.lamedubois-parquet.fr
Ouvert du lundi au vendredi de 8h30 à 18h30 ; le samedi de 10h à 18h30.

© L'ÂME DU BOIS

© L'ÂME DU BOIS

Cette équipe spécialisée dans le parquet accompagne ses clients à chaque étape de la mise en beauté de leurs sols, du choix du revêtement à l'entretien en passant par la pose. On y retrouve un certain esprit de famille, véhiculé par la gérante, Danièle Cadic. Depuis 2006, voici une adresse où les clients se font conseiller sur les matériaux et la façon de traiter le bois, cette matière vivante. Les prix ne sont pas plus élevés qu'ailleurs, et la qualité est là. Leurs fournisseurs viennent surtout des pays du Nord, comme la Norvège, pays où le parquet est une habitude décorative. Quelques fournisseurs sont aussi français, surtout pour le bois massif, en chêne ou en châtaignier.

CUISINISTE

CREATIONS GRAVOUILLE

57, avenue du Lac-de-Maine
✆ 02 41 36 17 15
www.gravouille.fr
Ouvert du mardi au samedi de 10h à 12h et de 14h à 19h.

© SEBASTIEN AUBINAUD

Créée dans les années 1970, la maison Gravouille s'est vite spécialisée dans la conception de cuisines sur mesure avant d'étendre son savoir-faire à l'ensemble des pièces de vie d'une habitation. Séjour, dressing, bibliothèque, bureau, salle de bains : chaque projet d'aménagement s'adapte à vos besoins spécifiques et à votre budget, le tout sous la houlette d'un interlocuteur unique pour chaque étape de sa réalisation. Les meubles sont réalisés à la Chapelle-Saint-Florent, ce qui vaut à l'entreprise de bénéficier du label « Produit en Anjou », destiné à promouvoir l'artisanat régional. En panne d'inspiration ? Le beau showroom de ce créateur vous donnera à coup sûr des idées et des envies !

CUISINE - SALLE DE BAIN - SANITAIRES

ESPACE SAMO

87, avenue du général Patton ✆ 02 41 48 44 99
www.samodirect.fr
Ouvert du lundi au vendredi de 9h30 à 12h et de 14h à 18h30 ; le samedi de 9h à 12h

Quel que soit le budget que vous souhaitez consacrer au relooking de votre intérieur et le nombre de pièces concernées, un tour à l'Espace Samo s'impose ! Au moins pour découvrir un des plus beaux showrooms de la région consacré à la maison. Depuis 1975, on s'applique ici à rendre les cuisines ou salles de bains aussi fonctionnelles qu'esthétiques, à proposer pour vos pièces les systèmes de rangement les plus astucieux et les meubles ou objets de décoration les plus tendance. On y vient pour le sérieux, l'expérience et l'inventivité d'une équipe maîtrisant de A à Z tous les aspects de la création et de l'aménagement de pièces, de la salle de bains à la cuisine, aux chambres, au dressing...

CUISINISTE

L'ESPRIT HEXA

12, boulevard Gaston-Birgé ✆ 02 41 43 67 67
www.esprithexa.fr
Ouvert du mardi au vendredi de 9h à 12h et de 14h à 19h ; lundi et samedi de 9h à 12h et de 14h à 18h.

Hexa vous propose d'aménager votre maison ou appartement de fond en comble, de la cuisine à la salle de bain en passant par la cheminée. Un intérieur sur mesure, à votre échelle, autour d'une vaste gamme d'équipements proposés en boutique. Volonté décorative, écologique, ou bien les deux – toutes vos attentes sont prises en compte par des professionnels au top de leur activité -, avec un sérieux savoir-faire et divers corps de métier pour réaliser votre projet, à votre image. Et en cas de pépin avec vos meubles de cuisine, vous pouvez compter aussi sur eux, le service après-vente est irréprochable. Alors n'hésitez pas à visiter le showroom, dédié aussi aux équipements de poêles et cheminées.

TRAVAUX

NOVEO TRAVAUX

70, avenue Pasteur ✆ 02 41 69 79 00
www.noveo-travaux.fr
Ouvert du lundi au vendredi de 8h30 à 12h et de 14h à 18h. Visites et renseignements de préférence sur rendez-vous.

Novéo travaux, c'est un interlocuteur unique pour une offre clé en main pour tous travaux en maison ou appartement. Qu'il s'agisse de rénovation, de réaménagement, de la création d'un nouvel espace, d'un besoin d'isolation, l'équipe se déplace d'abord au domicile pour étudier la faisabilité des travaux. Puis elle vous propose une représentation graphique du projet, contacte l'ensemble des corps de métiers concernés, établit les devis, élabore les plannings d'intervention, gère les intervenants et le suivi des travaux. L'entreprise bénéficie du label RGE et vous permet de bénéficier des aides de l'État. Tous les artisans sélectionnés, quel que soit le métier, sont réputés pour leur sérieux.

TRAVAUX

LEROY MERLIN

191, route d'Angers - **SAINT-BARTHÉLÉMY-D'ANJOU**
✆ 02 41 27 21 30 - Bus : ligne 4, arrêt Chêne-Vert -
leroymerlin.fr/angers
Ouvert du lundi au samedi de 9h à 20h. Dimanche de 9h à 13h Livraison possible. Site des matériaux ouvert dès 8h00.

Bien sûr, l'enseigne est plus que reconnue : cuisine, placards, salle de bains, déco, outillage, bois, jardin, terrasse, carrelage, électricité, plomberie... Malgré le gigantisme des lieux, trouver un article, ici, est plutôt aisé, grâce à une bonne signalétique et une vraie disponibilité des vendeurs. Quel que soit votre projet, ils vous aideront à définir les matériaux les plus adaptés, mais aussi pour la découpe, la pose, les coloris... Les ateliers bricolage mis en place par le magasin sont par ailleurs une aubaine pour les moins habiles d'entre nous ! Besoin de matériaux ou d'autres articles d'aménagement extérieur ? La cour des matériaux se trouve légèrement plus loin (rue du Pâtis).

DÉPANNAGE - RÉPARATION

1001 PILES BATTERIES

1, rue Marceau ✆ 02 41 31 21 09
www.1001piles.com
Ouvert du mardi au vendredi de 9h à 12h30 et de 14h à 19h ; le samedi de 9h à 12h30 et de 14h à 18h.

Si vous cherchez des piles, une batterie ou un chargeur, vous êtes au bon endroit ! Il existe dans cette boutique franchisée des milliers de références disponibles pour tout type de matériel : ordinateur portable, vieux téléphone ou smartphone, appareil photo, caméscope, montre, torche, jouet, outillage électroportatif… Le magasin vend aussi des télécommandes de portail et porte de garage. Sur place, le technicien assure la maintenance de votre appareil, teste les batteries pour identifier le problème et réalise un reconditionnement. Un souci avec l'écran de votre tablette tactile ou de votre téléphone ? Il est aussi possible ici de les remplacer. Bref, avant de jeter, pensez à réparer !

ÉLECTROMÉNAGER

SIDEM

22, boulevard Gaston-Birgé
✆ 02 41 18 18 60
https://sidem.business.site/
Ouvert du lundi au vendredi de 8h30 à 12h30.

Cela en fait des années que les Angevins font réparer leurs objets à la SIDEM ! Bien avant la prise de conscience que réparer vaut mieux que de jeter, ces techniciens avaient vocation à rendre nos petits ou gros appareils en état de marche. Elle répare et dépanne ainsi toutes sortes d'appareils électroménagers, comme les robots de cuisine ou les climatiseurs. Elle vend des pièces détachées que l'on pensait introuvables, car trop anciennes. Le dépannage se fait en atelier ou à domicile (pour des tarifs bien sûr plus élevés). Certaines marques ou certains produits (comme les télévisions) sont refusés et les délais d'attente peuvent être longs. Néanmoins, les réparations sont garanties.

DÉPANNAGE - RÉPARATION

AU 7 RUE BRESSIGNY

7, rue Bressigny
✆ 02 41 88 24 41
Ouvert du lundi au vendredi de 9h à 12h et de 14h à 18h15 ; le samedi de 9h à 12h et de 14h à 17h30.

Ici, on aime le cuir, et tous les cuirs. Dans ce qui était à l'origine une échoppe de cordonnier, et autour d'une offre de peausserie belle et riche, trois artisans émérites, un cordonnier, un bourrelier et une spécialiste du vêtement en cuir, ont uni leurs forces et leurs talents pour redonner une seconde jeunesse à votre sac à main, votre veste ou manteau, votre cartable, votre fauteuil même, ou tout autre objet qu'il est d'ailleurs aussi possible de faire créer sur mesure (portefeuilles, besaces…) Bref, une offre de service rare. On vous conseille et on vous oriente avec le sourire, et les tarifs des prestations restent très raisonnables au vu de la qualité des travaux réalisés.

MULTIMÉDIA - IMAGE - SON

ELECTRONIC-CLINIC

12 ter, rue de la Traquette ✆ 06 01 87 06 11
www.electronic-clinic.com
Permanence sans RDV de 8h à 12h du mardi au vendredi. Les après-midis de 14h à 19h et le samedi sur RDV.

Avoir un de ses appareils électroniques qui plante, c'est toujours un peu l'urgence et la panique ! Heureusement, Alain Roinard est ici pour vous servir. Ce vrai passionné et génie de l'électronique est capable de ramener à la vie une télévision, un ordinateur, un micro-ondes, des enceintes, écrans tactiles, lecteurs, amplificateurs et un paquet d'autres objets… Bien entendu, dans la limite du raisonnable, pas sûr qu'un grille-pain qui prend feu et a été jeté à l'eau pour le sauver donne de nouveau des signes de vie un jour, malheureusement… Il faut compter entre 15 et 30 € pour un devis, voir si l'appareil est réparable ou non, puis le reste dépendra de la prise en charge nécessaire.

DÉPANNAGE - RÉPARATION

MÉNAGER-COUTURE

113, rue des Pont-de-Cé ✆ 02 41 68 06 96
www.sav-menager-couture.fr
Mardi au vendredi 9h à 12h30 et 14h30 à 19h ; samedi 9h à 12h30 et 14h30 à 17h. Réparation électroménager sur devis.

En partie spécialisé dans la vente de machines à coudre pour particuliers et professionnels (marques Bernina, Alfa, Juki…), cette enseigne vend également des machines à vapeur, du matériel de pressing, des aspirateurs (fournisseur partenaire de la marque Nilfisk)… Bref, ici, on coud, on aspire, on nettoie, mais on assure également, et c'est là le vrai plus du lieu, la vente et le dépannage d'un large panel d'autres appareils électroménagers de toutes marques : télévision, hi-fi et vidéo, radio… Une aubaine quand on sait l'opacité des fabricants et leurs supposées obsolescences programmées ! Les devis sont gratuits et un service après-vente d'appareils électroménagers est assuré.

TÉLÉPHONIE

PHONE DOCTOR

2, rue Saint-Maurille ✆ 02 41 87 10 07
www.phone-doctor.fr
Ouvert le lundi de 13h à 19h ; du mardi au vendredi de 10h à 19h. Recyclage et rachat de smartphones cassés.

Faire réparer son smartphone en moins de 30 minutes ? Pas de problème ! Qu'il s'agisse d'oxydation, de boutons qui ne répondent plus, du classique écran cassé, de problème de micro ou de batterie : il n'y a pas de limite à leur diagnostic. Ce docteur malin identifie la panne et propose des réparations express, aux particuliers comme aux flottes d'entreprise. Ce spécialiste s'occupe aussi des déblocages d'appareils, des sauvegardes et transferts de données, fournit des pièces détachées… Et si vraiment le problème est plus complexe, on vous propose de garder votre téléphone pour l'examiner, c'est payant et le résultat n'est pas garanti, mais vous diriez adieu à toutes vos données, vous ?

IMMOBILIER

LAURENDEAU

183, rue Volney
✆ 02 41 79 27 23
laurendeauimmobilier.fr
Ouvert du lundi au samedi de 8h30 à 12h et de 14h à 18h.

© LAURENDEAU IMMOBILIER

© LAURENDEAU IMMOBILIER

Vous souhaitez acquérir le bien de vos rêves ? L'agence Sandrine Laurendeau est là pour vous accueillir, vous conseiller, vous écouter et faire de ce rêve une réalité ! Avec plus de vingt années d'expertise immobilière, classée parmi les meilleures agences du département, l'agence Sandrine Laurendeau vous assure un service de qualité et une réactivité immédiate avec son équipe dynamique, un accompagnement de votre projet de vie avant, pendant et après la vente. L'agence propose une offre variée de biens : de l'appartement à la maison individuelle, en passant par le loft ou l'hôtel particulier. L'offre locative est également de qualité, avec un sens de l'écoute très apprécié. Une adresse !

IMMOBILIER

ESPACES ATYPIQUES

20, place Louis Imbach
✆ 02 52 35 27 27
espaces-atypiques.com
Ouvert du lundi au vendredi de 10h à 13h et de 14h à 19h.

Proposer des biens d'expression pour vivre une expérience unique, selon son mode de vie... tel est le credo des agences Espaces Atypiques, réseau crée depuis 2008 maintenant par Julien Haussy, passionné d'architecture et de décoration, et fort en 2020 de ses 50 agences en France ! Vous souhaitez vivre dans une ancienne menuiserie réhabilitée en loft ? Vous avez toujours rêvé de la vie de château, d' une maison de campagne ou d'un appartement cosy et design ? Espaces Atypiques Angers vous propose une offre diversifiée, atypique et toujours d'excellente facture. Ici, vous pouvez compter sur le savoir-faire et le savoir-être d'une équipe à votre service pour dénicher la perle rare !

IMMOBILIER

I HOME PRESTIGE

2, place du lycée
✆ 02 41 31 10 00
www.ihome-prestige.fr/
Ouvert du lundi au vendredi de 9h à 12h et de 14h à 18h30.

iHome Prestige est la branche propre aux biens d'exception du réseau d'agences immobilières iHome, déjà bien ancré sur le marché angevin. Allant de l'ancienne bâtisse à la villa, en passant par l'immeuble ou le petit château, cette agence propose des biens rares et parfois gorgés d'histoire. Cette équipe d'experts sera à l'écoute pour vous dénicher le havre de paix tant désiré ou le lieu de tous les investissements possibles grâce à leur connaissance aiguisée du marché local et du patrimoine, quelles que soit les attentes et les envies. Situé dans le très joli quartier de la place du Lycée, vos souhaits de prestige trouveront probablement leur solution dans cette agence immobilière.

IMMOBILIER

NEGO FOR YOU

70, boulevard du Maréchal Foch
✆ 02 41 27 31 50
www.negoforyou.fr
Lundi-jeudi 9h-12h et 14h-18h30, vendredi 9h30-12h20 et 14h-17h, samedi 9h30-12h.

Créée il y a plus de 10 ans maintenant, cette agence idéalement située a fait ses preuves en matière de vente ou d'achat de biens immobiliers de tout standing, et ce sur l'ensemble du Maine-et-Loire. Située auparavant place du Lycée, l'agence vient de déménager boulevard Foch pour rejoindre l'Artiste Immo by Nego for you. Une offre complète donc avec une équipe expérimentée, qui vous suivra et vous épaulera pas à pas dans chacune de vos démarches pour acquérir votre bien immobilier. Tout au long de l'année, L'Artiste Immo by Nego proposera aux artistes angevins, à travers des expositions temporaires, d'y exposer leurs œuvres. À suivre...

JE BOUGE

Toutes ces bonnes adresses vous donneront envie de vous déplacer ! Si comme en 2019, il n'aura pas toujours été aisé de « bouger » à Angers durant l'année écoulée, chantier du tramway oblige... bonne nouvelle : les travaux nous ont permis, en ce début d'année 2021, de bénéficier de la mise en circulation d'un nouveau tronçon de la ligne A, idéale pour desservir les 10 millions d'usagers qui utilisent ses services à l'année. A cette embellie sur le front de la question de la mobilité, vient s'ajouter une offre toujours très riche du côté des commerces de vente/location et réparation de vélos, vélos électriques, VTT... Quelques bonnes adresses également ici pour votre scooter, moto, automobile, ainsi que pour vos envies d'escapades ou de voyages plus ou moins lointains, des locations de toues et gabares de Loire aux tour-opérateurs en passant par les réseaux d'autocars ou encore les concessionnaires de camping-cars et caravanes.

MOTO - SCOOTER

DAFY MOTO

6, rue Amédée-Gordini - **BEAUCOUZÉ**
✆ 02 41 20 90 02
www.dafy-moto.com
Ouvert le lundi de 14h à 19h ; du mardi au vendredi de 10h à 12h et de 14h à 19h ; le samedi de 9h30 à 18h30.

© DAFY ANGERS

Dafy Moto est le premier réseau d'accessoires pour deux-roues en France dans plus de 200 points de vente. Ce sont de vastes rayons très complets pour tous les usages et toutes les bourses en matière d'équipements de qualité à prix compétitifs. Un immense espace de vente doté d'un accueil hyper pro. La carte Dafydélité, dématérialisée est gratuite. L'offre du magasin est complétée par l'offre du site web, vous pouvez commander en ligne et récupérer l'article dans les 2h avec le clic and collect, ou dans les 24h quand l'article n'est pas en magasin. Une aire d'entretien dans un bel atelier complète l'ensemble. Vous pouvez même désinfecter votre casque, en moins de 4 minutes !

MOTO - SCOOTER

ESPACE MOTO

22, Rue du Landreau - **BEAUCOUZÉ** ✆ 02 41 20 02 03
www.espace-moto.com
Ouvert du mardi au vendredi de 10h à 12h et de 14h à 19h ; le samedi de 9h à 12h et de 14h à 19h.

Sportives, routières, sportives, trails, motocross de loisir... L'offre de l'espace Honda a de quoi contenter tous les amateurs du genre, en neuf comme en occasion. À cet effet et bon à savoir, le site Internet du magasin possède un moteur de recherche très utile ! Mais Honda, ce sont aussi des scooters : les tout derniers modèles de la marque sont représentés ici. Ce concessionnaire propose également régulièrement des promotions sur certains modèles, un S.A.V. très efficace, des services d'entretien ainsi qu'un vaste choix d'accessoires et d'équipements du pilote en boutique. Bref, l'Espace moto de la rue du Landreau est un lieu irréprochable pour tous les passionnés de la marque.

MOTO - SCOOTER

1340 MOTORCYCLES

1, rue Charles-Sauria - **LES PONTS-DE-CÉ** ✆ 02 41 18 84 51
www.1340-motorcycles.com
Ouvert du mardi au vendredi de 10h à 13h et de 14h à 19h ; le samedi de 10h à 13h et de 14h à 18h.

1340 Motorcycles, c'est le repaire pour tous les passionnés de Harley-Davidson. Apportez votre moto ou votre chopper – ces motos à l'allure américaine, longue fourche et esbroufe assurée ! – et la belle équipe du magasin se fera un plaisir de l'entretenir, de la réparer ou de la personnaliser. Des motos sont également disponibles à la vente, ainsi que du matériel d'occasion, des casques, des blousons, des pièces détachées telles que moteur ou fourche... Enfin, pour ceux qui ne possèdent pas de Harley mais qui rêvent d'un trip façon Route 66, sachez que cette enseigne vous propose aussi de louer l'une de ses motos, pour une journée, un week-end, ou même à la semaine. C'est ça l'esprit *biker* !

MOTO - SCOOTER

CYCLES CESBRON - VELOLAND

2, rue Lino-Ventura - **LES PONTS-DE-CÉ** ✆ 02 41 44 87 44
Bus 8 ; terminus Marcille. - www.cyclescesbron.fr
Mardi-samedi 9h-12h et 13h30-19h. Horaires de l'atelier : 9h-12h et 14h-19h du mardi au samedi.

Cela fait maintenant plus de 50 ans que les Cycles Cesbron font le bonheur des amoureux des deux-roues, motorisés ou non. Même si le lieu propose quelques motos à la vente, les vraies stars, ici, ce sont les scooters. On retrouve ici les marques incontournables en 2, 3 ou 4 roues : Piaggio, Vespa, Peugeot, ainsi que tout l'équipement nécessaire pour le confort et la sécurité. On trouve également des vélos pour toutes les occasions : course, VTT, VTC, pliant, d'appartement ou électrique. Si vous souhaitez entretenir ou customiser votre vélo ou scooter, consultez les experts de leur atelier. Enfin, il est également possible de louer des scooters à la journée, à la semaine ou au mois.

MOTO - SCOOTER

PERRAULT MOTOS

ZA du Landreau - **BEAUCOUZÉ**
✆ 02 41 48 33 32
www.perrault-motos-angers.fr
Ouvert du mardi au vendredi de 9h à 19h ; le samedi de 9h à 18h.

Ce concessionnaire implanté de longue date à Angers propose, neufs ou d'occasion, une large gamme de motos (l'enseigne est spécialisée Suzuki et Yamaha), de scooters et même des cyclomoteurs. Associé à l'enseigne Moto Axxe, située dans la même zone, Perrault Motos offre également un vaste choix d'accessoires indispensables à la pratique du deux-roues : casques et gants, mais aussi blousons, bottes, pantalons... Le lieu assure également le S.A.V. ainsi que les réparations rapides, et pour ceux qui se sentent capables de bricoler eux-mêmes un minimum sur leur engin, des pneus, pots d'échappement et plusieurs autres types de pièces détachées sont aussi proposés à la vente.

MOTO - SCOOTER

PRO BIKE

17, rue du Landreau - **BEAUCOUZÉ** ✆ 02 41 42 59 19
www.probike49.fr
Ouvert du mardi au vendredi de 9h30 à 12h et de 14h à 19h ; le samedi de 9h à 12h30 et de 14h à 18h.

Pro Bike s'est assuré une place de choix parmi ses confrères du village moto. Ce concessionnaire spécialisé dans les marques Kawasaki et KTM, pour les motos, offre une belle palette de ce que la marque sportive peut offrir comme grosses cylindrées, neuves ou d'occasion. Une vaste gamme de scooters également, Peugeot, Piaggio, Vespa, Aprilia, Gilera ou Derbi, de 50 cm^3 à 500 cm^3, ainsi que des quads de la marque TGB. Pro Bike dispose par ailleurs d'un service pièces détachées d'origine, d'un atelier, et d'un magasin d'accessoires toutes marques. Enfin, on peut aussi repartir d'ici avec du cash, puisque le magasin possède un service de rachat des véhicules, neufs ou d'occasion.

MOTO - SCOOTER

SCOOT EXPERT

Rue Charles-Sauria
LES PONTS-DE-CÉ
✆ 02 41 69 00 29
Ouvert du mardi au vendredi de 9h à 19h ; le samedi de 9h à 18h.

Petit frère de Moto Expert, Scoot Expert s'adresse aux petits frères et sœurs des grands motocyclistes. Son showroom de 400 m^2 expose des motos Yamaha mais aussi et surtout les cyclomoteurs de cette marque et de Kymco, dont il est le concessionnaire, ainsi que des modèles Peugeot, Piaggio et bien d'autres marques encore... Les accessoires ne sont pas en reste avec un large choix de vêtements Ixon ou encore de casques TNT. Des scooters d'occasion sont également à la vente ainsi que certaines pièces détachées. Enfin, un atelier prend en charge les réparations des véhicules de toutes marques, la gravure antivol obligatoire, ainsi que les questions d'assurances ou de financement sur mesure.

VÉLO

SUNCITY

71, rue du Mail ✆ 06 81 33 52 74
www.veloelectrique-suncity.com
Ouvert le lundi de 14h à 18h ; du mardi au samedi de 10h à 18h30.

Petit devinette : il s'agit d'un moyen de transport, avec des roues, dont certaines références se nomment T-Bird, Birdy ou encore Aviator... Non, ce ne sont pas des ULM que l'on trouve ici (faute de place, peut-être !) mais bien des modèles de vélos électriques de la marque Suncity. Ce showroom offre un panel assez complet de ces 2-roues high-tech, configurables en termes de coloris et d'ampérage, ainsi que plusieurs modèles de trottinettes, électriques elles aussi. Tout cela a un coût élevé, mais on est ici dans le très haut de gamme ! On y trouve aussi sièges enfants, paniers, cadenas, poignées de luxe en cuir... Bon à savoir : le magasin reprend vos vieux vélos contre un bon de réduction.

VÉLO

ANJOU BIKES DIFFUSION

21, rue du Landreau - **BEAUCOUZÉ** ✆ 02 41 73 31 97
Tout près du village motos
Ouvert du mardi au vendredi de 9h30 à 12h et de 14h à 19h ; le samedi de 9h30 à 12h et de 14h à 18h.

Tout l'univers des deux-roues au beau milieu du village motos ! Entre deux concessionnaires de grosses cylindrées, Anjou Bikes dispose d'un showroom divisé en 3 univers : le vélo de route, le VTT et le triathlon. Les grandes marques sont là, neuves ou d'occasion : Specialized, Giant, S-Works ou encore Roubaix, accompagnées de tous les accessoires de conforts ou de sécurité qui simplifient l'art du deux-roues. C'est aussi ici que l'on pourra faire un *body geometry fit*, méthode consistant à déterminer vos attentes en terme de confort sur votre vélo mais aussi vos objectifs en terme de performances. Le magasin possède également un parc de vélos à la location ainsi qu'un atelier de réparation.

VÉLO

GIANT

87, avenue du Général-Patton ✆ 02 41 81 96 32
www.giant-angers.fr
Lundi 14h-19h ; mardi-jeudi 9h30-12h30 et 14h-19h ; vendredi et samedi 9h30-19h.

Une véritable institution à Angers ! Comme son nom l'indique, le magasin consacre la totalité de sa gamme de vélos adultes et enfants à la marque taïwanaise Giant, et à sa marque associée Liv, dédiée entièrement aux femmes. Que ce soit pour le tout-terrain, la ville ou la route, Giant est une marque qui s'adresse à tous. Le magasin propose aussi un vaste choix d'équipements (vêtements, matériel d'entretien, composants...) ainsi qu'un service de réparation fonctionnant du lundi au vendredi, capable d'intervenir sur n'importe quelle autre marque. Les prix, eux, sont variables : de quelques centaines d'euros pour un produit classique à quelques milliers d'euros pour des modèles plus élaborés.

VÉLO

LE VELO BAR

69, rue Bressigny ✆ 02 41 86 35 94
www.levelobarangers.com
Ouvert du mardi au samedi de 8h à 18h. Forfait révision générale : entre 46 € et 66 €.

Le Vélo Bar est né de l'envie et d'un profond engagement éco-responsable de Daniel et Louise en 2015. En effet, le couple milite pour une ville où les voitures laissent la place aux vélos, et pas les plus récents ou les électriques ! Véritable passionné de la bicyclette, Daniel aime retaper ces vieilles bécanes qui ont roulé sur bien des chemins et qui ont des histoires à raconter de leurs voyages. On trouvera au Vélo Bar des pièces de rechange, neuves ou d'occasion pour rester dans cette logique éthique de consommation raisonnée. Le temps que Daniel jette un œil sur votre vélo, Louise pourra vous servir un excellent café bio et faire un brin de causette fort sympathique. Admirable.

AUTO
DEBRITO

105, route de Briollay - **ECOUFLANT**
✆ 02 41 41 10 10
www.debrito.fr
Ouvert du mardi au vendredi de 8h30 à 12h et de 14h à 18h ; le samedi de 9h à 12h et de 14h à 17h30.

Debrito, c'est une casse moderne, qui est aujourd'hui organisée et gérée comme un grand garage automobile. L'une de vos pièces automobiles a cassé ? Vous pouvez immédiatement voir sur leur site Internet s'ils disposent de celle-ci ! Idéal donc pour tous les bricoleurs et mécaniciens dans l'âme. Sur place, l'attente au comptoir est parfois longue : à la recherche de votre pièce, ils cherchent une aiguille dans une botte de foin car l'entrepôt est une vraie caverne d'Ali Baba. Debrito fait aussi office de garage classique pour toutes vos réparations, avec bien sûr l'avantage de posséder un choix énorme en pièces d'occasion pour limiter vos frais.

BATEAU
BATEAU SUR L'EAU

Cale de la Savatte ✆ 02 43 09 79 12
bateau-sur-l-eau.takatrouver.net
Sur réservation uniquement. Week-end dès 385 € en basse saison et jusqu'à 1 115 € pour une semaine en haute saison.

Il n'y a pas qu'en mer des Caraïbes que la croisière s'amuse ! Grâce à *l'Akhesa,* il est aussi possible de passer de merveilleux instants, en famille ou entre amis, sur les eaux de la Mayenne, de la Sarthe et de l'Oudon. Imaginez-vous l'espace d'un week-end ou d'une semaine entière aux commandes d'une belle embarcation, et ce sans avoir à produire un permis de navigation ! Pour prendre les commandes de cette navette de 6 couchages entièrement équipée (literie, vaisselle, et même un barbecue sur pieds), une petite formation d'une heure est suffisante. A vous les joies des passages d'écluses, des choix d'oiseaux depuis les berges et, pour les pêcheurs, des brochets au bout de l'hameçon !

BATEAU
NAVETTES FLUVIALES - A TOUE LOIRE

Cale de la Savatte ✆ 06 85 40 26 23
www.atoueloire.com
Balade fluviale 12 €/pers. 150 €/1h groupe 1 à 15 pers. 10 €/pers/+ 15 personnes. Autres tarifs sur site.

Une petite balade en famille par une belle journée de printemps ou d'été, quoi de mieux ? Qui plus est quant le crémant est offert... A Toue Loire propose de monter à bord de *La Bohème*, de *La Libellule* et de *L'Amazone* et de voguer sur les flots de la Maine, de la Mayenne, de la Sarthe et même de la Loire le temps d'une poignée d'heures ou une journée entière. A bord de ces emblématiques embarcations de la région que sont les gabares, le temps semble s'arrêter et le monde un peu plus paisible. Quoi de mieux pour découvrir d'un autre point de vue le patrimoine local ?

BUS - AUTOCARS
ALEOP

✆ 02 41 22 72 95
https://aleop.paysdelaloire.fr/maine-et-loire
Tickets : à partir de 2 €. Abonnement mensuel : à partir de 48 €.

Le réseau de transport régional en Maine-et-Loire a désormais pour nom Aléop. Allez hop ! Embarquement immédiat pour les cars sillonnant le département par le biais de 33 lignes desservant les communes extra-urbaines (les agglomérations d'Angers et Saumur disposent de leur propre réseau). Les départs d'Angers se font depuis l'esplanade de la gare Saint-Laud et ces lignes bénéficient le plus souvent d'une grande amplitude horaire. Le service de transport à la demande (TAD) permet aux habitants de zones excentrées du département de réserver une voiture, la veille et en semaine. Le réseau comprend aussi des zones en déclenchement à la demande qui permettent de rejoindre uniquement une gare.

CARROSSIER
FRANCKY RENOV'

21, rue du Hanipet - **SAINT-BARTHÉLÉMY-D'ANJOU**
✆ 06 41 70 47 61
Ouvert du lundi au vendredi de 8h à 12h et de 13h30 à 19h ; le samedi de 8h à 12h.

Vous cherchez un bon carrossier ? C'est en tout confiance que vous pouvez contacter Franck, le carrossier aux doigts de fée ! Avec 25 ans d'expérience au service de votre véhicule, Francky Rénov' effectue les réparations de carrosserie sur les véhicules toutes marques mais également les travaux de peinture, pare-brise, vitrage, remplacement de pièces... Franck se passionne également pour la restauration de véhicules anciens et de collection et réalise des prouesses sur les carrosseries de modèles arrivant souvent très abîmés; il n'est pas rare de trouver dans son atelier, au milieu de modèles récents, une 404 cabriolet, une Volvo P1800 break de chasse ou la Ferrari de Magnum, une 308 GTS !

ENTRETIEN - ACCESSOIRES - TUNING
CAILLEAU PNEUS - PROFIL PLUS

17, quai Félix-Faure ✆ 02 41 21 09 09
www.profilplus.fr
Ouvert du lundi au vendredi de 8h à 12h et de 14h à 18h30 ; le samedi de 8h à 12h.

Toujours présent, et ce depuis 1931, Cailleau Pneus est bien connu des Angevins pour la vente et le montage de pneus. Mais ils assurent aussi le gonflage à l'azote, le freinage, la suspension ou encore le contrôle de la géométrie. Le contrôle de la pression des pneus est offert pour les voitures de particuliers. Les motos, quads, poids lourds, véhicules de génie civil font aussi partie de ses clients. Les engins agricoles ayant leurs particularités, le dépannage se fait à la ferme, mais votre voiture peut bénéficier sur place des services classiques d'un garage.

LOCATION

CITIZ ANGERS

7, esplanade de la Gare ✆ 02 44 01 78 01
angers.citiz.coop
Avec abonnement 16 €/mois, dès 2 €/h et 0,37cts/km.
Sans abonnement dès 4,50 €/h et 0,37cts/km.

Connaissez-vous l'autopartage ? À la fois économique et écologique, ce système s'adresse à tous ceux pour qui l'utilisation d'une voiture au quotidien n'est pas une réalité ou une priorité, et qui font généralement moins de 10 000 kilomètres par an. Avec les voitures du parc Citiz, vous ne payez que le temps et les kilomètres parcourus. Tout est inclus dans le tarif : l'essence, l'entretien, le lavage et l'assistance 24h/24. Disponibles 24h/24, 7j/7, et dans une dizaine de stations du centre-ville d'Angers. Ces voitures sont une belle alternative à l'achat d'un véhicule. En souscrivant à un abonnement de trois mois minimum, vous réservez votre véhicule par Internet ou via l'appli dédiée.

TAXI - VTC

ALLO ANGERS TAXI

5, rue Saint-Martin
✆ 02 41 87 65 00
www.alloangerstaxi.com
Ouvert tous les jours. 24h/24 et 7j/7.

Avec une flotte d'une cinquantaine de véhicules, basés en différents points de la ville, la société propose autant des allers classiques que des visites commentées de la ville, avec possibilité de demander un minibus d'une capacité maximale de 8 personnes (idéal aussi pour rentrer d'une soirée arrosée entre amis). Toutes les distances sont possibles, et les taxis sont disponibles 7j/7, de jour comme de nuit, ce qui peut également être une solution pour livrer un colis en toute urgence. Les véhicules acceptent les animaux et sont aussi conventionnés pour le transport de malades assis. Pour plus d'efficacité, on commandera le véhicule de son choix sur l'application dédiée, rapide et pratique !

TRAIN

GARE D'ANGERS SAINT-LAUD

Avenue Denis-Papin ✆ 02 41 86 41 24
gares-sncf.com/fr/gare/fracl/angers-saint-laud
Ouvert du lundi au jeudi de 5h à 23h30 ; le vendredi jusqu'à 24h ; le samedi de 6h à 22h45 ; le dimanche de 6h40 à 24h.

Porte d'entrée à Angers si vous arrivez en train, cette gare mérite le coup d'œil, ne serait-ce que pour sa conception architecturale, toute de verre et de lumière. Sa décoration a été revue avec des plantes vertes déployées en hauteur, normal pour la ville du végétal ! La gare dessert les lignes nationales et régionales et accueille notamment le TGV Atlantique entre Nantes et Paris Montparnasse. Quant au TER, il dessert désormais Trélazé. Vous pouvez rejoindre facilement le centre-ville en tramway. En attendant le train, vous aurez le Wifi gratuit, et si vous êtes musicien, vous pourrez vous asseoir au piano en libre service et faire profiter de vos talents les autres voyageurs !

LOCATION

ETS FRANC

414, rue Haute-des-Banchais - **SAINT-BARTHÉLÉMY-D'ANJOU**
✆ 02 41 43 67 78
ets-franc-angers.com/
Ouvert du lundi au vendredi de 9h à 12h15 et de 14h à 18h30 ; le samedi de 9h à 12h15.

© FABRICE QUINTON

© ETABLISSEMENTS FRANC

Toutes les remorques sont ici, même celle que vous avez en tête puisque ce spécialiste fait aussi du sur-mesure et construit aussi des remorques isothermes pour entreprises. La société, implantée depuis 1977, vend, loue, équipe et répare tous ses modèles, et assure le dépannage. Tout ce qui est tracté est ici disponible : porte-vélos/motos/bateaux/animaux, avec bennes, automatismes hydrauliques, bâches, rehausseurs, rampes de chargement, stabilisateurs, rétroviseurs, électricité dédiée...Vous y trouverez de grandes marques comme Lider, Annssems, daxara, Erde... sur 3 000 m² d'expo-showroom, le plus grand de la région ! L'équipe est chaleureuse et connaît parfaitement la législation en vigueur.

CARAVANE - CAMPING-CAR

SUD LOIRE CARAVANES

AVRILLÉ ✆ 02 41 42 72 40
www.sud-loire-caravanes.com
Ouvert le lundi de 14h à 19h ; du mardi au samedi de 9h à 12h et de 14h à 19h. Atelier fermé le samedi après-midi.

Avec ses différentes agences, à vous la location ou l'achat. Sud Loire caravanes possède huit agences dont les plus proches sont Beaulieu-sur-Layon et Angers-Avrillé. Au sein de cette dernière agence, point de caravanes mais de nombreux camping-cars à acheter ou louer. Un comparateur de prix est proposé sur le site Internet ainsi qu'une sélection d'accessoires. Vous pouvez ainsi vous procurer des Bavaria, Benimar, Itineo ou encore Morelo : le choix est vaste. Besoin de service après-vente ? Pas de problème, le service technique vous fait rapidement les réparations nécessaires ! Pour un besoin spécifique en caravane, vous trouverez votre bonheur au Mans, à Tours, ou bien à Nantes.

CARAVANE - CAMPING-CAR

LE VOYAGEUR

ZA La Chevallerie - LONGUENÉE-EN-ANJOU
✆ 02 41 96 33 00
www.levoyageur.fr
Ouvert du lundi au vendredi de 8h à 12h et de 13h à 17h.

Une des plus réputées et créatives marques de camping-cars du territoire. Sa devise : l'exception est la règle. Vous avez donc là un des constructeurs haut de gamme sur le marché de l'intégral. Les camping-cars sont construits dans une usine moderne. Avec une grande créativité d'aménagement et d'implantations, les techniciens sont à votre écoute pour définir avec vous le camping-car de vos rêves. Le Voyageur propose un large choix d'aménagements et d'implantations, décliné en 3 gammes : LV (avec un design pur et aérodynamique), Signature (haut de gamme et robustesse) et Liner (véhicules d'exception de 8,25 à 10,5 m). Notez qu'il est possible de visiter les usines, sur demande.

TOUR OPÉRATOR

CHANGO VOYAGES

73, rue du Mail
✆ 02 41 25 70 25
Lundi de 14h à 18h30, du mardi au vendredi de 10h à 12h30 et de 14h à 18h30, le samedi de 10h à 12h30 et de 14h à 18h.

De l'aventure, des rencontres, des découvertes, de l'évasion avec un voyage sur mesure ! Voilà ce que promet la devanture de cette agence spécialisée. Que vous souhaitiez voyager seul en moto sur les routes de l'Inde, en couple pour un week-end à Venise, en famille l'été dans le sud andalou ou entre amis pour un trip à travers l'Ouest américain, tout est possible ! Vous bénéficierez ici d'une attention toute particulière avec de conseils avisés, affinés en fonction de vos envies et (surtout) de votre budget. Les deux conseillères de l'agence sont dynamiques, souriantes, et maîtrisent parfaitement leur catalogue. Elles font le maximum pour trouver LE voyage que vous n'êtes pas près d'oublier.

TOUR OPÉRATOR

COMPTOIR DE L'UNIVERS

39, rue Saint-Julien ✆ 02 41 24 68 68
www.selectour-afat.com
Du lundi au vendredi de 9h30 à 19h, le samedi de 9h à 13h et de 14h à 18h30.

Cette agence de voyages offre toujours du rêve, qu'il se conjugue avec une destination proche (Islande, République tchèque...) ou plus lointaine (Philippines, République dominicaine...). On saura vous conseiller sur toutes les formules de voyages possibles : immersion en Amérique du Sud ou en Égypte, « Premier regard californien », croisière au Groenland ou vers les îles Lofoten, trésors mayas du Yucatan... Voyages de noces ou en famille, thalasso : du sur-mesure selon vos envies et votre budget. Il y a même des road-trip en 4x4 dans le désert du Sahara. Disponibilité et efficacité sont les maîtres mots de cette agence qui conseille aussi bien les particuliers que les professionnels.

TOUR OPÉRATOR

L'ILOT VOYAGES

2, rue de l'Aiguillerie ✆ 02 41 24 68 40
www.nationaltours.fr
Ouvert du lundi au vendredi de 9h30 à 13h et de 14h à 19h ; 18h30 le samedi.

Se prélasser sur les plages du Sri Lanka, se reposer dans des hôtels luxueux de l'Indonésie ou découvrir une petite adresse intimiste à Zanzibar, parcourir les terres celtes et nordiques, se rendre à l'exposition universelle de Dubaï... Pour un circuit, une croisière, une formule vol et hôtel, une formule en club ou un billet d'avion, l'Îlot Voyages se fera un plaisir de répondre à tous vos désirs et toutes vos attentes ! Ici, les destinations lointaines et paradisiaques sont à l'honneur, mais l'Albanie, le Botswana, la Pologne ou l'Ouzbékistan vous tendant aussi les bras ! Eloïse et Marie-Laure sauront vous guider à travers les très nombreux voyages qu'elles proposent dans cette agence !

TOUR OPÉRATOR

PLACE AUX VOYAGES

41, rue Saint-Laud ✆ 02 41 41 00 80
www.placeauxvoyages.fr
Ouvert du lundi au vendredi de 9H30 à 19h et le samedi de 9h30 à 18h30

Ici, les plus beaux voyages commencent par des sourires ! Ceux de Nicolas et Valérie, deux passionnés d'évasion en tout genre, vous séduiront à coup sûr, tout comme les belles destinations que propose leur nouvelle petite agence de la rue Saint-Laud. Une agence gage de sérieux, à taille humaine, où le dialogue, l'écoute, ne sont pas de simples arguments commerciaux. On vient ici pour s'offrir des vacances sur mesure, en couple, en famille ou en groupe. Ce ne sont pas les idées de destination qui manquent, des îles paradisiaques (la spécialité de Nicolas !) de la Polynésie ou des Seychelles en passant par le Japon, l'Inde, la Tunisie, les États-Unis ou les fjords norvégiens.

JE PENSE FUTÉ

Epicurien, curieux, gourmand, exigeant, enthousiaste... La liste des adjectifs que l'on pourrait attribuer chaque année à ce City Guide du Petit Futé Angers est longue, mais citoyen, responsable et solidaire sont également des qualificatifs qui lui vont à merveille... Citoyen et responsable quand il s'agit, par exemple, de s'impliquer dans le jumelage de sa ville, de se renseigner sur ses initiatives pour la jeunesse ou encore sur les structures et associations œuvrant pour la défense de l'environnement. Solidaire également avec l'association des chiens guides d'aveugles de l'Ouest, le concept des paniers solidaires, ou encore le formidable travail accompli depuis tant d'années à Saint-Jean-de-Linières (et depuis quelques années dans le quartier Saint-Serge) par les compagnons d'Emmaüs. Enfin, cette rubrique « je pense futé » est aussi synonyme d'ouverture vers les autres, d'écoute ou encore de vigilance grâce au numéro d'Allo enfance maltraitée et aux nombreuses actions menées par les membres de l'association Quazar, le centre LGBT d'Angers et du Maine-et-Loire.

ADMINISTRATION - SERVICE PUBLIC

ASSOCIATION ANGERS JUMELAGES

14, place Imbach
✆ 02 49 75 00 01
www.angersjumelages.fr

Angers Jumelages (A.A.J.) s'est donné pour mission d'instaurer des liens entre les habitants d'Angers et ses villes jumelles, mais aussi de développer des projets destinés à mettre en valeur leur culture. Elles sont aujourd'hui au nombre de huit : Osnabrück (Allemagne), Wigan (Angleterre), Haarlem (Pays-Bas), Pise (Italie), Bamako (Mali), Toru⊠ (Pologne), Austin (États-Unis) et Yantaï (Chine). Le champ d'action d'AAJ est extrêmement vaste (organisation d'événements festifs, semaines thématiques...) et chaque Angevin peut adhérer bénévolement à l'association.

ADMINISTRATION - SERVICE PUBLIC

LA MAISON DE L'ENVIRONNEMENT

Avenue du Lac-de-Maine ✆ 02 41 05 33 60
www.angers.fr
Ouvert du lundi au vendredi et le dimanche et les jours fériés de 14h à 18h.

Implanté au cœur du parc naturel du lac de Maine et doté d'un beau jardin bio, ce lieu ne cesse de multiplier les actions à l'attention de tous les publics pour sensibiliser à la problématique de la protection de l'environnement. Des actions nombreuses, principalement tournées vers la biodiversité, les énergies renouvelables, la question de l'eau, etc., et de nombreux stages et ateliers y sont organisés. Enfin, l'endroit accueille également toute l'année des expositions et cycles de conférences thématiques organisés avec Terres des Sciences et l'Institut municipal.

DÉCHETTERIE / RAMASSAGE

MAIRIE 5-SUR-5

✆ 08 00 49 05 05
www.angers.fr/services-demarches/mairie-5-sur-5
Ouvert du lundi au vendredi de 9h à 17h30. Permanence téléphonique.

Ce service de la mairie peut vous sauver la mise en cas de nuisances sur la voirie par exemple. Il gère les encombrants, et permet de signaler tout problème concernant la voirie : un nid-de-poule à réparer, un égout qui déborde, des pannes d'intendance de la ville (un lampadaire défectueux juste devant chez vous ?), du mobilier urbain ou des jeux endommagés dans votre quartier... Côté incivilités, vous pouvez aussi avertir de nuisances sonores, de tags sur votre façade ou de dépôts sauvages. La mairie a aussi mis en place l'application Vivre à Angers, disponible gratuitement sur Android et iOS. Elle permet, entre autres, de signaler tout dysfonctionnement de ce type à partir de votre mobile.

MAIRIE - COLLECTIVITÉ LOCALE

HÔTEL DE VILLE

Boulevard de la Résistance et de la Déportation
✆ 02 41 05 40 00 - www.angers.fr
Du lundi au vendredi de 9h à 13h (10h le jeudi) et de 14h à 17h30 ; le samedi de 10h à 13h pour les démarches seulement.

Flambant neuf, le nouvel hôtel de ville est spacieux, lumineux et des plates-bandes vont égayer les marches du bâtiment historique. Il est indispensable pour toute démarche administrative. Les mairies de quartier et relais se chargent des actes d'état civil, documents d'identité et passeports, inscriptions électorales, recensement citoyen... Rappelons que les passeports doivent être demandés plusieurs mois à l'avance. Certaines démarches peuvent également être effectuées via le site Internet de la ville (des ordinateurs sont à disposition des usagers dans le hall). Les démarches de déclaration de naissance et de reconnaissance peuvent être faites au bâtiment administratif du CHU.

MAIRIE - COLLECTIVITÉ LOCALE

LE J, ANGERS CONNECTÉE JEUNESSE

12, place Imbach ✆ 02 41 05 48 00 -
www.angers.fr/vivre-a-angers/jeunes-a-angers/le-j-angers-connectee-jeunesse/index.html
Ouvert le lundi, le mercredi et le jeudi de 10h à 12h30 et de 14h à 18h ; le mardi et le vendredi de 14h à 18h.

C'est le portail jeunesse de la ville d'Angers. Il accueille notamment un Centre d'information jeunesse pour tous ceux qui souhaitent se renseigner en matière d'orientation, de logement, formation, projets à l'étranger, etc. Le lieu propose aussi des espaces multimédias avec accès gratuit à Internet, des services bureautiques, une plateforme de streaming indépendant et des tablettes tactiles. Le J propose également plusieurs fois par mois différents temps de rencontre ou des ateliers pour aider les jeunes à trouver des jobs d'été, rédiger un CV, une lettre de motivation...

SANTÉ

DIRECTION ENVIRONNEMENT DÉCHETS - PROPRETÉ

83, rue du Mail
✆ 08 00 41 88 00
www.angersloiremetropole.fr

Ce service prend en charge vos questions et demandes en matière de problèmes environnementaux (nuisances sonores, poubelles, cadavres d'animaux, etc.) ou de mauvaises odeurs. Il fera son possible pour régler la situation dans les plus brefs délais. Sur la question de la collecte et du tri des déchets, le site internet d'Angers Loire Métropole donne des informations précises sur les déchetteries de l'agglomération, les lieux (une carte affiche les containers à proximité), modes et dates de collecte ou encore des conseils. Une application « guide du tri » est téléchargeable.